I0816312

PRIMERA EPÍSTOLA DE PEDRO

EL REAL SACERDOCIO Y SU MISIÓN

Rodolfo Blank

EDITORIAL CONCORDIA • SAINT LOUIS

Fundada en 1869 como el brazo editorial de la Iglesia
Luterana - Sínodo de Missouri, Concordia Publishing House
le da a Dios toda la gloria por la bendición de 150 años de
oportunidades para proporcionar recursos fieles a las
Sagradas Escrituras y a las Confesiones Luteranas.

3558 South Jefferson Avenue, Saint Louis, Missouri, 63118-3968 U.S.A.
1-800-325-3040 • editorial.cph.org

Editor: Rev. Héctor E. Hoppe
Revisor de estilo: Rev. Ewaldo Beckmann

Editorial Concordia es la división hispana de Concordia Publishing House.

Impreso en los Estados Unidos de América

1 2 3 4 5 6 7 8 9 10   28 27 26 25 24 23 22 21 20 19

DEDICATORIA:

Dedico este comentario a mi colega y colaborador, el Rev. Ewaldo Beckmann, a quien considero como coautor de mis libros publicados por Editorial Concordia. Por muchos años Ewaldo ha sido mi Silvano (1 Pedro 5:12), un hermano cuyos sabios consejos, correcciones, y aclaraciones hicieron posible la impresión de mis obras.

Pero ustedes son un linaje escogido, real sacerdocio,
nación santa, pueblo adquirido por Dios,
para que anuncien los hechos maravillosos de aquel
que los llamó de las tinieblas a su luz admirable.
1 Pedro 2:9

SOBRE EL AUTOR

Rodolfo Blank, hijo de inmigrantes alemanes, nació en 1934 en la ciudad de Chicago. Realizó sus estudios teológicos en el Seminario Concordia de Saint Louis, Missouri, donde se graduó en 1959 después de haber realizado su pasantía (vicariato) en Caracas, Venezuela en 1957-58.

Desde 1959 hasta 1962 sirvió como el primer pastor de la Iglesia Luterana la Resurrección en Cambridge, Inglaterra. En enero de 1963 regresó a Venezuela para servir como misionero y educador.

Fue co-fundador y primer director del Instituto Teológico Juan de Frías, el programa que prepara pastores, diáconos, y líderes laicos para la Iglesia Luterana de Venezuela. En los años 1989-90 realizó estudios de postgrado en el Seminario Fuller de Pasadena, California, donde se graduó con el título MTh en Misiología. Durante los años 1990-91 sirvió como profesor en el Instituto Hispano de Teología en Chicago. En 1991 regresó a Venezuela.

Durante los años 1997-99 prestó sus servicios como profesor de Misiones en el Seminario Concordia de Saint Louis, Missouri. En 1990 se radicó en la ciudad de Caracas, donde sirvió como profesor tanto en el Instituto Teológico Juan de Frías como en el Seminario Evangélico de Caracas. Desde 2007 vive en Saint Louis, Missouri desde donde hace diversos ministerios para la iglesia hispana en los EE.UU. En 1970 el Dr. Blank se casó con Ramona Rivero, hija de uno de los primeros pastores luteranos venezolanos. Tienen dos hijos, Rodolfo e Irene, y tres nietas.

Es autor de *Juan – Un comentario pastoral y teológico al cuarto evangelio; Teología y misión en América Latina; Hermenéutica; Salmos – una ventana al Antiguo Testamento y al Mesías; Primera Carta a los Corintios – Consejos para una congregación en crisis; y El libro de Génesis – Reflexiones misiológicas y pastorales* publicados por Editorial Concordia.

CONTENIDO

Introducción

En muchas Iglesias se celebra el 29 de junio como Día de San Pedro y San Pablo. En el año 1539 le tocó al reformador Martín Lutero preparar el sermón para dicha fiesta eclesiástica. En su predicación mencionó que en aquel entonces muchas personas de la ciudad de Roma celebraban el Día de San Pedro y San Pablo con una gran fiesta en honor de los santos apóstoles, quienes, según la tradición, sufrieron el martirio en la ciudad de los césares. Durante la fiesta solían exhibirse los supuestos cráneos de San Pedro y San Pablo. Lutero comenta que las reliquias fueron consideradas grandes tesoros y, por lo tanto, guardadas en cofres de oro. Pero él dudaba que los cráneos de San Pedro y San Pablo realmente se encontraran en Roma. Según el Reformador, sus cuerpos fueron ocultados, así como lo fue el cuerpo de Moisés, a fin de que no se convirtieran en objetos de adoración. Criterioso, Lutero manifestó que en las Sagradas Escrituras tenemos tesoros más valiosos que todas las reliquias de santos guardadas en cofres de oro. Dichos tesoros son, según el Reformador, las palabras llenas de espíritu y verdad que encontramos en las cartas del más conocido de los doce apóstoles. Las palabras apostólicas inspiradas por el Espíritu Santo son, según Lutero, nuestras verdaderas reliquias, porque proclaman el perdón de los pecados y la esperanza de la vida eterna. En nuestro comentario acerca de la Primera Epístola de San Pedro expresamos el deseo de oír las palabras de vida eterna que San Pedro extrajo para nosotros del relicario de su corazón, y afianzarnos en ellas.

A diferencia de la mayoría de las Cartas del NT, 1 Pedro no fue enviada a una congregación, como la de Corinto o la de Roma, ni a una persona en particular, como Filemón o Timoteo, ni tampoco a un grupo étnico en particular, como lo fue el caso de la carta a los Hebreos. Entre los destinatarios de la primera epístola de San Pedro no se menciona por nombre a ninguna persona que el autor de la carta hubiera conocido personalmente; no se denuncia ningún error en particular, como en las Epístolas escritas por el apóstol Pablo; no se llama al arrepentimiento a ningún hereje o falso profeta; el término arrepentimiento no ocurre en toda la Epístola. En 1 Pedro no se mencionan incidentes específicos como, por ejemplo, el Concilio de Jerusalén, la muerte de Esteban o la destrucción del Templo. Tampoco se mencionan por nombre a personas notorias de la historia universal, como por ejemplo Nerón, Tito o Domiciano.

De lo que sí trata la primera carta de Pedro es de la realidad del sufrimiento en las vidas de los que confiesan el nombre de Cristo. El autor, sin pelos en la lengua, advierte a los cristianos de todos los tiempos y lugares, que el sufrimiento por causa de la fe no es una experiencia rara en la vida de la iglesia, sino una realidad siempre presente del pueblo escogido en la peregrinación a su verdadera patria. Por lo tanto, muchos investigadores del NT han clasificado a 1 Pedro como una carta o epístola universal, esto es, un escrito general dirigido a una gran cantidad de personas esparcidas sobre una vasta región geográfica. Podría calificarse a 1 Pedro como la más sobresaliente de las cartas universales o católicas del NT. Al decir esto, se debe tener en cuenta que todas las cartas y demás escritos del NT tienen un mensaje para los cristianos de todos los tiempos. Si así no fuera, no habrían sido incluidos en el canon del NT, la lista de libros aceptados por todas las iglesias como autoritativos para la fe y conducta del pueblo cristiano.

Casi todos los investigadores de 1 Pedro están de acuerdo con que el apóstol escribió su carta para infundir valor a sus lectores, y para asegurarles que "ya están en la verdadera gracia de Dios" (1 P 5:12). Sin embargo, no existe un acuerdo entre los mismos investigadores en cuanto a cuál sea la idea o tema principal de este maravilloso documento, cuál el tema que hace que sus enseñanzas y exhortaciones sean coherentes. Según algunos, el tema principal de la carta es el sufrimiento, mientras que otros creen que es el Bautismo, la diáspora, la cristología, el templo, el juicio final, la familia de la fe, la misión, o la vida cotidiana de los creyentes. En nuestro comentario nos proponemos investigar estos y otros temas que sobresalen en la obra, no con la intención de determinar cuál sea el tema principal, sino para comprender que todos ellos, en su relación de uno a otro, obran cual un compendio de las creencias y prácticas que alentaron a la iglesia primitiva en su manifestación como pueblo de Dios, en su crecimiento espiritual y numérico, y en su misión en un mundo hostil. En nuestra exposición hemos escogido estudiar a fondo diez de los temas más importantes de la carta. Los temas no se encuentran aislados, sino entretejidos para formar el maravilloso tejido que expresa en todo su real esplendor lo que es el cristianismo. Los temas, como el sufrimiento por ejemplo, no se encuentran en sólo un capítulo de 1 Pedro, sino en cada uno de ellos. En los cinco capítulos compactos de la carta, el autor proporcionó a la iglesia primitiva un escrito que pudiera servir admirablemente como catecismo o compendio de la fe y práctica para las pequeñas comunidades esparcidas a lo largo del Imperio Romano. Hasta para nosotros hoy día, la Primera Carta de Pedro podría usarse como un catecismo de instrucción para los creyentes, acerca de las enseñanzas fundamentales de la fe cristiana.

La autoridad y autenticidad de esta epístola nunca fue cuestionada por la iglesia de la antigüedad o la medieval. Tanto Papías, como Policarpo, Tertuliano, Ireneo, Hipólito, y el autor de 1 Clemente, afirman que el apóstol Pedro fue el autor de la carta que lleva su nombre. Los reformadores apreciaban grandemente a 1 Pedro. Tanto Lutero como Calvino escribieron sustanciales comentarios sobre la epístola. Otro de los grandes teólogos de esa época, Juan Gerhard, escribió un comentario en latín de más de mil páginas.

Los diez temas principales que hemos escogido enfatizar en nuestro estudio de 1 Pedro son los siguientes:

(1) Los creyentes son parte de una nueva diáspora
(2) La inspiración de las Escrituras
(3) El sufrimiento de Cristo y de los cristianos
(4) La confesión de fe (Credos)
(5) El Bautismo
(6) Cristo, la piedra principal del templo de Dios
(7) La iglesia como real sacerdocio y casa de Dios
(8) La vida de los cristianos en una sociedad pagana
(9) Jesucristo, vencedor de los espíritus rebeldes
(10) La escatología, el fin de todo

Capítulo 1

1:1-2 Yo, Pedro, apóstol de Jesucristo, saludo a los que se hallan expatriados y dispersos en el Ponto, Galacia, Capadocia, Asia y Bitinia, y que fueron elegidos según el propósito de Dios Padre y mediante la santificación del Espíritu, para obedecer a Jesucristo y ser limpiados con su sangre. Que la gracia y la paz les sean multiplicadas.

En el transcurso de nuestras vidas posiblemente todos hemos escrito y recibido más de una carta. Las cartas que enviamos y recibimos por lo general comienzan con el nombre del que envía la carta juntamente con un saludo de parte del autor o remitente, a los destinatarios de la carta. Con frecuencia las introducciones de las cartas contienen también una oración o bendición para los que las reciben. Así es como comienza la gran mayoría de las miles de cartas escritas en la época de los imperios grecorromanos, y que hoy día se encuentran archivadas en museos, bibliotecas, y colecciones privadas. La carta que conocemos como la Primera Carta de Pedro también comienza así. El autor se identifica como Pedro, apóstol de Jesucristo.

Un apóstol es, por definición, uno que ha sido escogido y enviado en representación de otro y con su autoridad. Un apóstol se asemeja a un embajador cuya misión es entregar a otros el mensaje del que lo envió. Durante su ministerio terrenal, Jesucristo escogió doce apóstoles que recogieran sus enseñanzas y fuesen testigos tanto de sus sufrimientos como de su resurrección. Simón Pedro fue uno de ellos. La carta de Pedro, entonces, por provenir de un testigo ocular de los sufrimientos y resurrección de Cristo, debe haber sido para los destinatarios de ésta un mensaje lleno de consuelo, paz, y esperanza.

Llama la atención que Pedro se identifica no sólo como apóstol, sino como un apóstol de Jesucristo, o sea que el autor de la carta había recibido su llamamiento directamente de nuestro Señor. Muchos investigadores del NT suelen hacer una distinción entre los apóstoles del Señor y los apóstoles de las iglesias (Selwyn 1955:117). Hay eruditos que opinan que hay dos clases de apóstoles: los doce llamados directamente por el Cristo resucitado, y los otros misioneros, como Bernabé y Silas, enviados por una congregación cristiana, la de Jerusalén o la de Antioquia (Hch 13:1-3; 40). Para llevar a cabo la misión de proclamar las buenas nuevas a todos los pueblos, fueron necesarios ambos tipos de apóstoles. Ambos deben ser considerados misioneros escogidos y enviados por el Espíritu Santo.

A diferencia de las cartas escritas por Pablo, Pedro no se identifica, ni en la introducción ni en el cuerpo de la carta, como el fundador de las congregaciones a quienes se dirige. Tampoco menciona haber visitado a los destinatarios en algún momento, ni saluda por nombre a alguno de ellos. La ausencia de elementos o referencias personales, ha llevado a muchos investigadores a concluir que el apóstol nunca visitó a sus destinatarios.

Aunque varios investigadores modernos han puesto en duda la identificación del autor de la epístola con el líder de los doce apóstoles nombrados en los evangelios, seguiremos aceptando la identificación tradicional del escrito con el Pedro histórico. En un anexo trataremos en detalle las cuestiones que hoy en día se discuten referidas a la autoría del escrito.

Después de identificarse a sí mismo, el autor envía un saludo a los destinatarios juntamente con su bendición. Los traductores de la Reina Valera Contemporánea utilizan tres adjetivos para describir a los destinatarios: expatriados, dispersos, y elegidos. Una traducción más exacta es la de la RVR, que habla de los que han de recibir la carta como los expatriados de la diáspora, los elegidos por Dios. La palabra elegidos se entiende gramaticalmente como un sustantivo, o con el énfasis de un adjetivo. Si como adjetivo, entonces lo que el autor de la carta enfatiza es que aunque los destinatarios son expatriados y están dispersos ante los ojos del mundo, para Dios son personas muy importantes y amadas, porque las eligió él y las constituyó miembros de su familia (Miller 1993:105). El término expatriados también se traduce como forastero o extranjero. El significado de la palabra diáspora o dispersión, en el saludo de Pedro, ha sido tema de un largo y complicado debate entre los investigadores de la carta. Más adelante trataremos de aclarar los diferentes puntos de vista respecto a cómo debe entenderse la condición de extranjeros y dispersos de los destinatarios.

LAS DIFERENCIAS ENTRE DIOS PADRE Y LOS DIOSES DEL IMPERIO ROMANO

En el segundo versículo de la carta Pedro explica que los forasteros de la dispersión fueron elegidos según el propósito de Dios. Lo que se expresa en el pasaje acerca del Dios adorado por los cristianos, probablemente les habrá parecido confuso y hasta incomprensible a los familiares y vecinos paganos de los destinatarios. El concepto que la mayoría de los habitantes del Imperio tuvo acerca de los dioses, difería considerablemente de lo que enseñan las Sagradas Escrituras acerca del Dios adorado por los cristianos. Intentaremos ofrecer aquí un resumen de las diferencias. La mayoría de los argumentos que presentamos son los que han sido elaborados por el profesor Larry Hurtado, de la Universidad de Edimburgo, Escocia, en su libro *Desproyer of the gods* (Destructor de los dioses).

(1) La adoración de los centenares de deidades reverenciadas por griegos, romanos, y bárbaros se manifestó mediante toda clase de ídolos, imágenes, altares, templos, sacrificios, sacerdotes, y ceremonias secretas. Nada de esto había en las reuniones de los primeros cristianos.

(2) La mayoría de los paganos del Imperio Romano rendía culto a más de un dios. Algunos brindaron honores divinos a un gran número de divinidades, espíritus, y antepasados extintos. Así como en muchas partes de América Latina se procura la ayuda de un santo o ángel para cada situación que se presenta en la vida, así también los romanos, griegos, y bárbaros tenían un dios especial para cada problema, enfermedad o necesidad. Los antiguos habían aprendido a respetar a todos los dioses y espíritus. No así los cristianos, para quienes toda clase de idolatría es una abominación. La adoración, oraciones, e himnos de los cristianos primitivos fueron ofrecidos exclusivamente a Dios Padre en el nombre de Jesucristo. Los líderes de la iglesia primitiva

tuvieron mucho cuidado con la admisión de nuevos candidatos al Bautismo. Tuvieron que contener a los que pretendían bautizarse con la idea de añadir el nombre de Jesús a la larga lista de espíritus que ya adoraban. En muchas partes del mundo, incluso hoy en día Jesucristo es sólo uno de los tantos espíritus adorados por pueblos idólatras. Al bautizarse, los nuevos cristianos renuncian a todas las otras deidades. Por no acudir a los templos paganos y negarse a participar en celebraciones cívicas en honor a los dioses, los cristianos de la antigüedad fueron denunciados como ateos (Hurtado 2016:37-76).

(3) Lo que sí caracterizó a las asambleas de los cristianos fue la trascendencia de la lectura de los escritos santos, o sea el AT y las memorias de los apóstoles. En todas las reuniones se leían los oráculos de los profetas, se cantaban los salmos de David y se escuchaba el relato de las historias acerca de Jesús. El cristianismo ha sido descrito como "una religión del libro". En muchas comunidades cristianas se pasaban horas y horas haciendo copias de los escritos sagrados e intercambiándolos con otras comunidades de hermanos. Los líderes del movimiento cristiano no se cansaban de enviar cartas a otros grupos de creyentes a fin de brindarles consuelo, ánimo, y buenos consejos. La lectura de los libros sagrados ayudó considerablemente a mantener unidas a las comunidades cristianas esparcidas por el mundo. Precisamente por no dar importancia a la preservación y distribución de sus libros sagrados, la mayoría de las sectas y cultos paganos menguaron y desaparecieron (Hurtado 2016:105-142).

(4) A diferencia de las sectas y cultos paganos, el Dios de los cristianos es y fue Dios santo, cuyos devotos son salvados de sus pecados para vivir en santidad. La moralidad y la ética no representaron un papel importante en las demás religiones del Imperio. En sus escuelas los filósofos enseñaban cómo debían vivir los seres humanos. Los líderes del movimiento cristiano, en cambio, enseñaron a los fieles una nueva manera de vivir en conformidad con la voluntad del Señor, lo cual implicaba renunciar a todos los vicios paganos. Lo que caracterizó a las primeras comunidades

cristianas no fue el ritual, sino la elevada moralidad de sus fieles. Por lo tanto, sus contemporáneos llegaron a considerar al cristianismo como una filosofía y no un culto cuyas actividades operaban *ex opere operato* (Hoornaert 1988:84).

(5) Entre los que no eran cristianos no existió el concepto de que Dios pudiera amar tanto a sus criaturas que quisiese vivir en comunión con ellas. La suerte de los seres humanos no fue algo que preocupaba a la mayoría de los dioses de la antigüedad. Muchos paganos rechazaron como locura la idea de que Dios pudiera venir al mundo para sufrir y morir a fin de salvar a los seres humanos de sus pecados y darles vida eterna.

Los expatriados, dispersos, y elegidos a quienes Pedro escribe su carta sí llegaron a creer en Dios y Salvador, totalmente diferente de las deidades del Imperio. Por abandonar viejas tradiciones, creencias, e ideas acerca de los dioses paganos, los cristianos sufrieron insultos, burlas, y persecución. En 1 Pedro 1:3 el apóstol afirma que los que han creído las buenas nuevas han sido limpiados con la sangre de Jesús y recibido la santificación del Espíritu Santo. Hay intérpretes que creen que en este pasaje se alude a la ceremonia del Bautismo, porque en el Bautismo los creyentes quedan limpios por la sangre de Jesucristo y reciben la santificación del Espíritu Santo que los habilita para obedecer al Señor (Reicke 1964:74).

LOS DESTINATARIOS DE 1 PEDRO VIVÍAN EN ANATOLIA

Los destinatarios de 1 Pedro vivían en el norte de Anatolia, una región que hoy en día es parte de Turquía y queda al norte de las montañas Tauro. La carta de Pedro fue escrita muchos siglos antes de la invasión de Anatolia por los turcos, de modo que en el tiempo del NT no había ni un solo turco que viviera en los cinco territorios nombrados por el apóstol. En la Anatolia de aquel entonces convivía una mezcla de muchos pueblos y razas, tanto asiáticos como indoeuropeos, griegos, romanos, persas, galos, frigios, tracios, y otros. La parte de Anatolia en la que vivían los destinatarios de 1 Pedro parece haber sido una región no evangelizada, o solamente en parte por Pablo y los miembros de su equipo misionero. Según Hechos 2:9 había personas de Capadocia, Ponto, y Asia presentes en Jerusalén cuando el Espíritu Santo vino a posarse sobre los creyentes en el día de Pentecostés. Es posible que cierto número de estos fuera bautizado y, al regresar a sus hogares en Anatolia, ayudaran a organizar pequeñas comunidades de creyentes en las que se rendía adoración a Jesucristo.

En Hechos 16:6-7 Lucas relata que en su segundo viaje misionero Pablo quiso comenzar la evangelización de Asia y Bitinia, pero el Espíritu Santo no se lo permitió. Es posible que el Espíritu hubiese designado a Bernabé o a algún otro misionero, y no a Pablo, para dedicarse a la tarea de la evangelización de las provincias romanas al sur del Mar Negro. Según Romanos 15:20-21, a Pablo no le fue permitido predicar el evangelio donde Cristo ya había sido anunciado. Su misión fue para "aquellos a quienes [Cristo] nunca les fue anunciado". Por esta razón, Latourette (1970:82) piensa que Pablo no fue a Bitinia, Ponto, y Capadocia, porque allí ya habían sido establecidas comunidades cristianas por otros portadores de las buenas nuevas.

También es posible que las primeras comunidades cristianas de las cinco provincias fueran fundadas por creyentes judíos expulsados de Roma por el emperador Claudio en el año 49 dC, según se desprende del relato del historiador Suetonio en su libro sobre las vidas de los doce césares. Los gobernantes romanos acostumbraban enviar a los que habían sido acusados de actividades antisociales, a una isla inaccesible o a alguna otra región apartada. Julia la Mayor, hija única del emperador Augusto César, fue exiliada a una isla mediterránea llamada Pandataria, por sus muchos adulterios y vida escandalosa. Otros personajes famosos exiliados por el Imperio Romano fueron los filósofos Epicteto, Séneca, Dio Crisóstomo (un nativo de Bitinia) y los tetrarcas judíos Arquelao y Herodes Antipas (Elliot 1981:57). En el libro de Apocalipsis se nos dice que el apóstol Juan fue exiliado a la isla de Patmos. Muchos eruditos opinan que la mayoría de los libros bíblicos y apócrifos fueron escritos por exiliados y para exiliados.

Según el historiador Suetonio, la expulsión de los judíos de la ciudad de Roma se debió a los disturbios ocurridos en las sinagogas judías. Un tal Cresto los motivó. Se cree que el Cresto de quien habla el historiador fue Cristo. Aparentemente, hubo quienes estaban proclamando el evangelio de Jesucristo en las sinagogas judías de Roma, tal como había hecho Esteban en las sinagogas de habla griega de Jerusalén. Pablo también solía comenzar sus campañas de evangelización proclamando las buenas nuevas en las sinagogas judías de las ciudades principales de Galacia, Macedonia, y Acaya. Según el libro de los Hechos, la proclamación del evangelio en Tesalónica, Corinto, y Antioquia de Pisidia provocó una reacción violenta de parte de algunos judíos incrédulos en contra de los misioneros, los que fueron expulsados de la ciudad. Algo similar ocurrió en Roma. Entre los cristianos expulsados de Roma por el emperador Claudio se encontraban Priscila y Aquila, quienes fueron colaboradores de Pablo en Corinto y Éfeso. Entre los que fueron expulsados de Roma en el año 49 hubo probablemente judíos incrédulos, judíos creyentes, y gentiles creyentes. En aquel tiempo, los romanos todavía consideraban a los creyentes gentiles miembros de una de las sectas judías.

El emperador Claudio murió en el año 54 dC, y su hijo adoptivo, Nerón, fue proclamado su sucesor. Con la muerte de Claudio se anuló el edicto referido a la expulsión de los judíos de Roma. Muchos judíos aprovecharon la asunción del joven Nerón como emperador para regresar a Roma, mientras que otros se quedaron en el lugar de su exilio. Hay investigadores que afirman que Pedro, que trabajaba entre los exiliados del norte de Anatolia, viajó a Roma para ayudar a los creyentes que regresaron a la ciudad de los césares a organizar sus congregaciones. Entonces desde Roma Pedro escribió a los creyentes del norte de Anatolia que habían elegido seguir viviendo en Asia, en vez de regresar a Roma. Es, al menos, una de las muchas teorías que intentan explicar la presencia de creyentes de las cinco provincias mencionadas en 1 Pedro. Al encontrar tales explicaciones en comentarios, diccionarios y monografías, debemos recordar que son teorías e hipótesis tan solo, y no datos históricos comprobados por los investigadores.

Después de un cuidadoso análisis de la geografía de las cinco regiones, un investigador concluyó que el orden en que se las menciona (Ponto, Galacia, Capadocia, Asia, y Bitinia) indica la ruta de un viaje que intentó realizar un mensajero y que, naturalmente, conduciría al puerto marítimo del Ponto (Green 1997:452). El mensajero que llevaba la carta de Pedro se habrá aprovechado, en su recorrido, del sistema de carreteras construidas por los romanos para unir las ciudades principales del imperio. En una digresión al final de nuestro comentario sobre el capítulo uno, trataremos más acerca de cómo se establecieron las comunidades cristianas en estas regiones.

Las cinco regiones mencionadas por el autor de la carta fueron, en algún tiempo, reinos independientes que poco a poco quedaron incorporados al Imperio Romano en su expansión hacia el Oriente. En el tiempo en que se escribió la carta, existía una increíble variedad de culturas, razas, idiomas, costumbres, tradiciones, y religiones. La mayoría de los habitantes de Anatolia al norte y este de las montañas Tauro, vivía en zonas rurales, muchas de las cuales aún estaban sujetadas a la autoridad de caciques indígenas, y no a las autoridades romanas. En los pueblos rurales hubo los que seguían hablando un idioma indígena y observando sus propias tradiciones y fiestas religiosas. Según Elliot, muchos pasajes de 1 Pedro reflejan el ambiente rural y los valores del campo (1981:63). La influencia de la civilización grecorromana fue mayor en las ciudades a orillas del Mar Negro, como Sinope y Amisus. La política del Imperio Romano consistió en fomentar la integración y unidad de los pueblos de las cinco regiones, mediante la introducción de las leyes y costumbres romanas, la construcción de carreteras, la fundación de nuevas ciudades, el culto imperial y la celebración del advenimiento de Augusto César como fundador del Imperio y salvador del mundo.

La Primera Carta de Pedro también fue escrita, por otro lado, para promover la unidad de los habitantes de las cinco regiones, pero no alrededor de la figura del emperador. La unidad debía promoverse mediante el evangelio de Jesucristo y la formación de una familia de fe y amor, en la cual los pueblos de Anatolia y del mundo pudieran encontrar un hogar. Si bien el autor de la epístola menciona en su introducción las cinco provincias o regiones ya mencionadas, el escrito se puede entender, sin embargo, como una carta abierta a todos los creyentes que vivían fuera de Jerusalén y sufrían por su fe. La costumbre de publicar cartas abiertas ya viene del AT. El capítulo 29 de Jeremías puede considerarse un buen ejemplo de carta abierta dirigida a todos los judíos de la dispersión. Muchos creen que el libro de Santiago también puede clasificarse como una carta abierta, lo mismo que la mayoría de las llamadas cartas católicas.

La verdad es que sabemos muy poco acerca de la vida y actividades del apóstol Pedro después del incidente en Antioquía relatado en Gálatas 2. Según se cree, Pedro y los demás apóstoles salieron de Jerusalén después del año 41, en medio de un fermento revolucionario provocado por un intento del emperador Calígula de instalar una imagen en el templo de Jerusalén, y por la decisión de las autoridades civiles de adoptar una política de mano dura en contra de la iglesia y especialmente en contra de los apóstoles. En medio de la zozobra que reinaba en Judea, el gobernador Herodes Agrippa I mandó decapitar al apóstol Santiago, hermano de Juan, y también ordenó la encarcelación de Pedro y su ejecución después de la fiesta de la Pascua. Después de una liberación milagrosa de la prisión y una muerte segura, Pedro salió de Judea y se fue a Cesarea (Hch 12:19). Los demás apóstoles también abandonaron la ciudad santa, entregando la administración de la iglesia madre a Santiago el Justo y a los ancianos de la congregación.

Este Santiago, escogido para ser el líder de los creyentes judíos de Jerusalén, no fue Santiago el hermano del apóstol Juan, sino Santiago el Justo, el hermano de Jesús y autor de la Carta Universal de Santiago, un escrito que llegó a ser parte del canon del NT. Santiago fue el líder de la iglesia hasta su martirio en el año 63. Su muerte la tramó el sumo sacerdote, quien se aprovechó de la muerte del gobernador romano Porcio Festo para reunir al Sanedrín con el fin de acusar y condenar a Santiago por el crimen de violar la ley de Moisés. Hay investigadores que creen que durante este periodo Simón Pedro quizá estuvo proclamando el evangelio entre judíos y gentiles en Siria, Anatolia, y Grecia, antes de su llegada a Roma.

UNA RECOMENDACIÓN AL LECTOR DE 1 PEDRO

Para el que estudia 1 Pedro será de gran utilidad leerla no sólo en una de las muchas traducciones modernas, sino también en una de las versiones más antiguas, en las que se utiliza una forma diferente para la segunda persona del plural (*vosotros*). La eliminación de la segunda persona del plural en la mayoría de las regiones hispano o angloparlantes, es una característica de nuestras sociedades individualistas, en las que los intereses y prioridades del yo han desplazado el enfoque comunitario que antes solía ser una de las características más importantes de la cosmovisión de nuestros antepasados. En 1 Pedro abunda el uso de la segunda persona del plural. En primer término, Pedro tiene en la mira a comunidades de hermanos unidos en amor, y no individuos divorciados de la comunidad e interesados en su propia autorrealización. Nos necesitamos uno a otro. El uso de tantos verbos en la segunda persona del plural nos indica que la carta se escribió para que la lea una congregación reunida para estudiar la Palabra de Dios. Los primeros destinatarios de la carta no la leyeron en soledad en sus propias habitaciones, sino en comunidad (González 2010:152; 11).

TEMAS PRINCIPALES DE 1 PEDRO: (1) LOS CREYENTES SON PARTE DE UNA NUEVA DIÁSPORA

¿Por qué en 1 Pedro 1:1 se llama a los destinatarios de la carta los expatriados de la dispersión (diáspora)?

Nos toca ahora fijarnos en los términos utilizados para caracterizar a los destinatarios de la carta. El primer término es: expatriados (παρεπιδήμοις en griego). En otras versiones del NT en castellano, el término se traduce como forastero o extranjero. Técnicamente el vocablo griego designa como forastero a uno que vive sólo transitoriamente en un lugar foráneo (Brox 1994:80). A una persona se la puede considerar expatriada, tanto en un sentido social o político, como en uno espiritual o metafórico. En la Septuaginta, el AT en griego, se encuentra la palabra en dos pasajes: Génesis 23:4 y Salmos 39:12. En Génesis 23 se nos dice que Abrahán les compró a los habitantes de Hebrón una cueva para sepulcro de su esposa Sara. En sus negociaciones con los hombres de la ciudad el patriarca se describe a sí mismo como un forastero, uno que vive en carpas y se traslada de un lugar a otro con sus animales, sin tener una residencia fija. Abrahán declara: "Yo soy entre ustedes un extranjero, un <u>forastero</u>." En Salmos 39:12 el salmista manifiesta: "Ciertamente, para ti soy un extraño; soy un advenedizo, como mis antepasados." En el texto de Génesis Abrahán habla de sí mismo como un forastero en un sentido social, mientras que el salmista utiliza el mismo término en un sentido metafórico o espiritual. Ni el salmista ni sus antepasados habían sido siempre adoradores del Señor o ciudadanos del reino de Dios; habían vagado por el mundo de los ídolos y de los espíritus hasta encontrar finalmente refugio en el Creador de cielos y tierra. A pesar de su pasado y los pecados de sus antepasados, el salmista clama al Señor porque sabe que él lo había llamado y elegido.

En el sentido social, había gran número de forasteros en el mundo en que Pedro vivía cuando escribió su primera epístola. En el tiempo del NT el Imperio Romano fue escenario de grandes migraciones y movimientos de pueblos. Muchos territorios habían sido invadidos por tribus de bárbaros en procura de tierras para la agricultura y el pastoreo. En busca de trabajo y una vida mejor, gran número de personas abandonaron sus pequeños pueblos de origen con el fin de establecerse en las grandes ciudades del Imperio. En los mercados públicos de las ciudades principales de Anatolia, se vendían esclavos provenientes de los territorios conquistados por los romanos. Los mercenarios reclutados para defender las fronteras del Imperio fueron apostados en regiones apartadas, lejos de sus lugares de nacimiento; y muchos cautivos fueron reubicados en otros territorios para evitar levantamientos en contra de sus conquistadores. Tal fue la política de los babilonios y asirios después de conquistar a Israel y Judá. Miles de israelitas fueron desarraigados de su tierra sagrada para ir a vivir como extranjeros en otros territorios de los imperios de Mesopotamia. La Unión Soviética aplicó una política similar con respecto a algunos de los pueblos indígenas europeos y asiáticos, que fueron agregados al imperio soviético (Chechenia, Latvia, Estonia, Lituania).

Los expatriados en el sentido social o político eran, por definición, personas sin ciudadanía y sin los beneficios y derechos de los ciudadanos. Carecían de la protección legal de la que gozaban los antiguos habitantes de los territorios nombrados por el apóstol (Hoornaert 1988:31-32). Según muchos intérpretes modernos, el empleo de la palabra "forastero" debe entenderse principalmente como una designación sociológica, que subraye la afinidad de los destinatarios de 1 Pedro con los millones y millones de migrantes legales e ilegales del mundo moderno. En pocas palabras, los expatriados a quienes Pedro se dirige eran, en su mayoría, pobres y marginados tanto económica como política y socialmente. Vale decir que ya en el primer versículo de su epístola Pedro aboga por una preferencia providencial para los marginados dentro del Imperio Romano. En consonancia con muchos intérpretes modernos, dicha preferencia providencial debe alertar al lector sobre el punto de vista antiimperialista del autor de la carta, y de la naturaleza subversiva de la misma.

El profesor David Balch ha comparado la situación socioeconómica de las zonas rurales en muchas partes del Imperio, con la situación de los campesinos romanos descrita en las historias de Plutarco y Dionisio de Halicarnaso, y popularizada por William Shakespeare en su drama *Coriolano*. Según relatan dichos autores, los terratenientes y miembros de la vieja aristocracia romana solían tener mucho grano guardado en sus almacenes; y en vez de vendérselo al pueblo a un precio justo, lo acaparaban en sus depósitos para crear así una hambruna entre los agricultores pequeños y el proletariado. De esta manera los acaparadores vendían, más tarde, el grano a un precio mucho más elevado. La gente del campo, sin tener semilla para sembrar, ni grano para comer o para alimentar a sus animales, se vio obligada a abandonar sus campos y sus animales y migrar hacia las ciudades y convertirse, así, en forasteros en búsqueda de comida. Y así, con el apoyo del famoso general Coriolano, los miembros de la aristocracia lograron apoderarse de los campos abandonados por los pobres campesinos. Según relatan los historiadores, el choque social entre los acaparadores y el populacho amenazaba debilitar a Roma y dejarla indefensa ante sus enemigos. Al final, Coriolano fue condenado por el Senado como enemigo de la ciudad, y expulsado de Roma.

Según lo ve el profesor Balch, lo que pasó en los días de Coriolano y en el tiempo de 1 Pedro se parece mucho a la situación que impera en muchas partes de América Latina. De acuerdo con las cifras que presenta Balch, profesor de un seminario luterano de California, el gobierno de México ha expropiado miles de hectáreas de terreno de los pueblos indígenas de Oaxaca y Veracruz, para entregarlas a compañías mineras extranjeras. Esto resultó en la migración de medio millón de campesinos de Oaxaca a los Estados Unidos. Hechos como estos han inducido a muchos investigadores del NT a creer que los extranjeros y forasteros mencionados en 1 Pedro son las víctimas de la avaricia de las élites dominantes y de un sistema socioeconómico injusto y opresivo (Balch 2017:651-665).

Según otros investigadores, sin embargo, las palabras "expatriados" y "dispersos" no deben interpretarse exclusiva o principalmente como términos que describen la condición social o política de los destinatarios. Aunque entre los destinatarios de la carta hubiera personas marginadas en un sentido político o social, se cree que la mayoría de ellos podrían, al mismo tiempo, ser calificados como expatriados o transeúntes en un sentido religioso, espiritual o metafórico. Es decir, los expatriados y dispersos podrían ser personas que habían sido expulsadas de su familia, clan, gremio, comunidad, templo, o sinagoga, por haber confesado a Cristo como su Señor y por haber dejado de lado las imágenes, santuarios, altares familiares, sacrificios y ceremonias fúnebres tradicionales (Kraftchick 2014:86). Por no observar estas y otras prácticas idolátricas, muchos cristianos llegaron a ser considerados expatriados por los miembros de su propia familia, clan o tribu. O sea que la diáspora de la cual se habla en 1 Pedro, es el nuevo estatus de los creyentes seguidores de Cristo expulsados del seno de sus propias familias y comunidades. La causa de su rechazo por parte de la sociedad a la cual pertenecían es que se hicieron cristianos; y es precisamente el rechazo la razón del sufrimiento de los amados (Watson 2012:58).

Es probable que entre los expatriados que menciona Pedro hubiera judíos excomulgados de su sinagoga por haber confesado a Cristo como Hijo de Dios. En Juan 9 leemos de un ciego de nacimiento que fue insultado, condenado, y expulsado de la sinagoga por haber confesado a Jesús. En la misma historia dice el evangelista que los padres del ciego "tenían miedo de los judíos, pues éstos habían acordado expulsar de la sinagoga a quien confesara que Jesús era el Mesías". En las sinagogas de la diáspora no predominaba una política única en cuanto a quién podía ser acusado de apostasía y expulsado de la congregación. Lo que se permitía en una sinagoga podía ser considerado herejía en otra. Entre las cosas que podían ser consideradas una apostasía que merecía la excomunión de la sinagoga pueden mencionarse:

(1) No guardar el día de reposo; (2) No circuncidar a los hijos; (3) Casarse con un gentil; (4) Abandonar las tradiciones ancestrales; (5) Ofrecer sacrificios a dioses ajenos; (6) Despreciar la Torá; (7) Adoptar las costumbres de los gentiles.

Del Libro de los Hechos y de los escritos del apóstol Pablo sabemos que éste fue considerado apóstata y hereje por los de su propio pueblo, al punto que en varias oportunidades los de su propia raza procuraron asesinarlo (Hch 21:31; 23:12-22; 2 Co 11:26), pues ya no lo consideraban miembro de la familia sino un extraño, hereje o intruso. En muchas partes de Anatolia, los miembros de las comunidades cristianas también fueron considerados extraños, errantes, herejes, e intrusos por sus contemporáneos. No fueron forasteros o intrusos en sí, sino que los que habían establecido las normas de la sociedad determinaban quién era uno de ellos o quién era un forastero. No existía una política uniforme entre las sinagogas de la diáspora en cuanto a qué decisión tomar respecto a los miembros de la comunidad judía que eran seguidores de Jesús. En algunos casos los judíos que seguían a Cristo eran tolerados y hasta protegidos por la comunidad judía, mientras que en otros casos eran excomulgados y hasta denunciados a las autoridades romanas como herejes. El hecho de haber sido excomulgado de una sinagoga, no quería decir que hubiera sido excomulgado automáticamente de todas las sinagogas de la diáspora. Las diferencias entre las sinagogas de la diáspora eran tantas, que muchos historiadores optan por hablar de los "judaísmos" de la diáspora, pues para ellos no existía tal cosa como un judaísmo normativo.

Sin lugar a duda, en las cinco provincias mencionadas en 1 Pedro 1:1 hubo unos cuantos judíos que por alguna razón habían sido excomulgados y, consecuentemente, se sintieron como expulsados del pueblo de Dios (Barclay 2016:141-156). Según Stark (2002:133-139), la mayoría de los miles de judíos de la diáspora había sido helenizada. Ya no hablaban hebreo o arameo; muchos de ellos habían dejado de cumplir todas las leyes sobre comidas prohibidas; otros se habían casado con gentiles; aun otros no creían que fuera un pecado comer con gentiles o ponerle a un hijo el nombre de una deidad pagana. Entre los judíos esparcidos por el imperio, había artesanos urbanos o comerciantes, pero también agricultores que vivían en el campo. Otros eran descendientes de los mercenarios judíos contratados por los antiguos reyes paganos de Anatolia. La mayoría de las sinagogas de la diáspora no contaba con un edificio como lugar sagrado para la adoración y la enseñanza. Al igual que los cristianos, la mayor parte de los judíos de la diáspora se reunía en las casas de los fieles (Rajak 2018:155).

A los expatriados que vivían en la diáspora hay que sumar también a los samaritanos que se consideraban a sí mismos verdaderos israelitas, pero que no eran reconocidos como tales por muchas sinagogas judías de la diáspora, es decir, por los miembros de las tribus de Judá, Benjamín, y Leví. En la diáspora existían varias sinagogas samaritanas, y también personas que por alguna circunstancia habían sido excomulgadas de estas. Estas personas también deben ser incluidas entre los expatriados y exiliados a los que Pedro envió su epístola. Las historias que relatan el amor de Jesús por el pueblo samaritano (Jn 4), tienen que haber inducido a muchos samaritanos de la diáspora a integrarse a la nueva familia de la fe, en la cual judíos y samaritanos podían vivir en paz hermanados en Cristo.

Durante el tiempo de los césares, los romanos creían que las victorias sobre sus enemigos, su expansión hacia el norte y el oriente, y la prosperidad del imperio se debían a su devoción por sus dioses y a su fiel cumplimiento de los ritos, sacrificios, y banquetes celebrados en su honor. Temían que el rechazo de los antiguos dioses y su culto atrajeran la pérdida del favor de los dioses. A los cristianos se los acusó de ser ateos porque no creían en los antiguos dioses. En vez de reunirse en los templos y santuarios reconocidos por el Estado, se congregaban en *sodalitates*, o sea asambleas ilegales. Los cristianos eran considerados como una perversa secta oriental que había invadido el imperio. Eran como una enfermedad dentro el cuerpo romano, que tenía que ser extirpada. En pocas palabras, para los romanos tradicionales los cristianos habían dejado de ser romanos. Debía considerárselos forasteros, extranjeros, expatriados o peregrinos, pero nunca ciudadanos o nativos. Según esta interpretación del texto, los creyentes, expulsados de la sociedad romana, fueron un pueblo de extranjeros y peregrinos (Feldmeier 2008:9-17).

LOS HUÉRFANOS ABUNDABAN ENTRE LOS DESTINATARIOS DE LA CARTA

Al discutir la identidad de los expatriados y dispersos entre los destinatarios de la carta, no hay que olvidar la gran cantidad de huérfanos que fueron parte de las primeras comunidades cristianas. Se calcula que el 25 por ciento de los niños del Imperio Romano había sufrido la pérdida de sus padres antes de alcanzar los diez años de edad. Debido a los conflictos armados, las pestilencias y los frecuentes divorcios en la sociedad romana, gran número de niños eran criados por sus tíos, abuelos, por esclavos, y extraños. Niños no deseados –especialmente los deformes–, enfermos, bastardos, y mujeres eran abandonados en el bosque o en una intersección, esperando que fueran recogidos por personas compasivas o fueran devorados por las fieras. Siguiendo el ejemplo de los esenios, los cristianos recogían huérfanos y niños abandonados, niños de la calle, para adoptarlos y criarlos en la fe en Cristo. Según relata el historiador Josefo, había esenios que no se casaban, sino que vivían en comunidades monásticas cerca del Mar Muerto. El crecimiento numérico de la secta dependía en gran medida de la cantidad de niños recogidos y criados por ellos. A los cristianos no les importaba si la criatura que adoptaban era una niña con defectos físicos, hija de un senador, criminal, esclavo o prostituta. La adoptaban para ser parte de la familia de la fe. Toda la comunidad cristiana desempeñaba el papel de padre y madre de la criatura, y asumía la responsabilidad de educarla en la fe.

Margaret MacDonald ha dedicado una buena parte de su carrera a estudiar la situación en que vivían los niños en la Iglesia Primitiva. Dice la doctora MacDonald que muchos niños nacidos como esclavos, fueron separados en su niñez de sus progenitores al ser estos vendidos a otros amos (2014:39). Es decir, nunca llegaron a conocer lo que se dice una vida familiar. Según las leyes romanas, los niños que nacían esclavos no pertenecían a sus padres biológicos sino a su amo, el cual tenía el derecho de venderlos. Así quedaban separados de sus padres. Estos infantes, juntamente con sus amiguitos, frecuentaban las reuniones que se celebraban en las casas donde los cristianos adoraban al Señor e instruían a los nuevos creyentes, futuros líderes, y niños y niñas. Las iglesias que se reunían en casas no fueron solo centros de oración y adoración, sino también escuelas y familias para los que carecían de familia. El relato evangélico de que el Salvador vino al mundo como un niño pobre acostado en un pesebre hizo de los niños algo sagrado para los seguidores de Jesús. Al prestar amor, cuidado, y aceptación a los niños, los cristianos mostraban su gratitud a Dios por la encarnación del Rey del universo en la persona del niño Jesús (Ulhorn 1883:91).

LAS CASAS DE LOS PRIMEROS CRISTIANOS SIRVIERON DE ESCUELAS

No solo los cristianos, sino también los fariseos y los esenios dieron preferencia al hogar como escuela. En las escuelas hogareñas de los cristianos se le dio mucha importancia a la educación de las novias y recién casadas. Puesto que muchas jóvenes se casaban a muy temprana edad, no estaban preparadas para administrar una casa, preparar las comidas, y criar a los pequeños. Las viudas y señoras mayores de la comunidad se dedicaban a la tarea de educar a las jóvenes. Con el correr de los años el oficio de maestro llegó a valorarse más y más en la consolidación del movimiento cristiano y en su crecimiento numérico. Una de las tareas de los maestros cristianos, como Timoteo y Tito, fue la preparación de una nueva generación de líderes para las comunidades cristianas. Una de las herramientas más útiles para tal preparación fue la memorización y constante repetición de credos e himnos, semejantes a los que se encuentran en 1 Pedro.

Es probable que los pasajes de 1 Pedro que parecen ser credos, se incluyeron en la epístola con la idea de educar a los marginados que llegaban a ser parte de la comunidad. Desde una perspectiva pedagógica, la repetición de los credos es una manera de grabar la nueva fe en la mente y el corazón de los miembros de la comunidad, particularmente en los niños. Esta clase de evangelización ayudó grandemente en el crecimiento de la Iglesia Primitiva; además, fue un modo de evangelizar en el que todos participaban (MacDonald 2014:154-156). Al confesar los credos y entonar los himnos y cantos espirituales, desde muy temprana edad los niños aprendían a comunicar la fe a otros niños.

Los credos, declaraciones de fe, himnos y exhortaciones morales que encontramos en 1 Pedro constituyeron todo un pénsum, o currículo, para el sacerdocio real, o sea, la comunión de todos los santos. Si todos los miembros de la congregación son parte de un sacerdocio santo, entonces es necesario brindar a los miembros de esa comunidad cristiana una preparación doctrinal, confesional, y litúrgica, con el fin de capacitarlos para la realización de su vocación cristiana. En otras palabras, la educación teológica es para toda la comunidad, y no solamente para los que aspiran al liderazgo.

En nuestra exposición intentaremos leer la carta de Pedro desde nuestra perspectiva, la de América Latina y la historia de la iglesia entre los latinos. América Latina, como la antigua Anatolia del tiempo de los apóstoles, es una gran mezcla de pueblos, lenguas, razas, culturas, y religiones. Muchos expatriados y dispersos fueron traídos a América como esclavos, en contra de su voluntad. Otros, que huían de invasiones, guerras y revoluciones, sequías, hambres, persecuciones y pestilencias, buscaron refugio en las selvas, llanos, costas, y ciudades de nuestro continente. En las barriadas, rancherías y favelas de los contornos de nuestras ciudades viven millones de expatriados y dispersos.

LAS IGLESIAS DE LOS PRIMEROS CRISTIANOS SE PRESTARON COMO REFUGIO DE LAS MASAS

Muchas nuevas iglesias, en particular las pentecostales, han descubierto que los nuevos inmigrantes que llegan a las grandes ciudades de América Latina constituyen un campo blanco para la evangelización. Los que se mudan del campo a la ciudad son personas que no sólo procuran mejores empleos, escuelas, servicios médicos, y mejores condiciones de vida; también quieren ser parte de una comunidad, ser una familia, y tener una razón de ser. Hace años un famoso sociólogo cristiano fue comisionado para llevar a cabo una investigación sobre la causa del gran crecimiento de las iglesias evangélicas en Chile y Brasil. En el título del libro que escribió, da a entender cuál es, en su opinión, la razón de ese crecimiento. El libro se llama: *El refugio de las masas*. Uno de los libros de mayor influencia –y debate– sobre 1 Pedro lo escribió otro sociólogo y teólogo cristiano, John Hall Elliot. El título de su obra es *A Home for the Homeless* (*Un hogar para los destituidos*). Ambos libros son un llamamiento a tener en cuenta que en nuestro contorno viven millones y millones de expatriados, dispersos, y marginados en un sentido político, social, y económico. Nos hacen recordar a las palabras de Cristo en Mateo 25:35: "Fui forastero y me recibieron." Pero esto es solamente una parte de nuestra realidad.

En nuestra historia y realidad, viven millones de personas que podrían ser descritas como expatriados, dispersos, y marginados en un sentido metafórico o espiritual. En América Latina el panorama se presenta así: Durante mucho tiempo, las personas que habían abandonado la religión tradicional de su familia o de su pueblo, tuvieron que sufrir el rechazo, desprecio, y burla de familiares, amigos, patrones, y vecinos. Muchos de ellos, como los cristianos de Anatolia, han sido expulsados de sus familias, tribus y pueblos, por haber abandonado los ídolos y prácticas idolátricas de sus comunidades. Vale decir que para sus semejantes que prefieren seguir rindiendo culto a los espíritus de sus antepasados, han llegado a ser un pueblo de extranjeros y peregrinos La segunda estrofa del cántico: *Hay una senda que el mundo no conoce,* expresa el sufrimiento espiritual que han tenido que afrontar tantos cristianos en nuestro medio:

Mis familiares y todos mis parientes
Fueron las gentes que yo relacioné,
Me despreciaron por causa de su nombre,
Cuando supieron que a Cristo me entregué.

Nuestra opinión es que no se puede hacer lo que han hecho algunos investigadores académicos de establecer una separación tan nítida entre forasteros sociales y forasteros espirituales. En nuestro ministerio entre hispanos, hemos tenido contacto con centenares de personas que son tanto forasteros sociales como espirituales. Bien pudo ser que entre los expatriados a los que va dirigida la carta de Pedro, había personas que podían describirse como extranjeros en un triple sentido. Es decir, expatriados que vivían alejados de su tierra natal, pero también alejados de amigos y familiares por causa del evangelio. Al mismo tiempo, todos los que profesamos nuestra fe en Cristo, vivimos lejos de la Nueva Jerusalén, la ciudad celestial que es nuestra verdadera patria. Como Abrahán (Gn 23:4) y Moisés (Ex 2:22) en el AT, los destinatarios de la carta, tanto antiguos como modernos, son extranjeros en tierra extraña. Al escribir a los filipenses, que vivían en una ciudad que era colonia romana, el apóstol Pablo les recuerda a sus lectores que nuestra verdadera ciudadanía no está en el Imperio Romano, ni en cualquier otro imperio, sino en los cielos (Flp 3:20).

Sentirse como "fuera de casa" en nuestro mundo es algo que vivieron no sólo los destinatarios de 1 Pedro, sino que también lo viven infinidad de cristianos de la actualidad. Los cristianos vivimos en un mundo donde predominan valores, normas, y pautas que nada tienen que ver con Dios y su voluntad para con el género humano. Es un mundo que constantemente está presionándonos a conformar nuestras vidas a filosofías y modelos de conducta extraños para un creyente. En lo más íntimo del hombre existe un anhelo por volver al paraíso perdido o a una ciudad santa en la cual mora la justicia. Un escritor ha dicho que en su peregrinación por el mundo el ser humano anda como el mitológico héroe Odiseo, procurando inconscientemente el camino que conduce a su verdadero hogar (Goldingay 1994:316). En uno de los primeros himnos que aprendieron nuestros antepasados cristianos en América Latina, se entonaban las siguientes líneas:

> Yo soy un pobre peregrino cargado de tribulación,
> Mas con sincera fe espero la eterna gloria de Sión.
> En la hermosísima ribera del río de la vida y luz,
> Gozaré de dicha eterna al lado de mi buen Jesús.
> El mundo no podrá quitarme la paz que halló mi corazón.
> Pues con Jesús podré gozarme de la más dulce comunión.
> *Himnos de Fe y Esperanza #304*

Como cristianos que vivimos en un mundo cada vez más secularizado, tenemos que darnos cuenta de que se ha terminado lo que algunos llaman "la cristiandad", o sea, una sociedad supuestamente cristiana dirigida y controlada por una iglesia institucionalizada. Hubo un tiempo en que los teólogos opinaban que cuando el Imperio Romano y su emperador adoptaron la fe cristiana, eso significaba el establecimiento del reino de Dios en la tierra. Pocos son los que abrazan tal sueño hoy en día. La realidad es que las iglesias ya no controlan la sociedad y sus instituciones. Es muy difícil caracterizar nuestra sociedad moderna de cultura cristiana. Los cristianos no constituimos una mayoría entre las naciones modernas, sino una minoría marginada que en muchas partes es despreciada, odiada, y hasta perseguida. Desde la perspectiva de nuestra realidad histórica, y especialmente de nuestra experiencia hispana, los exiliados a quienes se dirige Pedro somos, hoy en día, nosotros. Al estudiar 1 Pedro nos toca determinar, con la dirección del Espíritu, el modo de preservar nuestra identidad y cumplir con la misión de familia de Dios en una sociedad pagana.

¿Cuál debe ser la vida y conducta de los cristianos que viven como forasteros en la diáspora?

Los creyentes dispersos del Ponto, Galacia, Capadocia, Asia, y Bitinia, no fueron los primeros creyentes obligados a aprender a vivir como extranjeros y forasteros entre personas que no conocían ni adoraban al Dios verdadero. Más de setecientos años antes de Cristo el reino de Israel, compuesto por diez de las doce tribus de Jacob, fue invadido por Sargón II de Asiria, y sus habitantes llevados cautivos a Asiria y a las ciudades de los Medos (2 R 18:11). Ciento cincuenta años más tarde, otro invasor, Nabucodonosor de Babilonia, invadió el reino de Judá en el sur de Palestina, y llevó cautivos a la mayoría de los miembros de Judá y Benjamín, dispersándolos en otros territorios dominados por Babilonia. Varios de los libros que hoy son parte del AT en griego, fueron escritos para ayudar a los israelitas cautivos a vivir como forasteros y extranjeros en tierra extraña. Los mismos libros, juntamente con 1 Pedro, fueron una guía de fe y conducta para las comunidades cristianas de Anatolia. Según la investigadora Shively Smith, la lectura del mensaje para los judíos cautivos, contenido en los libros de Daniel, Ester, Tobías, y la Carta de Aristeas, puede orientarnos a entender mejor 1 Pedro (Smith 2016:117-140).

Una lección que ofrecen los libros del AT –y los apócrifos– para los cautivos es que el Dios verdadero está presente allí donde hay creyentes dispersos. No se necesita un templo, un altar o un santuario hecho por hombres para estar en la presencia de Dios y oír su voz. En las obras citadas arriba se pone énfasis en el modo en que Dios se comunicaba con los cautivos judíos allí donde ellos se encontraban, por medio de sueños, visiones, y la visita de ángeles. Otra lección que brindan los mismos libros, especialmente el de Daniel, es que los reinos e imperios responsables por la dispersión de los israelitas son de corta duración. Todos recibirán el justo castigo que merecen sus idolatrías e injusticias (Smith 2016:87-116).

Algo más que la literatura de la cautividad enseña es que los forasteros escogidos cumplen mejor su misión si participan de la vida cultural de su medio ambiente pagano sin perjuicio de su fe en Dios. Daniel y sus tres amigos estudiaron y aprendieron el idioma, la literatura, y la sabiduría de Babilonia. El rey Nabucodonosor hasta les impuso nombres babilónicos, así como muchos hispanos de los EUA. tienen dos nombres, uno hispano y otro gringo. Los miembros de la diáspora judía en Babilonia y Asiria tuvieron, en gran parte, una vida bicultural. Mediante sus ayunos y oraciones tres veces al día, Daniel y sus amigos mantuvieron su identidad de miembros del pueblo de Dios. Pero al mismo tiempo sirvieron en la administración pública del gobierno babilónico, aunque sin adorar a los ídolos paganos. Los tres amigos de Daniel prefirieron ser echados vivos al horno de fuego ardiente antes que adorar la gran imagen que el rey había mandado levantar. Daniel prefirió ser arrojado al foso de los leones antes que dejar de adorar a su Creador. El libro apócrifo de Tobías insta a los judíos a no olvidarse de la ayuda que les deben a los pobres, las viudas, y los huérfanos. Tampoco deben olvidarse de la responsabilidad que tienen los judíos fieles de enterrar a los muertos.

En los libros mencionados, los protagonistas vivían en dos mundos; al igual que los destinatarios de la Primera Carta de Pedro, llevaban una vida dual. Fue una gran ventaja para el cumplimiento de su misión. Puesto que los creyentes de la dispersión son biculturales, pueden traducir sus creencias y comunicárselas a sus vecinos incrédulos. Si bien en algunas partes del AT y las tradiciones rabínicas se ha interpretado la diáspora como un castigo de Dios hacia un pueblo rebelde (Jer 41:12-22), no es este el caso de 1 Pedro y los demás escritos del NT (Smith 2016:159-161). Para Pedro, los creyentes son extranjeros en tierra extraña a fin de compartir el mensaje de salvación con los que no conocen la verdad. La profesora Shively opina que no sólo los destinatarios de 1 Pedro, sino también todos los cristianos somos extranjeros y forasteros en la dispersión. Al igual que los creyentes a quienes Pedro escribe, nosotros también nos encontramos en una diáspora contemporánea, con la finalidad de instar a los que están en las tinieblas a que conozcan la luz del evangelio. En vez de ser un castigo, la diáspora es, para los cristianos del NT, un instrumento por medio del cual el Señor impulsa a su pueblo a proclamar las buenas nuevas a todos los pueblos, razas, tribus, y naciones del mundo, en cumplimiento de Génesis 1:28 y Mateo 28:19-20 (Nacpil 2018:70). Precisamente por nuestra vocación como forasteros en la diáspora, sufrimos el oprobio y rechazo de los que todavía desprecian la soberanía de Dios y de su Ungido.

A pesar de todas las consideraciones mencionadas arriba, en ningún momento Pedro exige a los nuevos creyentes de Anatolia que renuncien a su identidad de griegos, romanos, tracios, judíos o frigios. Si bien son miembros de la familia de Dios, no dejan de pertenecer también a las cinco provincias. Nunca se les pide que abandonen sus hogares para formar una comunidad monástica en otra parte del mundo, donde no tendrían contacto con personas de otras razas, idiomas y costumbres.

"LA FAMILIA DE DIOS", ¿ES LA METÁFORA PRINCIPAL DE 1 PEDRO?

Gran número de investigadores de 1 Pedro opina que el tema o metáfora principal de la carta es la casa/familia de Dios. Es decir que, para todos los marginados, tanto en un sentido social como espiritual, existe una familia en la cual se encuentra aceptación, fraternidad, protección, perdón, purificación, y una razón de ser. La salvación es ser integrado a la familia de Dios. La palabra griega clave aquí es *οἰκία*, un término que se traduce como familia, reino, tribu, templo, gobierno, estado, ciudad o nación. Al hablar de la familia de Dios, no se tiene en mente un pequeño núcleo familiar consistente tan sólo de una pareja y sus hijos, sino de una casa grande que incluye padres, hijos, tíos, primos, nietos, clientes, siervos domésticos, y trabajadores del campo. En el AT se habla de toda la casa de Israel, o de la familia de Abrahán, o de los hijos de Israel. Los sacerdotes y levitas constituían la "casa de Aarón". En Filipenses 4:22 los santos que son de la "casa de César" mandan sus saludos a los hermanos de Filipos. En este pasaje "casa de César" denota los miles de siervos, esclavos, oficiales, militares y ministros que constituían la administración imperial. En Juan 14:2 Jesús les dice a los discípulos: "En la casa de mi Padre hay muchos aposentos." Hay investigadores que creen que Jesús, al hablar de los muchos aposentos, se refería a las comunidades cristianas esparcidas por el mundo, en las que los extranjeros y forasteros podían encontrar refugio.

En Mateo 12:25 el Señor declara: "No hay casa o ciudad que permanezca, si internamente está dividida." De acuerdo con este pasaje, el diablo también tiene una casa, o un reino. En Mateo 12:29 se habla de la casa de un hombre fuerte (el diablo), cuya casa Jesús había venido a saquear. En los evangelios y las epístolas de Pablo se hace referencia a los líderes de la iglesia con una palabra que contiene la raíz οἰκία. El término es οικονόμους μυστηρίων θεοῦ. O sea, mayordomos o administradores de los misterios de Dios (1 Co 4:1). Los filósofos, tanto griegos como romanos, sentían gran preocupación por la buena administración de la casa o el Estado, pues sabían que el bienestar de todos dependía de la οἰκονομία, la economía, la buena administración de una casa. Por tanto, los filósofos como Platón y Aristóteles, se dedicaron a escribir tratados y libros sobre la administración de la casa y de la polis. Se sobrentiende, en estas obras filosóficas, que la casa familiar hace las veces de un microcosmos del Estado. Así pues, el famoso libro de Platón, *La República*, es en efecto un tratado sobre la administración del Estado ideal. Quizá, para evitar malentendidos, el autor de 1 Pedro prefiere hablar de la familia de Dios y no del reino de Dios. La familia de Dios, y no el Imperio Romano, es el verdadero hogar de los extranjeros y forasteros destinatarios de 1 Pedro. Es probable que el apóstol no empleara el término reino de Dios, para que las autoridades no creyeran que el movimiento cristiano era una secta subversiva que quería reemplazar al Imperio Romano por un gobierno revolucionario, un reino del proletariado y de los esclavos.

SEMEJANZAS ENTRE 1 PEDRO Y LA CARTA A LOS HEBREOS

En el libro de Hebreos, una obra que tiene mucha afinidad con 1 Pedro, el autor exhorta a vivir por la fe, así como Abrahán, quien "habitó en la tierra prometida como un extraño en tierra extraña... porque esperaba llegar a la ciudad que tiene fundamentos, cuyo arquitecto y constructor es Dios" (Heb 11:9-10). Somos viajeros en tránsito, rumbo a la ciudad de Dios, como Cristiano en el libro *El Progreso del Peregrino,* de Juan Bunyan. Los que leyeron la obra de Bunyan recordarán el deprecio, la marginación y el rechazo que sufrió Cristiano de parte de sus amigos y familiares, por haber abandonado su anterior modo de vida.

En las Sagradas Escrituras, los forasteros y dispersos no son siempre, o necesariamente, personas pobres sin medios de subsistencia. Abrahán, Isaac, y Jacob tuvieron muchas posesiones, y sin embargo fueron forasteros y extranjeros. En la historia de las misiones es dable observar que los avivamientos espirituales indujeron a muchas personas a abandonar sus vicios: las bebidas, drogas, prostitución, fiestas patronales, y juegos de azar. Los creyentes neófitos podían, en adelante, invertir sus ganancias en la educación de sus hijos, la salud, la adquisición de una vivienda mejor, y la agricultura. Muchos de los que antes malgastaban su dinero cuando vivían en el paganismo, llegaron a gozar de un cierto grado de prosperidad en sus comunidades. En América Latina, la naciente prosperidad de nativos evangélicos ha provocado la envidia de vecinos y familiares no evangélicos. En algunos lugares del continente, tal prosperidad trajo como consecuencia la persecución y marginación de los creyentes. En ciertas partes de Chiapas se incendiaron capillas. Los creyentes fueron expulsados de la comunidad por sus propios familiares, y los pastores asesinados. Para los marginados la comunidad de los creyentes fue su nueva familia, una hermandad en la cual encontraron aceptación, comunión y, sobre todo, amor.

EL USO DE LA PALABRA "LOS DISPERSOS" PARA DESIGNAR A LOS DESTINATARIOS DE LA CARTA

La palabra griega que emplea Pedro para referirse a los dispersos es διασπορᾶς, de donde viene nuestra palabra "diáspora", término técnico que se usa para designar a los judíos que vivían fuera de Tierra Santa. En el AT dice que en el año 721 aC las diez tribus que vivían en el norte de Palestina fueron conquistadas por el rey Sargón II de Asiria y llevadas cautivas a diferentes partes de Mesopotamia, Media, y Persia. Siglo y medio más tarde (587/6 aC) los territorios de las tribus de Judá y Benjamín también fueron conquistados, estos por los babilonios, durante el reinado del gran rey Nabucodonosor. La mayoría de los judíos fueron llevados cautivos a Babilonia, donde estuvieron hasta la conquista de Babilonia por el rey Ciro de Persia, en el año 536 aC. Algunos judíos regresaron a Judá y Jerusalén gracias a un decreto de Ciro, que permitió a los judíos y otros pueblos dispersos volver a sus países de origen. La mayoría de los judíos e israelitas, sin embargo, siguió viviendo fuera de las fronteras de su tierra. A los judíos y samaritanos que se encontraban en otros países y territorios se los llamó "los dispersos" o la "diáspora".

LA DISPERSIÓN, ¿MALDICIÓN O BENDICIÓN?

Según el punto de vista de algunos profetas y maestros de Israel, la dispersión fue el resultado de la infidelidad, idolatría, e injusticia de los judíos. Los maestros esperaban que Israel se arrepintiera de sus pecados. Tal arrepentimiento induciría a Dios a perdonar a los hijos de Israel, y hacer volver a todos los judíos de la diáspora a la tierra que Dios le había prometido a Abrahán y sus descendientes. Otros maestros de Israel, en cambio, declararon que Dios permitió la dispersión con el propósito de que la enseñanza de la Torá tuviera como fruto muchos conversos o prosélitos entre los pueblos extranjeros en que vivían los dispersos (Green 1993:55). Así es como 1 Pedro y los demás escritos del NT consideraron a la diáspora no un castigo de Dios, sino una bendición, una oportunidad para proclamar las buenas nuevas de Jesús a todos los pueblos de la tierra. Aunque originalmente el término "dispersos" se empleó para designar a quienes fueron miembros del pueblo de Israel, en su carta Pedro aplica la designación a creyentes gentiles que vivían dispersos entre personas que no conocían a Dios verdadero. Hoy en día hay muchos dispersos entre nosotros. Por ejemplo, hay una diáspora cubana en Miami (EUA), una venezolana en España, otra centroamericana en Suiza y una colombiana en Tampa (EUA). Aunque muchos de los de las dispersiones lamentan ser extranjeros en tierra extraña, los creyentes deben considerar su situación como una gran oportunidad para ejercer su vocación, compartir el agua de vida con sus nuevos vecinos que no saben cuán dulce es esa agua.

La palabra diáspora se encuentra por primera vez en la Septuaginta de Alejandría, en Deuteronomio 28:25; 30:4-5. Deriva de una raíz que conlleva la idea de regar, esparcir, o desparramar. El término "dispersos" se usa por primera vez en el NT con referencia a los cristianos en 1 Pedro 1:1 y Santiago 1:1. Al usar el término con referencia a creyentes gentiles, Pedro declara que ellos, juntamente con los judíos creyentes, constituyen el nuevo pueblo de Dios de los últimos tiempos. Hoy en día se suele hablar de otras "diásporas", por ejemplo la "diáspora cubana en los Estados Unidos o en España", o la diáspora jamaiquina en Gran Bretaña. La mayoría de los comentaristas patrísticos opinaban que los destinatarios originales de 1 Pedro fueron casi todos judíos que vivían fuera de Tierra Santa (Bray 2002:111). Hoy en día, en cambio, casi todos los comentaristas opinan que los primeros destinatarios de la carta fueron gentiles recién convertidos a Cristo. La idea que sugiere la palabra "dispersos" es la de sembrar la semilla. Los creyentes de la diáspora se encuentran sembrados por todo el mundo para ser la sal de la tierra y la luz del mundo (Miller 1993:113).

Así pues, los dispersos a quienes Pedro escribe no se encuentran en un solo lugar o en una sola ciudad santa aquí en la tierra. No adoran en un solo edificio sagrado. El Señor a quien adoran no vive exclusivamente en un templo hecho por manos de hombres, sino que está en todas partes, y especialmente en todas las comunidades de adoradores en que se confiesa a Jesucristo como Señor. Los dispersos se encuentran regados en tantos diferentes lugares porque por medio del testimonio de los dispersos el Señor quiere bendecir a todas las familias de la tierra. Dios permitió la dispersión de los fieles en tantos lugares diferentes porque quiere que todo el mundo sea salvo. Ya en el día del primer Pentecostés cristiano se nota la presencia de peregrinos judíos y prosélitos de las provincias de Ponto, Capadocia y Asia (Hch 2:9). Es posible que algunas de estas personas se hubieran convertido por la predicación de Pedro, y al regresar a casa ayudaran a plantar las primeras comunidades de adoradores de Jesús en sus pueblos de origen. Se sabe de la presencia de judíos y de sus sinagogas en los territorios alrededor del Mar Negro gracias a una serie de inscripciones encontradas en las regiones de Pantikapaion, Fanagoria, y Gorgipia. Algunas de las inscripciones detallan la manumisión de un grupo de esclavos domésticos. A seis de los libertos se los declara libres de todo control, con la condición de que se dediquen al servicio de la sinagoga o casa de oración de los judíos (Harland 2014:27-31). Las inscripciones indican que la diáspora judía se había difundido por las provincias a las que Pedro envió su primera carta.

En el transcurso de los siglos, muchas diásporas o dispersiones han sido instrumentos del Espíritu Santo para llevar el mensaje de Cristo a otros pueblos, razas, tribus, y grupos étnicos. Después de la muerte de Esteban, relatada en Hechos 7, se desató una gran persecución en contra de la iglesia de Jerusalén, de manera que muchos creyentes se dispersaron por Judea, Samaria, el norte de África y de Siria, huyendo de sus enemigos. En todas las regiones donde los creyentes dispersos encontraron refugio, se proclamó a Cristo; y por medio de la Palabra se establecieron pequeñas comunidades de creyentes. Debe observarse que la carta de Pedro no está dirigida a un grupo de comunidades aisladas que no tenían conocimiento ni contacto entre sí. A pesar de la distancia entre una y otra congregación, y a pesar de costumbres e idiomas diferentes, las comunidades a las que escribe el apóstol constituían una sola familia. Las comunidades cristianas están en comunicación mutua y viven pendientes de las dificultades que sufren sus hermanos en la fe.

Aunque los medios de comunicación actuales no existían en el tiempo de Pedro, las noticias de los sucesos más importantes se daban a conocer por todo el imperio mediante la publicación de las *Acta*

Diurna o "eventos diarios". En el año 59 aC Julio César estableció oficialmente la publicación de las *Acta Diurna*. Al escribir sus historias, los historiadores -como Suetonio o Tácito- se valían de las *Acta Diurna* para recibir noticias y publicar las novedades que aparecen en sus publicaciones (Wright 2016:145-160). Por medio de este sistema de publicar los eventos diarios, los habitantes del imperio recibían noticias de los nuevos decretos relacionados con la necesidad de otorgar honores divinos al emperador. El alboroto de los plateros de Éfeso en contra de los cristianos también se debe haber publicado en estas actas.

LOS DESTINATARIOS DE LA EPÍSTOLA SE CONTABAN ENTRE LOS ELEGIDOS

El tercer término utilizado por Pedro para describir a los receptores de su carta es elegidos (ἐκλεκτοῖς en griego). Pedro les recalca a los creyentes en Cristo rechazados por sus comunidades y sus propios familiares, que los que han sido repudiados por el mundo han sido elegidos por Dios Trino. En la literatura cristiana la palabra elegido llega a ser sinónimo de cristiano.

En las Sagradas Escrituras el término elegidos se emplea para designar a los que habían sido escogidos con el fin de recibir un beneficio especial o llevar a cabo una misión importante. En el AT el pueblo de Israel fue apartado de los otros pueblos nombrados en Génesis 10, para constituir el pueblo especial de Dios. La elección de Israel no fue el resultado de su grandeza o de una gran hazaña; fue un acto de gracia, de misericordia inmerecida de parte de Dios, que elige lo necio y débil de este mundo para avergonzar a los que se consideran superiores a los demás (1 Co 2:26-29).

SIMÓN PEDRO LLAMADO A SER PESCADOR DE HOMBRES

Simón Pedro había aprendido por experiencia propia que Dios no llama a sus elegidos por su gran erudición, santidad o nobleza. Simón trabajaba como pescador juntamente con sus compañeros Andrés, Juan, y Santiago. Los evangelios sinópticos relatan que en cierta ocasión Jesús llegó a las orillas de lago de Galilea mientras Simón y sus compañeros estaban lavando sus redes. Jesús entró en la barca, la cual era de Simón, y le pidió que se apartara un poco de la orilla. Sentado en la barca y desde ese púlpito rústico enseñó a la multitud que venía buscando sanidad, salvación, y liberación de espíritus inmundos. Cuando terminó de hablar, Jesús le dijo a Simón: "Lleva la barca hacia la parte honda del lago, y echen allí sus redes para pescar" (Lc 5:1-10). Aunque abrigaba dudas en cuanto al éxito de la sugerencia de Jesús, Simón obedeció. El resultado de echar sus redes a las aguas fue la gran señal que se conoce como la pesca milagrosa. Al darse cuenta de lo sucedido, Simón cayó de rodillas ante Jesús y le dijo: "Señor, ¡apártate de mí, porque soy un pecador!" Entonces ocurrió otro milagro, más grande aún que la pesca milagrosa, Jesús no se apartó de Simón y sus compañeros.

El milagro comprendido dentro del milagro de la gran pesca es que Jesús no se aparta de nosotros por ser pecadores, sino que nos pesca a pesar de nuestra débil fe, pese a lo que somos y lo que hemos hecho. El milagro es que Jesús entra también en nuestra barca, para salvarnos y darnos una nueva razón de ser. ¿Cuál fue la reacción de Simón y sus compañeros al haber sido escogidos por Jesús? La primera acción de Simón fue un acto de adoración; el pescador del mar de Galilea cayó de rodillas ante Jesús, confesando sus pecados. Entonces Jesús expresó: "No temas, que desde ahora serás pescador de hombres." Luego Pedro y sus compañeros llevaron las barcas a tierra y lo dejaron todo para seguir a Jesús. Así, la segunda acción de Pedro y sus compañeros fue la de responder al llamamiento de ser pescadores de hombres, o sea, misioneros. A orillas del lago de Galilea Simón Pedro comprendió que el Señor nos pesca, nos elige, y nos llama para la adoración y la misión. En verdad, adoración y misión son el anverso y reverso de una misma moneda. Adoración y misión son las dos caras de lo que es ser discípulo de Jesús. La adoración y la misión no están enemistadas, sino que la adoración sin la misión no es adoración. Y la misión sin adoración no es misión.

Por experiencia propia, Pedro aprendió que antes de ser llamado a ser pescador de hombres uno tiene que ser un pez sacado del mar del pecado y echado en la red del Señor. Lo extraordinario es que Simón

Pedro fue elegido y llamado no sólo una, sino dos veces. Después de haber negado a Jesús en el patio del sumo sacerdote, y haber añadido así otro gran sufrimiento a la pesada carga que Jesús llevaba a la cruz, el Señor resucitado vino nuevamente a pescar a Pedro a orillas del mar de Galilea. En Juan 21 leemos que Jesús no sólo perdonó a Simón Pedro, sino que lo llamó una vez más para alimentar a las ovejas y corderos del redil del Buen Pastor.

Otra verdad que nos enseña 1 Pedro 1:1 es que la elección de Dios es universal. El Señor no llama únicamente a los miembros de una determinada raza, clan, estrato social o región geográfica para ser parte de su reino. La carta de Pedro fue escrita para los de raza judía que vivían lejos de Palestina, y también para los creyentes gentiles de cinco diferentes regiones de Anatolia. Los gentiles que vivían en estos territorios provenían de una mezcla de razas y lenguas de todas partes del Imperio Romano, y hasta de otros pueblos más allá de las fronteras del imperio. Aunque los primeros apóstoles creyeron que solamente los descendientes físicos de Abrahán podrían ser parte del nuevo pueblo de Dios, Pedro sin embargo aprendió en la casa de Cornelio (Hch 10:34) "que Dios no hace acepción de personas, sino que a él le agrada todo aquel que le teme y hace justicia, sea de la nación que sea".

Los destinatarios de la carta de Pedro, fieles gentiles, samaritanos o judíos por nacimiento, se reunían en pequeñas comunidades de creyentes en varias partes de las cinco regiones de Anatolia ya mencionadas. Los adoradores de Cristo no se reunían en templos adornados con mármol y metales preciosos, al estilo de los santuarios paganos. Los creyentes se reunían en casas, talleres, apartamentos humildes, y espacios públicos. Que los primeros creyentes se vieran obligados a reunirse en las casas o los apartamentos de los fieles fue en realidad una ventaja, que no un impedimento, para el avance del evangelio. De un golpe, las reuniones de las congregaciones en los hogares consiguieron superar cuatro de los obstáculos que tantas veces han frenado el crecimiento de la iglesia. Según McGavran, los cuatro obstáculos son: (1) El costo de un edificio. Librada de la necesidad de construir un templo, la comunidad puede, con sus recursos, ayudar a los hambrientos, los enfermos, los esclavos, y los presos. (2) El apego a la sinagoga. Las reuniones en casas (o comunidades de base) ayudan a alejar al grupo de la sinagoga y así integrarlo más a la comunidad de la sociedad gentil. (3) Escasa visión de oportunidades. Cuantas más familias, tantos más campos blancos tendrá la comunidad para sembrar la semilla. (4) Problemas de liderazgo. El problema se podría superar, pues cada padre de familia de la comunidad cristiana sería el anciano encargado de pastorear a la comunidad de base que se reúne en su casa (1970:217).

Por lo que se sabe, el primer edificio modificado para servir como santuario cristiano se encuentra en la ciudad fronteriza de Dura-Europos, en Siria. Entre los años 233 y 256 dC fue el lugar de adoración de los soldados romanos que llegaron a creer en Jesús. Originalmente fue una vivienda de familia, que después se convirtió en santuario. Se lo abandonó después de la destrucción de Dura-Europos por los persas. Los famosos frescos que adornaban la casa se encuentran en la actualidad en la galería de arte de la Universidad de Yale. Los frescos son una muestra del empleo hecho por los primeros cristianos de la pintura y los dibujos para manifestar su fe en Jesús. La existencia de una congregación compuesta de soldados romanos en la parte oriental del imperio nos lleva a preguntar si entre los destinatarios de 1 Pedro había también militares. En los evangelios y el libro de Hechos leemos que había soldados, hasta centuriones, que confesaron a Cristo (Mt 8:5-11; Mc 15:39). El apóstol Pedro proclamó el evangelio en la casa de un centurión llamado Cornelio, en Cesarea (Hch 10:48). En aquella ocasión Pedro bautizó al centurión juntamente con sus amigos y familiares. Ni Jesús ni Juan el Bautista ordenaron a los soldados a abandonar su profesión. A los soldados que preguntaron al Bautista qué debían hacer, les respondió: “No extorsionen ni calumnien a nadie, y confórmense con su salario” (Lc 3:14). Podría ser que entre los receptores de la carta de Pedro hubiera soldados que tuvieron que soportar los reproches y burlas de sus compañeros, porque rehusaban derramar la sangre de personas inocentes.

Sin duda muchos de los miembros de las comunidades de creyentes fueron esclavos, y en la carta hay indicios de que entre los lectores y oyentes de 1 Pedro hubo también personas de otras clases sociales, incluyendo a miembros de la élite cultural de las principales ciudades de las cinco provincias mencionadas en el saludo inicial. Se ha observado que existen semejanzas entre el estilo en que se relatan los eventos de los cuatros evangelios y el libro de los Hechos, y los relatos que los historiadores grecorromanos -tanto residentes como ambulantes- prepararon para leer en templos, escuelas, asociaciones civiles y culturales para diversión del público. Algunos investigadores del mundo helénico creen que hubo autores cristianos que escribieron historias no sólo para la reflexión de una congregación de creyentes, sino para ser leídas también ante una audiencia mixta en un lugar público. Se cree que así el mensaje de Jesús logró ganar para la fe a personas bien vistas entre la élite de la polis, tal como sucedió cuando Pablo presentó el evangelio en el Areópago de Atenas (Last 2015:223-252).

Al igual que la epístola de Pablo a los Efesios, la Primera Carta de Pedro no contiene saludos personales a amigos y colaboradores del autor. Esto indica que lo mismo que la carta de Pablo a los Efesios, el de Pedro fue un escrito circular, llevado por un mensajero a una serie de comunidades cristianas situadas en las provincias mencionadas. Por lo tanto, encontramos investigadores que prefieren hablar de Primera de Pedro como una epístola y no como una carta. Lo hacen, porque entienden que una carta es un escrito con información personal dirigida a determinadas personas, mientras que una Epístola es un escrito más formal y doctrinal.

EL PAPEL DE LAS TRES PERSONAS DE LA TRINIDAD EN LA ELECCIÓN

En la mayoría de las cartas de la antigüedad al saludo le sigue una bendición en la que se alaba a Dios por las bendiciones y favores derramados sobre el autor y los receptores de la carta. No es por accidente o casualidad que en el saludo de Pedro se encuentre una referencia a las tres divinas personas de la Santísima Trinidad. Uno de los propósitos de Pedro al escribir su epístola es recordarles a los destinatarios su misión de anunciar los hechos maravillosos de Dios al mundo, y brindarles así un resumen de la fe a la que habían sido llamados. Dios, la Santa Trinidad, es uno de los hechos maravillosos, así como lo es la participación de cada persona de la Santa Trinidad en la elección y salvación de los escogidos. En el saludo de introducción de 1 Pedro están sembradas las semillas de lo que más tarde sería la doctrina de la Santísima Trinidad proclamada en los credos, himnos, y fórmulas confesionales de la iglesia primitiva. Puesto que la confesión de la fe en las tres divinas personas es parte de la celebración del Bautismo, algunos investigadores de 1 Pedro aseveran que el autor alude aquí al bautismo de los destinatarios y a que muchos de ellos eran nuevos creyentes que debían ser exhortados a vivir su fe bautismal (Goppelt 1993:69). En los pasajes que siguen a la introducción, Pedro enfatiza la obra del Padre en 1:3-5; de Dios el Hijo en 1:6-8 y del Espíritu Santo en 1:10-12.

LA OBRA DE DIOS PADRE

La primera persona de la Santísima Trinidad que menciona Pedro es Dios el Padre. Según el apóstol, la elección de los creyentes ocurrió de acuerdo con el propósito, plan o intención de Dios el Padre, ya antes de la creación del mundo. Los elegidos no se eligieron a sí mismos para formar una hermandad, asociación cívica, colegio, círculo filosófico, o un nuevo misterio, sino que fueron elegidos para crear una casa espiritual y un sacerdocio santo (1 P 2:5). No fueron elegidos a base de sus méritos, hazañas, posición social, sublime moralidad, o por haber llevado una vida ejemplar. La elección de los creyentes no ha sido un producto de la suerte o la fortuna, sino que corresponde a la presciencia y determinación de Dios el Padre de establecer un pueblo conformado a la imagen de su Hijo. La existencia de comunidades cristianas en el mundo corresponde a la gracia y providencia del Padre, que había planificado la creación de un pueblo santo desde antes de la creación (Elliott 2000:318). Es una de las razones por las que los creyentes pueden descargar en él confiadamente todas sus ansiedades (1 Pedro 5:7). El término griego πρόγνωσιν se traduce "presciencia" en la RVR, o "propósito" en la RVC. El vocablo significa conocer algo de antemano, y en el NT se encuentra solamente en nuestro texto y en el sermón de Pedro en Hechos 2:23 RVR: "A este (Jesús) entregado por el determinado consejo y <u>anticipado conocimiento</u> de Dios, prendisteis y matasteis por manos de inicuos, crucificándole." Así como el sufrimiento de Jesús se consumó según el conocimiento anticipado del Padre y de acuerdo con su plan de transformar la historia, así también el sufrimiento de los creyentes de Anatolia era parte de la providencia divina.

LA OBRA DE JESUCRISTO

La segunda persona de la Santísima Trinidad es Jesucristo. Pedro dice que los destinatarios de su carta fueron rociados con la sangre de Jesucristo (RVR). El término griego ῥαντισμὸν αἵματος se traduce "limpiados con su sangre" en RVC, y "rociados con la sangre" en RVR 1960. Según Feldmeier (2008:58) aquí hay una clara alusión a Éxodo 24:6-8, un texto que describe el establecimiento del pacto de Dios con el pueblo de Israel: "Y Moisés tomó la mitad de la sangre, y la puso en tazones, y esparció la otra mitad de la sangre sobre el altar... Entonces Moisés tomó la sangre y roció sobre el pueblo, y dijo: He aquí la sangre del pacto que Jehová ha hecho con vosotros sobre todas estas cosas" (RVR). Dios selló su pacto con Israel al rociar la sangre de un becerro sobre el altar y sobre el pueblo.

En la acción descrita en Éxodo hay que distinguir entre la sangre rociada sobre el pueblo y la sangre derramada sobre el altar. La sangre derramada sobre el altar representa la obediencia del pueblo, y la sangre rociada sobre el pueblo representa las bendiciones que Dios otorga a su pueblo, incluyendo el perdón de los pecados (Selwyn 1955:120). Por medio de este acto se les aseguró a los israelitas que habían sido elegidos para ser el pueblo de Dios. De modo similar, los extranjeros cristianos y peregrinos perseguidos han sido incorporados al nuevo pacto mediante la sangre derramada por Jesús en la cruz y ofrecida a los creyentes en la Cena del Señor. Al ser rociados con la sangre del pacto, en el AT, los israelitas dijeron: "Acataremos todas las cosas que el Señor ha dicho, y las obedeceremos." Tanto en el NT como en el AT, la obediencia es la respuesta del pueblo de Dios a su gracia.

En la primera carta de San Juan (1:7) dice que la sangre de Jesús nos limpia de todo pecado. Otro pasaje del NT que trata de la sangre rociada de Jesucristo es Hebreos 12:22-24, en que se refiere a "Jesús, el Mediador del nuevo pacto, y a la sangre rociada que habla mejor que la de Abel". Según el texto de Hebreos, la sangre rociada de Jesús no sólo es la base de un nuevo pacto, sino que es mejor que la sangre de Abel, pues la de Abel pidió venganza en contra del asesino Caín que se convirtió en forastero y vagamundo. A diferencia de la sangre de Abel, la sangre de Jesús intercede por nosotros y nos acerca "al monte Sión, a la celestial Jerusalén, ciudad del Dios vivo, y a una incontable muchedumbre de ángeles". El interés en constatar la trascendencia de "ser rociados con la sangre de Jesucristo" (1 P 1:2 RVR) no es lo único que tienen en común la Epístola a los Hebreos y 1 Pedro. En ambas se trata el tema del pueblo de Dios como forasteros y peregrinos en marcha hacia su verdadero hogar. Veremos más adelante que, según algunos investigadores del NT, tanto Hebreos como –en parte– 1 Pedro, fueron escritos por Silvano, a quien se menciona en 1 Pedro 5:12.

LA OBRA DEL ESPÍRITU SANTO

La tercera persona de la Santísima Trinidad en el saludo de Pedro es el Espíritu Santo. Los creyentes fueron elegidos mediante la santificación del Espíritu Santo. El Espíritu nos lleva a la fe mediante la palabra de Dios y nos capacita a vivir en obediencia a Jesucristo. El Espíritu hace de los extranjeros y forasteros un pueblo santo. Llamamos santo al Espíritu, no sólo porque es santo en sí mismo, sino también porque nos hace santos a nosotros. La santidad de la iglesia es producto de la actividad del Espíritu. Los elegidos fueron escogidos, no porque se habían limpiado y purificado a sí mismos mediante sus sacrificios, ofrendas, diezmos, y buenas obras, sino porque fueron rociados con la sangre de Jesucristo. En el AT, tanto el pueblo de Israel como el tabernáculo y los vasos sagrados eran rociados con sangre para ser purificados para el servicio a Dios (Ex 12:24; 24:8; Lv 16). El tabernáculo debía purificarse para ser la habitación de la *shekinah*, o sea, la gloria visible del Dios invisible. Que la iglesia de Anatolia haya sido rociada con la sangre de Dios, quiere decir que la familia de la fe había sido purificada para ser el nuevo templo de Dios de los últimos tiempos. Por medio de la purificación obrada por la sangre de Cristo, la iglesia quedó constituida un sacerdocio santo dedicado al servicio del Señor. El nuevo sacerdocio no está constituido tan sólo por una casta o tribu dentro de la comunidad, sino por toda la comunión de los santos, incluyendo a los gentiles creyentes. La iglesia ha llegado a ser el santuario espiritual del verdadero Israel de Dios (Mbuvi 2007:75,137).

En realidad, 1 Pedro 1:2 es uno de los sublimes textos trinitarios de las Escrituras. En el pasaje se observa la acción de las tres personas de la Santísima Trinidad efectuando la elección de los creyentes. Es en nombre de las tres divinas personas que Pedro envía su saludo y su bendición a los lectores de la carta. La paz que les desea es mucho más que una vida tranquila y libre de conflictos; es estar en paz con aquel a quien en Hebreos 13:20 se lo llama Dios de paz.

LA ELECCIÓN DE LOS FORASTEROS DE LA DISPERSIÓN ES POR PURA GRACIA

Las exhortaciones morales que se dan a los criados en 1 Pedro 2:18-23 dejan ver que unos cuántos miembros de las comunidades cristianas de Anatolia eran esclavos. Lo que llama la atención es que el autor sagrado se dirige directamente a los criados y esclavos, algo que nunca habría hecho un autor grecorromano (Hurtado 2016:178). Para Pedro, los esclavos son agentes morales capaces de pensar por sí mismos, tomar decisiones, y actuar en conformidad con las exhortaciones del apóstol. En otras palabras, se los trata como personas dignas de consideración y no solamente como objetos sin derechos ni importancia. El filósofo Aristóteles despreció la naturaleza humana de los esclavos, llamándolos herramientas de sus amos y no seres humanos creados a la imagen de Dios (Green 1993:176). Lo que atrajo a tantos siervos, criados y esclavos a Dios, a quien adoraban los cristianos, fue que el Hijo de Dios se humilló a sí mismo y no solo tomó la forma de esclavo, sino que también murió como tal. Ningún dios adorado por los paganos hubiera hecho tal cosa, menos aún el emperador, a quien muchos tributaban honores divinos.

Es sabido que según las leyes imperiales solamente las personas libres tenían derecho a una herencia. Los amos que deseaban dejar una parte de su herencia a un esclavo tenían que manumitir primero al beneficiario de la herencia. Había casos en que entre los esclavos de un amo algunos eran hijos que el padre de la familia había engendrado con una de sus esclavas. Pero, por ser esclavos, esos hijos naturales no tenían derecho legal a una parte de la herencia de sus progenitores. En el pasaje que estamos viendo, Pedro recuerda a los destinatarios de su carta, tanto libres como esclavos, que ellos tienen una herencia guardada en los cielos. La herencia es de todos los creyentes en Jesús, y no por leyes establecidas por los gobernantes del este mundo, sino que es nuestra gracias a la misericordia del Señor que nos adoptó como sus hijos en las aguas bautismales (MacDonald 2014:76).

Para evitar cualquier malentendido, debe notarse que la elección de los creyentes de las cinco provincias no garantiza de una vez y para siempre la herencia reservada en el cielo (1 P1:4) a los nuevos miembros de la comunidad cristiana. Puede suceder que uno llegara a rechazar su elección y que perdiera su herencia. Es precisamente lo que Pedro quiere evitar al enviar su epístola a las iglesias de Anatolia. Perder la elección es algo parecido a lo que le pasó a un joven galán al declararle su amor a una joven que le parecía ser la mujer de sus sueños. Dijo: "Mi amor, puedes considerarte feliz, pues de todas las bellas del pueblo te he elegido a ti para compartir mi vida. Te he elegido por esposa." Pero la muchacha elegida le respondió diciendo: "Me siento honrada por tu elección, pero a decir verdad, ya he dado mi corazón a otro. Aunque me hayas elegido a mí, no quiero ser tu esposa. Por lo tanto, tendré que rechazar tu elección y lo que me propones." En Jesucristo Dios nos ha elegido, pero no nos obliga a aceptar esa elección. La elección se puede rechazar, renunciar a ella o perderla. En la parábola de Lucas 15:11-32 vemos que el hijo menor malgastó la herencia y por poco perdió su alma. Por eso Pedro, más tarde (1 P 5:9) nos anima a los que creemos a mantenernos firmes y a hacerle frente al diablo o a cualquier otro poder que procure desviarnos de nuestra vocación cristiana.

¿QUIÉN FUE EL AUTOR DE LA CARTA A LAS CINCO PROVINCIAS?

En su saludo a los lectores de la epístola el autor se identifica como Pedro, apóstol de Jesucristo. En el idioma griego se utiliza la palabra apóstol para designar a una persona que ha sido enviada a cumplir una misión. El apóstol no es simplemente un mensajero, sino un embajador que ha recibido la autoridad de actuar en lugar de otro. Por lo tanto, rechazar al enviado equivale a rechazar al que lo envió. En la iglesia primitiva se designaba a algunos misioneros como apóstoles de Jesucristo, y a otros como apóstoles de la iglesia. Los apóstoles de las iglesias fueron enviados como misioneros autorizados por una comunidad cristiana a otra parte; un apóstol de Jesucristo fue uno escogido y enviado por el Cristo resucitado. El autor no se identifica como Simón, ni como Cefas, la forma aramea del sobrenombre que recibió de Cristo, sino como Pedro, la forma griega del mismo sobrenombre. El nombre que prefiere utilizar el autor, y el idioma en el que escribió la epístola, nos indican que los destinatarios de 1 Pedro eran personas que hablaban griego.

Según indican los decretos del emperador Claudio, y también las opiniones de autores como Tácito y Suetonio, los judíos no gozaban de mucha popularidad entre los griegos y los romanos. Eran considerados antisociales, fanáticos, y ateos por la mayoría de los gentiles. Las insurrecciones de revolucionarios judíos en contra del imperio fueron un impedimento para hacerse de amigos entre sus vecinos paganos. Por esa razón muchos de los judíos que vivían entre los gentiles recibían dos nombres al ser circuncidados, uno para usar entre los paganos y el otro entre los de su propia raza. El primero era griego o romano, por ejemplo, Silvano o Pablo; el segundo era un nombre hebreo o arameo, por ejemplo Silas o Saulo. Siendo que el autor de la epístola comienza con su nombre conocido entre el mundo pagano, y no como Simón o Cefas, da a entender que quiere identificarse con destinatarios no judíos (Williams 2015:30-45).

Llama la atención que el autor se identifica como Pedro, apóstol de Jesucristo y no como Pedro, obispo de Roma, o como Pedro, patriarca de la Iglesia Universal. Según la interpretación que la Iglesia de Roma ha dado a Mateo 16:18, nuestro Señor nombró a Simón Pedro vicario y jefe de toda su iglesia aquí en la tierra. Sin embargo, el autor de nuestra carta no dice en ella nada acerca de tal nombramiento, ni exige obediencia de todos los creyentes en virtud de dicho nombramiento. Tampoco se lo identifica como *Pontifex Maximus*, el título empleado por los emperadores romanos y papas de la Iglesia Romana, para enfatizar su papel de intermediarios entre Dios y el mundo. La palabra latina "*pontifex*" se traduce como "constructor de puentes", pues se creía que el emperador, y después el papa, eran los que podían establecer una conexión vital entre el mundo de los dioses y el de los seres humanos. No obstante, el autor de 1 Pedro se identifica como apóstol y no como *pontifex*, pues sabe que hay un solo mediador entre Dios y los hombres, Jesucristo hombre (1 Ti 2:5). Si Pedro realmente hubiera sido nombrado vicario supremo de Jesucristo aquí en la tierra, habría desempeñado el papel de presidente del Concilio Apostólico mencionado en Hechos 15. Sin embargo, quien presidió dicho Concilio fue Jacobo el Justo, hermano de Jesús de parte de madre, también conocido como Santiago.

Como veremos en nuestro estudio de 1 Pedro 5:1, el autor de la carta se identifica a sí mismo no sólo como apóstol, sino como un anciano, uno que había sido testigo de los sufrimientos de Cristo, y también como uno que había participado de la gloria que será revelada en el día de la manifestación gloriosa del Señor.

1 PEDRO FUE ESCRITA EN UN GRIEGO MUY SELECTO

Los expertos en la materia aseguran que el estilo del griego en que se escribió la epístola es -juntamente con el de la Epístola a los Hebreos- el más refinado de todo el NT. Es un dato que, según parece, no cuadra bien con lo que los evangelios y el libro de los Hechos narran sobre la vida de Simón Pedro. El cuadro que nos pintan los cuatro evangelios es el de un humilde pescador sin muchos estudios. A diferencia de Juan y Santiago, que eran dueños de su propio barco, el cual dejaron para seguir a Jesús, Pedro y su hermano Andrés no tenían barco propio. En Hechos 4:13 los miembros del Sanedrín se dan cuenta que Pedro y Juan eran gente del pueblo y sin mucha preparación. En la Biblia del Peregrino se traduce: "constatando que eran hombres simples y sin letras" (ἀγράμματοί εἰσιν καὶ ἰδιῶται), frase que probablemente quiere decir que eran hombres que nunca recibieron una formación teológica en una escuela rabínica (Green 1993:38). ¿Cómo se explica, entonces, el excelente y hasta elegante griego en un escrito que lleva el nombre de un pobre pescador del lago de Galilea? Hay quienes creen que Pedro dictó en arameo el contenido de su epístola a Silvano (Silas) quien, a su vez, tradujo el mensaje del apóstol al griego y lo escribió en el griego refinado (Franzmann 1961:225). Sabemos que Silvano, un ciudadano romano, estuvo con Pedro cuando escribió su epístola. En el último capítulo Pedro dice: "Les he escrito brevemente por medio de Silvano, a quien considero un hermano fiel, para darles ánimo y asegurarles que ya están en la verdadera gracia de Dios." Al final del primer capítulo hemos preparado otra digresión que trata en forma más completa la cuestión de la autoría de la epístola.

Que la carta de Pedro haya sido escrita en un excelente griego nos indica que los destinatarios de la misma estaban capacitados para entender su contenido. El contenido teológico es -como cualquier lector puede confirmar- un escrito denso y rico en metáforas, imágenes, y alusiones al AT. Es probable que haya sido la misma persona que llevó la carta a Anatolia la que tuvo la responsabilidad de leerla en las reuniones de las comunidades cristianas en las cinco provincias. El lector tuvo que haber conocido muy bien la teología de la carta para poder responder a cualquier pregunta. Quizá ese mensajero, lector e intérprete, fue el mismo Silvano.

EL SALUDO

En la mayoría de las cartas de la época el saludo normal era: "Reciban nuestros saludos" (Hch 15:23), o simplemente "salud" o "saludos" (Hch 23:26). Pedro, en cambio, comienza su saludo con la palabra gracia. Su deseo es que "la gracia y la paz les sean multiplicadas" a sus lectores. La gracia que Pedro desea para los destinatarios de su carta es el amor de Dios activo en Cristo Jesús a favor de los pecadores. La gracia es el perdón y la misericordia brindados gratuitamente a los que han sido rociados con la sangre de Jesús para el perdón de los pecados. Los que han sido limpiados con la sangre de Jesús tienen paz con Dios. Por medio del sacrificio de Cristo los creyentes son los hijos amados del Padre, no sus enemigos. Por medio del evangelio los creyentes experimentan también paz interior, y no la angustia producida por una conciencia acusadora. Cuando dos judíos se encontraban por el camino, el saludo que intercambiaban era "*shalom*", o sea, paz. La palabra *shalom* representaba para los judíos la paz que establecería el Mesías en su reino. Para los primeros cristianos la paz fue Jesucristo en persona (Cranfield 1950:18).

1:3 Bendito sea el Dios y Padre de nuestro Señor Jesucristo, que por su gran misericordia y mediante la resurrección de Jesucristo nos ha hecho nacer de nuevo a una esperanza viva.

Habiendo saludado a los elegidos en el nombre de Dios Trino, y habiendo deseado para ellos una infusión de su gracia y paz, el autor procede a bendecir el nombre del Señor, como fue la costumbre en casi todas las cartas del NT. Los autores del NT acostumbraban comenzar sus cartas con adoración y acciones de gracia, confiriéndole al escrito un tono de devoción y reverencia. La devoción surge de la misericordia divina que ha experimentado el autor sagrado. La adoración no es una obra humana que procura caerle en gracia a la divinidad con el fin de ganar una bendición; es la respuesta de un corazón agradecido que ya ha experimento de bondad de Dios.

A DIFERENCIA DE LOS DIOSES PAGANOS, DIOS, EL DE LOS CRISTIANOS, ES COMPASIVO

El apóstol bendice al Padre en primer lugar por su gran misericordia o compasión (ἔλεος) que se manifestó en la resurrección de Jesucristo. Es bien sabido que para muchos de los filósofos griegos, especialmente los epicúreos y los estoicos, una de las características del ser supremo fue su apatía, o sea, su incapacidad de mostrar compasión o de tener misericordia. Según los argumentos de los filósofos, si el ser supremo pudiera realmente quedar afectado por las emociones o los sentimientos –como en el caso de los seres humanos– entonces ese dios no podría ser el ser supremo, porque un dios sujetado o dependiente de otras fuerzas no sería supremo. Los filósofos decían que si un dios pudiera ser conmovido y controlado por una fuerza, esa fuerza sería Dios. Si el ser supremo pudiera ser afectado por las emociones o sentimientos, no podría ser un dios incorruptible, incontaminado e imperecedero (ἄφθαρτον καὶ ἀμίαντον καὶ ἀμάραντον). Si el ser divino hubiera tenido contacto con un ser humano o engendrado hijos, se habría contaminado (Feldmeier 200876). Pedro, a diferencia de los filósofos, no utilizó las palabras incorruptible, incontaminada e imperecedera para describir una supuesta apatía de parte de Dios. Tales adjetivos se utilizan para describir el tesoro reservado para los que continúan fieles al mensaje de salvación. No se llega a saber cómo es Dios mediante la lectura de las obras de los filósofos y sofistas, sino contemplando por fe la vida y misión de Jesucristo. Es en Jesucristo que el creador del universo se revela y nos da a conocer como él es.

Las descripciones acerca de Dios, que sí se identifica con el sufrimiento y las lágrimas de los seres humanos, convencieron a las masas de Asia Menor a poner su fe en Jesucristo. Las historias y credos que recitaban, y los himnos que entonaban los primeros cristianos, destacaron su compasión y misericordia. Y no sólo para con los ricos y poderosos, sino también para con los marginados, los pobres, los forasteros, los refugiados y los que fueron considerados inmundos. El Señor en cuyo nombre habían sido bautizados los cristianos no era solamente rico en misericordia y compasión, sino también en ágape, el gran amor que llevó al Padre a enviar a su Hijo al mundo y después resucitarlo de entre los muertos. Los relatos de las grandes obras de Jesús, especialmente el de su resurrección, infundieron esperanza a los nuevos cristianos de Anatolia.

El concepto de la esperanza que manifestaba la mayoría de los paganos en el primer siglo, era algo muy incierto o nebuloso. En realidad, los paganos carecían de una esperanza viva respecto a lo que pudiera suceder en el futuro, en particular después del fin de la vida física del ser humano. Una de las razones por las que la iglesia primitiva creció tanto es, porque brindó a los creyentes una esperanza viva basada en un hecho histórico que ocurrió en el espacio y en el tiempo. Tal acontecimiento histórico fue la resurrección de Jesucristo. En Efesios 2:12 Pablo describe a los paganos con las siguientes palabras: "vivían en este mundo sin Dios y sin esperanza" (Miller 1993:123). Hubo regiones en las que los cristianos expresaron la esperanza viva que abrigaban en sus corazones al no guardar luto así como los paganos, con gritos, revolcones en la tierra, y vestimenta negra. En vez de emitir lamentos desesperados, los cristianos entonaban himnos y salmos centrados en la resurrección del Buen Pastor y de sus ovejas (Barclay 2016:232).

LA ESPERANZA VIVA QUE SOSTIENE A LOS CREYENTES

Pedro bendice a Dios porque mediante la resurrección de Jesucristo Dios el Padre nos ha hecho nacer de nuevo a una esperanza viva, puesto que así como Jesús fue resucitado por el gran poder de Dios, sus seguidores también lo serán. El término griego que Pedro emplea para expresar la idea de un nuevo nacimiento es *ἀναγεννήσας*. Los rabinos solían utilizar la metáfora del renacimiento para describir la conversión de gentiles al judaísmo. En algunos de los cultos de misterio se usaba el término renacimiento para describir las ceremonias de iniciación que se celebraban en sus reuniones secretas. Pedro, en cambio, utiliza la idea de un renacimiento para enfatizar la radical transformación que experimentan los que son bautizados en el nombre del Señor (Elliot 2000:337). El sujeto del renacimiento es Dios, no el ser humano. El que está muerto en sus pecados no es capaz de efectuar su renacimiento, así como el ser aún dentro de su madre no es capaz de efectuar su propio nacimiento. El renacimiento a una esperanza viva es un milagro de Dios por el cual el creyente siempre debe bendecir al Señor.

Al tener una esperanza viva uno sobrevive, y hasta se regocija, en medio de mucho sufrimiento (Reike 1964:79). Es así, porque la base de la esperanza viva es la resurrección de Jesús. Pero la idea de una resurrección de entre los muertos fue otra de las cosas que no pudieron aceptar los filósofos griegos. Cuando el apóstol Pablo habló ante los estoicos y epicúreos acerca de la resurrección física de los muertos, se burlaron de él (Hch 17). El mensaje de la resurrección, y no las deducciones de los filósofos, infundió esperanza y razón para seguir viviendo a los miles de esclavos, sirvientes, refugiados, y marginados del Imperio Romano. Lo que les espera a los forasteros y expatriados al fin de su peregrinación por el mundo no es una reencarnación a otra vida sin sentido, o una existencia triste como ánima bendita, sino una herencia incorruptible, incontaminada, e imperecedera.

LA ESPERANZA VIVA NADA TIENE QUE VER CON EL SIONISMO

Según el libro de Josué, la herencia que recibieron las doce tribus de Israel fue la tierra de Canaán. Esa herencia les fue quitada por los asirios, babilonios, persas, griegos, romanos y, finalmente, por los árabes. Durante muchos siglos los judíos han luchado para recuperar su herencia perdida, volver a establecerse en la Tierra Santa y reconstruir el templo. Tal la esperanza y el gran sueño del movimiento que se conoce con el nombre de sionismo. La herencia que se promete a los destinatarios de 1 Pedro, sin embargo, no tiene que ver con el sionismo, ni con la tierra de Palestina, sino con una herencia reservada para los creyentes de todas las naciones, en los cielos. La misión del pueblo de Dios no es reconquistar la tierra de Canaán, sino ganar a todas las naciones para Cristo. La herencia que les espera a los creyentes es nada menos que Dios. En el Salmo 16:5 el salmista declara: "Tú, Señor, eres mi copa y mi herencia." A pesar de todo lo que sufrió el pueblo de Israel cuando Jerusalén y el templo fueron destruidos por los invasores babilónicos, el escritor de Lamentaciones 3:24, sin embargo, expresa: "Por eso digo con toda el alma: ¡El Señor es mi herencia, y en él confío!"

El evangelio de la resurrección fue lo que promovió en gran manera la expansión del movimiento cristiano en todas las provincias de Anatolia. De acuerdo con estudios antropológicos realizados en torno a las creencias de las tribus de la antigua Anatolia, entre los nativos de la región hubo una animosa esperanza acerca de una vida después de la vida. Lo que Pedro ofrece a los sufridos destinatarios de su epístola es una esperanza segura, confiable y para nada sujetada a la corrupción (Mt 6:19). Dios no sólo guarda esta herencia para los creyentes en el cielo, sino que también la guarda para ellos aquí en la tierra, a fin de que alcancen la salvación. Con este propósito escribió Pedro su carta, para que los creyentes fueran perfeccionados, afirmados, fortalecidos, y establecidos en medio de sus sufrimientos (5:10).

Se dice que la esperanza es la anticipación del futuro en el presente. Pero hemos aprendido que en el mundo existen muchas falsas esperanzas o esperanzas ciegas y vacías; en otras palabras, esperanzas muertas. Un viejo proverbio romano expresa que con frecuencia la esperanza engaña. El valor de la esperanza no reside en el carácter o en las fantasías del que espera, sino en el objeto de esta. La única esperanza viva es la que se basa en la resurrección de Jesucristo y en el carácter del Padre. Lo que esperan los creyentes ya es una realidad en la resurrección de Jesucristo. La gran diferencia entre el mensaje del evangelio y las enseñanzas de los filósofos es la esperanza. Es por medio de la esperanza viva que el Espíritu nos convierte en las piedras vivas de las que se habla en 1 Pedro 2:4 (Feldmeier 2008:66-67). Se ha hecho notar que muchos términos, expresiones y temas de estos versículos aparecen también en otras partes del NT. Tales semejanzas han motivado a más de un investigador de la epístola a proponer que al componer la carta Pedro se valió de los mismos himnos, credos y materiales catequéticos utilizados por la iglesia primitiva y otros autores del NT.

EL NUEVO NACIMIENTO QUE EXPERIMENTÓ PEDRO

Al emplear aquí la primera persona del plural "nos", el autor de la carta da a entender que él mismo había experimentado un nuevo nacimiento a causa de la resurrección del Señor Jesucristo. Según el relato de los cuatro evangelios, y en especial el de Marcos, al negar Pedro a Cristo tres veces mostró que realmente no había entendido cuál era la misión de Cristo o la naturaleza de su reino. Después de su fracaso en el Huerto de Getsemaní, Simón Pedro tuvo que experimentar un nuevo nacimiento y recibir una esperanza nueva. Un nuevo nacimiento es lo que Jesús le ofreció a Nicodemo cuando el maestro de los fariseos vino a él de noche (Jn 3). El nuevo nacimiento, lo mismo que el viejo nacimiento, no es algo que uno puede lograr por sí mismo (Cranfield 1962:1027; Feldmeier 2008:65). Uno no puede engendrarse a sí mismo; tiene que ser engendrado mediante la siembra de una semilla en el acto sexual. A diferencia de la procreación biológica de los seres humanos, el nuevo nacimiento se origina por la siembra de una semilla espiritual que es la palabra de Dios, la proclamación del evangelio de la muerte y resurrección de Jesucristo y su segunda venida en gloria (Jn 1:13). El nuevo nacimiento es el producto de la operación del Espíritu Santo en la vida de las personas; nunca es el producto de técnicas tales como el yoga, el rezo de mantras, la meditación trascendental, los ayunos u otras mortificaciones de la carne. El nuevo nacimiento viene de lo alto.

En Marcos 8:27-30 el evangelista relata la visita de Jesús y sus discípulos a Cesarea de Filipo, que acababa de ser designada capital de la provincia de Iturea por el tetrarca Felipe. Fue en esa región que Jesús preguntó a los doce: "¿Quién dice la gente que soy yo?" Ellos respondieron: "Unos dicen que eres Juan el Bautista; otros, que Elías; y otros más, que alguno de los profetas." Entonces Jesús les preguntó: "Y ustedes, ¿quién dicen que soy?" Según Mateo 16:16-19, Pedro le respondió: "'¡Tú eres el Cristo, el Hijo del Dios viviente!' Entonces Jesús le dijo: 'Bienaventurado eres, Simón, hijo de Jonás, porque no te lo reveló ningún mortal, sino mi Padre que está en los cielos. Y yo te digo que tú eres Pedro, y sobre esta roca edificaré mi iglesia, y las puertas del Hades no podrán vencerla. A ti te daré las llaves del reino de los cielos. Todo lo que ates en la tierra será atado en los cielos, y todo lo que desates en la tierra será desatado en los cielos." Basándose en estas palabras de Jesús, los teólogos de la Iglesia Católica Romana afirman que Pedro fue el primero de una larga sucesión de papas a quienes Jesús otorgó la autoridad de actuar en su nombre como guías de su iglesia. A lo largo de nuestro estudio de 1 Pedro examinaremos algunas otras interpretaciones del texto de Mateo. Lo que nos interesa por el momento es lo que el evento de Cesarea de Filipo nos revela acerca del autor de la Primera Carta de Pedro.

Después de la confesión de Pedro, el Señor profetizó por primera vez su pasión y muerte en Jerusalén, llevadas a cabo por los líderes del pueblo. Los evangelistas nos dicen que Pedro llevó aparte a Jesús y comenzó a reconvenirlo: "¡Qué esto jamás te suceda!" Durante el tiempo que estuvo con Jesús, Pedro llegó a conocerlo, pero no entendió cuál era la misión del Maestro. No pudo aceptar que fuera la voluntad del Padre que Jesús sufriera en la cruz. Por eso Jesús replicó: "¡Aléjate de mi vista, Satanás! ¡Me eres un tropiezo! ¡Tú no piensas en las cosas de Dios, sino en cuestiones humanas!" En vez de actuar como la roca sobre la cual la iglesia será construida, Pedro se había convertido en una piedra de tropiezo. Simón Pedro necesitaba arrepentirse y confesar a Cristo como Mesías e Hijo de Dios, y como aquél que nos redimió con su preciosa sangre (1 P 1:19), y nos reservó una herencia incorruptible en los cielos; no un reino temporal como el de los romanos. Que los propósitos de Dios se realizan mediante el sufrimiento, es uno de los temas que se destacan una y otra vez en 1 Pedro.

El Pedro que escribió la carta a los creyentes de las cinco provincias fue el Pedro que había sido transformado por los eventos de la semana santa, un Pedro cuyos ojos espirituales habían sido abiertos por el Espíritu Santo. En el tercer versículo del primer capítulo el apóstol manifiesta que Jesús nos ha hecho nacer de nuevo a una esperanza viva. El nuevo nacimiento es algo que el discípulo experimentó en el encuentro que tuvo con el Cristo resucitado. Aunque los evangelios no nos brindan los detalles del encuentro especial de Simón con el Señor, hay referencias a él en varios pasajes del NT. En Lucas 24:34 los discípulos reunidos en Jerusalén les pregonan a Cleofas y su compañero: "¡En verdad el Señor ha resucitado, y se le ha aparecido a Simón!" En 1 Corintios 15:4-5 leemos que Cristo "fue sepultado y resucitó al tercer día; y que se apareció a <u>Cefas</u>, y luego a los doce" (Cefas quiere decir roca o piedra en arameo).

El Señor había profetizado la negación y caída de Pedro poco antes de salir para orar en el huerto de Getsemaní. Al mismo tiempo profetizó el arrepentimiento del discípulo y su nuevo nacimiento a una esperanza viva: "Y tú, cuando hayas vuelto, deberás confirmar a tus hermanos" (Lc 22:32)". El verbo que aquí se traduce como "hayas vuelto" es ἐπιστρέψας, una palabra que en muchos otros pasajes tanto en el NT como en la Septuaginta, se utiliza como sinónimo de convertirse o arrepentirse (Neh 9:26; Lc 1:16-17; 1 Ts 1:9-10). Pedro experimentó la contrición y el remordimiento de corazón cuando el Señor se volvió a él en el patio del sumo sacerdote. Experimentó el nuevo nacimiento cuando el Señor se le apareció el domingo de la resurrección para asegurarle que él había muerto y resucitado para darle nueva vida por medio del perdón de los pecados. Después, mediante su prédica, su trabajo misionero, y también por medio de su primera carta actuó para confirmar a sus hermanos, tal como lo había profetizado Jesús que haría (Bockmuehl 2010:205; Franzmann 1961:219).

Las primeras representaciones artísticas del apóstol Pedro se encontraron en la humilde capilla cristiana de la ciudad cosmopolita de Dura Europos, en Siria. Unos 120 frescos pintados en las paredes de las catacumbas de Roma representan a Pedro en el patio del sumo sacerdote, juntamente con Cristo y el gallo que cantó en el momento en que el apóstol negó a su Señor. En muchos de los frescos, como por ejemplo el de la catacumba de Santa Cyriaca, el gallo se encuentra en el centro de la pintura y ocupa un lugar de importancia simbólica en el fresco. Para los antiguos, el canto del gallo simbolizaba la llegada del día, y el paso de las tinieblas a la luz. En los antiguos himnos del latín de Ambrosio (*Aeterne rerum conditor*) y Prudentius (*Ales diei nuntius*) el canto del gallo anunciaba y hacía rememorar la resurrección de Cristo, la conversión de Pedro y su restitución al ministerio (Bockmuehl 2010:198-199). En otras palabras, al hablar de nacer de nuevo a una esperanza viva, Pedro escribe acerca de lo que él mismo había vivido. En 1 Timoteo 1:15, el apóstol San Pablo se califica a sí mismo como quien ocupa el primer lugar entre los pecadores por haber sido un perseguidor de la Iglesia. Así se expresa Pablo: "Cristo Jesús vino al mundo para salvar a los pecadores, de los cuales yo soy el primero." Pedro también podría haber dicho: "El principal pecador soy yo, por haber negado tres veces a mi Señor. Pero Cristo Jesús vino al mundo para salvarme a mí también."

Los destinatarios de la carta también habían experimentado el nuevo nacimiento a una esperanza viva. La existencia de estos creyentes, que antes adoraban ídolos, es una prueba de la misericordia de Dios, el resultado de la muerte y resurrección de Cristo (Schnabel 2004:1524). Antes de creer y ser bautizados, los creyentes vivían sin esperanza. Las filosofías, religiones, sectas, y misterios no eran capaces de brindarles a los habitantes del Imperio Romano una esperanza capaz de calmar las ansiedades de las masas, o proporcionarles una razón para vivir. Los dioses de la antigüedad no pudieron proporcionar el poder de vivir en paz y amor mutuamente, y hacer el bien. A causa de las persecuciones en su contra, los creyentes de Anatolia se encontraban en peligro de perder, comprometer o traicionar esa esperanza viva. Por lo tanto, el apóstol se vio obligado, por compulsión del Espíritu, a enviarles una carta fraternal para confirmarlos en fe en la cual fueron bautizados y hechos miembros de la familia de la fe.

El nuevo nacimiento del que habla el NT nunca se describe como un logro del ser humano, sino que es una obra de Dios. Santiago 1:18 declara que Dios, "por su propia voluntad, nos hizo nacer por medio de la palabra de verdad, para que seamos los primeros frutos de su creación". En 2 Juan 2:29 el apóstol asevera que el que hace justicia ha nacido de Dios. Jesús le dijo a Nicodemo que el que no nace desde arriba, no puede entrar en el reino de Dios (Jn 3:3). En Juan 1:13 el evangelista proclama que los hijos de Dios "no son engendrados de sangre, ni de la voluntad de carne, ni de voluntad de varón, sino de Dios". Confirmando todos estos y otros textos que hablan del nuevo nacimiento, se encuentra lo que para la iglesia primitiva fue el mayor de los sacramentos, el Santo Bautismo, como puede observarse en Tito 3:4-5, en que el apóstol habla del lavamiento de la regeneración y la renovación en el Espíritu Santo (Kelly 1969:48-49).

Nacer a una esperanza viva significa un nuevo nacimiento, una nueva vida, una nueva familia, una familia compuesta por extranjeros, forasteros, y peregrinos. La vida anterior a esta, con sus afanes y ansiedades, queda atrás. Para la persona que ha nacido de nuevo, la vida tiene un nuevo significado, una nueva meta, una nueva manera de ser. Atrás queda el primer nacimiento con su egocentrismo, su búsqueda de honor personal, y su orgullo. Uno ya no vive para sí, sino para Cristo y los demás miembros de la comunidad de la fe. En su epístola Pedro intentará describir la vida de los que han recibido el nuevo nacimiento en Cristo.

1:4-5 para que recibamos una herencia incorruptible, incontaminada e imperecedera. Esta herencia les está reservada en los cielos a ustedes, que por medio de la fe son protegidos por el poder de Dios, para que alcancen la salvación, lista ya para manifestarse cuando llegue el momento final.

En su doxología introductoria el autor sagrado alaba y bendice a Dios por el nuevo nacimiento y la herencia dados a los escogidos. Desde que los seres humanos inventaron el alfabeto y comenzaron a escribir libros, sobre el tema de la herencia se escribieron millares de historias, novelas, obras teatrales, películas y telenovelas. ¡Cuántos miles de engaños, estafas, robos, y asesinatos se han cometido con el fin de quedarse con la herencia de otro! Sin lugar a duda, los destinatarios de la carta de Pedro también habrán oído historias de herencias, herencias obtenidas, herencias perdidas, herencias que había que guardar y defender de las artimañas de los inescrupulosos y tramposos. En la Biblia encontramos unos cuántos relatos que tratan el tema de las herencias. En Génesis leemos que Jacob se valió de su astucia para despojar de la herencia a su hermano Esaú. El hijo pródigo demandó de su padre la parte que le correspondía de la herencia familiar antes, y no después de la muerte de su progenitor. Ante una pelea entre dos hermanos por la herencia familiar, Jesús declaró: "¿Quién me ha puesto como juez o mediador entre ustedes?" (Lc 12:13-15). Es muy posible que entre los oyentes/lectores de 1 Pedro haya habido creyentes que perdieron una herencia a causa de su confesión de Jesucristo hecha pública al recibir las aguas bautismales.

En aquellos días, un creyente recién convertido que declaraba públicamente su fe en Cristo, corría el riesgo de ser desheredado por su padre pagano. En las páginas de la historia del movimiento cristiano leemos acerca de muchos fieles que perdieron su herencia como consecuencia de haber confesado a Cristo. El reformador Juan Calvino perdió beneficios eclesiásticos cuando abrazó la causa de la Reforma. Como consecuencia de su conversión a la fe en Cristo, el famoso evangelista Sadhu Sundar Singh, fue desheredado y echado fuera de la casa de sus padres. En las páginas de la revista *La Voz de los Mártires,* uno puede leer las historias de muchos nuevos cristianos contemporáneos que hasta el día de hoy son desheredados por sus familias hindúes y musulmanas. Lo que llama la atención en 1 Pedro es que no lamenta la pérdida de los bienes y honores materiales que sufren los creyentes desheredados, sino que bendice al Señor por recibir una herencia incorruptible, incontaminada, e imperecedera.

La herencia de la cual Pedro habla no puede ganarse u obtenerse mediante trabajo, esfuerzo, lucha, actos de valor, o artimañas. Esta clase de herencia sólo se recibe como un regalo o don de gracia. Pedro exhorta a sus lectores a bendecir y alabar a Dios por la herencia que habían recibido al ser declarados hijos y herederos de Dios por el Bautismo. La herencia es nuestra, no por lo que hacemos o sufrimos aquí en la vida presente, sino por lo que Cristo sufrió por nosotros en su pasión y muerte en la cruz. La herencia de los bautizados consiste en la comunión con Dios en esta vida, y también en la gloriosa manifestación de Cristo en su segunda venida. La herencia por la cual los cristianos bendicen a Dios no es algo que está por venir y ha de suceder con el tiempo, como han creído algunos intérpretes. No lo es, porque la venida del Espíritu Santo a la iglesia con sus maravillosos dones es parte de la herencia que gozamos en el tiempo presente. En Romanos 8:23 esa herencia es llamada las primicias del Espíritu. Según Efesios, Dios escogió de antemano a los creyentes a fin de que reciban su parte en la herencia de conformidad con el propósito de Dios (Ef 1:11). Por medio del Espíritu Santo los creyentes son sellados por medio del Espíritu Santo, quien es "la garantía de que recibiremos la herencia que Dios nos ha de dar cuando haya completado la liberación de los suyos" (1:13-14 VP).

El tema de la herencia de los creyentes es uno de muchos que tienen en común 1 Pedro y Efesios. Las semejanzas han sido señaladas por los investigadores para comprobar que ambas cartas fueron escritas más o menos al mismo tiempo. Sin embargo, debe notarse que la gran diferencia entre Efesios y 1 Pedro tiene que ver con el tema de la unión de judíos y gentiles en los propósitos de Dios. Es uno de los temas principales de la carta a los Efesios, pero no se lo menciona en 1 Pedro.

Las palabras de Pedro nos recuerdan que una herencia terrenal es algo corruptible, contaminado, y perecedero, al igual que las riquezas que tanto procuran los seres humanos. Al tomar posesión de la Tierra Prometida, Josué repartió entre los israelitas el territorio conquistado. Cada miembro del pueblo escogido recibió una herencia en el territorio de una de las doce tribus de Israel; pero debido a su infidelidad, idolatría, e injusticia social, los israelitas perdieron su herencia reiteradamente. La Tierra Santa fue conquistada por los asirios, babilonios, persas, griegos y romanos. Las herencias repartidas por Josué no fueron incorruptibles, incontaminadas, e imperecederas. En cambio, los que confían en la promesa del Señor pueden contar con una herencia celestial incorruptible, incontaminada e imperecedera. La manifestación de la plenitud de la salvación tendrá lugar con la segunda venida de Jesucristo, en la que juzgará a vivos y muertos y librará a los creyentes de todas sus aflicciones y sufrimientos. Quiere decir que los creyentes, aun los quemados en la hoguera, se manifestarán incorruptibles, incontaminados, e imperecederos en el momento final.

No sólo la herencia de la salvación en los cielos está reservada y protegida, también los creyentes están protegidos por el poder de Dios. La palabra griega φρουρουμένους que aquí se traduce como protegidos, proviene de una raíz que denota fortines o fortificaciones. Según Elliot (2000:337), las áreas rurales de las cinco provincias estaban sembradas de fortificaciones utilizadas por los gobernantes locales, y después por los romanos, para brindar seguridad a los habitantes de la región. No son las legiones romanas ni los mercenarios de los reyes locales los que con todas sus fortificaciones protegen a los creyentes, sino que el poder de Dios que resucitó a Jesucristo de la tumba los protege de todo mal. Según algunos investigadores (Miller 1993:30), al escribir acerca de la herencia incorruptible, incontaminada, e imperecedera, Pedro estaba pensando en lo que Jesús enseñó a sus discípulos respecto a las riquezas del mundo: "No acumulen ustedes tesoros en la tierra, donde la polilla y el óxido corroen, y donde los ladrones minan y hurtan. Por el contrario, acumulen tesoros en el cielo, donde ni la polilla ni el óxido corroen, y donde los ladrones no minan ni hurtan" (Mt 6:19-20). Según el profesor David Scaer, el que conquista a otros para Cristo, acumula tesoros en el cielo (2006:161).

1:6 Esto les causa gran regocijo, aun cuando les sea necesario soportar por algún tiempo diversas pruebas y aflicciones.

La mención de pruebas y aflicciones y las muchas referencias a sufrimientos y persecuciones, nos dan a entender que los destinatarios de la carta estaban sufriendo mucha oposición y grandes dificultades por causa de su fe en Cristo. Haber abandonado la idolatría y su antigua manera de vivir, fue lo que provocó persecución y oposición. Uno de los propósitos de Pedro al escribir la carta fue brindar consuelo a las comunidades de la fe e instarlas a seguir confesando a Cristo en medio del sufrimiento. El diablo, que anda como león rugiente buscando a quien devorar (1 P 5:8), se vale de los sufrimientos para amedrentar a los creyentes y hacerles negar a Cristo.

Pedro es el mismo que una vez hizo una trascendente confesión de su fe en Jesús. Cuando el Maestro preguntó a sus discípulos: "Y ustedes, ¿quién dicen que soy?", Pedro, sin ambages, le respondió: "Tú eres el Cristo." Sin embargo, cuando Jesús fue arrestado y acusado de ser un falso profeta, el mismo Pedro, por miedo a las autoridades, en lugar de confesar valientemente a su Señor, se enredó en un intento cobarde por justificarse a sí mismo. Con el fin de salvar su propia vida, negó a su Señor y respondió: "No lo conozco, ni sé de qué hablas" (Mc 14:68). En ese momento cantó el gallo, y Pedro casi fue devorado por el león rugiente. El león rugiente había pedido zarandear a los discípulos como si fueran trigo (Lc 22:31-32), pero Jesús había rogado por Pedro para que no le faltara la fe. Le dijo: "Y tú, cuando hayas vuelto (arrepentido), deberás confirmar a tus hermanos." En su sermón del día de Pentecostés el Señor utilizó las palabras de Pedro para llevar a la fe (confirmar) en Cristo a centenares de hermanos judíos que habían sido zarandeados como trigo cuando negaron al Señor y/o pidieron su crucifixión (Damgaard 2015:126). Pedro aprendió que el Señor, en su gracia, quiere la restauración de todos los pecadores que se arrepienten de sus pecados, y que se vuelvan en fe a Cristo. Es debido a esto que en los sermones de Pedro, en el libro de los Hechos, hay tantos llamamientos al arrepentimiento y a la fe.

Pedro sabía por experiencia propia que uno puede caer en la tentación de negar al Señor en lugar de negarse a sí mismo, tomar su cruz, y seguir a Cristo. Los que sufren persecución por su fe en Dios, necesitan que se los anime a fin de seguir confesando su fe en el Señor. Más que en cualquier otro escrito del NT, es en 1 Pedro donde se elabora una teología del sufrimiento (Green 1993:81). Según nos dice Pedro en el pasaje que estudiamos, las aflicciones y los sufrimientos de los cristianos son necesarios, son una parte del plan de Dios para su pueblo y para el mundo. En varias partes de su carta, y también en su sermón en Hechos 3:18, Pedro explica que los padecimientos, aflicciones, y muerte de Jesús fueron predichos en las palabras de los profetas. Los sufrimientos de Cristo fueron necesarios para la salvación del género humano. Según Pedro, los sufrimientos de los seguidores de Cristo también fueron anunciados por los profetas. Los discípulos de Jesús tendrán que sufrir en el cumplimiento de su misión de hacer discípulos en todas las naciones y bautizarlos en el nombre del Padre, del Hijo, y del Espíritu Santo.

En sus sufrimientos los cristianos siguen los pasos de Cristo; además reciben de él poder para regocijarse, y no sólo para un futuro distante, sino también durante sus aflicciones. En medio de los sufrimientos podrán confesar públicamente su fe, y así cumplir con su misión. Como ya se dijo, los investigadores de 1 Pedro no se han puesto de acuerdo en cuanto a cuál sea el tema principal de la epístola. Unos cuantos de ellos opinan que el sufrimiento es el tema principal, mientras que otros aseveran que el tema capital es la iglesia como hogar de los que carecen de este. Otro grupo de investigadores afirma que el tema más importante de la Epístola es la misión a la que ha sido llamado el pueblo de Dios, o sea, la imperante necesidad de confesar a Cristo ante el mundo.

En las traducciones más antiguas de 1 Pedro 1:6 no dice "Esto les causa gran regocijo", sino "por lo cual rebosáis de alegría" (Brox 1994:83). Las traducciones más antiguas son más literales, pues muestran que la palabra clave del pasaje es el verbo para regocijarse, en griego ἀγαλλιᾶσθε. En 1:6 el verbo se expresa en indicativo, por lo que la mayoría de los traductores y comentaristas modernos interpretan la alegría de la cual habla Pedro como una realidad presente (Brox 1994:89); o sea que los destinatarios de la carta se encuentran rebozando de alegría. En desacuerdo con dicha interpretación, el investigador Troy W. Martin afirma que el indicativo del texto funciona como un futuro. En otras palabras, según Martin, Pedro habla de la alegría que sentirán en el futuro los que ahora se encuentran en gran aflicción y tristeza. Según el mismo erudito, es la manera en que todos los autores cristianos antes de Calvino interpretaron el pasaje. Se dice que para los autores de la antigüedad, tanto cristianos como paganos, era imposible que una persona estuviera afligida y rebosante de alegría al mismo tiempo. Vale decir que de acuerdo con la psicología emocional que caracterizaba el mundo en que vivían Pedro y los demás escritores bíblicos, era imposible que una persona sintiera a la vez dos emociones contrarias. Uno puede sentir gozo en medio de los sufrimientos, pero no puede estar afligido y rebosante de alegría al mismo tiempo (Martin 2016:649-660). Lutero, por su parte, afirma que cuando nos toca sufrir por causa de Cristo, podemos alegrarnos en las aflicciones por nuestra fe en la promesa de la herencia gloriosa reservada en los cielos (2001:30-32).

Otro comentarista, en consonancia con Lutero, asevera que el regocijo de los creyentes no surge de la contemplación de un acontecimiento, sino de la experiencia de salvación, perdón, y de la presencia del Espíritu en la época actual. No se trata de un gran regocijo del momento, sino del estado en el cual el creyente se encuentra constantemente (Miller1993:137; Selwyn 1955:128). En Apocalipsis 19:6, la atronadora voz del cielo proclama: "¡Aleluya! ¡Reina ya el Señor, nuestro Dios Todopoderoso!" El regocijo de los creyentes está presente en medio de las tribulaciones, pruebas, sufrimientos, y angustias. La causa del regocijo del creyente no se debe a un evento, sino que es una persona, y la persona está con nosotros siempre, hasta el fin del mundo. Esta persona nos asegura que el tiempo durante el cual su pueblo tendrá que sufrir en su peregrinación será corto, muy breve en comparación con el gozo que les espera a los elegidos en la gloria eterna.

Si bien 1 Pedro no contiene la palabra "credo" o "confesión", sí contiene algunas de las confesiones de fe más concisas y profundas de todo el NT. Con toda seguridad el apóstol exhorta a sus lectores a hacer suyas las poderosas confesiones de fe, y así, usarlas para anunciar los hechos maravillosos de aquél que los llamó de las tinieblas a su luz admirable (1 P 2:9). Según nuestra opinión, los temas de la confesión y del sufrimiento están tan entretejidos, que sería imposible separarlos o darle prioridad a uno o al otro. Lamentablemente, se ha marginado el estudio de la teología del sufrimiento en muchas partes del mundo cristiano. Muchos prefieren el "evangelio de la prosperidad", un movimiento que goza de gran popularidad no sólo en los países desarrollados, sino también en los países de escasos recursos económicos. En miles de púlpitos y plataformas se asegura a las multitudes que el fruto de una fe verdadera consiste en la abundancia de bendiciones materiales, en tanto que la desgracia, la enfermedad y la pobreza son los frutos de la falta de fe. De acuerdo con la perspectiva de 1 Pedro, no es a base de su prosperidad material que se conoce quién es un cristiano verdadero, sino a base de su fe, esperanza, y gozo en medio de las pruebas (Elliot 1981:143; Lutero 2001:31-32).

Los lectores de la carta deben entender, además, que sus sufrimientos y aflicciones no quieren decir que el Señor se haya olvidado de ellos o que los esté castigando. Las antiguas deidades de Anatolia solían castigar a sus adoradores por cualquiera falta ritual o moral. Pedro emplea la palabra "pruebas" para nombrar lo que tienen que soportar sus lectores. Habla de muchas pruebas y sufrimientos, no sólo de una prueba o dos. Quizá el autor rememora, en el pasaje, las muchas y diferentes clases de tortura que sufrieron los mártires macabeos (4 Macabeos 15-17), o las diez plagas enviadas para probar al faraón de Egipto (Selwyn 1955:129). En la carta se enfatiza que las pruebas y tribulaciones no durarán para siempre, sino que son de corta duración. Las tribulaciones terminarán; en cambio, la gloria eterna que espera a los elegidos nunca acabará. En el relato de Hechos 16:25 se cuenta que Pablo y Silas, azotados, golpeados, y encarcelados, oraban y cantaban himnos a Dios, dándole gracias por la oportunidad de sufrir por aquél que tanto sufrió por nosotros. Recordamos que Silas, mencionado en el texto de Hechos 16 es, con toda probabilidad Silvano, quien colaboró con Pedro en la redacción de la carta que estamos estudiando (1 P 5:12).

El sustantivo griego πειρασμοῖς se traduce al castellano como pruebas, o tentaciones. Según los teólogos, las pruebas las envía Dios para probar nuestra fe, si es sincera y firme y procede del corazón, y no de la boca para afuera. Así es como se entiende la palabra prueba en 1 Pedro 1:6. Las tentaciones -se nos dice- son cosas, sucesos y situaciones enviados por Satanás para demoler nuestra fe y apartarnos del buen camino. En el Padrenuestro Jesús nos enseñó a orar: "No nos metas en tentación." Martín Lutero explica: "Dios, en verdad, no tienta a nadie, mas rogamos en esta petición que Dios nos guarde y preserve, de modo que el diablo, el mundo y nuestra carne no nos engañen ni seduzcan a creencias erróneas, desesperación y otros grandes vicios y afrentas, y que por fin, aunque fuéramos tentados a ello, sin embargo venzamos y obtengamos la victoria." En la Epístola de Santiago, en la cual se tratan muchos de los mismos temas que se encuentran en 1 Pedro, leemos: "Cuando alguien sea tentado, no diga que ha sido tentado por Dios, porque Dios no tienta a nadie, ni tampoco el mal puede tentar a Dios. Al contrario, cada uno es tentado cuando se deja llevar y seducir por sus propios malos deseos" (Stg 1:13-14). Al emplear las palabras "pruebas o tentaciones", debe entenderse que con frecuencia Dios actúa con la finalidad de cambiar las tentaciones enviadas por el diablo en pruebas. También Satanás procura tornar las pruebas de nuestra fe en tentaciones, como sucedió en la historia de la caída en pecado de Adán y Eva.

1:7 pero cuando la fe de ustedes sea puesta a prueba, como el oro, habrá de manifestarse en alabanza, gloria y honra el día que Jesucristo se revele. El oro es perecedero y, sin embargo, se prueba en el fuego; ¡y la fe de ustedes es mucho más preciosa que el oro!

Las tribulaciones que sufren los creyentes son como el fuego que utiliza el orfebre para purificar metal precioso. Las pruebas por medio del fuego separan la escoria e impurezas de los metales preciosos. El fuego no daña la naturaleza del oro, sino que lo purifica. Asia Menor era conocida en la antigüedad por sus minas de metales preciosos y sus plateros y joyeros (Elliot 2000:341). Según Zacarías 13:9 e Isaías 43:3, la cautividad babilónica fue para el pueblo de Israel algo así como un fuego purificador, por medio del cual los cautivos aprendieron a renunciar a la idolatría, la causa principal de su cautiverio. En el Salmo 66:10 se expresa: "Tú, Dios nuestro, nos has puesto a prueba; nos has refinado como se refina la plata." El sufrimiento de Jesús en la cruz fue una prueba de su fidelidad a la voluntad de su Padre. A pesar de los sufrimientos, Jesús cumplió con la misión que recibió del Padre en su bautismo. La cruz es, a la vez, la prueba de su amor hacia nosotros. Lo que sufren los discípulos (2 Co 6:4-10) es la prueba de su amor hacia Cristo, y de su fe en la resurrección y la esperanza de la vida eterna. El oro y la plata que se refinan por el fuego algún día perecerán, pero la fe verdadera sostenida por la mano de Dios jamás dejará de ser.

En el AT se describe con lujo de detalles la gran cantidad de oro, plata, y joyas preciosas que adornaban el templo y las vestimentas del sumo sacerdote. El brillo del sol reflejado por los metales preciosos se describe en la Biblia como la belleza del Señor, porque simbolizaba la *shekinah*, la gloria visible de Dios invisible. El brillo de los metales preciosos simbolizaba y predecía la plena manifestación de la gloria del Creador en la nueva Jerusalén. En el día de la manifestación del rey Mesías ya no serán necesarios los adornos de oro, plata, y joyas brillantes que simbolizan la gloria de Dios, porque "el Señor será para ti una luz perdurable; tu Dios será tu gloria" (Is 60:19). El oro y la plata con su brillo, y el sol y las estrellas con su fulgor son perecederos, porque serán reemplazados por la gloria del Rey Mesías el día de su plena manifestación al mundo (Beale 2004:42-44). Las palabras de Pedro nos recuerdan el estribillo del bello himno del hermano Mario Zeballos de Bolivia (¡Cantad al Señor! 1991: Himno 100):

Cuando venga Jesucristo,
Temblará el mundo entero.
No dará el sol su lumbre,
Ni la luna, ni los astros
Sólo Cristo brillará.

Nótese que en 1 Pedro 1:7, como en el resto de la carta, el autor prefiere hablar del día en que Jesucristo se revele y no de la segunda venida de Jesucristo o de la parusía. Es decir, Pedro prefiere no sugerir que Jesucristo está ausente cuando los cristianos tienen conflictos, luchas, y sufrimientos. El versículo siguiente remarca que Jesús sí está presente –aunque invisible– junto a los destinatarios de la carta; pero pronto vendrá el día de la manifestación visible del Cristo invisible. Al presente, los creyentes ven a Jesús por fe.

1:8 Ustedes aman a Jesucristo sin haberlo visto, y creen en él aunque ahora no lo ven, y se alegran con gozo inefable y glorioso.

Al final del relato del encuentro entre Cristo resucitado y el apóstol Tomás, el Señor le dice: "Tomás, has creído porque me has visto.

Bienaventurados los que no vieron y creyeron" (Jn 20:29). Del relato de Pedro se desprende que los creyentes de las cinco provincias deben contarse entre los que no habían visto al Señor, pero creyeron, así como también creyó y se regocijó el centurión romano –Mateo 8:5-13– sin antes haber visto señales de su presencia. Zacarías, el padre de Juan el Bautista, no creyó el mensaje profético del ángel Gabriel y, por lo tanto, no pudo elevar sus aleluyas al Señor, por haber quedado mudo. Hebreos 11:1 declara: "Ahora bien, tener fe es estar seguro de lo que se espera; es estar convencido de lo que no se ve." La fe de los destinatarios de 1 Pedro no fue producto de lo que vieron, sino de la proclamación de las buenas nuevas de la pasión, muerte, y resurrección de Jesús. En Romanos 10:17, en consonancia con Pedro, Pablo manifiesta: "Así que la fe proviene del oír, y el oír proviene de la palabra de Dios." Como veremos en los versículos que siguen (1 P 1:10-12), la palabra de Dios del AT se interpreta desde la perspectiva de la pasión y resurrección de Cristo.

En este pasaje el apóstol se identifica como un testigo que había visto a Cristo. Pedro lo vio y creyó; los destinatarios de su carta nunca lo vieron, y sin embargo creyeron. Tanto Pedro como ellos tienen la misma fe. Es la fe que une a Pedro con sus lectores. Por medio de esa fe, tanto Pedro como los que leen su carta aman a Cristo y comparten la misma esperanza viva. La unidad de la iglesia no estriba en nuestros esfuerzos, políticas eclesiásticas, sino en la fe, el amor, y la esperanza que Dios en su gracia nos otorga (Schlatter 1995:35-36). Sin duda, los cristianos que sufren por las burlas y calumnias de sus vecinos paganos, quisieran ver a Jesús y recibir de él la certeza de su presencia. Uno de los propósitos de Pedro es asegurarles a quienes leen sus palabras que Cristo está con ellos aunque no lo puedan ver. El Señor está con ellos en la Palabra y con su Espíritu que vive en medio de la comunidad, otorgando a todos el poder de soportar cualquier angustia o aflicción. Aquí, en 1 Pedro, el don espiritual por el cual el Espíritu pone de manifiesto su presencia no es el de las lenguas o visiones, sino el de tener una esperanza viva en medio de las aflicciones.

1:9 Porque están alcanzando la meta de su fe, que es la salvación.

En la versión Reina Valera Revisada de 1960, aparecen las palabras "salvación de vuestras almas". En la RVC las palabras "de vuestras almas" (ὑμῶν σωτηρίαν ψυχῶν) no están. La omisión se debe al temor manifestado por los traductores, de que el lector podría malentender lo que significa la palabra alma. Para la mayoría de los investigadores modernos la palabra "alma", en el NT, significa el ser humano total como ser viviente. Se dice que debido a la influencia de la filosofía griega, muchas personas todavía creen que la palabra "alma" se usa para designar la parte inmaterial de la persona, y la palabra cuerpo para la parte material. Casi todos los comentaristas están de acuerdo con que la palabra alma se utiliza para designar al ser humano total, tanto material como inmaterial. Hay que desarraigar la idea de que Jesús vino para salvar sólo la parte no material o espiritual de las personas, porque también vino a salvar lo que llamamos el cuerpo. En el Credo Apostólico la iglesia confiesa no sólo una resurrección espiritual, sino también la resurrección de la carne (Green 1993:73). Si nuestro Creador se preocupa por resucitar el cuerpo de los mortales, nosotros los cristianos tenemos también la obligación de preocuparnos por la salud y necesidades físicas del prójimo.

Reinhard Felmeier -profesor luterano de la Universidad de Hamburgo- es uno de los teólogos que creen que la palabra alma es una esencia distinta del cuerpo. Sin negar la resurrección del cuerpo ni el deber que tenemos los cristianos de atender a las aflicciones y necesidades físicas de las personas, Feldmeier expresa en su comentario sobre 1 Pedro (2008:90-92) que la idea del alma como "el hombre en su ser más íntimo" era un concepto bien conocido en el judaísmo de los primeros siglos, concepto que se encuentra especialmente en autores como Filón de Alejandría y en los rollos encontrados en Qumran. Según Feldmeier, al oír la palabra ψυχῶν los destinatarios de 1 Pedro y los lectores de Marcos 8:36 se verían inducidos a interpretar "alma" como una esencia superior en el ser humano, que es distinta del cuerpo; y siendo purificada, es capaz de sobrevivir la destrucción del cuerpo mortal. Concluye Feldmeier que el concepto tradicional del alma, que ha perdurado en la antropología cristiana por unos dos mil años, merece ser investigado de nuevo.

TEMAS PRINCIPALES DE 1 PEDRO: (2) LA INSPIRACIÓN DE LAS ESCRITURAS

1:10 Los profetas que hablaron de la gracia destinada a ustedes, estudiaron e investigaron con detalle todo acerca de esta salvación.

Uno de los temas que se destacan en 1 Pedro tiene que ver con el cumplimiento de las palabras de los profetas. Tanto 1 Pedro 1:10-12, como 2 Pedro 1:19-21, expresan que los profetas del AT hablaron, no por cuenta propia, sino por inspiración del Espíritu Santo del Cristo preexistente. Según Pedro, los profetas no entendieron el significado de todas las palabras que el Espíritu de Cristo habló por medio de ellos. Y es así, porque muchas de las palabras de los profetas tuvieron que ver con acontecimientos futuros, y no con sucesos del tiempo en que vivieron. Sin embargo, Pedro dice que los profetas inquirieron activamente respecto a la salvación que iba a llegar a los hombres. Sabían que algo grande y maravilloso ocurriría, pero no cuándo ni por medio de quién, así como lo expresó Pablo en otro contexto: "Vieron con opacidad, como a través de un espejo" (1 Co 13:12). Pero sabían que sobrevendría con la dirección del Espíritu de Cristo, quien estuvo presente ya en los días del AT y sobre todo en la palabra profética.

Una de las cosas que diferenciaban las reuniones de los primeros cristianos de los cultos y sectas del mundo grecorromano fue la importancia dada a la palabra escrita en la vida de los creyentes y en su adoración. En las descripciones de las reuniones de los cristianos, que encontramos tanto en la Biblia como en los autores patrísticos como Justino, la lectura de los profetas y las memorias de los apóstoles fueron una parte primordial de la adoración de las comunidades cristianas. No era así en las celebraciones del culto imperial y de los dioses venerados por los gentiles. En estas predominaban los sacrificios, los ritos, las procesiones, las oraciones, y los himnos, pero no la lectura de libros sagrados. Por medio de los libros sagrados el Espíritu de Dios hablaba directamente a los fieles, y transformaba sus vidas. Tal como los fariseos en sus sinagogas, así los primeros cristianos elaboraron leccionarios que especificaban los textos a ser leídos en cada día de reposo (Hurtado 2016:110).

Más que cualquier otra religión, el movimiento cristiano llegó a ser una religión del Libro. Por guardar sus enseñanzas en los libros que llegaron a formar más tarde nuestra Biblia, la iglesia pudo preservar la unidad doctrinal de las miles de congregaciones en el imperio. Y a la vez pudo instruir tanto a los fieles como a los paganos que acudían a sus reuniones. Ya desde el principio una de las características del movimiento cristiano fue la *Sola Scriptura*. Uno de los principales métodos misioneros de los primeros cristianos fue la producción y diseminación de libros sagrados, en los idiomas originales y también en traducciones a otras lenguas. Es una de las razones por las que el movimiento cristiano siguió creciendo, mientras que otros cultos y sectas dejaron de existir. Cuando se descuida la predicación y lectura de las Sagradas Escrituras, la iglesia cae en el error, la herejía y la pérdida de su vocación misionera. De ahí que una de las marcas de toda reforma auténtica es un retorno a las Escrituras.

1:11-12 Ellos querían determinar a quién y a qué momento se refería el Espíritu de Cristo que estaba en ellos, cuando anunciaba de antemano los sufrimientos de Cristo y las glorias que les seguirían. Dios les hizo saber que su tarea no era para ellos mismos, sino para nosotros, y que sólo administraban lo que a ustedes ahora les anuncian aquellos que les han predicado el evangelio por el Espíritu Santo enviado del cielo. Éstas son cosas que aun los ángeles quisieran contemplar.

Este pasaje es una de las bases de la doctrina de la inspiración de las Sagradas Escrituras que confesaban los primeros cristianos y que encontramos en el Credo Niceno. Allí se declara: "Creo en el Espíritu Santo... que habló por medio de los profetas." Una característica de la primera carta de Pedro es el énfasis puesto en las palabras de los profetas del AT. Las palabras de los profetas están orientadas hacia la persona y obra de Jesucristo, y encuentran su razón de ser y su cumplimiento en él. En pocas palabras, es la interpretación cristológica de las palabras de los profetas lo que constituye el eje de la hermenéutica de Pedro. Lutero asevera que las palabras de los profetas son dedos que apuntan hacia Cristo (1967:21). Otros autores han hecho notar que tal hermenéutica cristológica se observa también en los sermones de Pedro en el libro de los Hechos de los Apóstoles.

Tanto en su primera Epístola como en sus ocho discursos públicos en el libro de Hechos, Pedro suele rematar sus enseñanzas citando o aludiendo a un pasaje del AT que haya encontrado su cumplimiento último en la vida de Cristo y su iglesia. El primer discurso de Pedro en Hechos se encuentra en el primer capítulo, en ocasión de la elección de Matías para tomar el puesto dejado vacío por Judas Iscariote al suicidarse. Al terminar su discurso, Pedro remata su intervención citando los Salmos 69:25 y 109:8: "Que su habitación quede desierta; que nadie viva allí, y que otro tome su oficio." En su sermón del día de Pentecostés, declara que tanto las palabras del profeta Joel (2:28-32), como las de David en los Salmos 16 y 110, apuntaban a eventos trascendentales que se hicieron realidad en la vida de Jesús y de la iglesia primitiva (Hines 2011:227-244). La realización de tales eventos en el tiempo en que vivían los lectores de la carta de Pedro, fue una señal de la venida de los últimos tiempos, tiempo en que habrá grandes tumultos, catástrofes y sufrimientos (Brox 1994:97).

Según Pedro, los profetas y también los ángeles intentaron investigar y explicar el significado de las palabras que les fueron dadas por el Espíritu. Los profetas sabían que sus profecías tenían que ver con la venida del Salvador y su sacrificio por los pecados del mundo. Lo que no pudieron calcular fue la fecha y manera de su llegada. Trataron de determinar cuándo y en qué forma tendrían cumplimiento los oráculos que recibieron por inspiración del Espíritu Santo. Sin embargo, no pudieron interpretar algunos de los detalles de sus propias profecías (Brox 1994:95-96). Según Romanos 16:25-26, el evangelio que ahora se proclama a todo el mundo fue un secreto que se había mantenido oculto desde tempos eternos, "pero que ahora ha sido revelado por medio de las Escrituras de los profetas". Sin la ayuda del Espíritu el ser humano, por cuenta propia, no es capaz de interpretar las Escrituras. En 2 Pedro 1:20 dice: "Ninguna profecía de la Escritura es de interpretación privada, porque la profecía nunca estuvo bajo el control de la voluntad humana, sino que los santos hombres de Dios hablaron bajo el control del Espíritu Santo."

En Mateo 13:16 Jesús les dice a sus discípulos: "Pero dichosos los ojos de ustedes, porque ven; y los oídos de ustedes, porque oyen. Porque de cierto les digo, que muchos profetas y hombres justos desearon ver lo que ustedes ven, y no lo vieron; y oír lo que ustedes oyen, y no lo oyeron." Según estas palabras de Jesús y el pasaje de 1 Pedro, los profetas, en primera instancia, no profetizaron para servirse a sí mismos, sino a otras generaciones en el futuro. En Daniel 12:6-13 se instruye al profeta a que guarde en secreto las palabras de su profecía, selladas en un libro para el tiempo del fin. El mensaje de salvación que habían recibido los destinatarios de la carta de Pedro es uno que los profetas y ángeles quisieran contemplar, pero no pueden, porque el tiempo del fin no ha amanecido aún (Sargent 2015:32). Con esta declaración, Pedro subraya el gran privilegio que recibieron los destinatarios de su carta. Así enfatiza la importancia de la misión que se les ha asignado.

En el último capítulo de Deuteronomio se relata la historia de la muerte y sepultura de Moisés. El gran libertador del pueblo de Israel nunca entró en la Tierra Prometida. Murió en la cumbre del monte Nebo en la tierra de Moab. Desde la cumbre de la montaña Moisés pudo ver desde lejos la tierra que fluye leche y miel que el Señor había prometido a Abrahán y sus descendientes. Ciertamente, a lo lejos pudo contemplar Moisés la tierra en la cual Israel llegaría a ser una bendición para todas las naciones, y en la que el libertador prometido daría su vida no sólo por los miembros de las doce tribus, sino de todas las naciones gentiles. Moisés se regocijó porque pudo ver de lejos el cumplimiento de las promesas dadas a los padres de la nación. Así como Moisés pudo ver a gran distancia el futuro cumplimiento de los propósitos de Dios para Israel y el mundo, del mismo modo los profetas, citados con frecuencia en 1 Pedro, pudieron discernir desde lejos algo de la gran obra de Dios en Jesucristo, sin llegar a experimentar personalmente los eventos que proclamaban sus profecías (González 2010:29-30). Por la gracia de Dios las primeras comunidades cristianas de Anatolia habían recibido revelaciones y bendiciones que los ángeles anhelaban conocer. Tales revelaciones tienen que ver con los sufrimientos de Cristo y las glorias que les seguirían. Al hablar de los sufrimientos Pedro se refiere al rechazo de Jesús de parte de los líderes de su pueblo, su agonía en el jardín de Getsemaní, el abuso físico de los romanos y judíos, su crucifixión y muerte. Cuando Jesús anunció por primera vez (Mc 8:31) que era necesario que el Hijo del Hombre sufriera mucho, Pedro rechazó contundentemente tal interpretación de la misión de Jesús. En ese momento el discípulo estaba más ciego que el ciego cuya sanación se relata en el mismo capítulo. Ahora, en su primera carta Pedro proclama la necesidad de los sufrimientos de Cristo y las glorias que seguirían, o sea la resurrección, ascensión, y segunda venida. (Green 1993:76). Pedro pone en claro que lo que sufrió Cristo en su pasión no fue un accidente ni una tragedia inesperada, sino una parte integral del plan de Dios para la salvación de la humanidad. En Juan 10:18 Jesús declara: "Nadie me la quita [la vida], sino que yo la doy por mi propia cuenta. Tengo poder para ponerla, y tengo poder para volver a tomarla."

Los pasajes del AT que anunciaron con anticipación los sufrimientos de Cristo fueron, sin duda, textos como el Salmo 22 e Isaías 52:13-53:12. Según algunos investigadores de la carta, la interpretación mesiánica de Isaías 53 es una de las bases sobre la que descansa toda esta epístola (Gonzáles 2010:155). Otros pasajes del AT, como por ejemplo Salmos 16 y 110, anunciaron las glorias venideras. La lectura de estos y otros pasajes del AT ayudan a entender que para los autores del NT y los padres de la iglesia pos apostólica, Cristo estuvo activo en el AT antes de su encarnación en la virgen María. Lo que vio Isaías en su visión en el templo (capítulo 6) fue la gloria de la segunda persona de la Santísima Trinidad. La frase "Éstas son cosas que aun los ángeles quisieran contemplar" implica que contrariamente a lo que creen muchas personas, los ángeles no son omniscientes; no saben todas las cosas. No conocen el futuro, por lo tanto son vanos los esfuerzos de los adivinadores solicitar la ayuda de los ángeles, tanto buenos como malos, para pronosticar eventos futuros. Los ángeles no conocen nuestros pensamientos en profundidad; solamente el Espíritu Santo conoce los pensamientos escondidos en nuestro ser más íntimo. El Espíritu -no los ángeles ni los santos- intercede por nosotros con gemidos indecibles (Ro 8:26). Equivocadamente, muchas personas y hasta cristianos, atribuyen a Satanás la omnipresencia, la omnisciencia y hasta la omnipotencia, como si el príncipe de las tinieblas fuera un segundo dios.

LOS TÉRMINOS EVANGELIO Y EVANGELIZAR

En el pasaje que estamos estudiando Pedro menciona a las personas que proclamaron el evangelio a los destinatarios de la carta. Los términos evangelio y evangelizar podrían haber sido entendidos de dos maneras muy diferentes por quienes vivieron en Anatolia en el tiempo de Pedro. En primer lugar, el término evangelio podría ser interpretado con referencia a la ideología del culto imperial. Según esta ideología, las buenas nuevas son las que refieren el establecimiento del Imperio Romano por Augusto César. Según la cosmovisión del imperio, César era el salvador del mundo, y Roma el pináculo de la civilización. Su cultura ofrecía salvación a los pueblos del mundo. Según este modo de entender la palabra evangelizar, la evangelización habría sido la tarea de extender el control del imperio sobre todas las instituciones, tradiciones y actividades realizadas dentro de las fronteras del imperio, y hacer de todos los pueblos de ese imperio una nueva creación.

La segunda manera de entender la palabra evangelizar, sería interpretarla como una referencia al cumplimiento mesiánico de las profecías de Isaías 40 y 54, acerca de la venida de un salvador y Mesías (Seland 2009:581). Vale decir que para Pedro las verdaderas buenas nuevas no son las que pregonaban las victorias de César Augusto y la ideología del Imperio Romano, sino las que anuncian la venida de Jesucristo, su pasión y resurrección, su segunda venida, y la esperanza de la vida eterna. Las buenas nuevas son que la misión de bendecir a todas las naciones está en marcha. La misión comenzó con el llamamiento de Abrahán y la creación del pueblo de Israel para ser un reino de sacerdotes y pueblo santo (Ex 19:6). Las buenas nuevas son que los gentiles también han sido llamados a ser parte del pueblo de Dios. En 1 Pedro, la iglesia compuesta por judíos y gentiles creyentes es la continuación de Israel. La iglesia es la casa espiritual por la que Dios seguirá manteniendo la misión que comenzó con el llamamiento de Abrahán. Entonces, las buenas nuevas no hablan del establecimiento y crecimiento del Imperio Romano, sino de la misión de la iglesia. El mismo Espíritu Santo que inspiró a los profetas del AT para anunciar el evangelio en días de los profetas, está ahora, en el NT, con los evangelizadores y profetas que siguen proclamando las buenas nuevas a todas las naciones.

Durante gran parte de su existencia el pueblo de Israel vivió en el exilio. Primeramente en Egipto, después en Asiria, Babilonia, y Persia. Durante el exilio, tuvieron que luchar para mantener su identidad, su fe y su misión en medio de un conjunto de pueblos paganos con sus ídolos y vicios. Los destinatarios de 1 Pedro también vivieron en el exilio. El peligro para la iglesia en el exilio es el de ser tragada por una cultura idólatra, injusta, e inhumana, que procura recrear al mundo a su imagen. Para mantener su fe y esperanza la iglesia debe entender que tiene una identidad diferente a la de los otros pueblos. Es una identidad no formada por acomodarse a la imagen de los reyes, emperadores y césares que se hacían servir en vez de servir a la humanidad. En 1 Pedro la familia de Dios recibe el llamamiento de conformarse a la imagen del Cristo que se ofreció a sí mismo como sacrificio expiatorio por toda la humanidad.

Los destinatarios de la misiva de Pedro recibieron el mensaje del evangelio. La semilla preciosa del evangelio fue sembrada en sus corazones y engendró en ellos una esperanza viva. Pedro menciona a los que proclamaron el evangelio a sus lectores, pero no los identifica. ¿Quiénes fueron los que pregonaron las buenas noticias a los que leyeron a Pedro? Los investigadores mencionan cuatro posibilidades: (a) Pedro y sus colaboradores. (b) Pablo y sus colaboradores. (c) Los cristianos que fueron deportados de Roma por el emperador Claudio. (d) Judíos y prosélitos convertidos el primer día de Pentecostés, los que al regresar a sus hogares en Anatolia comenzaron a adorar a Cristo en lugares donde sus reuniones pudieran ser presenciadas por el público. Más adelante discutiremos detalladamente las cuatro teorías.

LOS ÁNGELES EN 1 PEDRO 1:12

Hay eruditos que creen que los ángeles a los que se hace referencia en 1 Pedro 1:12 son los ángeles caídos, y no los ángeles benditos. Lo creen así porque en algunos textos del NT se habla de que los gobernantes, principados, y poderes de este mundo ignoraban el plan de salvación (1 Co 2:8; Ef 3:10). Es más probable, sin embargo, que Pedro se refiera a los ángeles benditos, pues su deseo es infundir ánimo a sus lectores al recordarles el gran privilegio que han recibido, y la importancia de la misión que les cabe.

LA MUERTE DE CRISTO PROFETIZADA POR ISAÍAS

En Hechos se relata el encuentro del evangelista Felipe con un funcionario de la reina Candace de Etiopía. El administrador etíope se encuentra en su carro leyendo Isaías: "Como oveja fue llevado a la muerte, como cordero delante de sus trasquiladores se callará y no abrirá su boca. Sufrirá la cárcel, el juicio y la muerte; ¿y quién entonces contará su historia, si él será arrancado por completo de este mundo de los vivientes?" (Is 53:7-8). Felipe le pregunta al etíope: "¿Entiendes lo que lees?" El etíope responde: "Te ruego que me digas: ¿De quién habla el profeta? ¿Habla de sí mismo, o de algún otro? Entonces Felipe comenzó a explicarle, a partir de la escritura que leía, y le habló de las buenas nuevas de Jesús" (Hch 8:26-38). Uno de los dones que el Espíritu Santo otorgó a la iglesia es el de encontrar en los profetas profecías acerca de la persona y obra de Jesucristo. El don de la interpretación le había sido otorgado a Felipe, a Pedro, y los demás apóstoles. Es un don espiritual que no todos reciben. En 1 Corintios 2:14 leemos: "Pero el hombre natural no percibe las cosas que son del Espíritu de Dios, porque para él son una locura; y tampoco las puede entender, porque tienen que discernirse espiritualmente." Está claro que el autor de 1 Pedro había recibido el don de la interpretación cristológica del AT. En 1 Pedro se encuentra la mayor concentración de citas directas y alusiones a los profetas que en cualquier otro libro del NT. El poder de interpretar las Escrituras cristológicamente es uno de los dones espirituales que Pedro menciona en 1 P 4:10, o sea, una manifestación de la gracia para el bien de todos.

TEMAS PRINCIPALES DE 1 PEDRO: (3) EL SUFRIMIENTO DE CRISTO Y DE LOS CRISTIANOS

"¡Pare de sufrir!" es el lema de uno de los mayores movimientos religiosos de América Latina y del mundo. Comenzó en Brasil, y ahora se manifiesta en casi todos los países del planeta. El crecimiento relampagueante del movimiento es un testimonio del desesperante deseo de las masas por escapar de los sufrimientos y dolores que caracterizan nuestra vida en este valle de lágrimas. Los escritores del AT dedicaron muchos de sus escritos al problema del sufrimiento. Dichos autores no sólo trataron de entender las causas del sufrimiento, sino también cómo soportarlo y encontrar un remedio para los dolores que sufrimos en un mundo injusto y cruel. En algunos de los libros del AT, como Lamentaciones, Salmos, Eclesiastés, y especialmente Job, se pueden percibir los lamentos, gritos de dolor, y amargas protestas motivados por los sufrimientos que parecen ser el destino de todos los seres humanos.

El sufrimiento es también un tema muy importante en los escritos del NT, aunque no lo sea para las muchas iglesias modernas que intentan evitar predicar, enseñar, y cantar sobre el dolor, la angustia, y la muerte. Hay, sin embargo, un escrito del NT que quizá, más que todos los demás, se preocupa por los sufrimientos de los cristianos. Ese escrito es 1 Pedro, una obra que por mucho tiempo ha quedado casi olvidada por muchos investigadores de las Escrituras. En los últimos años, sin embargo, se ha notado un renovado interés por el mensaje de este libro de la Biblia. Lo que enseña 1 Pedro dista mucho de ser lo que confiesan quienes han hecho del refrán "¡Pare de sufrir!" su lema.

Como veremos más adelante, en las palabras de los profetas no sólo hay profecías acerca de la misión y los sufrimientos de Jesús. Hay también palabras que hablan de la misión de los seguidores de Cristo y de lo que tendrán que sufrir en el cumplimiento de esa misión. Hay otra manera de traducir la parte del pasaje que habla de los sufrimientos, y que capta mejor el mensaje que Pedro quiere compartir con sus lectores. La RVC traduce así: "Cuando anunciaba de antemano los sufrimientos de Cristo y las glorias que les seguirían." Según algunos investigadores sería mejor traducir: "Cuando anunciaba de antemano los sufrimientos (de los cristianos) a causa de Cristo y las glorias que les seguirían (después del tiempo de tribulación)." En esta traducción alternativa, los sufrimientos de los que Pedro trata aquí, no son los sufrimientos de Cristo sino los de los cristianos perseguidos por su fe en Cristo. Según Lutero, los sufrimientos de los que habla el apóstol son tanto las aflicciones de Cristo como también las de sus seguidores (2001:39). Lo que los creyentes de Anatolia estaban sufriendo entonces, fue profetizado en el pasado por los profetas. Las profecías se estaban cumpliendo en esos momentos. Pero los profetas que anunciaron de antemano las tribulaciones de los hermanos, profetizaron también la gloria futura que les espera a los que son fieles hasta la muerte. La esperanza de la gloria futura anima y consuela a la iglesia en medio de sus sufrimientos (Sargent 2015:27-29).

Los destinatarios de la carta de Pedro tienen que entender que los sufrimientos que padecen no sólo fueron profetizados de antemano, sino que también son parte del plan de Dios de que todas las naciones conozcan su salvación. Así los destinatarios de la carta podrán entender que lo que sufren por su fe en Cristo no se debe a la casualidad, a la ley del karma, o a la mala suerte; es parte del plan de Dios para sus vidas. El plan de Dios para la vida de los que ahora sufren incluye un futuro glorioso. Los lectores de 1 Pedro no sólo fueron llamados a participar en los sufrimientos de Cristo, sino también a compartir las glorias que les seguirán. Al recordarles las glorias que seguirán, Pedro no les pide que se retiren de la sociedad y eviten todo contacto con los que no son creyentes, hasta que Cristo regrese para juzgar a vivos y muertos, sino que los anima a seguir confesando a Cristo en medio de los conflictos, dificultades y sufrimientos.

1:13 Por lo tanto, preparen su mente para la acción, estén atentos y pongan toda su esperanza en la gracia que recibirán cuando Jesucristo sea manifestado.

Después de la presentación doctrinal sobre la inspiración de las profecías mesiánicas, Pedro sigue con una exhortación a poner en práctica la fe.

Las palabras "preparen su mente para la acción" son una traducción interpretativa de una expresión que literalmente dice: "ceñid los lomos de vuestro entendimiento." Así lo expresa la RVR 1960. Al prepararse un hombre -en tiempos bíblicos- para llevar a cabo una actividad difícil o extenuante como correr, trabajar duramente, nadar o pelear, tenía que enrollar o quitarse su larga túnica para moverse con más agilidad. Es lo que quiere decir "fajarse" o "ceñir los lomos". Al celebrar los israelitas la primera pascua en Egipto, tuvieron que comer apresuradamente el cordero pascual, tener ceñidos los lomos, calzarse los pies y, con el bordón en la mano, estar listos para salir, dejando atrás la cautividad (Ex 12:11 RVR 1960). Jesús llama a sus discípulos a estar preparados para su segunda venida de la siguiente manera: "Estén ceñidos vuestros lomos, y vuestras lámparas encendidas" (Lc 12:35 RVR 1960). En su carta a los filipenses (2:1), Policarpo parece estar utilizando las palabras de 1 Pedro al escribir: "Por tanto, ceñid vuestros lomos, servid a Dios con temor... creed en Aquél que levantó al Señor Jesucristo de entre los muertos, y le dio gloria." Esta y otras citas y alusiones a 1 Pedro en los escritos de Policarpo nos muestran que 1 Pedro se conoció, leyó, y apreció en el siglo dos. Policarpo sufrió el martirio en el año 155 dC (Barclay 1974:164).

En pocas palabras, al utilizar Pedro un participio imperativo (ἀναζωσάμενοι) en que exhorta a sus lectores a ceñir los lomos de su entendimiento, lo hace a fin de que estén vigilantes y preparados, tanto para luchar como para sufrir. Hay que estar preparados porque los enemigos del evangelio (tanto humanos como espirituales) lanzarán sus ataques contra los creyentes. Hay autores que consideran que el participio empleado aquí no debe interpretarse como un imperativo. La exhortación a ceñir los lomos de su entendimiento es el primer imperativo en la epístola. Es el nuevo nacimiento que ya recibieron los creyentes y que los ha capacitado para estar atentos y vivir en espera de la manifestación plena del Señor. De hecho, la gracia recibida es la que produce en el creyente la santificación. La gracia no es el producto de una vida santa, sino su causa.

En la historia de la pasión de Cristo, Jesús instó a Pedro, Jacobo, y Juan a velar y orar para no caer en tentación. "Ceñid los lomos de vuestro entendimiento", o "preparen su mente para la acción", es otra manera de decir: "Manténganse despiertos, y oren, para que no caigan en tentación" (Mt 26:41). Antes de salir de Egipto la noche de la Pascua (Ex 12:11), Moisés exhortó a los israelitas a que estén preparados para abandonar el país de su cautiverio: "Ceñidos vuestros lomos, vuestro calzado en vuestros pies, y vuestro bordón en vuestra mano (RVR 1960)". En este pasaje de 1 Pedro, el apóstol exhorta a los creyentes de Anatolia a estar preparados tanto para sufrir por la causa de Cristo, como para dar testimonio público de su fe.

Pedro no sólo los llama a estar preparados para actuar, sino también a estar atentos o sobrios. La palabra griega (νήφοντες) señala a personas no dadas al vino, sino alertas. La misma palabra se emplea también en 1 Pedro 4:7 y 5:8. En 1 Pedro 5:8 Pedro recuerda a los creyentes a no estar intoxicados cuando venga el diablo como león rugiente, buscando a quien devorar. Lo opuesto a "ceñid los lomos de vuestro entendimiento" (RVR 1960), sería emborracharse y quedar dormidos en el momento de peligro o hasta en el momento de la parusía del Señor (Brox 1994:104).

El llamamiento a estar "atentos" (RVC) o "ser sobrios" (RVR), exige a los creyentes estar libres de toda clase de intoxicación física, mental o espiritual que pudiera apartarlos de la esperanza viva que recibieron por la proclamación del evangelio. Como comentamos arriba, el término griego que se utiliza aquí, νήφοντες, quiere decir no dados al vino y sus efectos sobre nuestro comportamiento. Lutero advierte en su comentario (2001:43) que la mejor manera de mantenerse sobrios no es por medio de ayunos prolongados y mortificaciones excesivas del cuerpo. Es lo que recomendaban muchos autores monásticos; pero el poder para resistir las tentaciones del mundo y de nuestra naturaleza pecaminosa lo conseguimos cuando fijamos nuestra esperanza en las promesas del evangelio y el apoyo que nos da el Espíritu Santo. El evangelio ciñe los lomos de nuestro entendimiento y nos mantiene espiritualmente alertas. Fue por fijarse en las promesas del evangelio, y no por ejercicios monásticos trazados por los hombres, que Abrahán y los santos del AT se mantuvieron atentos y preparados para la venida del Señor.

En su exhortación, Pedro también anima a los creyentes a poner su esperanza en la gracia del Señor cuando Jesucristo se manifieste. Aquí la palabra gracia se refiere a la salvación completa de que gozará todo el universo cuando Jesucristo sea revelado con toda su gloria. La esperanza a la que se refiere es el don del Espíritu Santo que consiste en la confianza en el futuro cumplimiento de todas las promesas que acerca de la resurrección de los muertos, la renovación de la creación, la destrucción de las fuerzas del mal, y la vida eterna. Se exhorta a los creyentes a poner su esperanza en las promesas del Señor en los momentos de aflicción, persecución y sufrimiento. El pasaje nos dice que lo que esperan los creyentes en el futuro es lo que determina sus acciones en el presente (Feldmeier 2008:101).

1:14 Pórtense como hijos obedientes, y no sigan los dictados de sus anteriores malos deseos, de cuando vivían en la ignorancia.

Los destinatarios de la carta llegaron a ser hijos obedientes por medio del Bautismo. Recibieron la salvación y el don del Espíritu Santo. Fueron exhortados a prepararse espiritualmente para la lucha en contra de los enemigos de la fe. El Espíritu Santo los capacitó para luchar contra los poderes que los tenían esclavizados antes de su conversión. Los primeros enemigos de la fe que tendrán que combatir los creyentes se identifican como "los dictados de sus anteriores malos deseos" (ἐπιθυμίαις). Los malos deseos o pasiones no son solamente deseos sexuales, sino también toda clase de egoísmo. Según el egoísmo que controla la vida del hombre natural, el propósito de la vida consiste en la acumulación de riquezas, el ejercicio del poder y el goce de todos los placeres, como un fin en sí mismo.

La ignorancia de la que Pedro habla no es cualquier carencia de conocimiento, sino muy concretamente la ignorancia del Dios verdadero (Green 1993:87) y su voluntad para nuestras vidas. Según los autores tanto cristianos como judíos, tal ignorancia es una característica de los gentiles. Es una ignorancia de la ley de Dios y de la índole de la moralidad y de la verdadera religión (Watson 2012:33). La ignorancia de Dios es a la vez la razón de la futilidad de los gentiles, es decir, de una vida sin propósito. Los designios aberrantes que caracterizan las listas de vicios paganos, surgen en gran parte de la ignorancia de Dios y su amor por la humanidad.

1:15 Al contrario, vivan una vida completamente santa, porque santo es aquel que los ha llamado.

En contraste con el desenfreno moral y su ignorancia de Dios y la ley, que caracterizaban el anterior modo de vida de los gentiles,

Dios, desconocido para los pueblos paganos es, no obstante, Dios que llamó a los gentiles creyentes de Asia Menor; y por intermedio de ellos llama a todos a conocer al Dios no conocido (Hch 17:23). Pedro les recuerda que fueron llamados a una vida nueva caracterizada por la obediencia, la santidad, y la esperanza. Ya no vivirán conforme a las pasiones vergonzosas de sus antepasados. En vez de asimilar los modelos y códigos de conducta de sus vecinos incrédulos, procurarán amoldar sus vidas a la de Dios. Tienen el llamamiento de imitar la perfección de Dios, quien es santo. La manera en que Pedro describe la vida anterior de sus destinatarios deja en claro que se trata de gentiles recién convertidos a Cristo.

La palabra santo quiere decir separado, distinto, diferente. Al decir que Dios es santo, quiere decir que Dios es un ser separado de las deidades adoradas y veneradas por los paganos. Quiere decir que Dios verdadero no tiene conexión ni concurso con la borrachera de Dionisio y sus bacantes; no tiene nada que ver con el desenfreno sexual que se atribuye a Venus, Isis y sus devotos; no abriga el deseo de dominar y sujetar a otros, atributo de Ares (Marte) el dios de la guerra y deidad principal de varias tribus de Bitinia. En conformidad con la religiosidad de las masas de la antigüedad, se solía decir: "Realmente no fui yo quien hirió a fulano. El espíritu de Ares se apoderó de mí; fue Ares quien lo mató." "No es que yo haya sido infiel a mis votos matrimoniales. La diosa Venus me poseyó; fue ella que me hizo vivir según su código de conducta."

Pedro se dirige en este pasaje a creyentes librados del poder de los deseos malos y las deidades relacionadas con tales deseos. Los creyentes recibieron el Espíritu de Dios, y es el Espíritu quien los ha habilitado para vivir de acuerdo con el carácter de Dios. En pocas palabras, los creyentes son agentes morales capaces de tomar sus propias decisiones y no dejarse llevar por los malos deseos. Son agentes morales capaces de cooperar con el Espíritu de Dios en contra de las potestades de la oscuridad. Pueden vivir amándose unos a otros, porque Dios, que vive en ellos, es amor (ágape). En realidad los seres humanos, creados a la imagen de Dios, no fueron predestinados para vivir según sus instintos, como los animales. El tigre suele matar y devorar porque tal conducta es parte de su naturaleza; la serpiente venenosa que muerde y mata no es un agente moral capaz de controlar su conducta. El ser humano, sin embargo, fue creado para reflejar la santidad de su creador; es responsable por sus acciones, y por lo tanto puede luchar en contra de sus deseos malos.

1:16 Escrito está: "Sean santos, porque yo soy santo."

Aquí, por primera vez en su carta, Pedro cita directamente del AT en apoyo a la enseñanza del versículo anterior. La cita es de Levítico, y se conoce como el Código de la Santidad en el que el Señor declara: "Ustedes deben ser santos porque yo, el Señor su Dios, soy santo" (Lv 11:44-45; 19:2) El pasaje de Levítico expresa que Israel había sido apartado de las demás naciones y de sus vicios e idolatría para ser el pueblo de Dios dedicado a servir al Señor en santidad. Al citar el Levítico, Pedro les recuerda a los destinatarios de su epístola que ellos son el nuevo pueblo de Dios, y se los exhorta como tal a apartarse de los vicios del mundo actual y entregar sus vidas a Dios Santo (Ladd:1974:644).

El problema que experimentan los pequeños grupos que viven dentro de los dominios de una sociedad más grande y poderosa es el de la asimilación. Pedro les recuerda a los creyentes que ellos constituyen un pueblo especial, designado para diferenciarse del modo de ser de la macrosociedad. De esta manera se procura mantener y fortalecer los límites sociales y morales que separan a la familia de la fe de esta presente generación mala y adúltera. Los miembros de la comunidad Qumran procuraron mantener su santidad apartándose físicamente de la macrosociedad y establecer una sociedad alternativa en el desierto. Pedro, en cambio, insta a los creyentes a seguir viviendo como pueblo santo en medio de una sociedad incrédula.

El proceso de la consagración o crecimiento en la santidad es lo que los teólogos llaman la santificación. Esta es producto tanto del Espíritu Santo como del empeño de los creyentes para conformar sus vidas al carácter de Dios. En Levítico 20:7-8 dice: "Ustedes deben consagrarse a mí y ser santos, porque yo soy el Señor su Dios. Cumplan con mis estatutos, y pónganlos en práctica. Yo soy el Señor, que los santifica." El pasaje enseña que es el Señor quien nos santifica. A la vez, se nos urge a consagrarnos a Dios, o sea, a cooperar con el Espíritu en su obra de santificación. Para describir la cooperación entre los creyentes y el Espíritu Santo, los teólogos emplean el término sinergismo. Nos recuerdan que, en tanto que nuestra justificación o salvación la obra únicamente Dios (monergismo) excluyendo el sinergismo, en la santificación, en cambio, este sí debe concurrir.

En su comentario (2001:22-23) Lutero nos recuerda que los santos de los que habla el Espíritu en este pasaje no son los santos fallecidos que ya están en los cielos, sino los mismos creyentes con quienes Pedro habla en su epístola. Los santos somos nosotros que hemos sido lavados y purificados por la sangre de Cristo, y que ahora vivimos en un mundo perdido en el cual tenemos la misión de ser pequeños Cristos para los que no conocen la gracia y misericordia de Dios. No somos santos porque nosotros nos hayamos santificado mediante nuestros sacrificios y actos de caridad. Somos santificados por el sacrificio de Cristo y por la caridad de Dios Padre. Nótese que el llamamiento de los creyentes comprende apartarse de la manera de vivir de los que no son santos, pero no aislarse totalmente de todo contacto con los vecinos paganos. Es por la presencia de los santos en el mundo y sus conversaciones con los no creyentes, que el mensaje de salvación llega a todas las naciones. En 1 Corintios 5:9-10 Pablo nos dice que si un creyente no puede conversar y tener trato con los vecinos paganos, tendría que salir del mundo.

1:17 Si ustedes llaman "Padre" a aquel que al juzgar se fija en lo que se ha hecho, y no en quién lo hizo, vivan el resto de sus vidas en el temor de Dios.

Fue Jesús quien enseñó a sus seguidores -incluyendo publicanos y pecadores- a dirigirse a Dios como "padre" o "Abba" en sus oraciones (Lc 11:2; Mt 6:9). En muchas sociedades y tradiciones religiosas, se considera un atrevimiento o falta de respeto invocar a Dios como padre. Los musulmanes nunca invocan a su dios como padre en sus oraciones. En todo el AT se llama padre al Señor solamente catorce veces. En todas las peticiones, quien se dirige a Dios como Padre es el pueblo de Israel. Israel, el hijo adoptado por Dios, es quien invoca al Señor como Padre en los Salmos y en los Profetas. En todo el AT no se encuentra ni una sola oración en la cual un individuo se atreva a dirigirse a Dios con las palabras "mi Padre" (Jeremias 1965:16). Pero es precisamente lo que hizo Jesús. Según los cuatro evangelios, en casi todas sus oraciones Jesús no sólo invocó a Dios como Padre, empleando la palabra aramea "*abba*", sino que enseñó a sus discípulos a hacer lo mismo. Abba es un término más tierno e íntimo que Padre. Abba es, literalmente, el equivalente a nuestra palabra papá, taita o padrecito; es el nombre que usa el niño cuando llama a su querido padre. Algunos siglos después de la edad de los apóstoles y sus discípulos, llegó a ser práctica en algunas iglesias no enseñar el Padrenuestro a los catecúmenos hasta la noche antes de su Bautismo, porque por medio del Bautismo es que uno llega a ingresar en la familia de Dios, y ser así un hijo adoptivo de Dios (Reike 1964:84). A base del pasaje citado aquí, todos los cristianos esparcidos por Anatolia tenían algo en común, la tradición de invocar a Dios empleando la palabra Padre.

Lo que Pedro expresa en este pasaje es que los que suelen invocar a Dios como Padre querido, no deben creer que tal privilegio los autoriza a aprovecharse de Dios o creer que pueden abusar de la confianza que existe entre el Padre celestial y sus hijos. Tenemos que recordar siempre que Dios, a quien invocamos como Padre, es también el juez supremo. En la traducción más literal de la RVR 1995, se lee: "Si invocáis por Padre a aquel que sin acepción de personas juzga según la obra de cada uno..." El Señor, a quien sus hijos invocan en sus oraciones, y en particular en el Padrenuestro, es un juez que juzga imparcialmente. En muchos de los Salmos se invoca al Señor como juez justo, el juez que actuará para vindicar y librar a los oprimidos y dar su merecido a los poderosos opresores. Estos se creen impunes e intocables por su rango social y sus hazañas políticas. El adverbio griego ἀπροσωπολήμπτως, ocurre solamente aquí en todo el NT. Su sentido literal es: "no basado en su rostro, estatus o posición social." Vale decir que el juez supremo, a diferencia de los jueces humanos, no se deja sobornar, comprar, intimidar o engañar por la apariencia externa de uno. El juez supremo se fija en los hechos y no en la cara bonita de los que se acercan a su trono de juicio. Por lo tanto, ningún hijo de Dios debe imaginar que su Bautismo le ha dado licencia para vivir como los paganos que no conocen al Dios verdadero. Es peligroso para la persona impenitente acercarse a Dios, puesto que la santidad divina lo podría consumir. En el AT se describe la santidad como un fuego, un rayo encendido o una descarga de energía radiactiva capaz de fulminar tanto al pecado como al pecador.

La santidad del Señor, no obstante, se comunica, en un sentido positivo, a ciertos lugares, objetos, tiempos, y personas. El Señor ordenó a Moisés quitarse el calzado de sus pies, "porque el lugar donde ahora estás es tierra santa" (Ex 3:5). En Isaías 6:1-3 los serafines daban voces diciendo: "¡Santo, santo, santo es el Señor de los ejércitos! ¡Toda la tierra está llena de su gloria!" Santo es el estilo de vida de los que temen al Señor y procuran ser como él, amando al prójimo, a la viuda, al huérfano, y al extranjero (Feldmeier 2008:107).

TEMAS PRINCIPALES DE 1 PEDRO: (4) LA CONFESIÓN DE FE (LOS CREDOS)

En la sección que sigue, 1 Pedro 1:18-21, se observa un lenguaje muy denso, con un contenido particularmente doctrinal o confesional. Parece ser un credo, un himno o confesión de fe (Kelly 1969:75). Según un gran número de investigadores de 1 Pedro, una de las características del escrito es la importancia que da a la confesión pública de la fe. Incluso se ha señalado que por lo menos tres o cuatro pasajes parecen estar basados en un himno, credo o fórmula confesional empleados en la iglesia primitiva, o compuestos por el autor de la carta para sus lectores. Los sociólogos afirman que una de las preocupaciones de grupos pequeños que existen como subcultura dentro de una macrocultura hostil, es la de reforzar las líneas de demarcación que existen entre el grupo y su medio ambiente. Hay que mantener dicha separación, a fin de que los miembros del pequeño grupo no sean seducidos por los valores, prioridades, e ideología de la macrosociedad. El pequeño grupo, o iglesia, constantemente tiene que recordar, repetir, y proclamar cuál es su misión particular, su identidad y su razón de ser, no sea que sus miembros se adecuen a la manera de ser de lo que Jesucristo llamó generación malvada y adúltera. La difusión de la sana doctrina por medio de credos e himnos que repiten una y otra vez la verdad del evangelio, se hacía necesaria por la presencia de tantos falsos maestros entre las comunidades cristianas. En Tito 1:9 se recomienda a Tito a "exhortar con sana enseñanza y convencer a los que contradicen. Porque aún hay muchos rebeldes, que hablan de vanidades y de engaños".

Uno de los propósitos de Pedro al escribir su carta fue el de promover la unidad de los extranjeros y peregrinos que eran parte de las comunidades cristianas de Anatolia. La mejor manera de fomentar la fraternidad era la de confesar juntos y públicamente su fe en Cristo por medio de himnos y credos. Así, sus vecinos incrédulos tenían la oportunidad de aprender en qué consistía la diferencia entre lo que creían los hermanos y lo que creía el resto de la sociedad. Los historiadores cuentan que en el tiempo en que se escribieron los libros del NT hubo entre las ciudades de Anatolia un espíritu de competencia y una áspera rivalidad que podía estallar en brotes de violencia. Todo ciudadano consideraba a su ciudad natal superior a los demás centros urbanos (Mitchell 1993:206). Para evitar semejantes brotes de rivalidad entre las comunidades cristianas provenientes de diferentes tribus y razas, fue necesario enfatizar los lazos de fe, esperanza, y amor que unía a todos los creyentes en una familia de fe.

Las confesiones de fe que se recitaban en las reuniones de los hermanos no sólo edificaban a los bautizados, sino que fueron también agentes instrumentales para evangelizar a sus vecinos. Las confesiones de fe, semejantes a las que encontramos en 1 Pedro, fueron para los hermanos la oportunidad de dialogar con sus vecinos y familiares paganos, con el fin de ganarlos para la causa de Cristo. El autor de la carta no dice nada acerca de los lugares en donde se reunían los hermanos para adorar al Señor y celebrar la Santa Cena. Se supone que las casas o apartamentos de los creyentes se utilizaban para tal fin, lo mismo que los talleres y lugares de trabajo de los hermanos. Es sabido que muchos gremios, asociaciones cívicas y nuevas sectas solían alquilar edificios más grandes para sus actividades. En Éfeso Pablo utilizó la escuela de un hombre llamado Tirano para comunicar el evangelio.

Se cree que muchos de los locales empleados por los hermanos para sus reuniones eran semipúblicos, lugares donde vecinos y amigos podían entrar, o quedarse escuchando desde una ventana o puerta abierta (1 Co 14:24-26). Los que alquilaban solo algunas habitaciones de un edificio, no podían impedir la entrada de los vecinos que alquilaban las otras habitaciones. Un investigador cree que en los primeros siglos el centro de las actividades de los hermanos no era la vivienda de un propietario cristiano en la que se adoraba con las puertas y ventanas cerradas. Era en el barrio o vecindad (*vicus* en latín) donde vivían o trabajaban los hermanos (Last 2016:399-425). En el tiempo del imperio, en Anatolia todas las reuniones y asambleas estaban abiertas al público. Casi nada se hacía en secreto. El gobierno romano recelaba mucho de las reuniones celebradas en secreto, en las que podrían estar enseñándose doctrinas o filosofías subversivas. Como prevención, las leyes romanas estipulaban que las asociaciones civiles podían reunirse sólo una vez al mes.

En mi propio ministerio en América Latina hemos celebrados reuniones y clases catequéticas al aire libre, y en los jardines, patios, y negocios de los hermanos. En la pequeña aldea de Quebrada Seca, en el Estado Monagas (Venezuela), una señora nos prestó su pequeña tienda para nuestras actividades. La tienda quedaba con puertas y ventanas abiertas frente a la única calle del pueblo. Los que vivían cerca o pasaban por la calle, con frecuencia se paraban para escuchar la música de los himnos y la exposición de la palabra de Dios. En varias ocasiones tales visitantes llegaron a confesar la fe de Cristo.

Los tres pasajes identificados como fórmulas confesionales por la mayoría de los investigadores de 1 Pedro son: 1 Pedro 1:18-21; 2:21-25; y 3:18-22 (Horrell 2010:44). Los tres himnos o credos son altamente cristológicos, es decir, son pasajes que describen quién es Cristo y cuál su misión. Al mismo tiempo, los mismos pasajes son decididamente eclesiásticos, pues describen quiénes son los cristianos que forman la iglesia y cuál su misión. En el NT también deben interpretarse cristológica y eclesiásticamente Filipenses 2:1-11 y Juan 13:1:20. Muchos investigadores del NT consideran que la carta de Pedro es el escrito más cristológico del NT. Tanto las formas confesionales, como el resto de la carta, están llenos de imágenes de Jesucristo tomadas de los himnos, oraciones, fórmulas litúrgicas e interpretaciones del AT en uso en la iglesia primitiva. Se ha sugerido que en la congregación cristiana de Antioquia, Siria, fue donde se originaron muchos de los credos, himnos, y fórmulas litúrgicas en griego. Es posible que Pedro, Pablo, Bernabé, y Silvano, quienes pasaron un tiempo en la congregación, hayan aprendido las tradiciones en uso en Antioquia, y después se las hayan enseñado a las nuevas comunidades cristianas de Anatolia, Acaya, Macedonia, y Roma. Esto explicaría por qué se parecen tanto los pasajes doctrinales de 1 Pedro, la Epístola a los Hebreos y las cartas de Pablo.

Como era de esperar, los credos, himnos y fórmulas confesionales de 1 Pedro están repletos de declaraciones doctrinales que resumen en pocas palabras lo que los apóstoles y misioneros enseñaron a los miembros de las nuevas comunidades cristianas. Allí se hablaba el griego. En 1 Pedro se observa que después de la presentación de una fórmula confesional, el apóstol sigue con una serie de exhortaciones morales (*parénesis*) basadas en el material doctrinal. Con frecuencia el autor de la epístola remata sus exhortaciones morales con citas o alusiones al AT, o a la praxis de Jesús. El apóstol Pablo presenta, en sus epístolas, un esquema según el cual se desarrolla una doctrina en la primera parte de la carta, y exhortaciones morales en la segunda parte. El apóstol Pedro, a su vez, presenta a sus lectores el siguiente esquema: (1) tres o cuatro credos; (2) cada credo seguido por parénesis (amonestación); y (3) rematado por citas del AT y de Jesús.

APÉNDICE I – HIMNOS DIDÁCTICOS DE LA ANTIGÜEDAD

En todas las culturas la música ha sido, y todavía es, mucho más que un arte, una diversión o un pasatiempo; es una expresión de lo sagrado, un don celestial que nos ayuda a experimentar tanto la belleza de lo divino como el terror a lo desconocido. En una ocasión Martín Lutero expresó que, después de la palabra de Dios la música es el mayor don que Dios ha entregado a la humanidad (Saliers 2017:12). Muchos pueblos antiguos daban a la música un carácter sacramental; vale decir, creían que por medio de la música los espíritus y los dioses se ponían en contacto con los seres humanos, a veces hasta el punto de posesionarlos. En algunas culturas la música se considera una revelación de lo divino (Schweitzer 2017:55). Las tribus paganas que vivían en Bretaña, temían ser encantadas o embrujadas por los cantos e himnos que entonaban los misioneros cristianos. En latín la palabra *carmen* designa un canto y también una fórmula mágica. En muchas culturas la música es el medio para llamar a los dioses y espíritus, para que tomen parte en las ceremonias, ritos, y celebraciones de sus devotos. En la India, por ejemplo, se emplean las percusiones del tambor en las celebraciones fúnebres con el fin de llamar a los dioses para llevarse el alma del difunto a su próxima reencarnación (Sherinian 2017:64-79).

Las investigaciones históricas realizadas en los últimos años han destacado el muy importante papel desempeñado por la música y los himnos didácticos entre los antiguos griegos, romanos, hebreos, y cristianos. Entre los antiguos griegos, los himnos relacionados con Homero y Hesíodo representaron para sus oyentes un mundo en el cual Zeus reinaba supremo sobre las otras divinidades griegas veneradas en diferentes partes del mundo helénico durante siglos. Los himnos de Homero y Hesíodo incluían todo el sistema de valores que los griegos tenían en común. Los himnos unificaron las creencias y doctrinas de las diferentes tribus y clanes griegos, dando más importancia a lo universal e ignorando las tradiciones únicas y locales. Los himnos tenían, a la vez, una función misionera, la de introducir los misterios y ritos en otras partes del mundo helénico, con el fin de incorporar a otros en los misterios, y de una manera muy especial en los misterios de Deméter (Gordley 2011:41).

Aristóteles enseñó sus conceptos filosóficos mediante composiciones tales como *El Himno a la Virtud*. El filósofo estoico Arato (310-240 aC), mediante su *Himno a Zeus*, citado por Pablo en Hechos 17:28, expresó que "en Dios vivimos, y nos movemos y somos". Otro filósofo, Lucrecio (99-55 aC), utilizó sus himnos de alabanza para socavar ciertas ideas y tradiciones acerca de los dioses, aseverando que estos prefieren mantenerse alejados de los mortales y no tener contacto con ellos (Gordley 2011:73-98).

Los cultos, sectas y nuevos movimientos religiosos que invadieron el mundo grecorromano en los siglos antes de Cristo también se valieron de la música, los himnos, los cantos, y las procesiones sagradas, para dar a conocer sus enseñanzas y ganar adeptos para sus deidades. Por medio de la música y los himnos didácticos cantados para honrar a Isis, Dionisio, Cibeles, y Orfeo, los cultos de Oriente se establecieron por todo el imperio. Por medio de los himnos y cantos a Orfeo, las doctrinas y misterios relacionados con la inmortalidad del alma fueron llevados de Tracia a Grecia, donde echaron raíces y transformaron la orientación espiritual de muchos griegos.

Muchos de los salmos que entonaban los judíos en adoración al Señor eran también himnos didácticos por los que los gentiles llegaron a conocer al Dios de los judíos y su santa ley. Por medio de salmos tales como el 34, 49, 105 aprendieron que el Creador del mundo es, a la vez, Dios de la justicia cuya voluntad es la liberación de los más humildes y oprimidos de la tierra. Dichos salmos entonados en las sinagogas judías de la diáspora fueron instrumentos para incorporar a muchos paganos al judaísmo y convertirlos en prosélitos.

Los himnos u odas escritas por autores como Horacio y Plinio, tuvieron parte en la extensión de la cosmovisión del Imperio Romano y el culto imperial por todas las provincias gobernadas por Roma. Las odas de Horacio u Octaviano, por ejemplo, celebran la paz que Augusto supuestamente había traído al mundo, y una nueva era de prosperidad en la historia del mundo. En las odas de Horacio (por ejemplo la Oda IV:5), se observa el comienzo de la divinización del emperador, a quien se describe no solamente como un nuevo Rómulo sino también como la luz del mundo (Gordley 2011:126-132). Las Odas de Horacio invitan a todos los habitantes del imperio a unir sus voces y cantar al César, rindiendo honores divinos al emperador. En tiempo del NT Paulo Fabio Máximo, procónsul de Asia, decretó que se otorguen honores divinos a César. Según relata Suetonio, Calígula procuraba ávidamente honores divinos para sí mismo (Gordley 2011:134). Hasta mandó decapitar las imágenes de Júpiter, para sustituirlas con la suya. Por medio de las Odas de Horacio, todos los habitantes de las provincias gobernadas por Roma recibieron la orden de adoptar la cosmovisión imperial. Las "panegíricas" de Plinio y Trajano (140), enseñan que el emperador es el don de los dioses a la humanidad.

Los primeros cristianos proclamaron las buenas nuevas de Cristo mediante la confesión de credos y sermones evangélicos, y también por medio de los himnos didácticos que entonaban los fieles. De nuestra propia experiencia hemos aprendido que la música y los cantos tienen la disposición de tocar nuestros corazones y despertar sentimientos que no surgen por las palabras solas. Unos simples coritos cantados todos los domingos por los niños de la escuela dominical apoyan la enseñanza de la historia bíblica. Además graban en las mentes y corazones de pequeños y grandes la verdad de que "Cristo me ama" y que "Cristo ama a los niñitos; no le importa su color, blanco, negro o marrón, de la China o del Japón, a los niños ama Cristo el Salvador". Son enseñanzas sencillas, pero cuando echan sus raíces en el corazón, transforman nuestras vidas y nuestro mundo. Tanto los cantos de los niños, como los de las multitudes de redimidos mártires, ángeles y criaturas celestiales del Apocalipsis, van dirigidos a Cristo, y no a los gobernantes de este mundo.

El propósito principal de muchos de los himnos didácticos del NT y de los padres apostólicos es ser un vehículo para comunicar una lección, idea o verdad teológica acerca de Cristo. El famoso himno de Colosenses 1:15-20 enseña claramente la preexistencia de Cristo, su participación como agente del Padre en la Creación, su papel como redentor y reconciliador de todas las cosas en el cosmos. Otro gran himno de la iglesia primitiva es el que se encuentra en Filipenses 2:6-11. Este gran himno cristológico, que proclama la preexistencia, sacrificio expiatorio y glorificación de Cristo, fue para los filipenses un mensaje semejante al que comunica 1 Pedro. Ambas Cartas instan a sus lectores a experimentar el gozo en medio del sufrimiento y la persecución. En su carta a los filipenses Pablo exhorta a confiar en Cristo como salvador y modelo o ejemplo de vida, así como hace Pedro en su mensaje a los cristianos de Anatolia. El himno de Filipenses 2 describe la humillación de Cristo y su obediencia hasta la muerte, y muerte de cruz, para después resucitar y ser glorificado. A los filipenses se los insta a tener el mismo sentir que hubo en Cristo Jesús. Así como Cristo fue glorificado y exaltado, así sus fieles seguidores también serán glorificados. Por lo tanto, es menester doblar la rodilla delante de él y confesar que Jesucristo es Señor, para gloria de Dios Padre. El propósito del himno cristológico de Filipenses es el mismo que pretende conseguir 1 Pedro: gozo en medio del sufrimiento (Gordley 2011:280-287).

Los cantos e himnos de 1 Pedro y del Apocalipsis ofrecen a las tribus, razas, lenguas, y pueblos de Anatolia la respuesta a la pregunta: ¿Quién es digno de recibir nuestras alabanzas y adoración? ¿Quién? Aquél que hizo de nosotros un linaje escogido, un real sacerdocio, una nación santa, un pueblo adquirido por Dios. ¿Quién? Digno eres. Oh Señor, de recibir la gloria, la honra y el poder; porque tú creaste todas las cosas, y por tu voluntad existen y fueron creadas. ¿Quién es digno? El Cordero que fue inmolado, que con su sangre nos redimió. Él es digno de recibir el poder y las riquezas, la sabiduría y la fortaleza, la honra, la gloria y la alabanza (Ap 5:9-12).

Los himnos didácticos de 1 Pedro, Apocalipsis, Colosenses y otros escritos bíblicos no sólo enseñan quién es digno de recibir honor, sino que enseñan a los creyentes quiénes son, cuál es su misión en el mundo, cómo vivir mutuamente en paz, y cómo ganar a los incrédulos para Cristo. Muchos preciosos himnos didácticos se encuentran también en las obras de los padres apostólicos, como Ignacio de Antioquia, y en una colección de 42 salmos, himnos y meditaciones de un escrito conocido como *Las Odas de Salomón*. Este himnario cristiano en siriaco probablemente fue escrito en el segundo siglo en Anatolia, Éfeso o Antioquia (Gordley 2011:263-271).

Algunos de los mayores teólogos de la historia de los movimientos de renovación, reforma, y misión fueron músicos, como Johann Sebastian Bach, Ambrosio de Milano, Samuel Wesley, Juan Bautista Cabrera, e Ira D. Sankey. Los grandes himnos, cantos, y coritos didácticos han llevado a Cristo tantas almas como los sermones de muchos renombrados predicadores y evangelizadores. Un historiador manifestó que todos los movimientos de reforma y renovación en la historia de la iglesia estuvieron acompañados del florecimiento de una nueva forma de himnología.

1:18-21 Ustedes saben que fueron rescatados de una vida sin sentido, la cual heredaron de sus padres; y que ese rescate no se pagó con cosas corruptibles, como el oro y la plata, sino con la sangre preciosa de Cristo, sin mancha y sin contaminación, como la de un cordero, que ya había sido destinado desde antes de que Dios creara el mundo, pero que se manifestó en estos últimos tiempos por amor a ustedes. Por él ustedes creen en Dios, que fue quien lo resucitó de los muertos y lo ha glorificado, para que ustedes tengan puesta su fe y su esperanza en Dios.

En la traducción de la RVR dice que los lectores de la carta fueron rescatados de su "vana manera de vivir". Para los judíos, las expresiones "vanidad" y "vana manera de vivir" se refieren, con frecuencia, a la idolatría practicada por los gentiles que no tienen conocimiento de Dios verdadero (Keener 2003:704). Tanto conversos judíos como cristianos fueron condenados por los paganos por haber abandonado las tradiciones de sus antepasados. El filósofo Sócrates sufrió la pena de muerte porque enseñaba a sus discípulos a abandonar las costumbres y dioses de sus padres. Así también hoy en día son ejecutados los musulmanes que se convierten a Cristo y son bautizados en el nombre del Dios Trino. En su libro sobre la Inquisición en Iberoamérica, el doctor Gonzalo Baez-Camargo, proporciona los nombres de los mártires protestantes que fueron enjuiciados por haber abandonado la religión de sus padres.

La frase del versículo 18, "Ustedes saben que fueron rescatados" (ἐλυτρώθητε), también puede traducirse como "ustedes fueron redimidos". La idea que representa el término rescate o redención, es la de pagar una suma de dinero u otra cosa de valor para liberar a un esclavo, un prisionero de guerra, una persona secuestrada o todo un pueblo en cautiverio. En el tiempo del éxodo de Egipto el pueblo hebreo fue rescatado de una vida de esclavitud. Mediante el rescate llevado a cabo por el sacrificio del cordero pascual, los israelitas dejaron de ser propiedad del faraón y fueron adoptados como hijos de Dios. Su nueva vida como personas libres tenía que reflejar, por lo tanto, la santidad de su Dios y Salvador, y no la vanidad e idolatría de los egipcios.

En Isaías 51:11 dice que a los israelitas expatriados y dispersos en Babilonia se los llama los redimidos del Señor: "Los redimidos del Señor volverán a Sión entre cantos de alegría. Sobre ellos reposará un gozo infinito; rebosarán de gozo y alegría, y el dolor y los gemidos huirán de ellos." En el mundo grecorromano un esclavo tenía la posibilidad dc ahorrar el dinero que ganaba con el fin de comprar, un día, su propia libertad. Los familiares, amigos o hermanos en la fe también podían comprar la libertad de un esclavo. Según Levítico 25:47, se llamaba "*go'el*" el familiar más cercano que tenía la obligación de actuar como redentor. El *go'el* o redentor no sólo tenía la obligación de procurar la liberación de un cautivo o persona secuestrada, sino también la libertad de uno que se había vendido a sí mismo como esclavo para pagar sus deudas. En muchos pasajes del AT se describe al Señor como el go'el, el Redentor o libertador de su pueblo esclavizado. En Oseas 13:14 es el Señor quien redime a su pueblo del poder de la muerte. En Job 19:25 el protagonista del libro declara: "Yo sé que mi Redentor vive."

En muchos pasajes bíblicos que hablan de la redención, dice que la liberación del cautivo o rehén se logra mediante el pago de la vida del redentor a cambio de la vida de quien procura liberar, o sea, mediante la sustitución de una vida por otra. Para los israelitas esclavizados en Egipto, el cordero pascual dio su vida en lugar del hijo primogénito, es decir, como su sustituto. La mención del cordero en este pasaje de 1 Pedro parece ser una alusión a Isaías 53:7, en que el hombre de Dios profetiza que el Siervo del Señor "será llevado al matadero, como un cordero; y como oveja delante de sus trasquiladores". Tómese nota de que en el texto de Isaías 53 la muerte del Siervo está descrita como una sustitución: "Pero él será herido por nuestros pecados; ¡molido por nuestras rebeliones!" (Is 53:5).

Otra alusión clara de 1 Pedro 1:18 a las profecías de Isaías es la frase que expresa que los redimidos no fueron rescatados con el pago de cosas corruptibles, como el oro y la plata. Las cosas corruptibles que no duran para siempre, nunca podrán efectuar una redención eterna. En Isaías 52:3 Dios promete: "Ustedes fueron vendidos, pero no a cambio de dinero, así que sin dinero serán rescatados." El oro y la plata son insuficientes para comprar el rescate de los malvados en el día del juicio. En Sofonías 1:18 leemos: "En el día de la ira del Señor, nada podrá librarlos. Ni su plata ni su oro, porque toda la tierra será consumida por el fuego de su enojo." Solamente el sacrificio de Cristo es suficiente para librar al pecador arrepentido en el día del Señor. Las repetidas alusiones a las profecías de Isaías 52 y 53 en 1 Pedro, demuestran la enorme importancia que tuvo el libro de Isaías para Pedro y las primeras comunidades cristianas del Imperio Romano. La mayoría de las citas y alusiones al AT en 1 Pedro se encuentran en Isaías y los Salmos.

En Marcos 10:45 Jesús manifiesta que el Hijo del Hombre vino para dar su vida en rescate por muchos. En Romanos 6:9-23 se describe a los creyentes como esclavos del pecado y de la muerte, puestos en libertad mediante el pago de la vida de Cristo. La sangre del cordero pascual perfecto y sin mancha derramada por Moisés en Egipto, protegió a los esclavos israelitas del ángel de la muerte enviado para herir de muerte a los primogénitos de Egipto (Ex 12:13). La sangre derramada por Jesús protege a los bautizados de la segunda muerte. En 1 Corintios 5:7 dice: "Nuestra pascua, que es Cristo, ya ha sido sacrificada por nosotros." Señalando a Jesucristo, Juan el Bautista pregonó: "Éste es el Cordero de Dios, que quita el pecado del mundo" (Jn 1:29). Un pasaje muy similar a 1 Pedro 1:18 se encuentra en Hebreos 9:13-14: "Si la sangre de los toros y de los machos cabríos, y las cenizas de la becerra rociadas sobre los impuros, santifican para la purificación de la carne, ¡cuánto más la sangre de Cristo, que por medio del Espíritu eterno se ofreció a sí mismo sin mancha a Dios, limpiará de obras muertas nuestra conciencia, para que sirvamos al Dios vivo!" En el himno que entona el coro celestial, en Apocalipsis 5:9, las criaturas celestiales proclaman: "Con tu sangre redimiste para Dios gente de toda raza, lengua, pueblo y nación, y para nuestro Dios los hiciste reyes y sacerdotes, y reinarán sobre le tierra."

Otros pasajes similares se encuentran en los escritos de los padres apostólicos. En la Primera Carta de Clemente a los Corintios 7:4 dice: "Pongamos nuestros ojos en la sangre de Cristo y démonos cuenta de lo precioso que es para su Padre, porque habiendo sido derramada por nuestra salvación, ganó para todo el mundo la gracia del arrepentimiento." La opinión de la mayoría de los investigadores es que Clemente, que vivía en Roma al final del primer siglo, tuvo que haber conocido bien 1 Pedro. Es una de las pruebas que se aducen para demostrar que la Carta de Pedro fue escrita en el siglo uno.

En 1 Pedro 1:18 dice lo que pagó Jesús para redimirnos. No fue algo barato o pasajero, sino su sangre preciosa, como la de un cordero. Al añadir estas palabras quiere recordarnos que Cristo es el Cordero de Dios cuya muerte en la cruz nos libra de la sentencia de muerte que pesaba sobre nosotros. La idea central de los pasajes de 1 Pedro que hablan de la redención es, que los creyentes gentiles de Anatolia, al igual que los israelitas de Egipto han sido librados por derramamiento de sangre. Ya no son esclavos del pecado, el diablo y la muerte, sino hijos de Dios (Morris 1956:9-59). La liberación de un esclavo mediante el pago de un precio significa un cambio de amo o dueño. Habiendo sido redimidos por la sangre de Cristo, tanto los de Anatolia como los de Egipto, son ahora esclavos de Dios que han entregado sus vidas para adorar al Dios verdadero y servir al prójimo.

Los redimidos por la sangre de Cristo quedan redimidos, no sólo de un juicio futuro, sino también de una vida sin propósito, sin sentido, sin perspectiva, y sin esperanza. Es la vida que se caracteriza por la idolatría. Pedro utiliza la palabra griega ματαίας, que significa vano, fútil, vacío. Clemente de Roma, quien escribió su Primea Carta a los Corintios en el año 95 dC, habla de la "preciosa sangre de Cristo", dando a entender que 1 Pedro se conoció en Roma antes del fin del siglo uno. La alusión a que 1 Pedro proveniente de una fecha tan temprana es uno de los argumentos utilizados para rebatir a quienes alegan que la carta de Pedro proviene del siglo dos o tres (Barclay 1974:164).

LA PRIMERA FÓRMULA CONFESIONAL: 1 PEDRO 1:18-21

Los cuatro versículos de 1 Pedro 1:18-21 son una concisa, profunda, y densa cristología, en la que se divisan los principales artículos de la fe confesados en los servicios de adoración de las primeras comunidades cristianas de Asia Menor. Este credo bien podría haber sido parte de la liturgia de un servicio de Bautismo. Entre los artículos de fe que se encuentran implícitos en el pasaje, se han señalado los siguientes:

a. La preexistencia de Cristo y el plan de Dios de salvar al mundo por medio de él. Se confiesa que Cristo estuvo destinado como redentor desde antes de la creación del mundo. Nótese la forma pasiva del verbo, προεγνωσμένου. Una de las características de los credos son los verbos pasivos (1 Ti 3:16). No fue Cristo, sino Dios Padre quien destinó a Cristo para ser el redentor (Horrell 2016:264-265). Pedro, ya en su predicación en Pentecostés, había manifestado que Jesús "fue entregado conforme al plan determinado y el conocimiento anticipado de Dios" (Hch 2:23).
b. La encarnación de Cristo. Cristo se manifestó en carne humana; en Cristo Dios se presentó físicamente en su creación con el fin de efectuar la redención de los mortales.

c. Cristo no tuvo pecado. Vivió sin mancha ni contaminación. Jesús nos salvó no sólo porque murió en nuestro lugar en la cruz, sino también por su obediencia a la voluntad del Padre y por su vida sin mácula ni pecado. O sea, Cristo cumplió en nuestro lugar toda la ley de Dios presentando su vida perfecta y santa al Padre, en sustitución por nuestra vida imperfecta y llena de toda clase de engaños y pecado. Nos salvó por su muerte inocente, y por su santidad. La vida sin pecado ni perversidad de Jesús, hace más preciosa y poderosa la sangre que derramó para rescatar a los seres humanos. El oro y la plata que ofrecen los gentiles a sus dioses pueden perder su valor, como sucedió muchas veces en la historia, incluso en los días en que gobernaba el emperador Nerón. La sangre de Cristo, en cambio, nunca pierde su valor ni su poder para purificar. Otro pasaje bíblico que resalta el hecho de que Cristo llevó a cabo su ministerio sin pecado es Hebreos 4:15. Como veremos más adelante, hay eruditos que creen que Silvano fue el autor de la Epístola a los Hebreos. De 1 Pedro 5:12 sabemos que el mismo Silvano ayudó en la redacción de la carta de Pedro. Esto quizá ayude a explicar las semejanzas entre 1 Pedro y Hebreos. Otros temas que tienen en común las dos epístolas son el sufrimiento de los creyentes y la herencia celestial que aguarda a los fieles.
d. Cristo sufrió una muerte verdadera. Es decir que Cristo nunca fue un espíritu o ángel que por su naturaleza no podría sufrir o morir, sino que fue, y sigue siendo, un verdadero ser humano. Con esta declaración se rechaza toda forma de gnosticismo que niega que el Señor haya sido un verdadero ser humano.
e. Cristo es el verdadero cordero pascual cuyo sacrificio en nuestro lugar nos libra de la muerte eterna, así como el sacrificio de los corderos (Ex 12:46), liberó a los hijos de Israel del ángel de la muerte. Pedro no es el único autor de la iglesia primitiva que enfatizó la conexión entre el sacrificio de Jesús y la celebración de la pascua (Kelly 1969:75). La designación de Jesús como el verdadero sacrificio pascual, como un cordero sin mancha o imperfecciones, parece ser una de las enseñanzas fundamentales para todas las iglesias cristianas desde el tiempo de los apóstoles (1 Co 5:7, Jn 1:29).

f. La encarnación significa el inicio de los últimos los tiempos (ἐσχάτου τῶν χρόνων), o sea, el tiempo del juicio final, la resurrección de los muertos, y la vida eterna.
g. Cristo resucitó y fue glorificado por Dios. Su resurrección es la base de la esperanza viva de los creyentes. Así como Dios resucitó a Jesús de los muertos, del mismo modo los que creen en él también serán resucitados y glorificados. Esta esperanza viva es la razón de la nueva vida de los creyentes y la base de su fidelidad y gozo en medio de las aflicciones. La resurrección de Cristo es, juntamente con su muerte redentora, el eje de las cinco predicaciones de Pedro que encontramos en Hechos 2:24; 2:32; 3:15; 4:10; 5:30; 10:40.
h. Los que creen en Cristo han sido redimidos por medio de la preciosa sangre de Cristo y no por los sacrificios, ceremonias, ofrendas, y ritos del paganismo. Así como se logró la redención de Israel de su cautividad en Egipto sin el pago de dinero, oro o plata, del mismo modo la redención del pueblo cristiano se hizo realidad mediante algo más precioso que el oro: la vida de un inocente. En la historia del mundo la búsqueda de oro y plata ha sido la causa de toda clase de violencia, injusticia, y sufrimiento. La búsqueda de oro y plata ha llevado a la muerte, mientras que la sangre de Jesús produce vida (Feldmeier 2008:118). El derramamiento de la sangre del cordero pascual en el tiempo del éxodo fue una anticipación profética que señalaba al derramamiento de la sangre de Cristo para nuestra redención.
i. La redención de la que habla Pedro, conjuntamente con el resto del NT, se debe a la acción de Dios. No es el producto de la religiosidad de los seres humanos. Es Dios que, en Cristo, reconcilia al mundo consigo mismo (Col 1:20; 2 Co 5:19).

1:22 Y ahora, ya que se han purificado mediante su obediencia a la verdad, para amar sinceramente a sus hermanos, ámense los unos a los otros de todo corazón.

Según muchos eruditos, en el pasaje de 1 P 1:22-2:1 se alude al Bautismo al utilizar expresiones tales como "purificadas vuestras almas"

(RV 1960), "nacido de nuevo", "desechar vicios" (Kelly 1969:79). Algunos hasta ven aquí parte de una homilía bautismal. El participio perfecto (ἡγνικότες) puede entenderse en un sentido temporal con referencia a un evento del pasado, como por ejemplo el Bautismo. Otros creen que el verbo debe entenderse condicionalmente: "Si os habéis santificado" (Brox 1994:117). Este verbo, que pocas veces se utiliza en la LXX y en el NT, suele emplearse en contextos que hablan de ritos y ceremonias llevados a cabo en un templo o santuario, para librar a las personas de la contaminación o del contacto con algo impuro. En muchas traducciones del NT el verbo purificar se interpreta como un sinónimo del perdón de los pecados.

La frase "obediencia a la verdad" (ὑπακοῇ τῆς ἀληθείας) quiere decir fe en la verdad del evangelio de Jesucristo, y no simplemente la entrega del creyente a una verdad general. De acuerdo con la interpretación de Kelly (1969:79), Pedro se refiere a la confesión pública de fe en el evangelio, hecha por los creyentes el día de su Bautismo. La purificación era el acto por medio del cual los creyentes quedaban integrados a la fraternidad o hermandad de los creyentes, quienes se amaban de todo corazón. Nuestra palabra "filadelfia" viene del término φιλαδελφίαν empleado aquí por Pedro. Por medio del Bautismo los creyentes no solo llegan a ser hijos e hijas de Dios, sino también hermanos y hermanas entre sí (Elliot 2000:393). La fraternidad a la que se hace referencia en el pasaje no es la que puede haber en la humanidad en general, sino la de la familia de los que creen en Cristo y han sido llamados a hacer visible el amor de Dios en las relaciones interpersonales, el amor mutuo, y el cumplimiento de sus obligaciones familiares. Pensamos aquí en la hospitalidad y el empleo de los dones carismáticos puestos al servicio de todos los miembros de la familia de Dios.

El amor fraternal dentro de la comunidad cristiana es parte de la vocación misional de los hermanos. Además, es una forma de mostrar concretamente que el amor de los cristianos no es simplemente un concepto filosófico o un ideal, sino una realidad visible y palpable. Los vecinos paganos pueden ver con sus propios ojos cómo los hermanos se aman mutuamente (Seland 2009:571). Esta puede ser la razón por la que se prefiere describir a la comunidad cristiana como una familia, una hermandad o fraternidad (1 P 1:17; 2:5; 2:17; 3:8-12; 4:9-10; 4:17; 5:9). Nótese que la palabra iglesia, tan prominente en las cartas de Pablo, no se encuentra en 1 Pedro. La figura de la hermandad de la fe en 1 Pedro es la de una sociedad alterna dentro de una sociedad mayoritaria. La comunidad cristiana es una sociedad misionera, diferente, que no vive según las normas establecidas por el imperio, sino para encarnar en su hermandad la misericordia y gracia que han experimentado en Cristo. El amor fraternal entre los cristianos motivó a muchos paganos a exclamar: "Miren como se aman los cristianos." El amor fraternal que observaron en la manera de vivir de los cristianos fue uno de los factores -quizá el factor principal- que atrajo a muchos paganos a la fe cristiana (Elliot 2000:386). Se ha hecho la observación de que en las primeras comunidades cristianas no existían cosas tales como un comité de evangelización, ni un director o talleres de evangelización. Fue la fe, la esperanza, y el amor entre los cristianos lo que impactó a los incrédulos, e hizo que percibieran en las asambleas cristianas la presencia de Dios verdadero (González 2010:61).

Pedro les recuerda a los amados que su misión en el mundo es vivir en santidad, servirse mutuamente, y proclamar la verdad a los que viven en la oscuridad. Es una misión que confiere significado y propósito a la hermandad cristiana. Advertimos que en 1 P 1:18 el apóstol recuerda a sus lectores: "Ustedes saben que fueron rescatados de una vida sin sentido, la cual heredaron de sus padres." Los amados no son como los incrédulos, cuyas vidas se caracterizan por la futilidad, por una ronda de actividades sin sentido que no satisfacen el hambre espiritual que late en lo más íntimo de todo ser humano. Tal ronda de actividades sólo sirve para matar el tiempo y aliviar el aburrimiento por un rato. Al seguir a Jesús y entregarse a su misión, los amados son purificados de las vanidades y diversiones enfermizas en que viven los que no conocen la verdad (Senior 200:50). Al encargarnos una misión, Cristo nos purifica de las angustias que atormentan a los que viven una vida sin sentido; es decir, los que sólo quieren ser servidos, y no servir. Al encontrarse la mujer samaritana con Jesús, el Señor la liberó de sus pecados y de una vida sin sentido y sin propósito. Al sentirsed aceptada, la mujer asumió la misión de anunciar la venida del Mesías a los miembros de su comunidad.

LA PURIFICACIÓN EN 1 PEDRO

Según nuestro parecer, la purificación a la cual se refiere el apóstol es más que un simple sinónimo del perdón de los pecados. En el estudio de la historia de las religiones el perdón de pecados es una cosa, y la purificación es otra. En muchas sociedades, tanto antiguas como modernas, no se entiende qué es el perdón de los pecados, ni existen términos para expresar lo que judíos y cristianos entienden por "pecados". En tales sociedades la preocupación principal no es cómo conseguir el perdón de los pecados o encontrar a Dios misericordioso, sino cómo alcanzar la purificación tanto exterior como interior. La purificación tiene que ver con algo contaminado, inmundo, enfermo, sucio o podrido. Todos saben lo que es algo podrido. El cuerpo de un animal muerto, por ejemplo, atraerá moscas, gusanos, cucarachas, ratas, y otros bichos asquerosos. Hasta los antiguos -ignorantes de nuestros conocimientos acerca de gérmenes, bacterias, y virus- sin embargo entendieron que el contacto con algo contaminado podía producir enfermedad y llevar a la muerte. De ahí que cuando brotaba una pestilencia, los propios familiares abandonaban a los moribundos a su destino, sin auxilio ni consuelo.

En tiempos bíblicos, a los leprosos no se les permía vivir en el entorno de las personas sanas. Al encontrarse el leproso con una persona sana, debía gritar: "¡Inmundo, inmundo! ¡No te acerques!" En Levítico 13 y 14 encontramos las instrucciones acerca del peligro de contaminación de la lepra y otras enfermedades contagiosas. Los que habían estado en contacto con un cadáver, por ejemplo, debían someterse a una cantidad de ritos, limpiezas y lavados para librarse de la contaminación y sus consecuencias. Las ceremonias, limpiezas, y baños purificadores también desempeñaban un papel importante en la vida de la mayoría de las sociedades humanas, especialmente entre los chinos, japoneses, indios, africanos, y pueblos precolombinos de nuestro continente.

Los historiadores y antropólogos afirman que también entre los antiguos habitantes de Anatolia existía gran preocupación respecto a la contaminación y la purificación. En muchos pueblos, tanto de la antigüedad como de la actualidad, existe no sólo temor a la contaminación física, sino también a la contaminación espiritual o moral. Se cree, por ejemplo, que así como lo podrido atrae a las moscas, así algunas actitudes, acciones, y pasiones prohibidas pueden atraer a un demonio, o a una legión de demonios. Así como las moscas y cucarachas buscan cosas podridas, del mismo modo los espíritus inmundos se sienten atraídos hacia una persona que no observó un tabú, o comió un alimento prohibido. En muchas sociedades se evita cometer el adulterio, no tanto porque los culpables teman la ira de Dios justo, sino porque tal acción puede provocar un ataque de parte de espíritus inmundos. Por lo tanto, los ritos de purificación se consideraban necesarios para alejar a los espíritus del mal y la suerte adversa.

Hay culturas en las que se cree que las acciones malvadas de ciertas personas y espíritus pueden contaminar a los demás mediante hechicerías (la brujería y el mal de ojo), provocando toda clase de catástrofes en su vida. En muchas sociedades africanas se cree que casi todas las enfermedades, accidentes, y demás, son el producto de alguna clase de contaminación espiritual. En muchas partes del mundo se consideran contaminadas a las personas violadas sexualmente. En otras sociedades, tales personas son expulsadas de la comunidad o muertas. La violación de niños, vírgenes, y esclavos de ambos sexos era considerada normal para muchos habitantes del Imperio Romano. Según la ley, el cuerpo de un esclavo pertenecía al amo, y no al esclavo. Muchos miembros de las primeras comunidades cristianas fueron esclavos o exesclavos. Se supone que muchos de ellos habían sido violados por sus amos, y al llegar a ser cristianos se sintieron seres inmundos y contaminados por lo que habían sufrido. Una investigadora (MacDonald 2014:47) cree que la palabra griega φθορὰν, traducida en muchas Biblias castellanas como corrupción, se refiere más específicamente a la corrupción sexual de niños de ambos sexos. El término se encuentra en 2 Pedro 2:12 y varios pasajes de las cartas de Pablo.

En nuestra sociedad latinoamericana abundan los centros espiritistas donde las masas populares procuran purificación. Un antropólogo venezolano manifestó que si el auto de un taxista de Caracas se rompe tres veces en el mismo mes, buscará a un espiritista para un rito de purificación, con el fin de librar a su coche de la maldición. En todo el mundo hispano abundan las boticas y perfumerías que ofrecen una asombrosa variedad de productos para ritos y ceremonias de purificación: cristales, baños, piedras mágicas, ungüentos, filtros, y esencias.

Entre la comunidad hispana de los Estados Unidos hemos conocido casos en los que jóvenes que habían sido miembros de una pandilla, como por ejemplo la infame *Mara salvatrucha*, se sienten contaminados por los tatuajes en sus cuerpos. Gastan mucho dinero y dolor en los tratamientos para borrar de su cuerpo los símbolos de su vida anterior. Es posible que entre los cristianos de las cinco provincias también haya habido nuevos creyentes que llevaban en sus cuerpos tatuajes provenientes de uno de los misterios o sectas orientales que tanto abundaban en aquel tiempo. La única manera de purificarse de semejantes contaminaciones es mediante la sangre de Cristo.

Entre los que buscan purificación, están los millones que procuran liberación del karma malo, o que se creen contaminados por haber nacido de una casta inferior o maldita. En la India tradicional, anterior a Gandhi, el 40 por ciento de los hindúes eran Dalits (intocables), o sea, personas sin casta consideradas demasiado inmundas por naturaleza como para poder entrar en un templo hindú para adorar a uno de los muchos dioses venerados por los indios. Sin duda, entre la gran mezcla de tradiciones religiosas de las cinco provincias mencionadas en 1 Pedro, había miles de personas que se consideraban a sí mismas contaminadas, personas que habían sido rechazadas por los demás. Lo que más anhelaban era la purificación y ser aceptadas como miembros de una familia en la que pudieran experimentar el amor fraternal y una razón de ser. Al encontrarse el misionero cristiano con los "intocables" de nuestro mundo actual, intentará incorporarlos a Cristo, quien tocó a los intocables. Entre ellos el leproso, la mujer con el flujo de sangre y el gadareno que vivía entre los sepulcros.

Según la enseñanza de algunos filósofos de la era del NT, la mejor manera de purificarse de toda contaminación del alma era renunciando a todo tipo de pasión. Se decía que al librarse de las pasiones, el alma alcanzaría la libertad perfecta. A diferencia de filósofos como Epicteto, Pedro exhorta a los redimidos por Cristo a purificarse mediante la mayor de las pasiones, el amor mutuo y sincero (ágape), y la obediencia a la verdad. Aquí la palabra obediencia es la fe, y la verdad es el evangelio de Jesucristo. El amor al que el Espíritu lleva a los creyentes es amor por los hermanos –también por enemigos y perseguidores– amor como el que Jesucristo mostró a sus seguidores (Feldmeier 2008:122).

1:23 pues ustedes han nacido de nuevo, y no de una simiente perecedera, sino de una simiente imperecedera, por la palabra de Dios que vive y permanece para siempre.

La vida biológica de las plantas, animales, y seres humanos comienza cuando se siembran las semillas. La vida que surge de la siembra de una semilla es una vida corta y pasajera, que el autor del libro de Eclesiastés podría calificar de vanidad. Sin embargo, no es así; la vida que brota de la semilla del evangelio genera un nuevo nacimiento. El nuevo nacimiento no es el fruto de un esfuerzo, logro, y poder inherente en el ser humano; es algo que viene de fuera, *extra nos*. El nuevo nacimiento es un don de Dios que él, en su gracia, le otorga al ser humano; es lo que sucede cuando el mensaje de salvación se recibe por fe. La vida que origina la semilla biológica es de corta duración, mientras que la nueva vida producida por la semilla de la palabra de Dios perdura para siempre. A diferencia de la semilla que da origen a la vida biológica, la semilla que produce la buena nueva es incorruptible, incontaminada, e imperecedera. Debido a que los creyentes han recibido la semilla que perdura para siempre, es que pueden amar hasta a sus enemigos. El uso del participio pasivo perfecto indica que los creyentes ya han recibido el nuevo nacimiento (Feldmeier 2008:124). Por eso Pedro les recuerda a quienes lo leen, que los frutos de su nueva vida, y sobre todo el amor sincero, deben perdurar para siempre. El amor entre los hermanos nunca acabará. En 1 Corintios 13:13 Pablo expresa: "Y ahora permanecen la fe, la esperanza y el amor. Pero el más importante de todos es el amor."

1:24-25 Porque: "Todo hombre es como la hierba, y toda su gloria es como una flor. La hierba se seca, y la flor se marchita, pero la palabra del Señor permanece para siempre." Y éstas son las buenas noticias que se les han anunciado.

Para apoyar su enseñanza en el AT, el apóstol cita nuevamente a Isaías, cuyas palabras fortalecerán la fe de las pequeñas comunidades de creyentes que sufren el ostracismo y la persecución de la macrosociedad. La gloria, lujo, poder, y magnificencia del Imperio Romano serán, a fin de cuentas, como la hierba del campo que se seca, y como la flor que se marchita. El estilo de vida engendrado por los vicios de los gentiles es también como la flor del campo, algo que pasa rápidamente y termina para siempre. Por lo tanto, se exhorta a los creyentes a aferrarse a la Palabra y no a su antigua manera de vivir; tampoco a la ideología del imperio, pues la semilla del Señor seguirá siendo la fuente de nueva vida para el cristiano (Elliot 2000:389).

La herencia incorruptible, incontaminada, e imperecedera que los hermanos habían recibido mediante la proclamación de la palabra de Dios y las aguas del Bautismo, permanece para siempre (Achtemeier 1996:142). En la cita de Isaías 40:6-8, la LXX declara que es la palabra de <u>Dios</u> que permanece para siempre, mientras que en 1 Pedro se habla de la palabra del <u>Señor</u>. Se sobrentiende que el Señor es Jesucristo. Pedro enfatiza que es Jesucristo quien habla, para dar consuelo y aliento a sus oyentes/lectores. La identificación del Señor Jesucristo con Dios el Padre recuerda a los creyentes que Cristo es más que un maestro o filósofo crucificado por sus enseñanzas. Él es el Señor de la gloria. Según Elliot (2000:291), se debe traducir "palabra acerca del Señor" en vez de "palabra del Señor". Se sobrentiende que la palabra acerca del Señor es el mensaje de perdón, resurrección, y vida eterna por medio del evangelio de Jesucristo. La palabra del Señor es un poder que engendra la fe en el corazón humano. No es como las palabras y obras de los hombres, las cuales se marchitan y mueren. La palabra del Señor, sin embargo, es un vehículo por el cual el Espíritu Santo hace su habitación en el ser humano y transforma su vida. Cuando una semilla se siembra en la tierra, produce una flor, un árbol u otra forma de vida. Cuando la palabra de Dios se siembra en el corazón humano, es con el propósito de producir el fruto de una vida que nunca acabará.

La proclamación del evangelio es crucial para llevar a cabo la misión de Dios y la consolidación de la familia de la fe. Los que leyeron la carta llegaron a creer por medio de la proclamación del evangelio. Por medio de la proclamación de la palabra la preciosa semilla fue sembrada en sus corazones. Seguir pregonando la Palabra es la misión de los destinatarios de la carta. Solamente así los pueblos del mundo podrán tener acceso a las buenas nuevas que anuncian el perdón de los pecados, la resurrección de los muertos, y la esperanza de la vida eterna. El mensaje por el que los destinatarios de la Epístola quedaron incorporados a la familia de Cristo, debe seguir anunciándose a pesar de las calumnias, burlas, y persecuciones de una sociedad hostil (Seland 2009:556).

En su contexto original, Isaías 40:6-8 se proclamó como un mensaje de buenas nuevas a los israelitas cautivos en Babilonia. Fue un mensaje que anunció que el tiempo de su cautividad había llegado a su fin. El gran imperio de Babilonia se estaba desmoronando, lo mismo que ocurrirá con todas las empresas humanas. Isaías profetizó que la liberación de Israel estaba por cumplirse. Los proyectos y grandes obras de los seres humanos se derrumban, juntamente con sus filosofías, ideologías y propaganda, mientras que la palabra de Dios se cumple, pues permanece para siempre. La situación en la que se encuentran los destinatarios de 1 Pedro demanda entender las palabras proféticas de Isaías desde una nueva perspectiva. Es la nueva Babilonia (Roma) cuya hierba se secará y cuya flor se marchitará. En la cautividad de esa Babilonia vivían los expatriados y dispersos a quienes Pedro escribe. Sujetados al dominio de las nuevas Babilonias modernas vivimos nosotros, mientras esperamos la manifestación última de la gloria de Cristo.

APÉNDICE II - LA ORGANIZACIÓN DE LAS PRIMERAS COMUNIDADES CRISTIANAS DE ANATOLIA

Los investigadores de 1 Pedro han elaborado diferentes opiniones acerca de la conformación de las primeras comunidades cristianas de Anatolia durante los primeros dos siglos del movimiento cristiano. En nuestro comentario hemos hecho referencia a los tres modelos que los historiadores han considerado, al procurar entender las comunidades a las que pertenecían los destinatarios de 1 Pedro. Quisiéramos considerar brevemente cada uno de los tres modelos, para ver la luz que arrojan sobre el argumento de 1 Pedro, y sobre la pregunta: ¿Cómo se explica el fenomenal crecimiento y alcance misionero del movimiento cristiano en los siglos antes de Constantino el Grande, en medio de tanto sufrimiento, persecución, y marginalización? Nuestra respuesta a la pregunta nos obliga a formular otra: ¿Qué nos enseñan a nosotros hoy las comunidades cristianas de Anatolia y 1 Pedro en cuanto a la expansión universal de la fe?

La primera manera de entender la organización y el crecimiento de las primeras iglesias en Anatolia, es como comunidades de base que habían adoptado la organización de las sinagogas judías de la diáspora. Nadie sabe exactamente cuándo ni cómo se establecieron las primeras sinagogas judías. Los historiadores creen que las asambleas de judíos que llamamos sinagogas comenzaron después de la cautividad babilónica, en lugares donde se encontraban comunidades de judíos que vivían alejados de Tierra Santa. Originalmente el término sinagoga, lo mismo que nuestra palabra iglesia, no se empleaba para designar un lugar de reunión, sino un grupo de fieles que solían reunirse en cualquier parte para orar, resolver diferencias, atender a los necesitados, estudiar la Torá, ejercer disciplina y circuncidar a los recién incorporados a la comunidad. Para los judíos la sinagoga ha sido una forma de vivir en comunidad, que ha perdurado por unos 2500 años. Con ella el pueblo de Israel ha sobrevivido y mantenido su identidad en medio de un mundo hostil, en el que centenares de grupos étnicos y religiosos han desaparecido por no dar con una forma de organización capaz de preservar su identidad y sus tradiciones.

Puesto que las asambleas y comunidades nunca fueron reconocidas oficialmente por las autoridades eclesiásticas de Jerusalén, las sinagogas llegaron a gozar de una autonomía singular. Fueron los padres de familia, no los sacerdotes, levitas o escribas de Jerusalén, quienes dirigían las actividades de la comunidad. Al igual que hoy en día, las principales celebraciones de la comunidad judía se realizaban en la casa del padre de familia, y no en un santuario, templo u otro edificio público. La Pascua, Pentecostés, Yom Kippur, Año Nuevo y la Fiesta de los Tabernáculos, se celebraban y aún se celebran en el hogar, bajo la supervisión del padre de familia. Casi todas las celebraciones incluyen una comida que preside el padre de familia y en la cual participa toda la comunidad. Así se acostumbraba hacerlo también en la iglesia primitiva. Los primeros cristianos celebraban la Eucaristía en casas, no en templos. Varios historiadores coligados con la teología de la liberación, aseveran que al principio fueron los padres de familia, y no los sacerdotes ordenados, los que pronunciaban las palabras de institución y distribuían el cuerpo y la sangre de Cristo. Según algunos de los teólogos, años más tarde la iglesia institucional acaparó para sus sacerdotes ordenados el derecho y la autoridad para la celebración de la Cena. Todo esto no debía pertenecer al clero, sino a toda la congregación, en virtud del bautismo de sus miembros (Boff 1995:61-73).

Para los judíos de la diáspora hasta la circuncisión era un rito que se celebraba en la casa, y no en el templo. Se observa en el relato de la circuncisión de Juan el Bautista (Lc 1). Los líderes fueron escogidos por la comunidad y debían responder ante ella. Hay historiadores que ven en la organización de la sinagoga los comienzos del muy discutido sacerdocio de todos los creyentes, al que se hace referencia en 1 Pedro 2:9. Para muchos teólogos latinoamericanos, las primeras congregaciones cristianas fueron comunidades eclesiales de base, basadas en el modelo de las sinagogas autónomas de la diáspora (Hoornaert 1988:137-150). Por no contar con el apoyo de las autoridades judías de Jerusalén, las sinagogas de la diáspora llegaron a ser autónomas, o sea que cada una de ellas fue una iglesia independiente gobernada por una asamblea autónoma. Según los teólogos de la teología de la liberación, la comunidad eclesial de base es la forma original de la iglesia cristiana. Una de las prioridades de los teólogos de la liberación es precisamente la reinvención de la iglesia a través de un retorno a las comunidades de base.

Hay un segundo modelo que algunos historiadores de las religiones han analizado, en su intento por entender cómo se establecieron y gobernaron las primeras comunidades cristianas. El historiador y sociólogo James Constantine Hanges elaboró la tesis de que por medio de comerciantes, refugiados, artesanos, y viajeros, y no por misioneros, se establecieron en el mundo de habla griega la mayoría de los cultos orientales del Imperio Romano en los días de San Pedro y San Pablo. En su libro *Paul Founder of Churches* (*Pablo fundador de iglesias*) el profesor Hanges presenta la traducción de gran número de inscripciones y manuscritos antiguos que relatan cómo ingresó en el mundo helénico un número sustancial de cultos orientales. Uno de los cultos descritos por el profesor Hanges es el de la deidad egipcia

Serapis. Durante los siglos dos o tres antes de Cristo, una familia de inmigrantes se trasladó de la ciudad de Menfis, en Egipto, a la isla de Delfos, donde establecieron un culto extranjero en lo que fue el más importante centro de adoración de Apolo del mundo helénico. El culto invasor fue el de Serapis, y el nombre de su fundador, Apolonio. Apolonio fue un sacerdote egipcio que trajo de su ciudad natal una imagen de bronce de Serapis, juntamente con las tradiciones antiguas que tuvieron que ver con la adoración de su dios. De esta manera, el culto de Serapis en Grecia comenzó en el mismo apartamento alquilado en que se alojaba Apolonio y su familia. Los ritos sagrados del culto de Serapis fueron pasados por Apolonio a su hijo, quien a su vez entregó las sagradas tradiciones a su hijo, también llamado Apolonio. Con el correr del tiempo, los pobladores nativos de la isla adoptaron la adoración de Serapis. Entonces se hizo necesario comprar una parcela para la construcción de un santuario para la deidad extranjera que había establecido su residencia en la sagrada isla de Apolo (Hanges 2012:247).

Muchos de los nativos de la isla se opusieron al establecimiento de un nuevo culto oriental en tierra griega. Por medio de los tribunales cívicos los opositores al culto invasor procuraron impedir la construcción del templo de Serapis y la celebración pública de sus ritos. Los devotos de Serapis, sin embargo, consiguieron la autorización para construir su templo al presentar ante la corte a varias personas que juraron haber sido sanadas de sus enfermedades al invocar al dios invasor. Después de varias generaciones, las autoridades municipales adoptaron el culto a Serapis y su templo, por lo que quedaron integrados a la vida religiosa de la isla. Así fue como los habitantes de Delfos aceptaron el establecimiento de un nuevo culto, si bien solo después de adaptarlo a las formas culturales y las tradiciones de la isla. Cuando ocurre un enfrentamiento de tradiciones religiosas y culturales, el resultado es -en muchas instancias- una especie de sincretismo o hibridación, por lo que la religión nativa sufre algunos cambios como resultado de su encuentro con el culto invasor. Este, a su vez, también experimentará algunas transformaciones al adaptarse a un nuevo ambiente.

Según el profesor Hanges, los cristianos que llevaron el mensaje del evangelio a las ciudades y poblaciones rurales de Anatolia, también deben haberse enfrentado a la resistencia y oposición de muchos nativos, tal como sucedió con el egipcio Apolonio en Delfos y otros fundadores de nuevos cultos orientales del mundo helénico. Tal fue también el caso de la introducción del culto y los ritos de Dionisio, quien originalmente era una deidad traciana. El culto de Men Tyrannos, el dios frigio de la luna, lo instituyó en el mundo helénico Xanthos, un esclavo de Licia. En todos estos casos, y muchos otros, las autoridades de los cultos ya establecidos idearon toda clase de trabas para entorpecer la introducción de cultos invasores. A fin de conseguir estado legal, los cultos extranjeros tuvieron que preparar una constitución con sus estatutos y reglamentos que regían el vestuario, los peinados y la conducta sexual de los miembros del culto. En casi todos los casos las autoridades municipales les prohibieron a los líderes del nuevo culto la práctica de la magia y la hechicería. El Estado se apropió y controló la mayoría de los nuevos cultos que comenzaron como pequeñas comunidades de base, y los incluyó en el calendario de la religión estatal. Es lo que ocurrió también con las comunidades de base cristianas después de la toma del poder de Constantino el Grande (Hanges 2012:262).

Sin lugar a duda, el autor de 1 Pedro envió su misiva a las comunidades cristianas de las cinco provincias, para instar a los fieles a no dejarse controlar por los poderes que procuraban conformar a las comunidades cristianas según las prácticas, tradiciones, y creencias idólatras de su entorno. El establecimiento de una nueva congregación o comunidad de base cristiana no implicaba un rechazo total de las costumbres y cultura de la sociedad no cristiana. Una parte del establecimiento de una nueva comunidad cristiana tenía que ver con la transculturación. La comunidad, guiada por el Espíritu Santo y las fórmulas confesionales de la iglesia, debía escoger qué elementos de la vieja cultura incorporar a la vida de la comunidad sin negar su vocación y misión.

Como hemos mencionado, una manera de mantener a las comunidades fieles a Cristo y a su evangelio se logra con la repetición de credos, cantos e himnos que proclaman la esperanza viva por medio de la resurrección del Señor. Los devotos de Cibeles, Isis, Serapis, Dioniso y Men, podían tener parte en las procesiones, fiestas, y liturgias de la religión imperial sin perjudicar su identidad, pero no así los cristianos que habían sido librados de la oscuridad para vivir en la luz maravillosa que solamente Cristo podía darles. A fin de cuentas, gracias a escritos como 1 Pedro, las comunidades cristianas de los primeros siglos fueron las que más hicieron para cambiar y transformar la cultura pagana de Anatolia. El estudio de la historia de las religiones nos enseña que una y otra vez un grupo de transeúntes, refugiados, marginados y perseguidos transformaron una sociedad y cambiaron el sistema. Una de las premisas de la Teología de la Liberación es que los marginados y pobres han sido elegidos por Dios como instrumentos para transformar los sistemas de injusticia que imperan en el mundo actual, y también para establecer el reino de Dios en la tierra.

Recientemente varios investigadores sugirieron un tercer modelo para explicar el tipo de organización que utilizaron los fundadores de las primeras comunidades de la nueva fe en Anatolia. Según estos historiadores, la institución principal utilizada como modelo por los fundadores de las primeras comunidades cristianas no fue la sinagoga, ni los nuevos cultos y misterios orientales, sino la escuela filosófica. A diferencia de los cultos y misterios orientales, una de las metas de las escuelas filosóficas fue lograr un cambio radical en la forma de vivir de sus miembros, o sea, una conversión en su ser más íntegro y moral. En ese detalle las escuelas filosóficas se parecían más a las comunidades cristianas (Barclay 2016:14). En las tablas familiares que estudiaremos en los capítulos 2 y 3 de 1 Pedro, veremos que lo que enseñan las tablas sobre la conducta tienen mucho en común con las enseñanzas de los filósofos morales, especialmente los estoicos. Los filósofos helenistas, al igual que los ancianos de la iglesia primitiva, no dieron gran importancia a los ritos, ceremonias, fiestas, y sacrificios que caracterizaban a los cultos y misterios del mundo grecorromano. Lo que procuraban las escuelas filosóficas era, sobre todo, la transformación del ser humano en su ser más íntimo. Es instructivo recordar que en la clasificación de los diferentes grupos dentro del judaísmo, el historiador Josefo caracteriza a los fariseos, saduceos, celotes, y esenios como filosofías, y no como cultos.

Todavía hay una cuarta institución, considerada por muchos historiadores y sociólogos de la religión como un modelo que podría ayudarnos a entender cómo se establecieron y organizaron las primeras comunidades cristianas. Dicha institución es la de la asociación voluntaria. Entre la innumerable cantidad de asociaciones voluntarias del mundo grecorromano, cabe mencionar a los gremios, clubes, colegios, hermandades, sociedades funerarias, y asociaciones culturales presentes en todas las ciudades importantes de Acaya, Macedonia, Asia y Anatolia. En la ciudad de Lanuvium (cerca de Roma) se ha encontrado una placa de mármol con el relato de la historia y constitución de una de las asociaciones voluntarias. Otra inscripción, de una asociación de embarcadores, contiene una lista de los socios de la organización mercantil. Los nombres de los asociados indican que los que integraban la asociación voluntaria eran griegos, sármatas, tracios e incluso judíos. Uno de ellos fue un tal Moirodoro hijo de Neokles, líder de la sinagoga judía, y otro un sacerdote pagano (Harland 2014:14-19). El patrón divino de la sociedad fue Poseidon, el dios del mar y de los marineros.

Entre las varias sociedades y asociaciones voluntarias existían diferencias que reflejaban las culturas e historias locales de sus asociados. Se ven, por ejemplo, unas cuantas diferencias entre las asociaciones urbanas y las rurales. Lo que tuvieron en común casi todas las asociaciones fueron las cenas comunitarias, celebradas al menos una vez por mes, o en el cumpleaños de uno de los socios. Otra de sus características fue el cobro de las cuotas que debían pagar los asociados para mantener su índole de tales. El cristiano miembro de una de las sociedades voluntarias, podía aprovechar la oportunidad que le ofrecían las cenas para compartir con los socios del club su fe en Jesucristo.

Sin lugar a duda, muchos se hicieron miembros de las asociaciones voluntarias por consideraciones económicas, pues muchas de las asociaciones solían brindar préstamos a sus socios. Muchos clubes también se hacían responsables de correr con todos los gastos del funeral de un socio. Una de las mayores desgracias para los miembros de la sociedad grecorromana era morir sin contar con los medios para celebrar un funeral con todos los honores. Los criminales y personas sin recursos eran tirados al basurero público, donde sus restos los consumían los perros y buitres. Tal suerte podía correr también un socio que no estuviera al día con las cuotas de la asociación. Los miembros de una congregación cristiana, en cambio, siempre recibían un entierro digno, sin tener en cuenta su posición social o económica. Muchas congregaciones cristianas de la época, igual a muchas iglesias hispanas de hoy día, crearon roperos donde los necesitados podían encontrar vestidos, túnicas, y zapatos. Entre las buenas obras que realizaban los cristianos figura la de dar sepultura a cualquier difunto sin recursos, sin tomar en cuenta si había sido miembro de la congregación, o no. Cuando una plaga o pestilencia asolaba a un pueblo, en vez de huir para salvar sus propias vidas, los cristianos se quedaban para atender a los enfermos y moribundos y enterrar dignamente a los muertos. Según Tertuliano, estas fueron unas de las cosas que asombraron a los paganos y atrajeron a los incrédulos a la hermandad cristiana (Kreider 2016:56-62).

Otra característica de los cristianos que causó gran asombro entre los gentiles fue la solidaridad que se observaba en las asambleas cristianas. Todos se consideraban hermanos y hermanas. La familia de la fe contaba entre sus miembros a griegos, romanos, judíos, bárbaros, esclavos, libres, hombres, mujeres, jóvenes, y ancianos. En la mayoría de las asociaciones voluntarias del impero, en cambio, se admitían únicamente hombres. El profesor Kreider (2016:61) comenta que lo que más impresionó a los paganos que observaban las actividades de los cristianos era que estos sentían la presencia de Dios en sus reuniones. Esto, más que cualquiera otra cosa, atrajo a los de afuera.

El gobierno imperial, siempre atento al surgimiento de movimientos subversivos y revolucionarios, investigaba las asociaciones voluntarias a fin de controlar sus actividades. Dichas asociaciones tenían permitido reunirse solamente una vez por mes, debían tener constituciones escritas y la autorización de las autoridades si cobraban dinero a los asociados. De modo similar, las sinagogas judías también necesitaban la autorización del gobierno para recaudar dinero de sus miembros con el fin de enviar ofrendas para el templo de Jerusalén. Muchos griegos se opusieron a dichas autorizaciones, porque significaban una fuga importante de divisas de sus municipalidades. Comentando lo del dinero que se colectaba en las iglesias cristianas, Tertuliano escribió que los creyentes no solicitaban fondos para costear fiestas ruidosas y borracheras, sino para ayudar a los pobres y necesitados (Barclay 2016:107-108). Siguiendo el ejemplo de las sinagogas de la diáspora, muchas congregaciones cristianas recaudaban dineros a fin de conseguir la manumisión de esclavos miembros de la comunidad.

Al considerar las diferentes teorías e hipótesis acerca de cómo se fundaron y organizaron las primeras comunidades cristianas, es difícil optar por un solo modelo que explique el génesis y desarrollo de todos los grupos de creyentes de la diáspora. Opinamos que los factores enumerados arriba deben haber influido, en menor o mayor grado, en la forma que adoptaron las primeras comunidades cristianas en la segunda parte del siglo uno, y la primera parte del siglo dos.

Capítulo 2

2:1 Por lo tanto, desechen toda clase de maldad, todo engaño e hipocresía, envidias y toda clase de calumnia.

Este versículo se puede entender de dos maneras. En la traducción de la RVC, el participio con el que comienza la oración funciona como un imperativo. Según esta manera de entender el texto, Pedro exhorta a sus oyentes a dejar de lado los vicios típicos del mundo pagano, en los que aún andan algunos cristianos. Ahora que han confesado su fe en el Señor, Cristo debe ser el enfoque principal de sus vidas (Achtemeier 1996:144; Reike 1964:89). Los oyentes (González 2010:46) deben echar fuera los vicios de su antigua manera de vivir, como los judíos que echan fuera la vieja levadura durante la celebración de la fiesta de los panes sin levadura (1 Co 5:7-8). Existe, sin embargo, otra manera de traducir el pasaje, en que no se asume que los destinatarios no viven de acuerdo con su confesión bautismal.

En la Biblia del Peregrino dice: "Ahora pues, despojados de toda maldad, fraude e hipocresía, toda envidia y difamación, apeteced como niños recién nacidos la leche espiritual..." El verbo griego que se traduce como "despojar", es un participio que señala algo que sucedió antes de la acción del verbo principal, lo cual es "desead" o "apeteced". Según esta traducción, los creyentes a quienes se dirige Pedro ya se han despojado de los vicios enumerados en el texto cuando fueron bautizados (Kelly 1969:82; Green 1993:18; Feldmeier 2008:125). Debido a que ya experimentaron el nuevo nacimiento en el Bautismo, el apóstol los exhorta a seguir creciendo espiritualmente mediante el poder del evangelio. Así no sufrirán una recaída en los vicios enumerados por el apóstol. En esta vida nunca estaremos completamente liberados de nuestra vieja naturaleza pecaminosa. Por lo tanto, es necesario que sigamos despojándonos de la perjudicial e infructuosa vida pasada. El único modo de vivir libres de los pecados enumerados por Pedro es alimentarse diariamente con la leche espiritual del evangelio (Brox 1994:127). Si Pedro hubiera hecho caso a las palabras de Jesús, y a su exhortación "oren y velen" no habría sufrido una caída tan grosera en el patio del sumo sacerdote. Pero, ahora más maduro y experimentado en la fe, sabe que vendrán más amenazas, sufrimientos, y persecuciones en el futuro. Por ende, los creyentes tendrán que luchar diariamente en contra de los ataques diabólicos de afuera y los rescoldos de nuestra vieja naturaleza desde adentro.

El sentido literal del participio aoristo griego despójense (Ἀποθέμενοι), se refiere a una persona que se despoja de un vestido para ponerse otro (Kelly 1969:83). En la iglesia antigua los candidatos para el Bautismo solían desvestirse complemente y descender desnudos a las aguas bautismales. Al salir del agua, los recién bautizados recibían una túnica nueva, símbolo de la nueva vida de los miembros del pueblo de Dios. El vestido viejo que quedaba atrás simbolizaba todos los vicios que caracterizaban la vida de los incrédulos gentiles, en particular los vicios que destruyen la unidad entre los hermanos (Reike 1964:90). Son los mismos vicios que causaron tantos conflictos en las ciudades helenas de la época. Tales vicios podían envenenar una comunidad cristiana, como en el caso de Ananías y Safira (Hch 5:1-11), miembros de la iglesia madre de Jerusalén, quienes por su hipocresía y amor al dinero mintieron al Espíritu Santo. En la ocasión fue Pedro quien denunció públicamente a la pareja por su hipocresía. Al ser denunciados, tanto Ananías como su esposa Safira cayeron muertos, con lo que se nos enseña que el Espíritu Santo no tolera la hipocresía en la casa del Señor.

EL PELIGRO DE LA ENVIDIA PARA LA FAMILIA DE LA FE

Entre las diferentes clases de maldades mencionadas por el autor, se destaca la envidia, esto es, el desagrado que sienten los seres humanos ante la prosperidad, salud, honores, y posesiones de sus semejantes. La envidia es el deseo malévolo que ansía ver la destrucción del bienestar de los demás. La envidia se relaciona con frecuencia con el mal de ojo, la avaricia, y la respuesta negativa a la petición de compartir los bienes de uno con los necesitados. En las sociedades dominadas por lo que los antropólogos denominan "el concepto de la limitación de lo bueno", se cree que la prosperidad de los demás resulta en la pérdida del estatus de uno (Elliot 2000:397). La presencia de la envidia en una familia de creyentes es un elemento tóxico capaz de enfermar y, quizá, destruir a todos. En el AT vemos que la envidia casi dio al traste con la familia de Jacob. Según Marcos 15:10, la envidia fue la causa del enjuiciamiento de Jesús: "Y es que Pilato sabía que los principales sacerdotes lo habían entregado por envidia."

La última conducta que se menciona es la calumnia, un mal capaz de desbaratar la unidad de la familia de la fe. En una comunidad compuesta de personas de diferentes razas, lenguas, y clases sociales, las calumnias denigran y humillan al hermano, en vez de edificarlo y servirlo. Los que leerían a Pedro habían sufrido mucho por las calumnias de sus vecinos y familiares, consecuencia de ignorar la verdad. Las calumnias habían creado innumerables facciones, sectas, y bandas en las ciudades, pueblos, y aldeas de Anatolia.

Según Pablo en Romanos 6, a nuestra vieja naturaleza pecaminosa se la ahoga en las aguas bautismales. En el Bautismo –dice el apóstol– "hemos muerto al pecado" (Ro 6:2). En algunos pasajes del NT se usa la expresión "nuestro viejo hombre" o "nuestro viejo Adán", para referirse a nuestra vieja naturaleza pecaminosa. La vieja naturaleza pecaminosa de Ananías y Safira también fue ahogada en el día de su Bautismo. En 1 Pedro 2:11 el apóstol insta a los que habían sido bautizados a apartarse de los deseos pecaminosos que batallan contra el alma. Los pasajes indican que diariamente debemos ahogar a nuestro viejo Adán. Al igual que el proverbial gato de siete o nueve vidas, el hombre viejo también tiene muchas vidas, y siempre procura tomar el control de nuestras vidas. "Nuestro viejo hombre" –según un dicho que se atribuye tanto a Martín Lutero como a Karl Barth– "aunque haya sido ahogado, aprendió a nadar." Hablando de lo que significa bautizar con agua, Martín Lutero manifestó: "Este bautizar con agua significa que el viejo hombre en nosotros debe ser ahogado por pesar y arrepentimiento diarios, y morir con todos los pecados y malos deseos, y en cambio debe salir y resucitar diariamente el hombre nuevo, que viva eternamente delante de Dios en justicia y pureza" (Catecismo Menor, Cuarta Parte). Ocurre cuando, diariamente, confesamos nuestros pecados al Señor, pidiendo su perdón y el poder del Espíritu Santo. Ocurre al alimentarnos todos los días con la leche pura del evangelio.

TEMAS PRINCIPALES DE 1 PEDRO – (5) EL BAUTISMO

¿Es el Bautismo el tema principal de 1 Pedro? Las repetidas alusiones al Bautismo y la instrucción catequética han convencido a muchos eruditos a que el tema capital de la epístola es el bautismo de nuevos creyentes gentiles. Durante la primera mitad del siglo veinte la mayoría de los investigadores, especialmente alemanes y británicos, llegaron a la conclusión de que 1 Pedro se originó como una homilía, parte de un servicio litúrgico bautismal a celebrarse en vísperas de la Fiesta de la Resurrección. Según un comentarista, 1 Pedro es un sermón bautismal en forma de una epístola (Reike 1964:74). Otros aseveraban que el contenido de la carta fue originalmente parte de la instrucción catequética impartida a los recién bautizados (Balch 1981:11-12, 18). Entendiéndolo así, la situación histórica que motivó a Pedro a escribir su carta fue, entonces, la necesidad de exhortar a los recién bautizados a permanecer fieles a su confesión de fe y a no volver a la antigua manera de vivir.

Aunque hay investigadores que todavía creen que el tema principal de la epístola es el Bautismo, son más los partidarios de otras teorías. Más arriba mencionamos que valdría la pena rever de nuevo algunas de las teorías a la luz de lo que hemos visto hasta ahora:

a. El tema principal de 1 Pedro es el sufrimiento. En la epístola se encuentra toda una teología del sufrimiento, dirigida a los creyentes que sufren por su fe en Cristo, en las cinco provincias mencionadas por el autor.
b. Unos investigadores consideran que el sufrimiento es un tema subordinado a otro, el cual es “la existencia de los cristianos en una sociedad pagana”. Vale decir: ¿Cómo pueden y deben vivir los miembros del nuevo pueblo de Dios sujetados al dominio de una nueva Babilonia escatológica? (Goppelt 1993:19).
c. El tema capital de la carta es, según otros, la familia o casa de Dios. En Cristo y su iglesia los marginados, forasteros, extranjeros, y esclavos encuentran un hogar para los que no tienen hogar.
d. La carta de Pedro es un llamado de atención a los cristianos a practicar las buenas obras y ser buenos ciudadanos, y a no identificarse con las sectas orientales y los misterios, o con

movimientos revolucionarios y antiimperialistas. Así se les tapa la boca a los que se burlan o calumnian la nueva fe.

e. El tema de la carta es la <u>cristología</u>, una interpretación cristológica de las profecías del AT. La venida, el ministerio, el sufrimiento, y la segunda venida de Cristo fueron profetizados por Isaías, Jeremías, y los Salmos.
f. El contenido principal de 1 Pedro es la <u>misión</u> de Cristo y de su iglesia. Los creyentes son un pueblo escogido, un real sacerdocio, convocados a llevar la luz de Cristo a los que están atrapados en la oscuridad del paganismo.
g. La carta de Pedro es un documento subversivo con un mensaje antiimperialista en el que se convoca a los cristianos a resistir la globalización al estilo imperial. El argumento principal de la carta es, entonces, <u>la resistencia de la iglesia</u> frente a un Estado pagano.

Como veremos en lo que resta de nuestro comentario, existen buenos argumentos en apoyo de todos los temas mencionados arriba, incluyendo el del Bautismo. Sin duda, la pregunta respecto a cuál es el tema capital, tiene que ver con la situación o contexto histórico de las iglesias de las cinco provincias, en el momento en que se escribió la epístola. Poco se sabe del trasfondo histórico de 1 Pedro. Pero nosotros sí conocemos mucho acerca de la situación de nuestras iglesias en el mundo de hoy. Todos los temas mencionados arriba tienen importancia para las iglesias cristianas del mundo actual. Para algunas iglesias un tema es, quizá, más importante que otros en este momento, mientras que para otras un tema diferente es el más importante, o una combinación de temas. Por lo tanto, no queremos escoger un solo tema como el más importante, sino meditar sobre lo que el Espíritu le dice a cada una de nuestras iglesias hispanas en su situación particular.

2:2 Busquen, como los niños recién nacidos, la leche espiritual no adulterada, para que por medio de ella crezcan y sean salvos.

Ya hemos visto que uno de los temas principales a que se hace referencia en 1 Pedro es el Bautismo. Los que estaban perdidos y muertos en sus pecados experimentan en el Bautismo un nuevo nacimiento, y son para Dios como niños recién nacidos. Los recién nacidos necesitan alimentarse para crecer. Los nuevos cristianos necesitan, cual niños recién nacidos, alimentarse a fin de crecer en la fe, el amor, y el servicio al prójimo.

Todos hemos escuchado alguna vez a un niño recién nacido llorando porque tiene hambre; y lo que desea más que cualquier otra cosa es recibir de los pechos de su madre la leche que necesita para satisfacer su hambre. El hambre del niño le sirve a Pedro como metáfora del ferviente deseo de alimentarse de Cristo que deben sentir los creyentes. En la antigüedad los niños se alimentaban con la leche de su madre o de una nodriza. Raras veces se utilizaba la leche de una vaca, cabra u oveja mezclada con miel (Keener 203:705). Así como los niños recién nacidos necesitan alimentarse con la leche pura de su madre, del mismo modo los cristianos necesitan alimentarse de la leche no adulterada del evangelio de Jesucristo. Como ya fue dicho, la mayoría de los investigadores de Pedro han identificado la leche espiritual de 1 Pedro con el evangelio, aunque están los que aseveran que la leche espiritual es lo que se recibe en la Santa Cena (Martin 2014:99-111; 2016:515). Gracias a nuestra comunión con el Cristo resucitado y su Espíritu, recibimos el poder de despojarnos de los vicios que caracterizaban nuestra antigua manera de vivir (Watson 2012:45).

Para Clemente de Alejandría (150-215 dC), la leche espiritual que todos necesitamos es Cristo. En su gran himno a Cristo el Salvador (Ropero 2001:297-298), Clemente declara:

> Fuente de piedad, agente de virtud para la vida santa
> De los que alaban a Dios,
> Cristo Jesús, leche celestial de pechos dulces extraída
> De la esposa dispensadora de tu Sabiduría.
> Nosotros, los párvulos, cuyas sencillas bocas
> Se alimentan del seno del Logos,
> Y se sacian con el rocío del Espíritu, cantemos juntos.

En el antiguo himnario cristiano conocido como *Las Odas de Salomón* (8:17), se entona el siguiente verso que también interpreta la leche como Cristo:

> Yo modelé sus miembros, y mis propios pechos preparé para ellos, para que pudieran beber mi santa leche y así vivir (*Las Odas de Salomón* PDF).

Lutero dice que la leche del evangelio se adultera con el añadido de las doctrinas humanas o de otra cosa que no sea Cristo (2001:65). Los que gustan de la verdadera leche del evangelio saben que este es bueno, sabroso, y dulce. El evangelio de Cristo no es amargo como un purgante ni ponzoñoso como un veneno. El evangelio no es una serie de requisitos que debemos cumplir, sino el mensaje de Jesús quien se sacrificó a sí mismo para ofrecernos la vida.

LA PALABRA DE DIOS COMO LECHE ESPIRITUAL

Una de las características de las cartas de Pedro y sus prédicas anotadas en el libro de los Hechos, es el poder de la palabra de Dios, especialmente la de las profecías y promesas divinas interpretadas cristológicamente. La Palabra es, para Pedro, un medio de gracia que comunica al creyente la salvación eterna y el poder del Espíritu Santo. Los sufrimientos de Cristo se proclamaron en el AT principalmente en los Salmos y en los cantos del Siervo del Señor en el libro de Isaías. Del modo en que los niños reciben la energía para crecer de la leche materna, así los creyentes reciben la nueva vida del Espíritu Santo por medio de la proclamación de la Palabra.

Lo cierto es que Pedro no sólo brinda a los destinatarios de su carta instrucción moral, sino que les revela el poder que necesitan para poner en práctica las directrices morales de su epístola. En el mundo grecorromano del tiempo de Pedro y su ministerio, sobresalieron entre los estoicos, cínicos, y epicúreos excelentes moralistas como Cicerón, Séneca, y Epicteto, cuyas obras aún hoy pueden leerse con provecho. Lo que ofrecieron los autores del NT a sus lectores, es algo que no se encuentra en las enseñanzas morales de los filósofos. Ese algo es el poder del Espíritu Santo que actúa por medio del evangelio, transformando las vidas de los que creen en Jesús. El Espíritu Santo induce al cristiano que ha gustado la leche del evangelio a entregar su vida a Dios como un sacrificio espiritual, no por temor al castigo, ni por el deseo de ganar honor para sí mismo, sino por gratitud a Cristo quien sacrificó su vida por nosotros en la cruz para salvarnos de las consecuencias de nuestra rebeldía y falta de amor hacia el prójimo. El amor a Cristo lleva al que ha gustado la leche del evangelio a renunciar al diablo y todas sus obras.

El creyente se alimenta de la leche espiritual cuando, por obra del Espíritu Santo, confía de corazón en Cristo y su sacrificio en la cruz. La leche espiritual es el evangelio, pero para dar vida y crecimiento a los creyentes, tanto nuevos como antiguos, tiene que ser un evangelio no adulterado. La leche se considera adulterada cuando se la mezcla con otras cosas. El evangelio, y no la ley o la ley disfrazada de evangelio, alimenta al creyente. Si al mensaje de la cruz se le añade la necesidad de celebrar ciertos ritos, guardar fiestas, participar en peregrinaciones y obtener indulgencias, la buena leche se contamina y se convierte en veneno. No se debe mezclar la leche del evangelio con herejías. El crecimiento en el amor, la fe, y la esperanza es un producto de la proclamación del evangelio, no de la ley.

Los creyentes no se nutren si la nueva naturaleza recibida en el Bautismo se mezcla con los vicios detallados en 2:1, maldad, engaño, hipocresía, envidias, y calumnias. Tales vicios, en vez de alimentar al creyente, impiden su crecimiento y son la causa de debilidad y enfermedad. Lo que necesita un bebé para crecer y estar sano es la leche de su madre. La leche materna es su comida lógica o racional, la comida que le conviene. Nótese que lo que el original griego dice literalmente no es leche espiritual, sino leche lógica o racional (τὸ λογικὸν ἄδολον γάλα). El evangelio y la comida eucarística son la comida lógica para la nutrición de los creyentes recién bautizados (Martin 2016:522). Los recién bautizados llegarán a ser cristianos maduros al oír el evangelio y participar en la Cena del Señor. Según la *Constitución Apostólica* y los escritos de Jerónimo y Cirilo de Jerusalén, 1 Pedro 2:3 se leía como parte de la liturgia eucarística. Los nuevos creyentes de Anatolia, salvados por la sangre de Cristo, debían nutrirse con esa misma sangre para seguir fieles a Cristo y cumplir con su misión como pueblo de Dios.

2:3 si es que han probado ya la bondad del Señor.

Al escribir estas palabras Pedro tuvo en mente el Salmo 34:8 (LXX). Hay autores que opinan que el uso del verbo aoristo gustado/probado podría apuntar hacia el momento en que los creyentes recién bautizados recibieron la Santa Cena por primera vez (Selwyn 1955:157; Kelly 1969:87). Tal interpretación eucarística del texto se ve reflejada en la traducción de la *Biblia del Peregrino*: "si es que habéis gustado qué bueno es el Señor." Los que apoyan la interpretación señalan que en la iglesia primitiva el Salmo 34 servía como un texto eucarístico. Según esta manera de entender las palabras de Pedro, Cristo en verdad nos alimenta mediante la palabra escrita en el AT, y también con su verdadero cuerpo y sangre, que recibimos en la Santa Cena.

Interpretando el pasaje desde otra perspectiva, un investigador opina que las palabras de Pedro reflejan el cuidado por la alimentación de los niños recién nacidos y la calidad de la leche que se les daba. Hay que recordar que en el mundo grecorromano muchas madres preferían conseguir para los recién nacidos una nodriza o ama de leche para dar el pecho al bebé. En los tratados sobre medicina, escritos por autores como Sorano de Éfeso, Galeno, Quintiliano y Apolonio, se discutía sobre las cualidades de la nodriza ideal. Esta debía tener entre veinte y treinta años, ser de buenos hábitos y comedida, abstenerse del vino, de las relaciones sexuales, la ira, el enojo o cualquier otra cosa que pudiera echar a perder la calidad de su leche durante los dos o tres años en que daba el pecho al niño. Además, la nodriza debía hablar correctamente griego y conversar con la criatura, a fin de que el niño aprendiera desde temprano a hablar como las personas educadas y no como la gentuza. Hasta se recomendaba conseguir los servicios de una nodriza que hubiera estudiado filosofía. Sin importar si se trataba de una nodriza o de la propia madre del niño, los médicos exigían que se examinara la leche que se daba a la criatura para estar seguros de que tuviera la consistencia correcta para el desarrollo del infante. Según los médicos de la antigüedad, la mejor manera de comprobar la calidad de la leche era por el gusto. "¡Prueben ustedes mismos la bondad del Señor!" dice el salmista (Sal 34:8).

Todo era sumamente importante porque, según los tratados médicos de la época, una leche mala o adulterada podía perjudicar el carácter moral del niño. Según se creía, una persona de mal genio, iracunda, amargada, y violenta podía haber llegado a ese estado por haberse alimentado con una leche de calidad inferior.

Los nuevos cristianos también deben alimentarse con la leche espiritual adecuada para su desarrollo espiritual. El texto griego no tiene la palabra "espiritual" para describir la leche que alimenta a los creyentes. En griego las palabras que utiliza el autor de la carta son "τὸ λογικὸν ἄδολον γάλα ἐπιποθήσατε". Se modifica el sustantivo leche con dos adjetivos, *logicon* y *adolon*. El primero, *logicon*, indica cómo debe ser alguna cosa. Es, según Barclay, una de las palabras favoritas de los estoicos, quienes la utilizaban para "describir todo aquello que tiene que ver con la divina razón que rige y gobierna todas las cosas" (1974:220). Con frecuencia se la traduce como algo razonable o racional. Así, en Romanos 2:1 hay quienes prefieren hablar de un culto racional que se debe ofrecer a Dios, y no de un culto espiritual. En 1 Pedro 2:2 algunas versiones tienen leche racional, y otras, leche espiritual. Según Philip Tite, lo que Pedro tiene en mente es la leche provechosa o perfecta para el crecimiento espiritual de los creyentes. La leche apropiada es la que procede de Dios, o sea, Dios es la madre y nodriza cuya leche tiene en sí el poder de engendrar en los creyentes las características morales y espirituales necesarias para sobrevivir en un mundo lleno de tentaciones, persecuciones y sufrimientos. El autor de la carta no tiene interés en las discusiones de los médicos acerca de cuál sea la mejor leche para el bebé, si la de la nodriza o la de la madre. En lo que Pedro pone énfasis es en que la palabra de Dios es la mejor leche para el desarrollo del carácter moral de los cristianos.

El otro adjetivo griego que utiliza 1 Pedro 2:2 para describir la leche del evangelio es *adolon*, un término que significa adulterado. Con frecuencia los autores griegos utilizan *adolon* con referencia al cereal mezclado con residuos, polvo, y hasta sustancias nocivas que los comerciantes vendían en el mercado público. La leche que engendra en nosotros la nueva vida debe ser una leche no adulterada con filosofías humanas o con el mal ejemplo de los maestros, ancianos, y pastores que procuran su propio bien y no la salvación y santidad de las ovejas del redil del buen pastor (Tite 2009:371-400). En 2 Pedro se observan las consecuencias de adulterar la leche pura del evangelio con filosofías humanas. En el escrito se denuncian los desastrosos resultados morales de la infiltración de filosofías humanas en las congregaciones cristianas.

CRISTO ES LA PIEDRA ESCOGIDA DE UN TEMPLO CONSTRUIDO CON PIEDRAS VIVAS: 1 PEDRO 2:4-10

Como ya se dijo, los investigadores de 1 Pedro afirman que en la epístola se encuentran por lo menos tres pasajes que parecen ser credos cristológicos, escritos por el autor de la carta a base de afirmaciones doctrinales en boga en las primeras congregaciones cristianas fundadas después del primer Pentecostés cristiano: 1 Pedro 1:18-21; 2:21-25; y 3:18-22. En lo que sigue se escudriñará 1 Pedro 2:4-10 como si fuera un credo o una fórmula confesional. Claro, el pasaje habla más de la iglesia que de Cristo, pero la iglesia que se describe en la carta es un fiel reflejo de Cristo. Una confesión respecto a lo que es la iglesia tiene que ser, a la vez, una confesión acerca de quién es Cristo, porque la iglesia es el cuerpo de Cristo.

En el tiempo en que se escribió 1 Pedro había dentro de las fronteras del Imperio Romano un increíble número de cultos, asociaciones civiles, escuelas filosóficas, gremios, sectas, misterios, y sinagogas, tanto judías como samaritanas. Cada grupo tenía su lista de miembros, su constitución, y creencias particulares. Es difícil para los investigadores determinar con exactitud si un grupo determinado era judío, cristiano, pagano, o una mezcla sincretista de ideas, filosofías, y prácticas provenientes de muchas fuentes. En América Latina se encuentra también una gran variedad de grupos esotéricos y sincretistas, que a menudo mudan sus creencias y prácticas al encontrarse con nuevos vientos de doctrina. Para no perder su identidad, su orientación espiritual, y su razón de ser, un grupo necesita definir, para sí mismo y para otros, lo que cree, es decir, las doctrinas y prácticas que lo diferencian de otros grupos. Para no ser llevado por todo nuevo viento de doctrina, un grupo necesita credos, afirmaciones de fe, y doctrinas. Históricamente, los líderes de las ciudades helenas y del gobierno romano temían la formación de nuevos cultos, escuelas filosóficas y asociaciones civiles (llamadas colegios), porque podían convertirse en focos de sedición y de prácticas condenadas por el gobierno, tales como la hechicería y las orgías sexuales.

Uno de los propósitos de 1 Pedro 2:4-10 es la promoción de una eclesiología basada tanto en el mensaje de los profetas como en las enseñanzas de Jesús. Toda eclesiología verdadera tiene que ser producto de una cristología verdadera. Por eso el pasaje no comienza con utopías de una sociedad ideal, sino con Cristo, designado en nuestro pasaje como la piedra escogida y preciosa.

TEMAS PRINCIPALES DE 1 PEDRO – (6) CRISTO, LA PIEDRA PRINCIPAL DEL TEMPLO DE DIOS

2:4 Acérquense a él, a la piedra viva que los hombres desecharon, pero que para Dios es una piedra escogida y preciosa.

El participio griego utilizado por Pedro, προσερχόμενοι (acercarse), puede traducirse como un indicativo, o con la fuerza de un imperativo, como hace la RVC: "Acérquense", y la RVR y la Biblia de Jerusalén: "Acercándoos." Otros traductores como Elliot, Miller, y Achtemeier prefieren traducir el participio como un indicativo que expresa acción continua. Viendo al participio así, la traducción debe ser: "Sigan acercándose a él, así como lo están haciendo" (Miller 1993:185). Los que apoyan esta traducción nos recuerdan que Pedro no está escribiendo a no convertidos con el fin de invitarlos a arrepentirse y ser bautizados. El apóstol habla con cristianos bautizados que ya creen en el Señor. Lo que necesitan los creyentes es seguir acercándose al Señor. En Juan 15:4 dice Jesús que el pámpano no puede llevar fruto o tener vida en sí a menos que permanezca en la vid. En 1 Pedro queda expresado que nosotros, los que hemos sido llamados a ser piedras vivas, no podemos seguir siendo parte del nuevo templo del Señor a menos que sigamos en contacto con Jesucristo, la piedra principal del templo escatológico de Dios. Hay que tener cuidado de no construir la iglesia sobre una base o fundamento que no sea Jesucristo, como sucede cuando se intenta construir la comunidad cristiana sobre la base de una teología de la prosperidad.

Según Lutero, cuando un líder de la iglesia reniega de la base apostólica de su oficio, pierde su autoridad para representar a Cristo ante el pueblo de Dios y el mundo. No hay nada en los pasajes que se investigan que justifique la idea de "una vez sacerdote, siempre sacerdote" (Rengstorf 1969:98).

La palabra prosélito deriva del mismo verbo griego usado para "acercarse", pues un prosélito es, por definición, uno que se acerca a un grupo con la intención de unirse a él (Elliot 2000:409). Lo mismo que en el Evangelio de Juan, el verbo "venir" o "acercarse" debe entenderse aquí como un sinónimo de "creer." Acercarse a Cristo es escuchar las nuevas de Cristo y creer la Palabra, entregarse totalmente a Dios como única esperanza eterna (Miller 1993:186). Al hablar metafóricamente de Cristo como la piedra viva, Pedro utiliza el sustantivo griego que indica una piedra labrada (λίθον), y no la palabra que indica una roca (*petra*) cualquiera. La piedra principal de una casa o templo puede ser el fundamento sobre el que descansa el edificio. La piedra principal de un edificio puede ser también el remate, la piedra que corona un arco y le da estabilidad. En Isaías 28:16, uno de los pasajes utilizados por Pedro para respaldar su argumento, la piedra principal es la del fundamento: "Miren esto: yo he puesto en Sión, por fundamento, una hermosa piedra angular." Otro pasaje del AT citado por Pedro, el Salmo 118:22, se refiere a la piedra que los constructores rechazaron. Parece ser la piedra del remate. De modo que, según los pasajes citados por Pedro, a Jesús se lo identifica con el fundamento del nuevo templo de Dios, o como la piedra que corona el arco que soporta y proporciona estabilidad a todo el edificio. Para los que creen en el Señor, Cristo es tanto el fundamento como el coronamiento del templo escatológico de Dios. En griego se denomina una piedra costosa como el mármol con el mismo sustantivo que indica una piedra labrada (λίθον). En griego, la expresión "piedra viva" puede significar un imán, o sea, una piedra que tiene vida en sí. Hay predicadores que dicen que se debe considerar a Jesús no sólo la piedra a la cual nos acercamos, sino también el imán que nos atrae por medio de su Santo Espíritu. Los que se acercan a la piedra viva y por fe reciben la nueva vida del Espíritu, llegan a ser las piedras vivas que constituyen el nuevo templo espiritual de Dios. Los que no se acercan a la piedra viva se convertirán en piedras muertas, o escombros.

Según varios intérpretes de 1 Pedro, la metáfora que emplea la carta para expresar lo que es la iglesia y su relación con Cristo es la de una gran casa familiar o templo. Solamente en este pasaje del NT encontramos, en un mismo lugar, tres importantes términos que provienen del campo semántico de los templos y las actividades que se realizan en ellos: sacerdocio, casa, y sacrificios. En 2 Corintios 6:16, el apóstol Pablo, en consonancia con Pedro, declara: "Nosotros somos templo del Dios viviente." Otras imágenes importantes que se emplean en 1 Pedro para entender qué es la iglesia, son las de la iglesia como redil y como pueblo de Dios.

El pasaje comienza con la invitación a acercarse a aquel que es la piedra viva. Los miles de templos esparcidos a lo ancho y largo del Imperio Romano se encontraban llenos de piedras, piedras pulidas bien labradas y de gran belleza, piedras con forma de seres divinos, piedras que nosotros llamamos ídolos. Pero el autor de la carta no exhorta a sus lectores a acercarse a esas piedras, porque todas, sin excepción, son piedras muertas, incapaces de dar vida. En cambio, quien se llama "la piedra viva" ofrece a todos quienes confían en él una esperanza viva. Aunque él, la piedra viva, fue crucificado y muerto, no está muerto, porque resucitó y ahora vive, no sólo para sí mismo, sino para dar vida a los que se acercan a él con fe. Jesús es la roca de Horeb, de la que brotó el agua que dio vida a los israelitas muertos de sed en el desierto. El agua de vida que brota de Jesús, la piedra viva que nos otorga la vida es el Espíritu Santo (Jn 7:37-39). Del costado del Cristo crucificado brotó agua y sangre. Para algunos intérpretes, Juan 19:24 menciona el agua que brotó del costado del Salvador para señalar que Jesús es la fuente de la cual recibimos el Espíritu Santo; y es también el nuevo templo del cual fluye el río de agua viva. En Ezequiel 47, se describe un raudal de agua viva que brota del nuevo templo del futuro, o sea el río límpido que vio Juan en su visión en Apocalipsis 22:1.

Como ya se dijo, el participio griego que se traduce como acercarse, es προσερχόμενοι, y en este pasaje tiene la fuerza de un imperativo. En el contexto de la exhortación de Pedro el término significa mucho más que dar unos pasos hacia adelante para observar de cerca la piedra escogida y preciosa. Aquí, acercarse implica "ponerse de su lado", "tomar partido con el que fue desechado y despreciado"; "tomarlo como su modelo" (Brox 1994:132-134). La invitación de acercarse a Jesús, la piedra viva, nos hace pensar en las palabras de Jesús de Mateo 11:28: "Vengan a mí todos ustedes, los agotados de tanto trabajar, que yo los haré descansar."

Pero ¿cómo podrán los destinatarios de Pedro acercarse a Jesús? ¿En cuál de los miles de templos y santuarios construidos por manos de hombres se puede encontrar la piedra viva, escogida y preciosa? La casa de Dios a la cual deben acercarse no está hecha por manos humanas, porque es una comunidad, familia o hermandad en la que habita el Espíritu de Cristo resucitado. La casa de Dios está edificada sobre una piedra (λίθος) o roca que da firmeza y estabilidad a toda la estructura. Según el argumento del autor de la epístola, la piedra fundamento de la casa de Dios es Jesucristo. En apoyo de la identificación de la base del nuevo templo espiritual de Jesucristo, Pedro emplea una cadena de referencias y alusiones a otros pasajes bíblicos, que también utilizan la palabra piedra (λίθος). Los pasajes se encuentran en el AT, los Evangelios, las cartas de Pablo, y la Epístola a los Hebreos.

Pero algunos comentaristas, especialmente Elliot, han escrito artículos y hasta libros en los que afirman que las referencias a la Casa de Dios en 1 Pedro tienen que ver con una casa real, o la mansión familiar de una gran familia, y no con el templo de Jerusalén o cualquier otro templo o santuario. A pesar de los argumentos de Elliot y otros, nosotros estamos convencidos de que al hablar de la casa de Dios Pedro hace referencia al templo y su ministerio como una metáfora o símbolo que ayude a los lectores a verse a sí mismos como parte del templo de Dios de los últimos tiempos. El templo fue profetizado muchas veces en el AT, especialmente por los profetas y en los Salmos. En el vocabulario de 1 Pedro uno encuentra una gran cantidad de citas, alusiones y comparaciones que provienen del campo semántico del templo y sus rituales: sacerdocio, purificación sacrificios, rociados, redimidos, expiación, oraciones, sanados, piedra principal, etc. Al afirmar que la metáfora del templo es un importante símbolo de la iglesia, no olvidemos que Pedro también describe a la iglesia de Cristo con la metáfora de una gran casa, una mansión o palacio real.

Para autores como Andrew Mbuvi y Gregorio Beale, el tema del pueblo de Dios como templo es algo más que la imagen principal que utiliza Pedro para entender la naturaleza de la iglesia. Según Beale, la imagen del pueblo de Dios como templo ha sido, desde la historia de la creación, la idea o símbolo que une los dos testamentos e ilustra mejor el plan que Dios ha tenido desde el principio para su creación, y para los seres humanos creados a su imagen. De acuerdo con la teología bíblica del templo descrito por Beale, la creación de cielos y tierra debe entenderse como la edificación de un gran templo cósmico en el cual habita Dios invisible. El lugar santo del templo cósmico fue el Huerto de Edén, un lugar sagrado en el cual el Creador y sus criaturas podían vivir juntos en comunión y armonía. En este paraíso había un río de agua viva. Allí también crecía el árbol de la vida. Adán fue el mayordomo y guardián del paraíso. Su trabajo consistía en mantener la santidad del paraíso, no permitiendo la entrada al santuario a ningún espíritu u otra cosa impura. Adán fue, a la vez, el rey sacerdote que servía al Señor en su templo, y cuya tarea fue ser fructífero y multiplicarse a fin de extender el jardín de Dios hacia afuera y llenar toda la tierra.

Citando muchos textos del AT y escritos rabínicos, Beale quiere convencer a sus lectores de que el plan de Dios para su creación no se pudo llevar a cabo por la caída en pecado del primer hombre. La caída en pecado sería remediada por la venida de un segundo hombre, quien levantaría un nuevo templo de Dios, un templo espiritual del que podríamos llegar a ser piedras vivas. De acuerdo con las interpretaciones de Beale, el tabernáculo y los templos de los que habla el AT son anticipaciones que señalan a la venida de Jesús, quien levantará un templo celestial no hecho de manos. Según Beale, sus colegas e investigadores, los templos del AT estaban llenos de símbolos y artefactos que representaban el cosmos, los cuerpos celestiales, y al Creador. Visto así, el templo no fue solamente una representación en miniatura del cosmos, sino también un memorial para recordar a los israelitas que el sol, la luna, los planetas, las estrellas, y todo lo que se encuentra en la tierra, aire, y mar no son seres divinos para adorar, sino maravillas creadas por el único Dios digno de nuestra adoración. Al mismo tiempo, los templos del AT apuntaban a la venida del Hijo de Dios que llegaba para reemplazar el templo hecho de manos con su propio cuerpo, el cual es la iglesia de la que somos piedras vivas.

Según el discurso de Santiago ante el Concilio de Jerusalén (Hch 15:15-17), con la resurrección de Jesús Dios comenzó la reedificación del tabernáculo de David que había caducado. El templo que Dios levantó cuando resucitó a Jesús no es como los santuarios edificados por Salomón y Zorobabel, porque es un templo espiritual al cual tanto judíos como gentiles tienen acceso. Para entrar en el templo espiritual de la nueva creación no es necesaria la circuncisión ni la observancia de leyes sobre comidas limpias y prohibidas, porque entran todos cuyos corazones han sido purificados por fe en Jesús. De los sermones y discursos de los apóstoles en el libro de los Hechos, queda claro que el templo espiritual levantado por Dios no es el templo de Jerusalén, reconstruido y embellecido durante 43 años (Jn 2:20) por Herodes el Grande.

JESÚS Y EL TEMPLO EN LA DEFENSA DE ESTEBAN ANTE EL CONSEJO SUPREMO

En su defensa ante el Sanedrín en Jerusalén, Esteban recordó a los miembros del Consejo Supremo que la presencia de Dios no queda restringida a un local peculiar. Se le apareció a Abrahán en Mesopotamia, a José en Egipto, y a Moisés en el desierto de Sinaí, en Arabia. El lugar de la presencia de Dios es la comunidad de los creyentes, tal como lo expresa Isaías 57:15: "Porque así ha dicho el Alto y Sublime, el que habita la eternidad, y cuyo nombre es santo: 'Yo habito en las alturas, en santidad, pero también doy vida a los de espíritu humilde y quebrantado, y a los quebrantados de corazón.'" En el clímax de su defensa ante el Sanedrín (Hch 7:46-50), el mártir Esteban declaró: "El Altísimo no habita en templos hechos por manos humanas." Citando al profeta Isaías 66:1-2, y 2 Crónicas 6:18-21, Esteban recuerda a sus acusadores: "Así dice el Señor: El cielo es mi trono y la tierra es el estrado de mis pies. ¿Qué casa pueden edificarme? ¿En qué lugar pueden hacerme descansar? ¿Acaso no soy yo quien hizo todo esto?"

Hacia el final del relato del martirio de Esteban, queda expresado que el mártir, antes de morir, tuvo una visión en la cual ve los cielos abiertos, y vio la *shekinah* y a Jesús, no el templo de Herodes, sino en el templo celestial a la derecha de Dios (Jung 2017:552).

Las palabras de Esteban en Hechos 7:49-50, en consonancia con Marcos 14:58, señalan indirectamente que el templo de Jerusalén, hecho por manos humanas, no es el verdadero templo en el cual mora la *shekinah*. El verdadero templo es el cuerpo de Jesús resucitado. Este cuerpo es, al mismo tiempo, la comunidad de los que confiesan a Jesús como su Salvador. Precisamente porque Esteban negó que el templo de Jerusalén fuera la verdadera habitación de Dios, fue apedreado. En Isaías 66:21 se alude al tiempo en que los gentiles llegarían a ser contados entre el real sacerdocio de todos los creyentes: "Y dijo también que a algunos de ellos los tomaré para que sean sacerdotes y levitas" (Beale 2004:135). El verdadero templo de los últimos tiempos es la comunidad cristiana. En 1 Corintios 3:16-17 se declara dos veces que los creyentes de Corinto son el santo templo de Dios; y en 2 Corintios 6:16: "¡Ustedes son el templo del Dios viviente!" En Apocalipsis 13:6 los creyentes atacados por la bestia son llamados "el tabernáculo" de Dios.

En su sermón ante los filósofos reunidos en el Areópago de Atenas, y en consonancia con Santiago, Esteban, y hasta uno de los filósofos reverenciados por los griegos, Pablo manifestó: "El Dios que hizo el mundo y todo lo que en él hay, es el Señor del cielo y la tierra. No vive en templos hechos por manos humanas." El tabernáculo y los templos del AT, y los templos de los gentiles, todos fueron hechos por manos humanas; pero el templo espiritual que fue levantado el domingo de resurrección lo erigió Dios, y ese templo es la iglesia, el cuerpo del Señor resucitado. En nuestra opinión, Pedro habla acerca de este templo espiritual al referirse, en 2:5, a los creyentes cual piedras vivas edificadas como una casa espiritual. Así como el maná que comieron los israelitas en el desierto prenunciaba a Jesús, el verdadero y auténtico pan de la vida, y como el cordero pascual que sacrificó Moisés apuntaba a la venida del verdadero Cordero de Dios que quita el pecado del mundo, así también el tabernáculo y los templos del AT prenunciaban y señalaban a Jesucristo -juntamente con el Espíritu Santo- el verdadero y auténtico templo de la nueva creación. Tanto judíos como gentiles encuentran la verdadera presencia de Dios creador en Jesucristo.

El tema, las citas y alusiones a la piedra escogida, se encuentran no sólo en 1 Pedro, sino también en otras partes del NT, especialmente en Romanos, Efesios, los escritos pastorales, Santiago, Hebreos, y Apocalipsis. El erudito Edward Selwyn dedicó más de cien páginas de su monumental comentario sobre 1 Pedro, al estudio y análisis de las semejanzas literarias, lingüísticas, y doctrinales. ¿Cómo explicar la presencia de tantas alusiones, citas, y semejanzas? Algunos eruditos creen que el autor de 1 Pedro había encontrado y leído en Roma algunas de las cartas de Pablo. Otros opinan que Pablo había basado muchas de sus ideas en lo que había aprendido de Pedro. La mayoría de los eruditos de hoy en día sostienen que el parecido entre las doctrinas, enseñanzas, y consejos que se encuentran en las cartas de Pedro, Pablo, Santiago, Hebreos, y Juan estriba en la tradición apostólica preservada y diseminada por los ancianos, misioneros, y maestros de la iglesia cristiana de Antioquia de Siria. Sea como sea, la concordancia entre las epístolas da testimonio de la concordia espiritual y doctrinal que existía entre las comunidades cristianas de la iglesia primitiva (Williams 2016:169-197). En pocas palabras, las declaraciones dogmáticas que tienen en común las epístolas del NT son patrimonio de los dogmas que la iglesia primitiva recibió de las enseñanzas de Jesús y sus discípulos. Los rabinos enseñaron en sus comentarios que en el AT la piedra escogida mencionada por el profeta Isaías (Is 28:16), es el pueblo de Israel escogido por Dios de en medio de todos los pueblos (Barclay 1974:223).

LA INTERPRETACIÓN CRISTOLÓGICA DEL SALMO 118 POR LOS AUTORES DEL NT

En su contexto original, el Salmo 118 fue entonado para dar gracias al Señor por el regreso al templo del rey davídico, después de una gran victoria sobre sus enemigos. El rey de la casa de David es la piedra principal mencionada en el Salmo. Los enemigos descritos en el Salmo son las naciones paganas y sus reyes que no quisieron reconocer al rey davídico como el soberano que Dios les había impuesto. Como ya hemos visto en Mateo 21:42 y Hechos 4:11, los que tropezaron con la piedra escogida por Dios son ahora los sumo sacerdotes y líderes eclesiásticos del templo de Jerusalén. Tropezaron porque intentaron construir la casa de Dios sin colocar a Jesucristo como la piedra principal del nuevo templo de los últimos tiempos. Pedro, por su parte, indica que los que han tropezado son las personas de las cinco provincias que han rechazado el mensaje del evangelio (Schreiner 2003:111).

En cuanto al tema de la piedra escogida, no fueron los líderes del pueblo de Israel quienes escogieron a Jesucristo como la piedra principal del nuevo templo espiritual del pueblo de Dios, fue Dios. Los gobernantes del pueblo judío, o sea, los fariseos y saduceos, desecharon a Jesús; lo acusaron de ser un falso profeta que obraba milagros con la ayuda de Belcebú, el príncipe de los demonios. Lo crucificaron fuera de los muros de la ciudad santa y pusieron su cuerpo en una tumba. Pero el desechado por los hombres fue el escogido de Dios. Jesús profetizó estos acontecimientos en la parábola de los labradores malvados (Mc 12:1-12; Mt 21:33-46 y Lc 20:9-19. Nótese que Pedro no dice que Jesús fue rechazado por los judíos, sino por los hombres; o sea que Jesús no fue desechado solamente por los líderes del pueblo de Israel, sino por los hombres en general, incluyendo a los gentiles incrédulos de Anatolia y todo el que hoy en día rechace a Jesús y su oferta de perdón y nueva vida. Nuestra vieja naturaleza humana no quiere saber nada de Cristo y de la esperanza nueva que nos quiere otorgar. Solamente por su gracia y misericordia llegamos a ser piedras vivas puestas sobre la Roca de la eternidad.

LA PIEDRA DESECHADA EN LA PARÁBOLA DE LA VIÑA

La parábola de Jesús (Mc 12:1-12) cuenta que un hombre plantó una viña, le puso una cerca, le cavó un lagar, levantó una torre, y la arrendó a unos labradores. En la parábola el dueño de la viña representa a Dios. La viña representa la ciudad de Jerusalén. La cerca representa los muros de la santa ciudad y la torre el templo. Los labradores contratados para labrarla y traer frutos para el dueño representan a los fariseos, los saduceos, y los escribas. Cuando llegó el tiempo de la cosecha, el dueño de la viña envió a sus siervos a recaudar la parte que le correspondía al dueño. Pero los labradores malvados, en vez de entregar lo que debían, maltrataron, golpearon, y mataron a los siervos. Finalmente, el dueño de la viña envió a su hijo amado, pensando: "A mi hijo lo respetarán". Pero los labradores acordaron matar al hijo y apoderarse de la herencia. Lo agarraron y lo mataron, y luego arrojaron su cuerpo fuera de la viña. Después de contar la parábola, Jesús pregunta: "¿Qué hará entonces el dueño de la viña? ¡Pues irá y matará a los labradores, y dará su viña a otros! ¿Ni siquiera han leído la escritura que dice: 'La piedra que desecharon los constructores ha venido a ser la piedra angular?'" Al citar las palabras de Jesús, Pedro les da a entender a los destinatarios de su carta que ellos habían sido escogidos para ser esos "otros" a quienes la viña será entregada. Ellos fueron elegidos para ser parte de la nueva casa de Dios de la que Jesucristo es la piedra principal.

Aunque los gobernantes de su pueblo desecharon a Jesús, él llegó a ser la piedra principal del nuevo templo de Dios. El nuevo templo no es un edificio hecho por manos humanas. No es un templo hecho de piedras muertas, un templo en el cual se ofrecen sacrificios de animales y rituales ostentosos, como los que se denuncian en Isaías 1:10-20. No es un templo en el que se ofrecen honores divinos a imágenes sin vida de emperadores muertos y sus familias. El nuevo templo es una comunidad de piedras vivas que se aman mutuamente. Así como los hombres rechazaron y desecharon la piedra principal, del mismo modo las piedras vivas también fueron desechadas y calumniadas por los que no creen en el Señor. Pero, así como la piedra principal fue escogida, resucitada, elevada, y glorificada, así lo serán las piedras vivas que se acercan a Jesús por la fe. Los creyentes de Anatolia recibieron el llamamiento de acercarse a Cristo, quien es la piedra principal del nuevo templo de Dios. El templo de Jerusalén había llegado a ser una cueva de ladrones, además, después de la muerte de Esteban y la persecución de Saulo de Tarso se prohibió el uso del templo a los seguidores de Jesús. ¿Por qué acercarse al templo de Jerusalén o a uno de los numerosos templos paganos de Anatolia, si Jesús proclama: "Uno mayor que el templo está aquí?" (Mt 12:6) Algunos investigadores del NT opinan que lo dicho en Mateo 12:6 podría ser entendido de dos maneras: (1) Aquí, en mi persona (Jesús), está uno más grande que el templo de Jerusalén. (2) Mis discípulos aquí presentes constituyen un templo mayor que el de Jerusalén (Mbuvi 2007:70).

En su libro sobre el templo y el exilio en 1 Pedro, el teólogo nigeriano Andrew Mbuvi nos recuerda que ya en los años antes del nacimiento de Jesús, muchos fieles judíos habían quedado decepcionados con el segundo templo y su sacerdocio. El segundo templo fue construido por Zorobabel después de la cautividad babilónica, y totalmente renovado por Herodes el Grande. Los traductores responsables de los Targumim, abrigaban la esperanza de que el templo sería reconstruido física y espiritualmente por el Mesías. De esta manera el templo purificado podría llegar a ser una luz para alumbrar, no solamente a Israel, sino también a todas las naciones del mundo. Por su parte, los sectarios de Qumran, que nos dejaron los rollos del Mar Muerto, habían abandonado el templo de Jerusalén a causa de la avaricia, injusticias, e intrigas políticas de muchos de los principales sacerdotes. Los sectarios de Qumran, que muchos han identificado con los esenios descritos por Josefo, se consideraban a sí mismos un nuevo templo espiritual del Señor, o sea, una comunidad santa, no hecha con manos. En algunos de los manuscritos seudoepígrafes de la época, como por ejemplo el libro de Jubileos, se profetiza la destrucción y reemplazo del segundo templo. Otros escritos hablan de la transformación del segundo templo y la construcción de un nuevo templo escatológico parecido al templo descrito en la última parte de Ezequiel. Autores como Filón de Alejandría y Josefo, recuerdan a los judíos de la diáspora que Dios también estaba con ellos en los lugares en que se encontraban, y no solamente en el templo de Jerusalén. La presencia de Dios, según Filón, no tiene limitaciones geográficas (Mbuvi 2007:66).

El mensaje que Pedro remarca para sus lectores, tanto judíos como gentiles es que en Jesucristo se encuentra a Dios y su *shekinah*. Para los autores rabínicos, la *shekinah* se identifica con el Espíritu Santo (Mbuvi 2007:67). En el tiempo del NT, muchos prosélitos incorporados al judaísmo sintieron que la mejor forma de quedar plenamente incorporados al pueblo de Israel era una peregrinación a Jerusalén a fin de presentar un sacrificio al Señor en su templo.

Además, se sintieron presionados a pagar anualmente el impuesto de medio shekel para el mantenimiento del templo. Hoy en día muchos musulmanes creen que la mejor manera de afirmar su identidad con el islam es mediante una peregrinación a la Meca. Pedro, en su primera carta, no pide semejante cosa a sus lectores, nuevos conversos gentiles. Les recuerda que, para afianzarse como verdaderos miembros del pueblo de Dios, no hace falta una peregrinación al templo hecho de manos, sino reunirse con sus hermanos en Cristo en la congregación local de creyentes para partir el pan y beber la copa de la salvación.

JESUCRISTO, LA PIEDRA VIVA, Y LAS RELIGIONES DE ANATOLIA

¿Cómo habrán entendido los lectores paganos de Anatolia la descripción de Cristo como la piedra viva, escogida, y preciosa? En Asia Menor, lo mismo que en muchas otras partes del mundo, se veneraban y aún veneran y adoran ciertas piedras como divinas, o como divinidades que adoptaron la forma de una piedra. El objeto más sagrado en el gran templo de la Artemisa de Éfeso fue una imagen de la diosa hecha de un meteoro, o sea, como dice Hechos 19:35, una piedra que cayó del cielo. La Kaaba de La Meca es considerada por los árabes una piedra sagrada o meteoro que cayó del cielo. La piedra sagrada es para ellos un objeto por medio del cual se efectúa una comunicación entre el cielo y la tierra. En todo el antiguo Cercano Oriente se veneraban piedras sagradas o altares hechos de piedras sagradas, como encarnaciones en piedra de los dioses. Las piedras sagradas se llamaban *massebah* o *betyl*. En Deuteronomio 16:21-22 se prohíbe cualquier veneración de árboles o piedras sagradas cerca del altar del Señor. En muchas partes del mundo las piedras sagradas se veneraban, y aún se veneran, como las moradas provisionales de las almas de los difuntos.

Filón de Biblos comenta que dichas “piedras con almas” fueron la invención del dios Urano. Según el historiador y geógrafo griego Pausanias (110-180 dC), al principio todos los griegos no veneraban las imágenes de los dioses, sino piedras sagradas no labradas (Hengel 1974:195). El historiador Herodoto cuenta que los antiguos persas tampoco construyeron templos, altares, e ídolos, sino que como los antiguos griegos, reverenciaban piedras sagradas. En la Edad Media los obispos y reyes cristianos emitieron edictos y leyes que prohibían a los católicos la adoración de piedras practicada en muchas partes de Europa. Hoy en día, en los Andes del Perú y Bolivia se adoran las altas montañas de los Andes como "dioses hechos piedra."

Entre los celtas, muchos de los cuales vivían en Anatolia en tiempo de Pedro, las piedras sagradas eran manifestaciones de las divinidades que podían otorgar fertilidad a las mujeres estériles, sanidad a los enfermos, y poder a los reyes (Eliade 1958:216-238). El llamamiento de acercarse a la piedra viva que es Cristo fue, para los habitantes indígenas de las cinco provincias de Anatolia, al mismo tiempo, una exhortación a abandonar la adoración de las piedras sagradas que aún se veneraban entre ellos. A diferencia de las piedras y montañas sagradas que aún se reverencian hoy día, Cristo es una roca de refugio, como expresa la letra de muchos cantos cristianos: "Cristo es la Roca de Horeb que arroja agua saludable para mí." El agua saludable es el Espíritu Santo, y puesto que el Espíritu Santo ha henchido a los creyentes con su presencia, estos llegaron a ser piedras vivas.

2:5 Y ustedes también, como piedras vivas, sean edificados como casa espiritual y sacerdocio santo, para ofrecer sacrificios espirituales que Dios acepte por medio de Jesucristo.

Todas las metáforas y títulos empleados por Pedro para describir a sus destinatarios se encuentran en Éxodo 19 e Isaías 43. En el AT se emplearon estas metáforas para describir al pueblo de Israel y su vocación como pueblo escogido entre las numerosas naciones paganas. En medio de todos los pueblos, razas, tribus, y naciones del mundo Israel fue la escogida, la roca rechazada por el mundo, pero elegida por Dios para ser la piedra principal del universo. Lo sorprendente es que ahora Pedro emplea los mismos títulos antes empleados con al pueblo de Israel en el AT para referirse a sus lectores y su misión en el mundo. Como ya vimos, la mayoría de los lectores de la carta de Pedro no son israelitas, sino gentiles.

A LOS CREYENTES SE LOS DESCRIBE COMO UN SACERDOCIO SANTO

A los creyentes se los llama sacerdocio santo para indicar que fueron escogidos para reemplazar el antiguo sacerdocio que existía tanto entre gentiles como judíos y samaritanos. Nótese que la denominación de la iglesia como real sacerdocio, o sacerdocio santo, no se refiere a un clero, a un gremio o casta especial dentro de la iglesia. En las religiones de la antigüedad existían muchas tribus, familias y castas sacerdotales. Entre las castas sacerdotales estaban las de los levitas entre los hebreos, los brahmanes entre los hindúes, los magos entre los persas y los druidas entre los galos. El sacerdote, *pontifex* en latín, es un constructor de puentes entre los dioses y los seres humanos. En muchas sociedades tanto antiguas como modernas, se cree que pocas personas tienen acceso directo a los dioses. Una persona, por lo tanto, que quisiera pedir algo a uno de los dioses, tendría que hacerlo por un intermediario que hablara por el suplicante e hiciera que su petición llegara a uno de los dioses. En el mundo antiguo fue un privilegio de muy pocos tener acceso directo a Dios. Los que tuvieron ese privilegio se llamaban sacerdotes (Barclay 1974:225).

El sacerdocio santo del que se habla en 1 Pedro no es, sin embargo, un grupo privilegiado de la iglesia, sino que es la comunidad en su totalidad (Minear 1960:98). En la iglesia del Señor no hay tres clases de creyentes como en la iglesia medieval, en la cual se solía distinguir entre una primera clase de creyentes (los sacerdotes ordenados), una segunda (los monjes) y una tercera (los laicos). Al final del siglo dos San Ignacio de Lion declaró que todos los justos tienen el rango sacerdotal y todos los discípulos del Señor son levitas y sacerdotes (Kraemer 1958:56-58). San Ambrosio de Milano declaró en su exposición de Lucas que todos los hijos de la iglesia son sacerdotes, porque fuimos ungidos para ofrecernos a Dios como sacrificios espirituales (Kelly 1969:91). El reformador Felipe Melanchthon en sus *Loci comunes de 1555* afirmó que las palabras "ustedes son linaje escogido, real sacerdocio..." tienen que ver con la iglesia en su totalidad. O sea que todos los santos son consagrados por Dios a ese oficio si para ello los llama la congregación (1965:265). El reformador Martín Lutero expresa en su escrito sobre la libertad cristiana, que Cristo ha dado a todos los creyentes "el don de interceder y suplicar en espíritu unos por otros" (1967:157)

Debe ser obvio que para ser parte del sacerdocio santo del que habla Pedro, no es necesario que los creyentes, tanto judíos como gentiles, sean miembros de la tribu sacerdotal de Leví. Jesucristo, nuestro gran sumo sacerdote, tampoco fue de la tribu de Leví. Según los argumentos presentados en la Epístola a los Hebreos, Jesús es tanto rey como sumo sacerdote de la orden del antiguo rey y sacerdote de Jerusalén, el misterioso Melquisedec de Génesis 14. Por su adhesión a Jesucristo, la piedra principal del templo, los miembros de la iglesia comparten no sólo el sacerdocio de Cristo, sino también su realeza.

Si bien a los creyentes se los llama "un sacerdocio santo" o un "sacerdocio real", no quiere decir que tengan que prestar su servicio en un santuario hecho por manos humanas. Si aceptamos que 1 Pedro fue escrita antes de la destrucción del templo de Jerusalén en el año 70, entonces ese enorme edificio aún estaba en pie cuando el apóstol envió su carta a las congregaciones de Anatolia. Pero los cristianos ya no necesitaban, ni necesitan, ese templo o su sacerdocio, porque el verdadero templo en el que Dios está es el cuerpo de Jesucristo; y el cuerpo de Jesucristo está donde dos o tres se reúnen en el nombre del Señor. Aunque la destrucción del templo de Jerusalén fue para los judíos una terrible calamidad, no significó una tragedia para las comunidades cristianas esparcidas por las provincias del Imperio Romano.

Los destinatarios de la carta han sido llamados a ofrecer sacrificios espirituales aceptables a Dios. Esto indica que hay otros sacrificios y sacerdocios que no son espirituales ni aceptables a Dios (Ladd 1974:646). Según Génesis 4:5, el Señor no miró con agrado a Caín ni a su ofrenda. Hablando por boca del profeta Isaías, el Señor pregunta a los que llevan sus sacrificios al templo: "¿Para qué me sirven sus muchos sacrificios? Estoy harto de holocaustos de carneros y de la grasa de animales gordos; no me agrada la sangre de bueyes, ni de ovejas y machos cabríos" (Is 1:11).

Para los destinatarios de la epístola algunos de los sacrificios inaceptables serían los que se ofrecían a Isis, Serapis, Dionisio, Cibeles, y emperadores romanos. En nuestro mundo moderno, las personas que no conocen a Dios aún siguen ofreciendo sacrificios que Dios no acepta. Entre ellos tendríamos que incluir todos los sacrificios que se ofrecen a la Santa Muerte, el Niño Fidencio, el Chamo Ismael, María Lionza, Changó, la Virgen del Cobre, los ángeles, los santos, y los espíritus de los difuntos. Casi todos los espíritus nombrados tienen su sacerdocio, o sea, un cuerpo de hombres o mujeres cuya responsabilidad es ofrecer sacrificios a los espíritus, a los santos, o a los demonios. Los destinatarios de la carta de Pedro de las cinco provincias de Anatolia no eran los únicos que pertenecían a un sacerdocio. Al pasar por las calles de Éfeso o Sinope, los cristianos podían observar las actividades de los sacerdotes de Dionisio, Cibeles, Isis, Apolo y el culto imperial. Pero la gran diferencia entre esos sacerdocios y los sacrificios que realizan es que el sacerdocio real de los cristianos es el sacerdocio de Cristo, un sacerdocio santo.

Lutero aclara que los sacrificios espirituales no son las donaciones en dinero para el papado, ni el sacrificio obligatorio del diezmo (2001:70). Los sacrificios que acepta el Señor no son, tampoco, las peregrinaciones, los ritos y las mortificaciones auto infligidas ofrecidas con el fin de obtener indulgencias o acumular méritos. Lutero reitera que todos los cristianos son sacerdotes; cada uno tiene el llamado de sacrificar y hacer morir su vieja naturaleza pecaminosa. Además, cada cristiano, miembro de un sacerdocio santo, tiene el llamado de orar por la congregación, servir al prójimo, y predicar la Palabra. Lutero afirma que cada cristiano bautizado puede predicar la Palabra y celebrar el Sacramento; pero sólo debe hacerlo si ha sido escogido por un grupo de creyentes para servirles como su pastor. Es decir, nadie debe autonombrarse pastor de una congregación. Lo correcto es que la congregación lo nombre como tal (2001:71).

En su libro *A La Nobleza de la Nación Alemana*, Lutero cita a 1 Pedro 2:9, y afirma que no es necesaria una ordenación eclesiástica con la imposición de las manos de un obispo para que un cristiano sea parte del sacerdocio santo, pues todos los cristianos son miembros de este en virtud de su Bautismo. Dice Lutero: "El que ha salido del agua bautismal puede gloriarse de haber sido ordenado sacerdote, obispo y papa." En otra parte del mismo escrito afirma: "Por el bautismo todos somos ordenados sacerdotes, como lo expresa San Pedro: 'Vosotros sois un sacerdocio real y un reino sacerdotal" (Witthaus 1967:75-76). Quiere decir que no existe tal cosa como un estado clerical más santo, que goza de más autoridad y privilegios que la congregación de los fieles. El llamado que extiende la congregación a uno de sus miembros es la verdadera ordenación, y no la imposición de las manos de uno que supuestamente pueda comprobar su autoridad como sacerdote, obispo o papa a base de una sucesión apostólica (Baudler 2016:61-77). Durante el tiempo que estuvo ausente de Wittenberg, Lutero instó a su colega Felipe Melanchton a hacerse responsable de las predicaciones en la iglesia del pueblo y bautizar a los párvulos. En un tríptico que se encuentra en la iglesia de la ciudad, el pintor Lucas Cranach muestra a Melanchton predicando y bautizando, y también celebrando la Santa Cena. Es sabido que según las leyes de la Iglesia Romana Melanchton fue considerado un simple lego, ya que había rechazado ser ordenado por un obispo (Baudler 2016:90-113).

EL SACERDOCIO REAL Y LA ABSOLUCIÓN

Durante los primeros años de la Reforma, Lutero recibió un mensaje de las monjas de cierto convento cercano, en que le decían que ellas habían abrazado las enseñanzas del reformador y, por lo tanto, el capellán del convento se negó otorgarles la absolución después de escuchar sus respectivas confesiones. En su respuesta a las monjas, Lutero les aconsejó que se confesaran sus pecados mutuamente, y que después se otorgasen la absolución. De este modo el reformador nos da a entender que el sacerdocio real implica que la autoridad de perdonar pecados (Juan 20:22) es de todos los creyentes. Todos los hermanos cristianos deben oír libremente la confesión de los pecados secretos, con el fin de impartir al pecador arrepentido el perdón, proveniente de la boca de su prójimo (Avis 1981:100). Así todo cristiano -dice Lutero- puede colocarse en el lugar de Cristo y ofrecer consejos espirituales a un hermano. Es lo que quiere decir *consolatio fratrum* o *mutuum colloqium*. Para Lutero, el oficio de las llaves es el ministerio de la Palabra y pertenece a todos los cristianos. Según él, la enseñanza sobre el real sacerdocio implica también que en caso de una emergencia una mujer celebre el más importante de los sacramentos, como lo es el Santo Bautismo. Es interesante notar que Calvino se oponía tenazmente a cualquier celebración de bautismo oficiado por mujeres (Avis 1981:99; 106).

¿CUÁLES SON LOS SACRIFICIOS ESPIRITUALES QUE OFRECEN LOS CRISTIANOS?

Los sacrificios que Dios espera son las buenas obras que realizan los creyentes, no con la finalidad de salvarse a sí mismos, sino para ayudar a los necesitados y ganar a otras personas para la familia de Dios. Se ofrecen sacrificios aceptables a Dios cuando se proclaman las buenas nuevas a los que no conocen a Jesucristo como su salvador. La misión de la iglesia como sacerdocio santo es anunciar el evangelio a los que no conocen a Dios. Una comunidad que existe solamente para servirse a sí misma y a sus propios intereses, y que se olvida de su vocación misionera, ha perdido el derecho de llamarse iglesia apostólica. Los sacrificios aceptables son, sobre todo, las oraciones que se ofrecen en favor de toda la familia de Dios y por los que todavía deambulan en la oscuridad. Los sacrificios aceptables son una conducta santa, el amor mutuo, la adoración y las buenas obras producto de la fe en el buen pastor que sufrió y se ofreció a sí mismo en sacrificio por sus ovejas. Los sacrificios aceptables de los creyentes son los que fluyen del sacrificio de Cristo (Watson 2012:49).

El autor de la Epístola a los Hebreos (Heb 13:15) también especifica cuáles son los sacrificios espirituales que se deben ofrecer al Señor: "Por lo tanto, ofrezcamos siempre a Dios, por medio de Jesús, un sacrificio de alabanza, es decir, el fruto de labios que confiesen su nombre. No se olviden de hacer bien ni de la ayuda mutua, porque éstos son los sacrificios que agradan a Dios." Otros sacrificios aceptables a Dios son las ofrendas que compartimos con los misioneros y evangelizadores, cuyo ministerio consiste en llevar las buenas nuevas hasta los lugares más remotos de la tierra. En su Carta a los Filipenses, el apóstol Pablo llama a la ofrenda aportada por los filipenses "un sacrificio aceptable de olor fragante y agradable a Dios" (Flp 4:18). Según el Salmo 51:17, ofrecemos a Dios un sacrificio aceptable cuando con arrepentimiento sincero le confesamos nuestros pecados: "Los sacrificios que tú quieres son el espíritu quebrantado; tú, Dios mío, no desprecias al corazón contrito y humillado." Sin lugar a duda, la más importante de las ofrendas espirituales es entregar a Dios todo nuestro ser, pues él sacrificó todo su ser para nosotros en la cruz a fin de librarnos del pecado, la muerte eterna, y los poderes de la oscuridad. En verdad, lo que Pedro enseña en toda la extensión de su carta es que, todo lo que sufren los creyentes por la causa de Cristo, no debe considerarse una tragedia, mala suerte o castigo, sino parte de los sacrificios espirituales que se ofrecen a Dios en gratitud por el gran sacrificio de Cristo en la cruz por sus escogidos (Beale 2004:321, 389).

Hubo autores patrísticos y medievales que incluyeron entre los sacrificios espirituales el pan y el vino llevados al altar para la celebración de la Santa Eucaristía (Kelly 1969:92). Pero hay que recordar que la Eucaristía es un sacramento, algo que Dios nos ofrece a nosotros, y no lo que nosotros podamos ofrecer a él. En toda la discusión sobre la naturaleza de los sacrificios espirituales del pueblo cristiano hay que subrayar que ningún sacrificio espiritual o material ofrecido por un cristiano es de carácter expiatorio. Un sacrificio expiatorio es el que se ofrece con el fin de obtener el perdón de los pecados y la salvación. El único sacrificio expiatorio para el pueblo del Señor es el que ofreció Jesucristo en la cruz del Calvario. Por eso el NT, al referirse a la iglesia como un sacerdocio santo, no se refiere nunca a un individuo como sacerdote, pues nuestro único sacerdote es Jesucristo. Los sacrificios que ofrecen los cristianos son acciones de gratitud a Dios por el sacrificio de Cristo en la cruz. Los sacrificios considerados expiatorios por los hombres tienen que incluirse entre los sacrificios que el Señor no acepta.

En su conocido tratado sobre la libertad cristiana (1520), Lutero aporta su opinión sobre el significado de la diferencia entre sacerdotes y laicos: "Acaso te preguntes qué diferencia hay entre los sacerdotes y los laicos en la cristiandad, sentado que todos los cristianos son sacerdotes. La respuesta es la siguiente: Las palabras "sacerdote", "cura", "eclesiástico" y otras semejantes, fueron despojadas de su verdadero sentido al ser aplicadas únicamente a un reducido número de hombres que ahora conocemos con el nombre de "estado sacerdotal". La Sagrada Escritura no hace diferencias entre cristianos, sino sólo distingue los sabios y los consagrados que reciben el nombre de servidores, siervos, y administradores, y cuya misión consiste en predicar a los demás a Cristo, la fe, y la libertad cristiana. Aunque todos somos iguales sacerdotes, no todos podemos servir, administrar y predicar, a menos que seamos llamados a hacerlo por una congregación de creyentes. Así dice San Pablo: "Queremos ser considerados por los hombres únicamente como servidores de Cristo y administradores del evangelio" (Lutero 1967:158).

La enseñanza bíblica acerca del sacerdocio de todos los creyentes tiene que entenderse a la luz de lo que el NT, y especialmente 1 Pedro, dicen respecto de la vocación y la diaconía. La diaconía es el servicio que rinde un siervo o esclavo. Se podría describir al diácono, o diaconisa, como esclavos llamados a servir a los demás. Según el NT, el primer diácono es Jesucristo, quien fue enviado al mundo no para ser servido, sino para servir y dar su vida por muchos (Mc 10:45). Cuando Jesús asumió el papel de un esclavo al lavarles los pies a los suyos, nos llamó a dedicar nuestras vidas a servirnos mutuamente. La pregunta que el intérprete de la ley le presentó a Jesús en Lucas 10:29 fue: "¿Quién es mi prójimo?" Pero la pregunta de Jesús para el escriba fue: ¿Quién fue el diácono del hombre que cayó en manos de los ladrones? El ministerio sacerdotal de todos los creyentes es también un ministerio diaconal. Servir al prójimo en sus necesidades es, según Lutero, la vocación divina que han recibido todos los cristianos por su Bautismo.

Según el teólogo holandés Hendrik Kraemer (1958:135), la enseñanza bíblica acerca del sacerdocio universal hace innecesaria la importancia que algunas denominaciones cristianas dan a la sucesión apostólica, o sea, la necesidad de recibir la imposición de manos de un obispo para participar en el sacerdocio real de Cristo. De acuerdo con Lutero, dice Kraemer, todos los creyentes recibieron el sacerdocio real y la sucesión apostólica el día de su Bautismo.

Muchos teólogos de la Edad Media opinaban que únicamente los sacerdotes ordenados y los hermanos de una orden monástica tenían una vocación. Por su contacto con los elementos sagrados constituían un clero; eran cristianos espirituales, mientras que todos los demás -los laicos- eran considerados cristianos mundanos. Lutero, en cambio, enseñó que, al lavar los pañales sucios de sus niños, el ama de casa cumple con un papel mucho más preciado ante los ojos del Señor que el monje encerrado en su claustro, preocupado solamente por su propia liberación del purgatorio. Los reformadores manifestaron que las autoridades eclesiásticas de su tiempo habían devaluado el ministerio diaconal de los que llamaban laicos. Enseñaron que el matrimonio y el gobierno civil establecidos por Dios, debían ser reconocidos como vocaciones divinas y escuelas de carácter, pero no el estado monástico inventado por los seres humanos. Los agricultores, los artesanos, los príncipes, y hasta los soldados tienen una vocación divina según la cual sirven a los demás y así ejercen su sacerdocio como cristianos bautizados (Wingren 1958:4-9). Kraemer, en consonancia con los reformadores, asevera que, bíblicamente hablando, todos los dones y manifestaciones del poder espiritual son variedades de la diaconía a la cual Cristo ha convocado a su iglesia (1958:145).

LOS CREYENTES SON DESCRITOS COMO SACERDOTES Y REYES

Al hablar de las comunidades de creyentes de Anatolia como un reino de sacerdotes, el autor de la carta cita Éxodo 19:5-6, donde el Señor dice a Israel: "Ustedes serán para mí un reino de sacerdotes y un pueblo santo." El Apocalipsis también alude al pasaje de Éxodo. En Apocalipsis 1:6 Juan señala que los creyentes no son solamente sacerdotes, sino también reyes. Al escribir desde la isla de Patmos a otras iglesias cristianas de Anatolia, Juan declara: "Y nos hizo reyes y sacerdotes para Dios su Padre; a él sea gloria e imperio por los siglos de los siglos." La misión de un sacerdote difiere de la de un rey. Los sacerdotes oran por el pueblo, interceden por los pecadores, y ofrecen sacrificios espirituales al Señor. Se ocupan de los ritos y rituales de la comunidad y de enseñar la ley. La misión del rey, en cambio, era la de administrar justicia, ser el defensor y protector de las viudas, huérfanos, y extranjeros, y encaminar la paz entre los grupos en pugna. Los reyes procuraban conseguir grano en tiempos de escasez, proteger el ambiente, y cuidar de la tierra. Los creyentes de Anatolia debían recordar, y nosotros también, que Dios ha delegado en nosotros la responsabilidad de defender y socorrer a los necesitados, los oprimidos, los presos, los niños abandonados, y los esclavos. En las actividades en favor de los pobres, vemos que las primeras comunidades cristianas tomaron en serio su responsabilidad como reyes, y no solamente como sacerdotes. Nuestro ministerio como reyes sujetados al Rey de Reyes también es buscar la paz, la reconciliación, y promover obras de misericordia.

En el AT, la responsabilidad más importante del rey era la de ser el supremo juez del pueblo escogido. Se acostumbraba a colocar el trono del rey en la puerta de la ciudad para brindar una mejor atención a las numerosas personas que acudían a él por justicia. Los libros de Samuel y Reyes relatan que David y Salomón recibían a sus súbditos en la puerta de la ciudad para escuchar las peticiones, reclamos, y quejas de todos los que esperaban poder presentar sus problemas al rey. Moisés y los profetas amonestaron a los reyes del pueblo de Dios a juzgar con justicia, sin aceptar sobornos ni dar preferencia a los ricos y poderosos, ni olvidarse de las viudas, huérfanos, y extranjeros. Una de las funciones de los jueces y reyes de Israel era la de mantener la disciplina entre los miembros del pueblo escogido. En el Salmo 82 se recuerda a los reyes y a todos los que sirven de jueces, que ellos mismos serán juzgados por el Juez Supremo.

Según lo que enseña Jesús en Lucas 22:30, no serán los reyes de la casa de David quienes actuarán como jueces en el día del juicio final. Hablando con sus discípulos en el aposento alto, el Señor afirma: "Por tanto, yo les asigno un reino, así como mi Padre me lo asignó a mí, para que en mi reino coman y beban a mi mesa, y se sienten en tronos para juzgar a las doce tribus de Israel." En 1 Pedro 2, no serán tampoco los reyes de la casa de David los llamados a servir como jueces en el nuevo pueblo de Israel, que es la iglesia. Todos los miembros de la congregación son, en virtud de su Bautismo, no sólo sacerdotes espirituales, sino también reyes. Nosotros, los miembros de las congregaciones, somos los responsables por el ejercicio de la justicia y la disciplina entre los fieles.

Al hablar de los miembros de la comunidad creyente como una casa real, debemos recordar la clase de rey que se nos llama a emular, a fin de no abusar de nuestra vocación cristiana como virreyes junto a él. Jesús fue tentado por Satanás a establecer y mantener su reino por medio de la violencia y las diversas maniobras políticas, como hacían los emperadores y reyes de los gentiles. Jesús rechazó ese medio, porque él vino para reinar por medio del servicio que ofrece a los oprimidos, pobres, marginados, y perdidos. Jesús no reina mediante la coerción y las armas, sino por medio del ágape. Los miembros de la familia de Dios se verán tentados a malinterpretar su llamado real. Por lo tanto, tendrán que tomar su cruz y seguir el ejemplo de Jesús, quien vino para ofrecerse en sacrificio por los demás (Yoder 1994:144).

LOS CREYENTES JUZGARÁN A LOS ÁNGELES

En 1 Corintios 6 Pablo llama la atención de los hermanos de la iglesia por haber descuidado su responsabilidad de reyes y jueces de la comunidad cristiana. El apóstol los censura por no haber disciplinado a un miembro de la congregación que vivía en adulterio con la mujer de su padre. En 1 Corintios 6:2-3 el apóstol Pablo escribe, no al pastor de la iglesia, sino a toda la congregación: "¿Acaso no saben ustedes que los santos juzgarán al mundo?"... "¿No saben ustedes que nosotros juzgaremos a los ángeles?" Pablo les recuerda a los corintios que cuando Cristo venga en su parusía para juzgar a vivos y muertos, ellos, los corintios, tendrán la responsabilidad de apoyar a Cristo en su tarea de juzgar a las naciones, y hasta a los ángeles. Con no poca ironía Pablo les pregunta cómo van a servir de jueces reales juntamente con Cristo en el juicio final, si no son capaces de juzgar un caso de pecado mortal en su propia congregación, y poner en vereda al culpable. Al desarrollar su argumento Pablo explica que el tiempo en que los ángeles y las naciones rebeldes serán juzgados, queda en el futuro. Al presente los cristianos no tienen la responsabilidad de juzgar a los incrédulos, pues los que no son creyentes están en las manos de Dios. En el tiempo presente no les toca a los elegidos juzgar a los ángeles, pero sí son responsables de juzgar y arreglar los problemas que surjan en la congregación, y no dejar que éstos los arreglen los tribunales del Estado (Wenkel 2016:63-71).

2:6 Por eso dice la Escritura: "¡Miren! Yo pongo en Sión la principal piedra angular, escogida y preciosa; y el que crea en ella no será avergonzado."

La Escritura que cita Pedro es el Salmo 118:22. Según Pedro, y también Pablo en Efesios 2:19-22, los cristianos de Asia Menor son, cual piedras, parte de la casa real construida sobre Jesucristo, la piedra principal de la casa de Dios. Por eso, nunca serán avergonzados. La casa fundada sobre la roca (Mt 7:24-29) no cayó, a pesar de las lluvias, ríos, y vientos. Aunque los enemigos de la casa de Dios intenten destruir la casa de Dios, fracasarán. Jesús dijo: "Destruyan este templo, y en tres días lo levantaré" (Jn 2:19). En el pasaje Jesús no habla únicamente de su cuerpo físico que fue clavado en la cruz, sino también de su iglesia perseguida, la cual también es su cuerpo.

Efesios 2:19-22 es otro pasaje en que a los destinatarios se los identifica como extranjeros y advenedizos que han llegado a ser "conciudadanos de los santos y miembros de la familia de Dios." Además, "están edificados sobre el fundamento de los apóstoles y profetas, cuya principal piedra angular es Jesucristo mismo." Durante muchos años los cristianos han expresado su fe en Jesucristo como el fundamento de una iglesia espiritual compuesta por todos los creyentes, piedras vivas edificadas sobre aquél que es la piedra principal del verdadero templo de Dios:

Un solo fundamento y sólo un fundador
La santa iglesia tiene en Cristo su Señor,
Haciéndola su esposa, del cielo descendió,
Y por su propia sangre su libertad compró. (Culto Cristiano 128)

EL CREYENTE FIEL NO SERÁ AVERGONZADO

Isaías 28:16 es otro pasaje del AT al cual recurre el autor para rematar su afirmación doctrinal sobre la designación de Jesucristo como la piedra principal del templo escatológico de Dios. Pedro aplica aquí el oráculo de Isaías 28:16 para asegurarles a los fieles que no serán avergonzados por confesar a Jesucristo como Señor y Salvador. Los antropólogos han calificado a las sociedades del Mediterráneo como culturas de honor y vergüenza; o sea que la cosa más importante en la vida es procurarse honor ante la sociedad. La construcción de avenidas, fuentes, templos, baños públicos, puentes y otras obras en beneficio de la polis, tenían como finalidad ganar honor para el patrón. Para ser considerados hombres honorables, los ciudadanos del mundo grecorromano procuraban servir como sacerdotes en el culto imperial y patrocinar fiestas, procesiones, obras teatrales y hasta combates entre gladiadores para el deleite del público.

Los antropólogos sociales dicen que el hombre honorable que ha sido insultado en las culturas de honor y vergüenza, o que de algún modo ha sido puesto en duda su honor, está bajo la presión social de defender su honor con palabras o acciones, exigiéndole satisfacción al ofensor. Si no se aplica el ojo por ojo, queda avergonzado ante el público. Según los antropólogos, el temor de quedar expuesto a la vergüenza ante el público es una de las fuerzas de control social más efectivas en una sociedad de honor y vergüenza. Más que cualquier otra cosa, uno quiere ser respetado como hombre de honor, valor, y coraje, que no un afeminado. Lamentablemente, en las sociedades de honor y vergüenza el honor se considera con frecuencia una característica de la masculinidad, y la vergüenza una característica de las mujeres.

Lo notable en el pasaje que estamos viendo es que Pedro exhorta a todos sus lectores -y no solamente a los esclavos y mujeres- a hacer una revaluación de sus ideas sobre el honor y la vergüenza. Dicha revaluación estriba en el ejemplo que nos dejó Jesucristo. Los nuevos conversos de las cinco provincias fueron atacados e insultados por sus familiares y antiguos amigos que procuraron hacerlos volver a sus dioses ancestrales y su pasada manera de vivir. Intentaron usar el temor a ser puestos en vergüenza para hacerlos regresar a una vida "normal". Según el punto de vista de los familiares y amigos del pasado, lo más vergonzoso imaginable sería identificarse con un criminal que sufrió la tremenda vergüenza de ser desnudado y azotado públicamente, y después morir coronado de espinas y crucificado ante los ojos del mundo.

Frente a los reproches de los incrédulos, los creyentes podrían verse tentados a defender su honor lanzando insultos y maldiciones a sus interlocutores. Pero Pedro les recuerda que no deben procurar la revancha para defender un falso sentido del honor. Los que siguen fieles a Cristo recibirán honores mil veces más grandes cuando se manifieste Cristo para juzgar a vivos y muertos. Aparentemente, Jesús fue puesto en vergüenza cuando los supuestos edificadores del templo lo rechazaron, pero recibió supremo honor y gloria al resucitar de entre los muertos y ser elegido la piedra principal del templo escatológico de Dios. Al igual que los destinatarios de 1 Pedro, debemos recordar que lo honorable para el mundo es una vergüenza ante Dios, y lo que es vergonzoso ante los hombres es honorable para los que han sido redimidos por la sangre de Cristo. Nuestra misión como pueblo de Dios no es procurar revancha sino la reconciliación (DeSilva 2011:159-177).

2:7-8 Para ustedes, los que creen, él es de gran valor; pero para los que no creen: "La piedra que desecharon los edificadores ha llegado a ser la piedra angular, y también: Una piedra de tropiezo, y una roca que hace tropezar. Porque al ser desobedientes, ellos tropiezan en la palabra, para lo cual estaban ya destinados.

Se sobrentiende que al referirse a los edificadores que rechazaron a Cristo Pedro tiene en la mira no sólo a los saduceos, fariseos, Poncio Pilato, y Herodes Antipas, sino también a todos los que se burlan y se oponen a la palabra de Dios, tanto en Anatolia como en nuestra generación pecadora y adúltera. Tales edificadores quieren construir el reino de Dios aquí en la tierra, pero sin el mensaje de la cruz. Los edificadores que no aceptan a Cristo fundamentan su rechazo del evangelio en el mensaje de la crucifixión del Señor. Los edificadores están convencidos de que Dios nunca permitiría que el Mesías sufriera de manera tan atroz. No pueden aceptar que un hombre crucificado sea el escogido de Dios y, por si fuera poco, de gran valor. Para los líderes espirituales de Jerusalén la idea de que un instrumento de tortura hubiera sido empleado por Dios como instrumento de salvación fue una ofensa, una piedra de tropiezo. Concluyeron, por lo tanto, que el

Mesías no podía ser un hombre incapaz de bajar de la cruz y salvarse a sí mismo. Hasta uno de los malhechores crucificados juntamente con Jesús le espetó en son de burla: "Si tú eres el Cristo, ¡sálvate a ti mismo y sálvanos a nosotros!"

El apóstol Pablo declaró en 1 Corintios 1:23 que la predicación de Cristo crucificado "para los judíos es ciertamente un tropezadero". Un tropezadero es una piedra, palo o trampa en el camino que provoca una caída. En la Biblia, la palabra tropezadero es sinónimo de ofensa, sea una doctrina o un mal ejemplo o idea que pueda causar que uno caiga en pecado y herejía. En griego, la palabra tropezadero es σκανδάλου, de donde proviene nuestra palabra escándalo. Según el relato de Mateo 16, al llegar Jesús a la región de Cesarea de Filipo, sorprendió a sus discípulos con la siguiente pregunta: "Y ustedes, ¿quién dicen que soy yo?" Fue entonces que Simón Pedro hizo su gran confesión de fe: "Tú eres el Cristo, el Hijo del Dios viviente." Al escuchar la confesión de Simón, Jesús declaró: "Y yo te digo que tú eres Pedro, y sobre esta roca edificaré mi iglesia, y las puertas del Hades no podrán vencerla." Después de la trascendental confesión de Pedro de Mateo 16:16, Jesús anunció por primera vez que debía ir a Jerusalén y padecer mucho de parte de los ancianos y principales sacerdotes y de los escribas, y morir, y resucitar el tercer día. Mateo dice que entonces Pedro lo llevó aparte y comenzó a reconvenirlo: "Señor, ¡ten compasión de ti mismo! ¡Que esto jamás te suceda!" Y fue entonces que se volvió Jesús y le dijo a Pedro: "¡Aléjate de mi vista, Satanás! ¡Me eres un tropiezo! ¡Tú no piensas en las cosas de Dios, sino en cuestiones humanas!"

Entre otras cosas, el relato de Mateo 16 enseña que confesar a Cristo como Hijo de Dios hace de un discípulo una roca que vence todo poderío infernal. Confesar a Jesús como el Cristo debe incluir confesarlo como aquel que murió en la cruz por los pecados del mundo. Al reconvenir a Jesús por querer tener un Cristo sin la cruz, Pedro se convirtió en un tropiezo (Mt 16:22). Cualquier confesión de Cristo que rechaza su sacrificio en la cruz es un tropiezo, una herejía, una doctrina satánica. En el incidente de Cesarea de Filipo, Pedro, quien había sido declarado una roca de la fe, se convirtió en una roca en el camino, una piedra que hace caer, un tropiezo. Un Cristo sin la cruz, un Cristo no crucificado para librarnos del pecado, es un Cristo falso, un anticristo. Cualquier proclamación de los hechos maravillosos del Señor, que excluye al Cristo crucificado, se convierte en herejía.

Las citas del Salmo 118:22 e Isaías 8:14-15, subrayan que toda persona que rechaza la proclamación de las buenas nuevas ha tropezado con la piedra de tropiezo. Los desobedientes (ἀπειθοῦντες) (en este pasaje) son quienes se rehúsan a creer. Cristo es para todos los incrédulos pasados y presentes la piedra de tropiezo (Watson 2012:50). Recordamos que el anciano Simeón profetizó dirigiéndose a María: "Tu hijo ha venido para que muchos en Israel caigan o se levanten. Será una señal que muchos rechazarán" (Lc 2:34). La causa de la caída de muchos en Israel, y también entre los gentiles, fue la desobediencia a la Palabra. Esto quiere decir aquí la falta de fe al escuchar la proclamación del evangelio. Desobediencia es no acercarnos a la piedra principal por la fe y ser incorporados a Cristo por medio del Bautismo. En resumen, Cristo es para los destinatarios de 1 Pedro la piedra principal, el fundamento de nuestras vidas, o una piedra de tropiezo que provoca nuestra caída.

EL SALMO 118 EN 1 PEDRO Y EL NUEVO TESTAMENTO

Pedro tenía la costumbre, tanto en sus epístolas como en sus discursos en el libro de los Hechos, de rematar sus argumentos con citas del AT. La cita acerca de "la piedra que desecharon los edificadores" se encuentra en el Salmo 118:22. En dicho Salmo, en una impresionante ceremonia litúrgica, un personaje se presenta en el templo para dar gracias públicamente por haber superado un peligro grave con la ayuda de Dios. El que eleva su acción de gracias al Señor en el Salmo parece ser una persona escogida por Dios para ocupar un puesto muy importante de liderazgo, quizá como rey, sumo sacerdote, profeta o libertador. El personaje, no identificado por nombre, fue sin embargo rechazado por los líderes del pueblo. Algunos creen que el que ora podría haber sido David, el humilde pastor de Belén rechazado por el rey Saúl y sus jefes militares, pero que después estableció su dinastía por encima de la casa de Saúl. Otros opinan que el que ora podría haber sido Zorobabel, el sumo sacerdote Josué (Zac 3:1-10), o el profeta Jeremías. Jeremías fue denunciado como falso profeta por muchos de los líderes políticos y eclesiásticos de Judá; pero al final escapó de las trampas de sus enemigos, mientras que los falsos profetas y príncipes injustos fueron llevados cautivos a Babilonia. Sin lugar a duda, el Salmo 118 encontró su cumplimiento, al menos parcialmente, en la vida de los personajes mencionados aquí. Pero según Pedro, el Salmo 118 ha encontrado su cumplimiento último en Jesucristo y en su cuerpo, la iglesia (Alonso Schökel 1996:1433-1434).

La metáfora de que se vale Pedro en el pasaje es la de un grupo de arquitectos y constructores que se reúnen para encontrar una gran piedra que sirva de fundamento en la construcción de una casa real o templo. La piedra principal -según la opinión de algunos investigadores- es la piedra angular colocada en el remate del arco principal del edificio, y que da cohesión y firmeza a toda la estructura (Cassese 2007:48). Otros intérpretes piensan que se trata de la roca que sirve de fundamento sobre el que se construye el edificio. Jesús habló del hombre prudente que construyó su casa sobre la roca, y del hombre insensato que la edificó sobre la arena (Mt 7:24-29). En la parábola de Mateo, la roca representa a Cristo y sus enseñanzas. En Efesios 2:19-22 se describe a los creyentes con estas palabras: "Conciudadanos de los santos y miembros de la familia de Dios, y están edificados sobre el fundamento de los apóstoles y profetas, cuya principal piedra angular es Jesucristo mismo. En Cristo, todo el edificio, bien coordinado, va creciendo para llegar a ser un templo santo en el Señor." Según el pasaje, Pedro es uno de los apóstoles utilizados por el Señor en la edificación de su iglesia, pero no la piedra principal, que es Jesucristo.

Todas las citas y alusiones al Salmo 118:22 en el NT, han inducido a muchos investigadores a concluir que la interpretación cristológica del Salmo fue parte de la proclamación pública de las buenas nuevas (κήρυγμα) en la iglesia primitiva; y que la identificación de Jesucristo como la piedra rechazada se basa en la enseñanza del Señor. O sea que en Cristo se cumplen todas las profecías del AT que tienen que ver con "una piedra". Están los que opinan que el contexto original de la metáfora de la piedra rechazada podría haber sido la reconstrucción de Jerusalén y su templo, después de la cautividad babilónica en tiempo del gobernador Zorobabel. De acuerdo con tal hipótesis, los arquitectos buscaban entre los escombros de la ciudad destruida por los babilonios, una piedra ideal que sirviera de piedra angular del nuevo templo. Al principio los arquitectos desecharon la piedra ideal, pero al final, después de probar la firmeza y resistencia de la piedra que habían descartado, se dieron cuenta que esa piedra era la única que soportaría el peso y serviría de piedra principal. De igual manera, por haber soportado todo el peso de nuestras iniquidades y toda la agonía de la cruz, Jesús demostró que él es aquél que había sido escogido por el Padre para ser nuestro Salvador y Rey.

Según el relato de Hechos 4:11-12, en su discurso ante el Sanedrín, el Consejo Supremo de los Judíos, Pedro también citó el Salmo 118:22, para declarar que Jesús no sólo es la piedra principal de la casa de Dios, sino el único en cuyo nombre todos somos salvos. Y Jesús, al enseñarle al pueblo la parábola de los labradores malvados (Lc 20:9-18), interpretó el Salmo 118 con referencia a su misión y rechazo de parte de los líderes del pueblo. Los líderes del Sanedrín, en su desobediencia, tropezaron con la palabra profética que apuntaba a Jesucristo como la piedra principal de la casa de Dios (Bigg 1902:132). En Isaías 8:14-15, el profeta expresa que los líderes de Judá e Israel tropezaron con la palabra del Señor, y cayeron. Al final de la parábola de los labradores malvados, después de citar el Salmo118:22, Jesús declara: "Todo el que caiga sobre esa piedra, se hará pedazos; y si ella cae sobre alguien, lo aplastará por completo" (Lc 20:18).

Al mencionar la piedra que "aplastará por completo", el Señor se identificó también con la piedra de Daniel 2:35, la que destruye la gigantesca imagen que representa a todos los reinos injustos y opresores de este mundo. Según algunos intérpretes, la piedra no labrada por manos humanas llega a ser la base, la piedra principal del futuro reino de Dios (Beale 2004:185). La imagen en el sueño de Nabucodonosor representaba a los imperios de Babilonia, Persia, Media, y Grecia. Uno tras otro los imperios impíos fueron destruidos. Lo que queda implícito en las palabras de Pedro es que el Imperio Romano también será desmenuzado por Cristo. Los que persiguen a la iglesia –como Saulo de Tarso– persiguen también a Cristo quien es, al mismo tiempo, la gran piedra sobre la cual descansa la casa de Dios y la piedra profética que en última instancia desmenuzará a todos los enemigos del pueblo de Dios, incluyendo a los enemigos de los destinatarios de

1 Pedro. Los intentos de Satanás y sus instrumentos humanos para destruir a Cristo y su iglesia terminarán en fracaso, pues en Juan 2:19 Jesús expresó: "Destruyan este templo, y en tres días lo levantaré."

TEMAS PRINCIPALES DE 1 PEDRO – (7) LA IGLESIA, REAL SACERDOCIO, Y CASA DE DIOS

2:9 Pero ustedes son linaje escogido, real sacerdocio, nación santa, pueblo adquirido por Dios, para que anuncien los hechos maravillosos de aquel que los llamó de las tinieblas a su luz admirable.

Aunque los vecinos incrédulos de los creyentes de Anatolia los insulten, calumnien y les hagan burla, el Señor honra a sus seguidores al otorgarles cuatro maravillosos títulos de honor. En el pasaje que ocupa nuestra atención, Pedro utiliza los cuatro títulos para describir lo que los cristianos de Anatolia llegaron a ser gracias a la misericordia de Dios, quien los llamó a salir de las tinieblas de la idolatría y la incredulidad. Los mismos cuatro títulos fueron utilizados originalmente para describir al pueblo de Israel en Éxodo 19:6, al establecerse el pacto entre el Señor y su pueblo.

Tres de los cuatro términos mencionados se emplean comúnmente en el griego del NT para señalar lo que se entiende por grupos étnicos. Los tres términos son γένος (linaje), ἔθνος (nación), y λαὸς (pueblo). Cada uno de los términos se emplea en la Septuaginta como una denominación del pueblo de Israel. En 1 Pedro 2:9 el autor utiliza los tres términos para describir a las comunidades cristianas de Anatolia. Es decir, se considera a la comunidad cristiana de las cinco provincias no sólo como una nueva configuración de la Nación de Israel, sino como una entidad distinta del Imperio Romano. En pocas palabras, la familia de Dios tiene su propia identidad, distinta de la de los demás pueblos de su época, y primordialmente del imperio. Tal identidad distinta debe preservarse y defenderse (Horrell 2014:140).

Una de las marcas distintivas de la nación santa es su carácter misionero, pues fue escogida para proclamar los hechos maravillosos de Jesucristo, a fin de convocar a todos los pueblos a salir de las tinieblas y acercarse a su luz admirable. Según el segundo canto del Siervo del Señor de Isaías 49:1-6, la misión de Israel no había sido tan sólo levantar las tribus de Jacob, sino también ser luz de las naciones para llevar la salvación hasta los confines de la tierra. En medio del fracaso de Israel en llevar a cabo tal misión, el Hijo de Hombre asumió la tarea misionera. Y ahora, por medio del testimonio de su pueblo de Anatolia, el Señor alumbra el entendimiento de los judíos, y también de todos los que se encuentran en la oscuridad. Es decir, esclarece la mente de todos los pueblos paganos que no conocen la Torá y sus promesas de salvación, que son para todas las naciones. La descripción de uno que pasa de las tinieblas a la luz es, en las Escrituras, una imagen o símbolo de la conversión. Encontramos la misma imagen en 2 Corintios 4:6, en que Pablo declara: "Porque Dios, que mandó que de las tinieblas surgiera la luz, es quien brilló en nuestros corazones para que se revelara el conocimiento de la gloria de Dios en el rostro de Jesucristo."

EL CRECIMIENTO DE LA IGLESIA Y EL SACERDOCIO DE TODOS LOS CREYENTES

Una de las razones de la rápida expansión de las buenas nuevas por el mundo antiguo fue precisamente el hecho de que los primeros creyentes tomaron en serio su vocación misionera. Todos los miembros de la familia de Cristo fueron portadores de la luz admirable de Jesús. Gracias a su modo de vida llegaron con el mensaje de Cristo a todos los pueblos del mundo de aquel entonces. La mayoría de las comunidades de Anatolia a las que Pedro se dirige en su epístola, no fueron fundadas únicamente por misioneros oficiales enviados por la iglesia de Jerusalén o Antioquia. Entre los misioneros que sembraron la semilla del evangelio encontramos al centurión Cornelio, a Lidia la vendedora de púrpura, a Priscila y Aquila fabricantes de carpas, y también a un nutrido número de pescadores, marineros, artesanos, campesinos, esclavos, y amas de casa. Al principio todos, en virtud del amor mutuo, fueron misioneros que comunicaron el mensaje del evangelio por su manera de vivir (Hoornaert 1988:76).

En los siglos tres y cuatro surgió la idea errónea de que solamente los doce apóstoles fueron llamados para ser misioneros con la vocación de proclamar el evangelio hasta el último rincón del mundo. Según esta idea, al morir los doce apóstoles llegaron a su fin las nuevas revelaciones del Espíritu Santo y la tarea misionera del pueblo de Dios. Se creyó, ingenuamente, que los doce apóstoles habían llegado hasta el fin del mundo con la proclamación de las buenas nuevas; la gran comisión se había completado, todos los pueblos del mundo habían tenido la oportunidad de salvarse. Hubo lugares en que la idea perduró entre algunos prelados, hasta el tiempo de la Reforma. Lo que se había olvidado es que la misión de llevar la luz admirable de Cristo fue, desde el principio, la razón de ser de todo el pueblo de Dios (Hoornaert 1988:74).

Los cristianos constituyen un real sacerdocio para la proclamación del evangelio. En consonancia con el pasaje de 1 Pedro, se declara en Apocalipsis 1:6: "Y nos hizo reyes y sacerdotes para Dios, su Padre." Según Lutero, los bautizados son sacerdotes, no por haber sido tonsurados o por llevar una determinada vestimenta, sino porque pueden acercarse a Dios mediante la fe (2001:79). Un sacerdote es, por definición, una persona llamada y autorizada a acercarse a Dios en representación del pueblo. Como tal, el sacerdote cuenta con el llamado de ofrecer al Señor los sacrificios del pueblo e interceder en favor de éste.

En la antigüedad muy pocas personas gozaron del privilegio de ser sacerdotes. Hubo culturas en las que uno podía ser sacerdote solamente si pertenecía a una casta o tribu sacerdotal. Entre los israelitas únicamente los miembros de la tribu de Leví podían ejercer las funciones sacerdotales. Solo a ellos se les permitía entrar en la parte del templo llamada el lugar santo. Entre los celtas, los sacerdotes tenían que pertenecer a la casta de los druidas, y en la tradición religiosa hinduista los sacerdotes debían haber nacido miembros de la casta de los brahmanes. Hasta hace poco los dalitas y miembros de las castas inferiores no podían entrar en un templo hindú. En el zoroastrismo, la antigua religión de Irán, la casta sacerdotal fue la de los magos. Entre los romanos, los miembros de la nobleza podían ser sacerdotes, pero sólo si estaban en condiciones de ofrecer al templo donaciones substanciales de dinero, aceite, y animales para los sacrificios.

En el nuevo movimiento cristiano no hubo una casta sacerdotal. No es necesario que un cristiano sea de una determinada raza, casta o tribu para elevar sus alabanzas y plegarias directamente al Ser Supremo. El acceso a Dios es un privilegio de todo creyente, no importa cuán sencillo o iletrado sea (Barclay 1974:225). En virtud de su Bautismo los cristianos pueden acercarse directamente a Dios para orar e interceder, no solamente por los miembros de un pueblo determinado y limitado, sino por todos los seres humanos (Miller 1993:198). Según Efesios 4:16, 1 Corintios 12 y Romanos 12, todo cristiano es miembro del cuerpo de Cristo, y como tal tiene asignada su función o vocación dentro de ese cuerpo, y para el bien de este (Arnold 2010:274).

La gran diferencia entre las comunidades cristianas y las numerosas asociaciones civiles, gremios colegios y clubes que tanto abundaban en Anatolia fue que los grupos cristianos fueron establecidos por Dios para llevar a cabo una misión. Dicha misión es liberar a los pueblos de las tinieblas. Todos los que toman parte en la ejecución de dicha misión son sacerdotes de Cristo. En la ejecución de la misión encuentra cumplimiento el deseo de Moisés, de Números 11:29 "¡Cómo quisiera yo que todo el pueblo del Señor fuera profeta! ¡Cómo quisiera yo que el Señor pusiera su espíritu sobre ellos!" La misión se cumple cuando con sus palabras, buenas obras, modo de vida, y sus sufrimientos, los creyentes anuncian los hechos maravillosos de Cristo a los que viven en tinieblas.

En el libro del profeta Joel encontramos un pasaje en que se profetiza la llegada del día en el que se cumplirá el deseo de Moisés de Números 11:29: "Después de esto, derramaré mi espíritu sobre la humanidad entera, y los hijos y las hijas de ustedes profetizarán; los ancianos tendrán sueños, y los jóvenes recibirán visiones" (Jl 2:28). Recordamos que Pedro citó el pasaje en su predicación el día de Pentecostés en Hechos 2. Los teólogos pentecostales afirman que existe una conexión muy estrecha entre Hechos 2:17 y 1 Pedro 2:9. En ambos pasajes es Pedro quien habla. En ambos pasajes se afirma la vocación misionera que han recibido todos los miembros del pueblo de Dios, y no solamente el clero o una casta sacerdotal. En ambos pasajes se sobrentiende que la iglesia es el instrumento utilizado por el Espíritu Santo para anunciar el mensaje de salvación a todos los que se encuentran perdidos en las tinieblas. Puesto que el texto de Joel anuncia el derramamiento del don de la profecía sobre todo el pueblo creyente, hay autores pentecostales que hablan no sólo del sacerdocio real de todos los creyentes, sino también del oficio profético de todos los creyentes (Ma 2017:227-228).

¿CÓMO SE EXPLICA EL CRECIMIENTO DE LA IGLESIA PRIMITIVA EN MEDIO DE TANTO SUFRIMIENTO?

Uno de los temas más debatidos entre los historiadores e investigadores de la iglesia primitiva es explicar las razones por la fenomenal expansión del movimiento cristiano antes de la victoria de Constantino el Grande sobre todos sus rivales. Al obtener la victoria en la batalla del Puente Milvio en el año 312, Constantino se convirtió en el primer emperador romano que abrazó la fe cristiana. Según los cálculos del sociólogo Rodney Stark, el número de cristianos del Imperio Romano de aproximadamente 40.000 (0,07 % de la población del imperio) del año 150, llegó a casi 6.300.000 (10,5 %) en el año 300. Según Stark y sus discípulos, un 90% del crecimiento ocurrió en los grandes centros urbanos como Roma, Alejandría, y Antioquía, mientras que las zonas rurales siguieron siendo mayormente paganas. ¿Cómo se explica tal crecimiento exponencial a pesar de la gran oposición y persecución lanzadas contra la iglesia, tanto por las autoridades cívicas como por la sociedad en general?

Según el NT, y especialmente el libro de los Hechos, la razón principal por el crecimiento de la iglesia es el Espíritu Santo. Muchos historiadores cristianos han dicho que el libro de los Hechos de los Apóstoles debería llamarse mejor "Los Hechos del Espíritu Santo". En cambio, sociólogos –no creyentes– como Stark han intentado explicar el colosal crecimiento de la iglesia de los primeros siglos según las leyes desarrolladas por las ciencias sociales, sin tomar en cuenta la presencia y la actividad de Dios en la historia del mundo y de la iglesia. Sin lugar a duda, hay mucho que aprender de las leyes de la sociología, la antropología, y la economía en nuestro estudio de la Biblia; pero los cristianos reconocemos la presencia del Espíritu Santo como el protagonista principal en la historia del mundo y del pueblo de Dios. El Espíritu se puede valer de las leyes de la sociología, la sicología y la antropología, así como se vale también de las leyes de la matemática, la física, y la química en su misión de llevar a la creación hacia la transformación del universo.

Es un hecho histórico que el movimiento cristiano creció extraordinariamente, como lo expone Stark en sus investigaciones. Lo que no aceptamos es que el crecimiento se pueda explicar tan sólo a base de la sociología y la antropología. Uno de los grandes actores en la historia del mundo y de la iglesia es el Espíritu Santo. No aceptamos tampoco que el crecimiento haya ocurrido principalmente en los centros urbanos, según la afirmación de muchos historiadores. En los días de la iglesia primitiva el 90% de los habitantes del imperio vivía en el campo, y no en los centros urbanos. Numéricamente hablando, en los centros urbanos de aquel entonces no había el número necesario de habitantes para llegar a la cifra de nuevos conversos postulados por Stark y otros sociólogos. Apoyamos, antes bien, los cálculos de Larry Hurtado y otros investigadores de la iglesia primitiva, que afirman que la cantidad de conversos cristianos del campo era mayor de lo que cree la gran mayoría de los historiadores. De la carta de Plinio al emperador Trajano, nos enteramos de que muchos de los cristianos de Bitinia vivían en el campo. Es muy probable que la carta de Pedro fuera enviada no sólo a los cristianos de los pocos centros urbanos de las cinco provincias, sino también a las comunidades de base de los sectores rurales, la mayoría de las cuales no fueron establecidas por los apóstoles o misioneros enviados de Jerusalén o Antioquía, sino por comerciantes, artesanos, exiliados, refugiados, y judíos de la diáspora.

Nuestro criterio es que el sacerdocio santo de todos los creyentes fue el instrumento utilizado por el Espíritu Santo para producir el fenomenal crecimiento del movimiento cristiano de los primeros siglos de la era cristiana. Es nuestro criterio también que el llamado sacerdocio real de todos los creyentes no fue simplemente un concepto demasiado idealista e inalcanzable ideado por el joven Lutero en los albores de la Reforma. El sacerdocio real de todos los creyentes fue más bien lo que llegó a ser la comunidad de los santos por medio de la operación del Espíritu, y un factor principal en la expansión del movimiento cristiano hasta lo último de la tierra.

Muchos historiadores, y hasta comentaristas luteranos como Feldmaier y Elliot (2000:454), opinan que, aunque fue Martín Lutero quien redescubrió la enseñanza bíblica acerca del sacerdocio real de todos los creyentes, los que en la actualidad han puesto en práctica el sacerdocio no han sido los seguidores de Lutero y Calvino, sino los pentecostales y católicos comprometidos con las comunidades eclesiales de base. Esta, según algunos investigadores del crecimiento de la iglesia, es una de las razones por las que, desde el comienzo del siglo veinte, los movimientos pentecostales han experimentado un gran crecimiento numérico, mientras que las iglesias protestantes tradicionales parecen estar estancadas.

En la historia de las misiones protestantes, fueron los moravos quienes más hicieron para aguijonear a la iglesia a cumplir con su vocación de ser un real sacerdocio dedicado a la evangelización del mundo. Los cuáqueros también procuraron, a su manera, la implementación de la idea del sacerdocio de todos los creyentes (Kraemer 1958:27). Pero lo que no percibieron los cuáqueros fue que todos los miembros del sacerdocio real necesitaban ser entrenados y equipados para cumplir con su misión. Al hablar de la misión de los laicos, debe recordarse que en la Iglesia Romana la mayoría de los miembros de las órdenes monásticas misioneras (franciscanos, dominicos, capuchinos, agustinos) fueron laicos, y no miembros del clero.

En su libro sobre la doctrina del real sacerdocio, Kristian Baudler afirma que la mayoría de los descendientes de la reforma de Lutero y Calvino habían caído en nuevas formas de clericalismo, en vez de seguir los pasos del gran reformador. Escribiendo acerca del real sacerdocio de los creyentes, un autor pentecostal aseveró: "Lo que en otras iglesias es teoría, en la iglesia pentecostal intenta ser realidad. Mientras las iglesias reformadas procuraban retomar el sacerdocio de todos los creyentes y establecer un liderazgo eclesial más similar al del libro de los Hechos, la iglesia Pentecostal lo estableció desde el principio como un paradigma de liderazgo, comenzando desde abajo para arriba" (Alfaro 2016:175). Otro autor, después de realizar un estudio de la iglesia protestante más grande de la República Democrática del Congo, llegó a la conclusión de que la práctica del real sacerdocio de todos los creyentes ha sido uno de los factores más importantes en el descomunal crecimiento de dicho movimiento: la *Fraternité Evangélique de Pentecote en Afrique au Congo* (Atido 2017:327).

En sus escritos sobre la expansión espontanea de la iglesia, el célebre misionero e historiador anglicano Roland Allen tuvo en mente el real sacerdocio de todos los creyentes al escribir las siguientes palabras en 1927:

Esto es, pues, lo que quiero decir con expansión espontanea: La expansión que sigue a la actividad no organizada ni forzada de los miembros de la iglesia que individualmente explican a otros el evangelio que han hallado por sí mismos; la expansión que sigue a la irresistible atracción que la iglesia cristiana ejerce sobre las personas que ven su vida ordenada, y se sienten atraídas por el deseo de descubrir el secreto de una vida que instintivamente desean compartir; y también la expansión de la iglesia por el agregado de nuevas iglesias... Me encanta pensar que un cristiano, al viajar por negocios o huir de la persecución, podría predicar a Cristo, y como resultado de su predicación podría surgir una iglesia (1927:9-10).

Una de las realidades misioneras que más frustraba a Allen durante sus años de labor misional en la China fue, sin duda, el hecho de que centenares de pequeñas iglesias cristianas del interior de China pasaban meses, y a veces años, sin poder participar en la celebración de la Santa Cena y escuchar una predicación del evangelio por la falta de un obispo o pastor ordenado, autorizado para dirigir la liturgia, predicar el sermón, y pronunciar las palabras de institución sobre el pan y el vino. ¿Cómo puede crecer la iglesia, se preguntaba Allen, sin la Palabra y los sacramentos? La solución que propuso fue que las pequeñas asambleas cristianas nombraran de en medio de sus fieles ancianos para encargarse de la celebración de la Palabra y los sacramentos y de la preparación de nuevos candidatos para el Bautismo. Esto, aseveró Allen, es lo que hizo Pablo en las cuatro provincias en las que estableció nuevas congregaciones. Muchos obispos anglicanos, sin embargo, se opusieron al esfuerzo de Allen, porque opinaban que solamente un pastor debidamente entrenado y ordenado, y no un simple anciano, debía servir como ministro de los misterios cristianos. En la óptica de Allen, tal clase de clericalismo era lo que frenaba el crecimiento de la iglesia, no solamente en China, sino en muchas otras partes del mundo.

EL SACERDOCIO REAL DE LOS CREYENTES Y LA ETE

A comienzos de la década de 1960, el Seminario Evangélico Presbiteriano de Retalhuleu, Guatemala, se preparaba para celebrar sus cincuenta años como institución docente al servicio de las congregaciones presbiterianas de Guatemala. Como parte de la celebración se decidió hacer un censo de todos los alumnos que se habían graduado del seminario durante sus cincuenta años de existencia. A base del censo se descubrió que la mayoría de los que habían egresado del Seminario (90%), ya no estaban ejerciendo el ministerio para el cual se habían preparado. Por razones económicas y familiares la mayoría, después de unos años de servicio pastoral, estaban trabajando en otras partes de la república con el gobierno, o como profesores en un colegio o liceo, pero no como pastores de una congregación. Aparentemente, muchos habían entrado en el ministerio (muchas veces con el apoyo de un misionero), sin tener una verdadera vocación pastoral.

"¿Quiénes estaban sirviendo entonces a las numerosas pequeñas congregaciones rurales de Guatemala?", se preguntaron los profesores del seminario. La respuesta fue que las congregaciones sin pastor habían nombrado encargados de la predicación y la celebración de los sacramentos a uno de sus propios miembros, muchas veces un anciano casado, amante de la palabra de Dios y con buen testimonio dentro de la comunidad. La mayoría de dichos ancianos servía voluntariamente sin exigir un sueldo. En la mayoría de los casos los ancianos nunca habían recibido una buena educación secular. "A tales ancianos debemos impartirles educación, porque sí tienen una vocación ministerial reconocida por sus comunidades de fe." Tal la conclusión de los miembros de la facultad del seminario Retalhuleu. Y así comenzó el movimiento conocido como ETE (Educación Teológica por Extensión). Puesto que los ancianos, por razones familiares, económicas y laborales, no podían estudiar en el programa de residencia del seminario, los profesores llevaron los materiales de estudio a los que ya estaban sirviendo como pastores en sus comunidades eclesiásticas. Hoy en día hay programas de ETE en la mayoría de las sociedades en las que hay iglesias cristianas. La ETE ha sido, según muchos, una implementación del sacerdocio real de todos los creyentes.

Sin duda, una de las razones por las que algunas iglesias hacen caso omiso de lo que escribieron los reformadores acerca del sacerdocio real ha sido el abuso de la doctrina para promover un individualismo extremadamente personal por parte de algunos cristianos que se nombraban a sí mismos pastores, misioneros, y profetas, sin haber sido llamados por una comunidad de creyentes y responder ante ella (Esqueda 2016:236). Todo miembro del real sacerdocio debe recordar que es parte de un cuerpo de sacerdotes llamado a servir y estar sujeto en amor a los demás miembros del cuerpo, y no actuar como un "llanero solitario" o como el caballero errante Don Quijote de la Mancha. Ser miembro del sacerdocio real es ser llamado a ser un siervo de todos y sujetado a todos; es ser sacerdote ante Dios y ante todos los seres humanos (Benne 2017:620-621).

Durante el siglo diecinueve, Johann Heinrich Wichern, el padre de la llamada "*Innere Mission*" de Alemania, intentó poner en práctica los principios del sacerdocio de todos los creyentes al establecer hogares para niños abandonados, reforma de las cárceles, programas para ayudar a los necesitados, y centros para la preparación de diáconos y diaconisas. El rasgo principal del trabajo de Wichern y Theodor Fliedner fue el de enfatizar que el verdadero cristiano que ama a Jesús de corazón ha sido llamado por su Bautismo a ser un ministro o diácono al servicio de los marginados, enfermos, y desamparados. La vocación de cada creyente es rendir un servicio a aquél quien se hizo nuestro siervo a fin de transformarnos en sus servidores (Kraemer 1958:69). Al considerar la historia del sacerdocio real en los países europeos y norteamericanos, hay que recordar que casi todas las grandes sociedades misioneras de Europa no fueron organizadas ni administradas por los miembros del clero de las iglesias estatales, sino por laicos dedicados al cumplimiento del mandato misionero de Jesús. La mayoría de los misioneros enviados por dichas sociedades también fueron laicos. En realidad, la mayoría fueron mujeres.

LA NATURALEZA DE LAS TINIEBLAS EN 1 PEDRO 2:9

Se entiende por tinieblas la idolatría, los vicios de los gentiles, la ignorancia, y un estilo de vida según el cual las personas procuran aumentar su honor, prestigio, y gloria a expensas de los demás. Lutero dice que lo que todo el mundo llama luz, Pedro lo llama tinieblas (2001:81). Los hechos maravillosos (θαυμαστὸν) que hay que anunciar son todas las obras de Cristo detalladas en los credos y fórmulas confesionales de 1 Pedro. En los pasajes que siguen se explica cómo lleva a cabo sus funciones sacerdotales cada cristiano, parte del real sacerdocio. Los ancianos las cumplen con sus predicaciones de evangelización entre los gentiles. Los esclavos proclaman a Cristo al soportar el maltrato de sus amos paganos sin resentimiento ni odio. Cumplen con su sacerdocio cuando imitan al Cristo que se vio angustiado y afligido, pero que jamás emitió una queja, y que fue llevado como un cordero al matadero (Is 53:7). Las esposas cristianas casadas con hombres incrédulos e idólatras daban testimonio de su fe al brindar bien por mal, mal que sufrieron por no arrodillarse ante las imágenes hechas por manos de hombres, o por no tener parte en ritos y celebraciones en honor a las deidades de los gentiles. Un conocido erudito cristiano anotó que fueron los marginados, oprimidos, y débiles quienes con sus sufrimientos proclamaron, sin palabras, el evangelio de una manera más eficaz que muchos ilustrados sabios y renombrados evangelizadores con sus palabras (Schweitzer 1992:285-293).

El autor de la carta no pretende, como han afirmado algunos eruditos, la asimilación de la iglesia al imperio o a los cultos orientales. Antes bien, Pedro exhorta a la iglesia a resistir las imposiciones que el imperio intentaba aplicar a los nuevos movimientos religiosos. Los estudios realizados sobre el surgimiento de nuevos cultos en los centros urbanos del mundo grecorromano han mostrado que los nuevos cultos o sectas (p ej el culto de Isis), como regla tuvieron que pasar por un tiempo de oposición y rechazo por parte del pueblo nativo antes de ser asimilados a la cultura y religión de los nativos. En la mayoría de los casos, los cultos paganos de trasplante fueron patrocinados y controlados por los gobernantes de la polis. Es evidente que Pedro no quiere que el movimiento cristiano corra la misma suerte que los otros cultos de trasplante, sino que mantenga su identidad como una sociedad alterna o contracultura dentro del mundo grecorromano.

2:10 Antes, ustedes no eran un pueblo; ¡pero ahora son el pueblo de Dios!; antes no habían sido compadecidos, pero ahora ya han sido compadecidos.

Para rematar lo escrito acerca de la inclusión de los no judíos dentro del pueblo santo de Dios, Pedro recurre a lo escrito en los primeros tres capítulos de Oseas. Oseas vivió en tiempo del rey idólatra Jeroboan II, quien reinaba sobre Israel (el Reino del Norte) unos ochocientos años aC. Oseas recibió la orden del Señor de casarse con la prostituta Gomer y engendrar hijos con ella. Lo que tuvo que sufrir Oseas en su vida matrimonial con una mujer infiel ilustró lo que el Señor había sufrido como esposo de un pueblo infiel, el pueblo idólatra de Israel. Oseas recibió instrucciones de imponer un nombre simbólico a cada uno de los tres hijos que Gomer dio a luz. El primero fue un varón, Jezreel; después nació una niña, Lorrujama, nombre que en hebreo quiere decir "no compadecida". Al imponer un nombre tan mal visto a la niña, Dios quiso anunciar a la casa de Israel que él no volvería a compadecerse de ella.

A Oseas se le ordenó que al tercer hijo que le nació le diera el nombre de Loamí, que en hebreo significa "no pueblo mío." Con tal nombre se señalaba que por sus idolatrías e injusticias Israel había dejado de ser pueblo de Dios. Al final de Oseas 2, hablando por el Espíritu de Dios el profeta anuncia que vendrá un tiempo en que Israel una vez más se arrepentirá de sus pecados y volverá a su esposo divino. En 2:23 el Señor declara: "Yo tendré misericordia de Lorrujama, y a Loamí le diré: "Tú eres mi pueblo, y él me dirá: "Tú eres mi Dios." En 1 Pedro 1:10 Pedro afirma que Dios, en su misericordia, había enviado a Cristo no sólo para reincorporar a los israelitas creyentes a su pueblo santo, sino también para adoptar como suyos a los paganos que habrían de confesar su fe en Cristo. De esta manera, la profecía de Oseas llegó a cumplirse de manera más grande y maravillosa de lo que hubiera creído el profeta. Los extranjeros y peregrinos que Pedro menciona en el siguiente pasaje, quedan incorporados como ciudadanos al pueblo santo de Dios. En Romanos 9:25-26 Pablo cita el mismo pasaje de Oseas para destacar que de antemano Dios había preparado a los gentiles para su gloria.

TEMAS PRINCIPALES – (8) LA VIDA DE LOS CRISTIANOS EN UNA SOCIEDAD PAGANA

2:11 Amados hermanos, como si ustedes fueran extranjeros y peregrinos, les ruego que se aparten de los deseos pecaminosos que batallan contra el alma.

Por su Bautismo y por haber confesado a Cristo, los destinatarios de 1 Pedro fueron considerados extranjeros (1 P 1:1) o forasteros (παροίκους καὶ παρεπιδήμους) por sus conciudadanos. El primer término se usa en griego para señalar a un extranjero que fijó su domicilio en otro país, mientras que el segundo término comúnmente señala a un visitante que está de paso en su peregrinación hacia otro destino (Kelly 1969:103). Esto se debe a que cuando los forasteros residen permanentemente en cierta región se les permite gozar de algunos de los privilegios de los ciudadanos. Los peregrinos, en cambio, son residentes temporales que están de paso (Horrell 2008;51). Son como los gitanos y campesinos que en algunas partes de América Latina están en constante movimiento. En algunos casos los campesinos se ven en la necesidad de abandonar sus tierras en tiempo de sequía para buscar trabajo en la ciudad. Cuando vuelve a llover, regresan al campo para trabajar sus parcelas. Tal fue la situación de Abrahán y Sara cuando descendieron a Egipto porque hubo hambre en la Tierra Prometida (Gn 20:10-26). En tiempo de la cosecha de uvas, tomates, cítricos y betabeles, miles de mexicanos cruzan la frontera entre México y los Estados Unidos para recoger la cosecha, y después vuelven a sus casas. Muchos de estos "braceros" han tenido que vivir en comunidades que carecen de los servicios básicos necesarios para el bienestar de sus familias, como por ejemplo clínicas, hospitales, y escuelas para niños.

LOS DESTINATARIOS SON LLAMADOS AMADOS

Pedro les recuerda a sus lectores que, aunque la sociedad los considere extranjeros y peregrinos, para Dios son amados hermanos. El término "amados", que proviene del sustantivo ágape, indica que los destinatarios de la carta son, sobre todo, miembros de una familia y no sólo miembros de una asociación, socios de un club, alumnos de una escuela, o partidarios de un movimiento político. Cuando hablamos de la iglesia como familia, no estamos empleando una metáfora, sino proclamando una realidad vivencial que es parte del evangelio. La realidad de que los cristianos somos amados miembros de una familia de amor, es parte de las buenas nuevas.

LOS DESTINATARIOS SON DESCRITOS COMO PEREGRINOS

Aunque hay autores que insisten en que los dos términos para extranjeros y peregrinos utilizados en el pasaje deben entenderse en un sentido estrictamente sociológico (Elliot 2000:458-459), creemos que el enfoque principal es el espiritual o moral, sin descartar las implicaciones sociológicas y políticas. Aunque se encuentren entre los destinatarios de la carta muchos marginados provenientes de otros pueblos, regiones, y estratos sociales, el enfoque principal de Pedro tiene que ver con los nativos a quienes consideraron extraños por haber rechazado las tradiciones religiosas de su pueblo al confesar a Cristo como su Señor. El mensaje que tiene el pasaje para nosotros es que todos los cristianos somos extranjeros y peregrinos en la tierra, pero hijos de Dios y miembros de su familia. Como tales, nos cabe la misión de glorificar a Dios con nuestras buenas obras y nuestro rechazo de las obras de la oscuridad. Nuestra misión como pueblo de Dios y sacerdocio santo es ganar a los que no conocen a Dios, a fin de que confiesen a Cristo como su Señor y Salvador. Lutero expresa que "somos ciudadanos de los cielos; en la tierra únicamente somos peregrinos y huéspedes" (2001:83).

Puesto que los destinatarios de la carta pertenecen al pueblo de Dios, lo mismo que Abrahán en el AT, deben evitar los vicios y pasiones (ἐπιθυμιῶν) que caracterizan a los que no son de la familia de Dios.

Hay que emprender una guerra en contra de las pasiones descritas en los mandamientos que comienzan con las palabras "no codiciarás". El empleo del verbo griego (στρατεύονται) que se traduce como "batallan", indica una guerra a muerte, y no simplemente una escaramuza o reyerta menor. Gracias a que los amados hermanos recibieron el Espíritu Santo en su Bautismo pueden batallar con éxito en contra de los deseos pecaminosos que les hieren espiritualmente y entorpecen el cumplimiento de su misión como nación santa de Dios. Aunque los hijos del patriarca Jacob nacieron como miembros del pueblo escogido, tuvieron que batallar en contra de los deseos de la carne que por poco acabaron con su elección y misión. En contra de vicios y pasiones semejantes tuvieron que batallar los amados hermanos de Anatolia. Las palabras del apóstol indican que los enemigos de los cristianos de Anatolia no fueron solamente sus vecinos y familiares paganos, sino Satanás y sus propias pasiones y anhelos, como el orgullo, la vanagloria, la envidia, la ira, la lujuria, y el egoísmo.

2:12 Mantengan una buena conducta entre los no creyentes para que, aunque los acusen de malhechores, al ver las buenas obras de ustedes glorifiquen a Dios el día que él nos visite.

Aunque los seguidores de Cristo sean únicamente peregrinos y huéspedes en el mundo, todos tienen una misión importante que realizar. Es la misión de hacer buenas obras y por medio de ellas proclamar a sus vecinos y familiares paganos la naturaleza de Dios y su amor para con toda la humanidad. En realidad, las palabras que se traducen como "buenas obras" (καλῶν ἔργων) son términos clave en las exhortaciones de 1 Pedro. En el pasaje se exhorta a los hermanos a realizar buenas obras no solamente para poder gozar de una buena reputación y ganar honor para sí mismos, sino para glorificar a Jesucristo con el fin de recomendarlo a sus vecinos paganos como Salvador (Seland 2009:575).

¿Cuáles son las buenas obras de los cristianos que deben motivar a sus contemporáneos paganos a glorificar a Dios? Son las mismas que el apóstol señala a lo largo de su epístola: la hospitalidad, el buen trato a las mujeres, niños, y empleados, el amor sincero a todos los miembros de la familia de la fe, el respeto a los gobernantes, el temor de Dios, el rechazo de la idolatría, la brujería, la venganza y las maldiciones, el servicio mutuo, el bendecir a los enemigos, el rechazo a la borrachera, las orgías, la glotonería, y la ostentación. A estas obras se les pueden añadir las siguientes: la adopción de los huérfanos y niños abandonados, la incorporación en la comunidad de extranjeros, exiliados, y ancianos incapaces de cuidarse a sí mismos, la alimentación de los hambrientos y las visitas a los enfermos y encarcelados. Tales buenas obras son señales que dan testimonio de lo que el Espíritu de Dios es capaz de efectuar en las vidas de los que han sido bautizados en el nombre de Jesús.

Pedro exhorta a los destinatarios de su carta a recordar que su conducta debe conformarse con las normas del nuevo pueblo de Dios y de su supremo rey, el Señor Jesucristo. Cuando fueron bautizados, los hermanos llegaron a ser ciudadanos del pueblo de Dios. Su conducta, entonces, no debe determinarse por lo que hacen los que siguen siendo esclavos de los deseos pecaminosos. Tales deseos pertenecen a su anterior manera de vivir y de ser. Los creyentes y peregrinos que en el pasado vivían en conformidad con sus deseos pecaminosos, cuentan ahora con el llamamiento de batallar en contra de lo que aún resta de su vieja naturaleza egoísta y rebelde.

Cuando un grupo, o la sociedad, cataloga a una persona como extranjero o forastero, declara: "Este sujeto no es de los nuestros, no nos pertenece." Hay un rechazo implícito al tildar a alguien de extranjero, un rechazo que representa una pérdida de honor y autoestima, que produce dolor, aflicción y, a veces, resentimiento. Es por eso que en su epístola Pedro recuerda a los cristianos que no son simplemente extranjeros, sino extranjeros elegidos, rechazados por familiares, vecinos, y gobernantes, pero escogidos, electos, y llamados por Dios Padre y su Hijo Jesucristo para glorificar a Dios mediante sus buenas obras.

Es probable que las numerosas exhortaciones a vivir en conformidad con la nueva vida en Cristo sean un indicio de que algunos de los destinatarios de 1 Pedro todavía no habían roto completamente con su anterior modo de vida; o sea que algunos continuaban dejándose llevar por sus viejas amistades paganas a participar en actividades no acordes con su nueva fe. Tales actividades podían producir choques, divisiones, y contiendas entre los hermanos, socavando así el testimonio de la comunidad cristiana en la sociedad. Por lo tanto, Pedro exhorta repetidamente a los hermanos a seguir a Cristo y no a su antigua manera de ser. En el Catecismo Menor del Dr. Martín Lutero el reformador, en consonancia con 1 Pedro, declara: "El viejo Adán en nosotros debe ser ahogado por pesar y arrepentimiento diarios, y debe morir con todos sus pecados y malos deseos; asimismo, también cada día debe surgir y resucitar el nuevo hombre, para vivir eternamente delante de Dios en justicia y pureza."

Al hablar de "el día que él nos visite" (literalmente el día de la visitación), se refiere al día del Señor, cuando Cristo se manifieste visiblemente para juzgar a vivos y muertos. La finalidad de las buenas obras de los creyentes y de su proclamación del evangelio es llevar a sus vecinos gentiles a la fe, a fin de que cuando Cristo venga se cuenten entre los salvados glorificando a Dios. La misión de los creyentes es permanecer en sus comunidades viviendo en amor y santidad, para ganar a los que viven en la oscuridad. Su misión no es renunciar a todo contacto con los gentiles en su derredor; no es esconderse en una comunidad monástica para no contaminarse con la presencia de incrédulos en su vecindad, como hacían los esenios que vivían en Qumrán o los monjes budistas en sus monasterios. A los amados se los insta a recordar la instrucción de Jesús en el Sermón del Monte: "Ustedes son la luz de mundo. Una ciudad asentada sobre un monte no se puede esconder. Tampoco se enciende una lámpara y se pone debajo de un cajón, sino sobre el candelero, para que alumbre a todos los que están en la casa" (Mt 5:14-15).

A lo largo de la historia del movimiento cristiano varios grupos de creyentes, en su afán por distanciarse del mundo y sus vicios, establecieron comunidades en las que pudieran vivir aislados de las tentaciones que caracterizan a las sociedades sujetadas a tentación. Es bien conocido un grupo de menonitas sumamente estrictos, los Amish. Los miembros de las comunidades Amish viven en zonas rurales apartadas de las poblaciones donde se encuentran los que no comparten su fe. Los que viven en tales comunidades tienen todas las cosas en común. En muchas de ellas prefieren vivir sin lujos como la luz eléctrica, los automóviles o televisores. Tienen permitido casarse solamente con otros de la misma fe, caso contrario se los expulsa de la comunidad y de la iglesia. Tales prácticas han protegido a los Amish de los vicios y tentaciones de la macro sociedad, pero al mismo tiempo han sido un impedimento para los hermanos con la vocación de ganar para Cristo a los de afuera. La mayoría de las personas que no son Amish tienen poco interés en renunciar a sus amenidades y conformar su conducta con las muchas restricciones que exigen los ancianos de tal comunidad.

En su epístola Pedro llama a sus destinatarios a una vida de santidad. Pero además los exhorta a vivir una vida dedicada a evangelizar a otros (Miller 1993:88). En su oración como sumo sacerdote, Jesús ora al Padre, diciendo: "No ruego que los quites del mundo, sino que los protejas del mal" (Jn 17:15); "tal como tú me enviaste al mundo, así yo los he enviado al mundo" (Jn 17:18). Tratando el mismo tema, Pablo recuerda a los corintios: "Por carta ya les he dicho que no se junten con esos libertinos. Y no me refiero a que se aparten del todo de los libertinos mundanos o de los avaros, o de los ladrones, o de los idólatras, pues en ese caso tendrían que salirse de este mundo" (1 Co 5:9-10).

2:13 Por causa del Señor, muéstrense respetuosos de toda institución humana, se trate del rey, porque es el que gobierna.

Debe quedar claro que en el versículo 13 tenemos una explicación o amplificación de lo que se dijo en el versículo anterior en cuanto a la buena conducta ante los no creyentes. Existe una notable diferencia de opinión entre las autoridades respecto a la traducción de tan importante pasaje. En la traducción de la RVC, dada arriba, se pide a los destinatarios a respetar toda institución humana (πάσῃ ἀνθρωπίνῃ κτίσει). Puesto que la palabra griega κτίσει puede traducirse como creación o como criatura, algunos traductores creen que lo que Pedro pide de sus lectores es que "se sujeten a toda criatura humana" (Achtemeier 1996:79: Goppelt 1993:179; Elliot 2000:497). Puesto que en el versículo 12 se trata de seres humanos y no de instituciones, se arguye que el siguiente versículo también habla de criaturas humanas.

Uno de los seres humanos a quienes se debe respeto es el emperador romano, a quien se honra porque es una criatura creada a la imagen de Dios, igual a todos los otros seres humanos.

De acuerdo con la teología del culto imperial, al divino césar hay que rendirle honores divinos y obedecerlo por considerárselo un ser divino. El césar Domiciano decretó que él fuera reconocido y reverenciado con los títulos "Dios y Señor". A los cristianos, en cambio, se los exhorta a respetar a los gobernantes por consideración a Jesucristo, quien es el único verdadero Dios y Señor. El césar romano y los demás gobernantes son simplemente "criaturas humanas". Lo que Dios ha establecido es la necesidad del buen orden y gobierno en el mundo. Todas las formas de gobierno civil, democráticas o monárquicas, son medios para implementar el establecimiento de una sociedad justa de acuerdo con la buena voluntad de Dios para con sus criaturas. De ningún modo aboga Pedro en favor del derecho divino de los reyes (Bigg 1902:139).

Al rey romano debe respetársele y obedecerlo en todo lo que no sea contrario a la voluntad de Dios; pero si la voluntad del césar contradice la voluntad de Dios, el cristiano reconocerá al Señor como suprema autoridad. Ante los gobernantes del pueblo de Israel, Pedro había expresado: "Es necesario obedecer a Dios antes que a los hombres" (Hch 5:29). Jesús dijo que "ningún siervo puede servir a dos señores" (Lc 16:13), una enseñanza considerada sumamente subversiva por el filósofo pagano Celso (Feldmeier 2008:160).

2:14 o de sus gobernadores, porque el rey los ha enviado para castigar a los malhechores y para elogiar a los que hacen el bien.

El rey (βασιλεῖ) al que Pedro se refiere es el emperador romano, y los gobernadores (ἡγεμόσιν) son sus más encumbrados funcionarios, incluyendo a los gobernadores de las provincias en las que se encuentran los destinatarios de la carta. De acuerdo con los historiadores, la mayoría de los gobernadores se dedicaban a promover su predominio dentro de la burocracia imperial. Consecuentemente, daban prioridad a los intereses del imperio, especialmente lo que a la cobranza de los impuestos imperiales se refiere, y de aplastar cualquier movimiento subversivo. Raras veces se interesaban por el bienestar del pueblo, y desconfiaban de la población nativa de las provincias (Smith 201664). Pese a ello, Pedro pide a sus lectores a respetar y honrar a los gobernantes.

A diferencia de 1 Pedro, Filón de Alejandría, famoso filósofo y líder de la colonia judía de Egipto, denunció ferozmente al gobernador romano de Egipto, Aulus Avilius Flaccus. Flaccus fue calificado por Filón de semilla malvada infestada de toda clase de venenos que exhibía el mal carácter de los cocodrilos y los simios. Puesto que los judíos de Alejandría se negaron a adorar las imágenes del emperador Calígula, que habían sido colocadas en las sinagogas de la ciudad por Flaccus, el gobernador decretó una masacre en contra de la población judía. Miles fueron torturados y crucificados, tanto por los egipcios nativos como por los egipcios romanos envidiosos de la prosperidad de que gozaban los judíos de Alejandría. Las casas y sinagogas de los judíos fueron quemadas y sus negocios saqueados. El gobernador Flaccus revocó la ciudadanía y todos los derechos de los judíos. Además, emitió un decreto rebajando el estatus de los judíos al de los extranjeros y forasteros. Mencionamos estos detalles aquí, porque lo que pasó con los judíos en el año 38, pudo haber ocurrido con los cristianos en cualquiera de las cinco provincias en que se encontraban los destinatarios de 1 Pedro (Smith 2016:150-153). En cuanto a Flaccus, temible gobernador antisemita, fue depuesto y ejecutado en el año 39.

LOS GOBERNANTES SON LAS MÁSCARAS DE DIOS

El verbo imperativo griego (Ὑποτάγητε) es el término clave del versículo 13. En nuestras Biblias se ha traducido de varias maneras: "muéstrense respetuosos" (RVC); "sed sumisos" (Biblia de Jerusalén); "someteos" (RVR 1960; Biblia del Peregrino); "Sométanse" (Biblia Latinoamericana y Dios Habla Hoy). La idea que expresa el verbo es la de someterse a la autoridad de otro y obedecerlo. En 1 Pedro 3:5-6, "someterse" y "obedecer" son sinónimos. En pocas palabras, lo que Pedro exige es algo más que una actitud interior de respeto; reclama la obediencia a las leyes justas y las ordenanzas de las autoridades que Dios utiliza para mantener el orden en el mundo. Se ha dicho que el gobierno fue instituido por Dios para facilitar el cumplimiento de la ley. Es la razón por la que las vocaciones de los gobernantes no deben considerarse como algo despreciable, mundano o diabólico. Es sabido que muchas sectas, tanto antiguas como actuales, prohíben a sus miembros prestar servicio militar, votar en las elecciones u ocupar un puesto en cualquier gobierno. El cristiano debe reconocer que Dios no gobierna la vida diaria de los cristianos directamente, sino por medio de autoridades e instituciones humanas. Dios alimenta a los niños pequeños con la leche materna, y provee el pan de cada día con el trabajo del padre de familia. Los padres, maestros, médicos, pastores, y autoridades gubernamentales son siervos de Dios que él utiliza para cuidar de nosotros. Martín Lutero se refería a las autoridades como las máscaras de Dios, o sea que apoyando los servicios que las autoridades prestan a los seres humanos, está la mano de Dios.

Tanto Pedro como Pablo (Ro 13:3-4) reconocen que Dios ha dado autoridad a los gobernantes para emplear la fuerza con el fin de mantener el orden en el mundo y castigar a los que con sus acciones y desobediencia a la voluntad divina ponen en peligro las vidas de sus semejantes y el bienestar del planeta. Lutero recalca que no todos son creyentes, sino que la mayoría son impíos. Por lo tanto, "Dios ha ordenado y regulado las cosas de manera tal que las gentes no se devoren unos a otros" (2001:90). Los cristianos, en vez de vengarse y arreglar las injusticias sufridas por cuenta propia, deben dejar que Dios, por medio de los gobiernos debidamente establecidos, haga que los injustos reciban su merecido. Según la interpretación de Lutero (2001:92), el cristiano no empuñará la espada en defensa propia, pues es deber del gobierno defender los derechos de los inocentes. Sin embargo, el creyente puede y debe usar la fuerza para defender a su prójimo y a su comunidad, pues tal es su deber de cristiano.

Se sobrentiende que los gobiernos no están autorizados para oprimir al pueblo, sino para fomentar la justicia y ponderar a los que hacen el bien. En las instrucciones que Pedro da a sus oyentes –en lo que resta de su epístola– se describe con más detalle en qué consiste el bien que se exige. Los malhechores de los que habla Pedro no son capaces de hacer el bien por propia voluntad, pues les falta la presencia del Espíritu Santo. No dejan de hacer el mal por amor al prójimo, sino por temor al castigo y a las consecuencias nefastas del pecado. Los peregrinos y extranjeros que sí han recibido el Espíritu hacen el bien, no por temer a la espada de los gobernantes, sino por su amor al prójimo creado a la imagen de Dios, y por su amor a Cristo, quien derramó su preciosa sangre para purificar sus almas.

¿NOS LLAMA PEDRO A SER CONFORMISTAS?

Algunos intérpretes modernos han criticado acerbamente las instrucciones que se dan en el pasaje. A las instrucciones dadas por el apóstol se las tilda de conformismo ante la injusticia de un estado esclavista, dictatorial, imperialista, y paternalista. Nos dicen que la postura que debe asumir el cristiano ante cualquier estado imperialista es de protesta, resistencia activa, desobediencia civil, y hasta revolución. Se afirma que una resistencia pasiva no es capaz de transformar el mundo, ni de establecer el reino de Dios en la tierra. De hecho, 1 Pedro nunca fue uno de los textos preferidos de los teólogos de la liberación, especialmente los que, como Camilo Torres e Ignacio Ellacuría, justificaban el uso de la violencia ante la violencia institucionalizada de los sistemas de opresión. Recordamos que otros teólogos de la liberación, por ej Dom Helder Camara, se opusieron terminantemente a cualquier forma de violencia porque, según escribió Dom Helder, solamente serviría para perpetuar el círculo de violencia. No es un secreto que 1 Pedro fue uno de los escritos favoritos citados por quienes lucharon en contra de la emancipación de los esclavos y del movimiento que procuraba el derecho del voto para las mujeres y la posibilidad de que ocuparan un puesto en el gobierno de la república (Smith 2016:163).

Pero antes de descartar las instrucciones del apóstol Pedro como por demás conformistas, es menester recordar que fue él mismo quien en una ocasión propuso el uso de la violencia para establecer el reino de Dios. Pedro desenvainó la espada para atacar a los que venían a aprehender a Jesús. Jesús tuvo que calmar la fiebre revolucionaria de su discípulo al declarar: "Vuelve tu espada a su lugar. Quien esgrime la espada, muere por la espada" (Mt 26:52). Estando sobre un monte alto, Jesús resistió la tentación de utilizar la violencia para establecer el reino de Dios. Una y otra vez en la historia del mundo, la violencia sólo ha desencadenado un círculo de violencia. Los seguidores del Señor tienen que aprender que la así llamada resistencia no es conformismo. La resistencia tampoco deja de serlo por no ser violenta. Si Pedro hubiera convocado a los cristianos de las cinco provincias a tomar las armas e iniciar una revolución en favor de los esclavos, tal levantamiento habría terminado con la destrucción de la iglesia y la eliminación del movimiento cristiano. Lo que 1 Pedro procura es la sobrevivencia de la iglesia. Si la iglesia desaparecía, ¿quién proclamaría las buenas nuevas a las tribus y pueblos de Anatolia?

Al no rendir honores divinos al emperador y su familia, los cristianos emplearon una forma de resistencia pasiva. Al rescatar y adoptar a los niños abandonados en el bosque por sus padres, los primeros cristianos practicaron otra forma de resistencia pasiva frente a las normas de la sociedad pagana. Su negativa a asistir a los combates entre gladiadores o en contra de animales salvajes, fue otra manifestación de la resistencia pasiva que practicaron los seguidores del Príncipe de Paz.

Nótese que Pedro exhortó a los cristianos a respetar y obedecer a las autoridades o instituciones humanas por causa del Señor, y no porque el gobernante fuera considerado un ser divino. Pedro no pide que se rinda honores divinos al emperador al modo de las celebraciones cívicas del Imperio Romano. Jesús enseñó a sus seguidores a dar al césar lo que es del césar, y a Dios lo que es de Dios. Al césar se le rinden tributos, impuestos, y ciertos servicios. A Dios, y sólo a Dios, debemos rendir nuestra adoración, oraciones, y honores divinos. Recordemos que el respeto que se le debe al gobernante es el respeto a su oficio o vocación, y no a las cosas hechas por este, o a actitudes no acordes con la voluntad de Dios. Al gobernante se lo considera superior por su vocación, y no porque posea una moralidad o carácter superior (Green 1993:156). Tarde o temprano, todo gobernante tendrá que rendir cuentas al Creador por sus hechos, sean buenos o malos. Frente a ninguna circunstancia debe un cristiano anteponer la voluntad de un gobernante a la voluntad de Dios. Es una lección que también Pedro tuvo que aprender. Al ser ordenando por el Consejo Supremo de su pueblo a no hablar ni enseñar acerca del nombre de

Jesús, respondió: "Juzguen ustedes: ¿Es justo delante de Dios obedecerlos a ustedes antes que a él?"

1 PEDRO 2:13-14 LEÍDO A LA LUZ DE LA PREGUNTA SOBRE EL TRIBUTO

Los evangelistas (Mt 22:15-22; Mc 12:13-17; Lc 20:20-26) nos cuentan que los fariseos y los herodianos le tendieron una trampa a Jesús en un intento por desacreditarlo y malograr su misión. Los adversarios de Jesús le plantearon la siguiente pregunta: "¿Es lícito pagar tributo al César o no?" Si Jesús decía que no, podría ser acusado de subversivo, como uno de la secta de los zelotes que justificaban el uso de la violencia en contra del Imperio Romano. La pregunta de los fariseos apuntaba a provocar a Jesús a que declarase su apoyo a un peligroso movimiento revolucionario. De hecho, ante el gobernador romano Jesús fue acusado de subvertir a la nación y prohibir pagar tributo al césar (Lc 23:2). El Señor tuvo que enfrentar la misma tentación cuando el diablo le ofreció todos los reinos del mundo y sus riquezas, sobre el monte alto (Mt 4:8). Jesús resistió la tentación de establecer su reino por medio de la violencia y el derramamiento de sangre. Hacerse partidario de los zelotes hubiera sido lo mismo que adorar a Satanás. El que utiliza las armas de Satanás para derrotar a los impíos se convierte en un impío aún más inhumano. Las comunidades cristianas al sur del Mar Negro, compuestas por numerosos esclavos y tribus conquistadas por el imperio también se vieron tentadas a identificarse con los revolucionarios de su medio. Pedro antes bien exhorta a sus oyentes a respetar al césar y sus gobernantes. Tal respeto implica pagar los impuestos.

Con su respuesta a los fariseos y herodianos Jesús expresa que se debe pagar al césar lo que le corresponde, y a Dios lo que a Dios corresponde. César merece respeto por ser el gobernante responsable ante Dios por el bienestar de sus súbditos, pero no merece honores divinos. Los honores divinos incumben únicamente al Creador de cielos y tierra y de nuestras almas. La moneda de plata que Jesús tuvo en su mano llevaba la imagen de Tiberio César en el anverso, y la de su madre Livia en el reverso. Se le da al César la moneda que lleva su imagen. El ser humano, en cambio, lleva la imagen de su Creador; por lo tanto, al Creador se le debe dar lo que lleva su imagen, nuestras almas. Nuestras almas son propiedad de Dios y no del César. Nuestro Creador no es sólo el único amo de nuestras almas, sino también el dueño del alma del César, quien un día, por lo bueno o por lo malo, tendrá que doblar su rodilla antes Jesús y rendirle los honores divinos que únicamente Cristo merece. Durante su estadía de cuarenta días en el desierto Cristo fue tentado a adorar al diablo. Los destinatarios de 1 Pedro fueron tentados a participar del culto imperial y rendir honores divinos al césar. Pedro sabía que tal participación en el culto imperial no era otra cosa que arrodillarse ante el diablo y adorarlo. El Señor les hace llegar el siguiente mensaje a los hermanos débiles tentados a tomar parte en el culto imperial para evitar la persecución: "Al Señor tu Dios adorarás, y a él sólo servirás" (Mt 4:10). En síntesis, el camino que los lectores de 1 Pedro deben emprender en medio de sus sufrimientos y angustias no es el camino de la violencia de los zelotes. Tampoco es el camino del sincretismo o de un compromiso con el paganismo de los herodianos. Tanto para Jesús como para los creyentes de Anatolia, el camino de la vida es el camino de la cruz (Bruner 1990:781-786).

2:15 La voluntad de Dios es que ustedes practiquen el bien, para que así hagan callar la ignorancia de la gente insensata.

Los seres humanos estamos inclinados, por naturaleza, a sospechar de las personas desconocidas y a temer al "otro", al que es diferente, al que no se ajusta a nuestras presuposiciones. En su ignorancia, las personas llamadas aquí "insensatas" tienden a dar crédito a toda clase de rumores, mentiras, y chismes relacionados con el "otro". En los días del Imperio Romano se temía la influencia perniciosa de ciertas religiones, cultos, y misterios de origen oriental. Se creía, y frecuentemente con razón, que tales asociaciones practicaban la hechicería y la brujería. El culto a Dionisio, procedente de Tracia, fue introducido en Grecia, donde se extendió rápidamente entre las mujeres que deseaban librarse de una vida aburrida consistente en tejer y criar niños. En el culto a Dionisio las mujeres liberadas celebraban orgías secretas en las cumbres de una montaña, durante las que danzaban en éxtasis al son del tambor y la flauta, sujetando serpientes en las manos o enrolladas en el cabello. A las bacantes se las acusaba de beber sangre humana y comer carne cruda de animales y, a veces, de niños que se sacrificaban a Dionisio. Se decía que tales religiones no respetaban el matrimonio, pues en el culto se proclamaba que la castidad no era un requisito para los devotos (Thielman 206:635; Guthrie 1954:148-159). En tiempo de Pedro este culto todavía gozaba de mucha popularidad en las zonas rurales de Anatolia.

A los cristianos se los acusó no sólo de ser semejantes a los devotos de Dionisio y de Isis, sino que también se decía que tramaban una revuelta de esclavos en contra de sus amos y en contra del Estado, y que promovían una revuelta de las mujeres casadas en contra de sus esposos. Todos estos rumores circulaban en los primeros dos siglos relacionados con las actividades de los adoradores de un criminal y revolucionario crucificado llamado Jesús. La gente ignorante estaba presta a dar crédito a tales rumores y dejarse llevar por una turba dispuesta a destruir la propiedad de los cristianos o linchar a sus líderes. Pedro, que conocía la tendencia del ser humano de torcer las cosas e inventar calumnias, exhorta a los hermanos a no hacer nada que la gente insensata o las autoridades pudieran alegar como pretexto para interpretar mal las actividades de los fieles. La mejor manera de callar a los que en su ignorancia hablan mal de la iglesia es practicando el bien. Tal es la vocación del cristiano en un mundo pagano (Achtemeier 1996:185; Bigg 1902:137).

Lamentablemente, hasta los que profesan ser seguidores de Cristo llegan a ser culpables de la misma clase de ignorancia de la que habla el pasaje de 1 Pedro. Los cristianos también caen en la tentación de repetir rumores y regar calumnias en perjuicio de los miembros de otras clases sociales, raciales o económicas. Podemos caer en la tentación de juzgar al "otro" sin intentar conocerlo a fondo, aprender su historia o ser su amigo. Las buenas obras de uno en favor de todos y el amor al "otro", pueden lograr que muchos lleguen a conocer a Cristo, y así glorificar a Dios el Padre. Jesús les enseñó a Pedro y los demás discípulos: "que la luz de ustedes alumbre delante de todos, para que todos vean sus buenas obras y glorifiquen a su Padre, que está en los cielos" (Mt 5:16).

Según un intérprete de 1 Pedro, la exhortación a realizar buenas obras va dirigida a los creyentes más débiles y predestinados a sufrir el maltrato de parte de los gentiles. Los creyentes más débiles son esclavos de amos no cristianos y esposas de hombres no creyentes. La preocupación de Pedro radica en que el sufrimiento de los hermanos más débiles y oprimidos pueda hacer que abandonen la fe o guarden rencor a los que causaron su sufrimiento (Horrell 2008:83). Su propósito al escribir a los cristianos de las cinco provincias es recordarles la esperanza viva que los une en amor fraternal, y de esta manera brindarles ánimo, descanso, y alivio de la pena (Elliot 1981:224).

Otro intérprete, el profesor australiano Bruce Winter, cree que en el pasaje el apóstol se dirige a los más acomodados del movimiento cristiano, exhortándolos a aplicar sus recursos económicos a la práctica de buenas obras en beneficio de todos los habitantes de la polis de la que son parte. Dichas buenas obras o beneficiaciones incluían la reparación de caminos, la venta de trigo y maíz a precios más bajos a los necesitados, la construcción de puentes y fuentes para el pueblo. Al llevar a cabo tales proyectos, algunos de los ricos procuraban honor para sí mismos, la recompensa de una corona de oro en una ceremonia pública, o el descubrimiento de una placa en memoria del benefactor. A veces se les concedía el derecho de tener los mejores asientos en el teatro o el estadio. Según Winter, Pedro concita a los creyentes acomodados a efectuar buenas obras, no con el fin de ganar honor para sí mismos, sino para dar a entender a sus conciudadanos que los cristianos no son enemigos de la humanidad, sino vecinos y amigos que procuran la paz de la ciudad. Muchos siglos antes de Pedro, el profeta Jeremías había enviado una encomiable carta a los judíos exiliados en Babilonia a fin de que no se aislaran de sus vecinos paganos, sino que trabajaran para el bien de la comunidad. En su carta a los cautivos Jeremías exhortó: "Procuren la paz de la ciudad a la que permití que fueran llevados. Rueguen al Señor por ella, porque si ella tiene paz, también tendrán paz ustedes" (Jer 29:7).

Winter cree que Pedro, en el espíritu de Jeremías, induce a los cristianos de la dispersión a obtener honor para el movimiento cristiano con sus buenas obras, a fin de contener a los que, en su ignorancia, lo criticaban. Al desarrollar su interpretación, Winter da por sentado que no todos los cristianos de Anatolia fueron pobres, según muchos historiadores, sino que entre los creyentes había hermanos bien acomodados (Winter 1988:87-103). Hay aquí cuestiones que merecen ser estudiadas y discutidas en nuestras iglesias hispanas marginadas dentro de la mega sociedad. Porque sería fácil adoptar una mentalidad de gueto y vivir completamente aislados de los vecinos incrédulos que necesitan que compartamos con ellos la luz admirable de Cristo. La solución que vislumbra Pedro no es el establecimiento de un monasterio como el que tenían los esenios en el desierto cerca del Mar Muerto, sino la consagración de la iglesia al mandato misionero de Cristo.

2:16 Hagan uso de su libertad, pero no la usen como pretexto para hacer lo malo, sino para servir a Dios.

En la antigüedad, libertad quería decir hacer ascos a las responsabilidades, o vivir librados de la autoridad de otros o de la necesidad de respetar las leyes del Estado y de las autoridades que Dios ha instituido para administrar la justicia y proteger los derechos del prójimo. Uno no puede decir: "Soy un cristiano libre, no estoy sujeto a ningún ser humano o institución humana. Tengo el derecho de tomar parte en un movimiento subversivo o un golpe de Estado, sí así lo creo necesario." A lo largo de la historia del cristianismo encontramos instancias en las que ciertos individuos, grupos, y hasta iglesias, han intentado valerse de la Biblia para justificar saqueos, sabotaje, asesinatos, y hasta genocidio. Con frecuencia se alega que tales actos de violencia en contra de individuos y sistemas injustos cuentan con la aprobación del Señor. En muchos casos tales justificaciones hacen las veces de una cortina de humo que oculta las verdaderas intenciones. Son en realidad un pretexto para hacer lo malo. Quizá el caso más patente de tal accionar hayan sido las Cruzadas y la conquista de los pueblos indígenas de América. Los cristianos sí han sido liberados. Están liberados de la necesidad de justificarse a sí mismos o de cumplir una lista interminable de ritos, sacrificios, y mortificaciones para salvarse. No están sujetos al príncipe de la oscuridad y los espíritus inmundos. Han sido libertados del pecado para sujetarse en amor al prójimo en conformidad con la voluntad del Señor.

Gozar de la libertad cristiana no quiere decir que uno tenga la libertad de no hacer nada, no servir ni prestar ayuda al prójimo necesitado. El sacerdote y levita de la parábola del buen samaritano no eran libres de pasar de largo y no hacer caso al clamor de la víctima de los asaltantes. Caín preguntó si él era el guardián o pastor de su hermano (Gn 4:9). Sin lugar a duda, todos somos guardianes de nuestros hermanos. Dios quiere que vivamos en comunidades, familias, y clanes, porque nos necesitamos mutuamente. Es parte de nuestra vocación de cristianos pastorearnos mutuamente. El Señor no liberó a los esclavos hebreos de Egipto para que vivieran para sí mismos, sino para servir al Señor y al prójimo. Parte de la vocación de los cristianos liberados de su esclavitud y los poderes ocultos es mostrar al mundo cómo se vive en una verdadera comunión de amor en que cada uno es esclavo del otro.

2:17 Respeten (honren) a todos. Amen a los hermanos. Teman a Dios y respeten (honren) al rey.

En el idioma original griego son once palabras. De acuerdo con uno de los más respetados investigadores de 1 Pedro, en las once palabras se resume toda la estrategia del apóstol referida a la conducta y el carácter de la comunidad cristiana en su relación con el mundo no cristiano (Horrell 2014b:192-206). En el pasaje hay cuatro imperativos, siendo el primero un aoristo, y los otros tres presentes. Preferimos la traducción de la RVR 1995 que, en vez de hablar de respetar a todos, emplea el verbo honrar: "Honren a todos." Nótese que el honor que se le debe al emperador es igual al honor que se le debe a todas las personas. No se exige honores divinos para el rey, pues es un ser mortal igual a los demás. En una cultura caracterizada por la relación bipolar entre honor y vergüenza, el verbo respetar nos parece demasiado débil. En el Imperio Romano y los otros pueblos *in proxima oriens antiqua*, la bendición más grande que podía tener una persona era el honor, y la tragedia más grande la pérdida del honor.

El primer imperativo: Pedro exhorta a sus lectores a honrar (τιμήσατε) a todos, sean creyentes o incrédulos. Tal honor se le debe a todo el mundo, porque todos fueron creados a la imagen de Dios, y a todos los ama Dios. Honrar a una persona es hacerle bien, ayudarla en sus necesidades y no aprovecharse de ella o de sus familiares. Honrar al prójimo es socorrerlo, como hizo el buen samaritano con el hombre que fue asaltado por ladrones. Honrar a todos es recoger a los niños abandonados por sus padres; es atender al que enfermó de una plaga o peste; es sepultar al que murió, aunque no sea un familiar o un hermano en Cristo. Honrar al hermano es lo que pide Lutero en su explicación del quinto mandamiento: "Debemos temer y amar a Dios y por lo tanto no hacerle daño o mal alguno a nuestro prójimo en su cuerpo, sino que debemos ayudarlo y hacerle prosperar en todas las necesidades de su vida." Honrar a todos implica sujetarse a todos. Quiere decir hacerse esclavo al servicio de los demás, sean ancianos, gobernantes, extranjeros, mujeres, niños, siervos, o esclavos (Elliot 2000:498). Lutero dijo que cada uno ha sido llamado a ser un Cristo para todas las personas. Al honrar a todos, los hermanos atestiguan ante sus vecinos paganos que los cristianos no son enemigos de la humanidad.

La segunda exigencia es amar a quienes integran la hermandad cristiana. El verbo griego es ἀγαπᾶτε, de donde viene el sustantivo ágape. Ágape es la palabra que se emplea en el NT para expresar el amor incondicional e inmerecido de Dios, quien envió a su Hijo para rescatar al ser humano. Ágape es la clase de amor de que se habla en 1 Corintios 13, el amor que no busca el bien del que ama, sino el bien del amado, que ama hasta el punto de sacrificar su propia vida por el bien del otro. Al usar el imperativo del verbo ἀγαπᾶτε Pedro convoca a los miembros de la familia cristiana a amarse mutuamente con un amor semejante al que hemos experimentado en Cristo Jesús. Al llamarlos hermanos, Pedro procura fortalecer los lazos que los mantienen unidos en una fraternidad cristiana.

Amar a la fraternidad quiere decir mucho más que amar individualmente a cada integrante de la familia; quiere decir amar a la iglesia, así como uno ama y honra a su propia familia, como una entidad cooperativa donde uno se preocupa y lucha por mantener el buen nombre de la familia. En la iglesia primitiva implicaba compartir los bienes para el bienestar de los hermanos más débiles. Una familia unida puede mantenerse fuerte frente a las persecuciones de los adversarios, puede llevar a cabo su misión como pueblo escogido, casa espiritual, y sacerdocio santo. En pocas palabras, el apóstol quiere fortalecer las defensas de la comunidad de la fe a fin de proteger a la fraternidad cristiana de las influencias malignas de la sociedad pagana. La palabra griega escogida para nombrar a la comunidad como una fraternidad es τὴν ἀδελφότητα. El sustantivo casi no aparece en la literatura griega antes del siglo uno. Aquí en 1 Pedro 2:17 y 5:9 es la primera vez que se lo empleó para distinguir a los individuos de una religión, culto, secta, colegio o misterio. Al emplearlo, el autor recuerda a los creyentes que no son simplemente una asociación social, un gremio, o un club, sino una familia de hermanos en que cada uno busca el bien de los demás antes que sus propios intereses.

La tercera exigencia del apóstol es que sigan temiendo a Dios (τὸν θεὸν φοβεῖσθε). Temer a Dios quiere decir rendirle adoración, alabanza, obediencia, y honores divinos. Temer a Dios es no tener otros dioses delante de él. Se debe temer únicamente a Dios y dirigir las oraciones a él, porque solamente Dios determina tanto nuestra existencia como también nuestra no existencia (Goppelt 1993:190). Los "temerosos de Dios" de los que habla Lucas en el libro de Hechos son gentiles que no adoran a ídolos sino al Dios de los judíos. La razón por la cual los cristianos se vieron expuestos a burlas, calumnias, desprecio y persecución fue porque no rendían honores divinos al emperador ni a los miembros de su familia. Según el investigador australiano Bruce Winter, la situación de los cristianos de Anatolia se volvió más crítica durante el reinado de Nerón, cuando el procónsul de Asia dictó un decreto según el cual se debían otorgar honores divinos al emperador romano y a los miembros de su familia. Según el decreto, se prohibía otorgar a personas que no fueran emperadores romanos, títulos tales como salvador, dios, hijo de dios, sumo sacerdote, dios manifiesto, o divino Julio. Los judíos habían quedado eximidos de la obligación de cumplir el edicto, pero no así los gentiles bautizados como discípulos de Cristo.

Los gobernantes romanos que al principio creyeron que los cristianos sólo eran una de las numerosas sectas judías, se dieron cuenta de que el movimiento no era tal, sino una nueva religión proveniente del Oriente. En el Oriente habían tenido origen varios cultos y sectas considerados peligrosos y perniciosos por el Senado. Según Winter, fue por causa del cambio de actitud de los gobernantes romanos respecto del movimiento cristiano que los líderes del movimiento, como Pablo, Pedro, Juan, y el autor de Hebreos, tuvieron consciencia de que pronto vendría un tiempo de gran peligro, sufrimiento, y persecución para las comunidades cristianas de Asia. El cambio de actitud de los gobernantes romanos pudo haber sido provocado por un evento tal como el nombramiento de un nuevo procónsul anticristiano en Asia Menor, o por la promulgación de un edicto para promover la rendición de honores divinos al emperador. También pudo haber sido el incendio de Roma, o la muerte del fiel testigo Antipas en Pérgamo (Ap 2:13). Sea lo que haya sido, los líderes interpretaron ciertos eventos recientes como presagios de un tiempo de tribulación. Por lo tanto, vieron la necesidad de preparar a las congregaciones de Asia y Acaya para seguir fieles a Cristo y no asimilarse al culto imperial en un intento por escapar de las tribulaciones que pronto vendrían (Winter 2015:212; Downing 2002:119).

El cuarto y último imperativo en el pasaje es no temer al gobernante sino honrarlo (τὸν βασιλέα τιμᾶτε). Los judíos solían honrar al emperador ofreciendo diariamente sacrificios en el templo y orando por él. En lo que fuera posible, los creyentes cristianos procuraban cumplir las ordenanzas, leyes, y costumbres que no comprometieran la confesión de su fe en Cristo. Lutero dice que el dominio y norma secular no se extienden más allá de las materias físicas y externas. Ningún rey, emperador, gobernante o funcionario eclesiástico tiene derecho a obligar a un cristiano a violentar su conciencia (2001:96).

Nótese que Pedro exhorta a los hermanos a respetar al rey, pero no a adorarlo, cosa que hacían los que no eran cristianos ni judíos. Algunos teólogos como Balch afirman que la razón principal por la que se insta a los hermanos a respetar al rey fue para evitar que fueran denunciados de ser sediciosos, revolucionarios o enemigos del imperio. Los enemigos del movimiento cristiano (judíos incrédulos, sacerdotes, comerciantes paganos, y vecinos supersticiosos) pudieron valerse de tales denuncias para justificar los ataques en contra de los hermanos y sus líderes. Fue lo que sucedió cuando los plateros de Éfeso se alborotaron en contra de Pablo y sus socios mientras estos evangelizaban la ciudad.

Muchos intérpretes creen que si la carta hubiera sido escrita alrededor de los años 63-65 dC, Pedro no habría escrito lo que escribió, pues el rey que hubiese gobernado en aquel entonces habría sido el infame emperador Nerón, el mismo que muy pronto sería responsable por la muerte de centenares de cristianos, incluyendo a Pedro y su esposa. La mayoría de los comentaristas concuerdan con que, si en aquel entonces la persecución de los cristianos de Roma ya hubiera sido un hecho, Pedro no habría exhortado a sus lectores a respetar (honrar) al emperador (τὸν βασιλέα τιμᾶτε). Lo que aconseja a los receptores de su carta es algo muy parecido a las instrucciones dadas por Pablo a sus lectores, en Romanos 13: "Todos debemos someternos a las autoridades, pues no hay autoridad que no venga de Dios. Las autoridades que hay han sido establecidas por Dios." Debe quedar claro que lo que estos textos hacen es exhortar a los cristianos a honrar el oficio del gobernante, y no necesariamente la persona de un tirano y déspota que abusa de un oficio divinamente establecido para el bienestar de los seres humanos y demás criaturas. En el Apocalipsis se califica al emperador malvado y asesino como la primera bestia.

¿ES 1 PEDRO UNA OBRA SUBVERSIVA?

Los intentos de algunos investigadores de encontrar en 1 Pedro una teología netamente antiimperialista no han prosperado. No parece haber sido uno de los propósitos del autor y sus colaboradores fomentar una rebelión en contra del imperio, como los zelotes. Los zelotes fueron un movimiento de judíos ultranacionalistas que procuraban establecer el reino de Dios por medio de la violencia. Aunque en una ocasión Pedro empuñó la espada en contra del siervo del sumo sacerdote, después renunció a la violencia y cualquier relación con movimientos subversivos. No obstante, hay elementos teológicos en su epístola que, a la larga, servirían para socavar y desestabilizar las bases filosóficas y teológicas del imperio y del culto imperial.

Aunque Pedro no fue partidario de los revolucionarios zelotes, tampoco fue un conformista dispuesto a permitir a los cristianos una participación en el culto imperial para evitar la persecución. La identificación de Roma con Babilonia, el antiguo enemigo del pueblo de

Dios, es una indicación de que, mediante su carta, Pedro indica a sus lectores a que rechacen cualquier participación en el culto imperial y en las fiestas y procesiones que celebraban la divinización del emperador. En el AT, Daniel y sus tres amigos honraron al emperador de Babilonia, pero rehusaron adorar al gran ídolo erigido por Nabucodonosor. Precisamente porque los cristianos de Anatolia se negaron a tomar parte en el culto imperial o asistir a los combates entre gladiadores y otras diversiones sangrientas, sufrieron persecución de parte de sus vecinos paganos.

Según 1 Pedro, la encarnación de Cristo señala el comienzo de los últimos tiempos. La pasión y resurrección de Cristo son los eventos que ahora marcan el desenvolvimiento de la historia hasta el día del juicio final. Alrededor del año 9 aC el cónsul romano de la provincia de Asia, Paullus Fabius Maximus, logró que el Concilio de Asia reorganizara el calendario de las ciudades de Asia a fin de que tuviera su eje en el cumpleaños del dios Augusto César. La nueva fecha, el 23 de octubre, determinaría las celebraciones de las fiestas y cultos imperiales, y también la fecha de la instauración de los ministros del gobierno. El cambio de calendario tuvo como finalidad celebrar las buenas nuevas (evangelio) del nacimiento de Augusto César como deidad y salvador del mundo, y de legitimar el imperialismo romano en las ciudades en que se encontraban los destinatarios de 1 Pedro. Pedro, sin embargo, instruye a los cristianos a encontrar una esperanza nueva, no en los templos de Roma o Augusto, sino en el nuevo templo del cual Jesucristo es la piedra principal. Los lectores de 1 Pedro reciben el llamamiento de conformar sus vidas a la de Cristo. Las verdaderas buenas nuevas no descansan sobre el establecimiento del imperio de Augusto, sino en el reino escatológico de Jesucristo (Horrell 2016:263-276). Hay quienes creen, erróneamente, que en 1 Pedro se insta a los cristianos a mantener un perfil bajo y a no hacer nada que llame la atención sobre sí mismos, a evitar en lo posible cualquier contacto con sus vecinos paganos, y a vivir como si fueran una comunidad monástica dentro de la polis. Ciertos eruditos afirman que los primeros cristianos siguieron el ejemplo de los epicúreos de abstenerse de los cargos públicos y de la participación en la vida civil. Afirman que Pedro aconseja no provocar a los paganos con sus predicaciones evangelizadoras para evitar la posibilidad de una persecución. Pero según nuestra opinión, tal apreciación es errónea. Jesús llamó a sus discípulos a hacer brillar su luz ante los hombres, y a no esconderla debajo de un cajón (Mt 5:16). En la memoria de la iglesia de Cristo, Pedro es uno de los grandes misioneros de la iglesia primitiva; y uno de los propósitos principales que lo motivó a escribir su carta fue animar a los destinatarios a no desistir de ejercer su misión como linaje escogido y real sacerdocio. A pesar de las persecuciones, sufrimientos, y peligros los hermanos tienen el llamado de testificar ante los que todavía viven en las tinieblas.

LOS CRISTIANOS LLAMADOS A PROCURAR EL BIEN DE LA CIUDAD

Los primeros cristianos no siguieron el ejemplo de los epicúreos, sino que junto con Pedro y los destinatarios de su carta siguieron el programa descrito por el profeta Jeremías (Jr 29). Jeremías 29 es una carta abierta a los israelitas llevados cautivos por los babilonios y que ahora se encontraban en la diáspora. El profeta no les pide que procuren la destrucción de Babilonia, lo que sí hacían otros grupos étnicos también cautivos. El profeta exhorta a los cautivos israelitas de la dispersión a ser una bendición para los demás habitantes de la ciudad. Los destinatarios de 1 Pedro también tienen el llamamiento a ser una bendición para la polis porque son peregrinos elegidos (1 P 1:1). Como a los cautivos israelitas de Babilonia, así se exhorta a los forasteros cristianos de Anatolia y otras partes, a bendecir y no maldecir. No están llamados a alejarse de la vida civil, sino del estilo de una vida pecaminosa que caracterizó a la mayoría de las ciudades del imperio. Tanto para el profeta Jeremías como para el apóstol Pedro, la parusía, el futuro retorno a la ciudad santa, no es una excusa para no tomar parte en las buenas obras a favor de la ciudad, dondequiera se encuentre. Los cristianos dispersos por el mundo tienen una vocación que cumplir en la familia, en la iglesia, y en la ciudad. Se espera de ellos que cumplan con toda ley humana que no viole la ley divina. Ellos no se separan de la sociedad a pesar del maltrato que con frecuencia reciben y a pesar de las falsas acusaciones en su contra.

LOS CRISTIANOS DE ANATOLIA NO SE REUNÍAN EN SECRETO

Hubiera sido sumamente difícil para los hermanos esconder sus creencias y celebraciones de los sacramentos de sus vecinos y familiares no cristianos. Muchos de los habitantes del Imperio Romano vivían amontonados en pequeños apartamentos de tres, cuatro, y hasta cinco pisos llamados *insula*, donde prácticamente no había vida privada. Lo que se hacía o proclamaba en las reuniones celebradas en un apartamento, una tienda, un taller o un espacio público, lo podían oír y hasta ver muchas otras personas del vecindario (*vicus*). De esta manera los que visitaban las reuniones de los cristianos quedaban influidos por la proclamación del evangelio y convertidos a la fe. Lo mismo sucedía cuando los hermanos se reunían en una zona rural donde las casitas de los habitantes se encontraban muy cercanas entre sí. Se podía ver y escuchar que lo que pasaba en el patio de una casa era que se celebraba un culto cristiano. Fue para no confundir a vecinos, visitantes, e invitados, que Pablo recomienda a los corintios que en sus reuniones comuniquen un mensaje claro y comprensible (Last 2016:399-425), de lo contrario podrían ser considerados locos por los observadores y visitantes (1 Co 14:23). Durante mis años como pastor en Venezuela noté que los "cultos de barrio" o de vecindad fueron un medio eficaz para alcanzar a los no creyentes con el mensaje de Cristo.

Si los primeros cristianos se apartaron de ciertas actividades cívicas, no fue por ser antisociales, o porque no tuvieran interés en contribuir al bienestar de la ciudad, sino porque no quisieron contaminarse con la idolatría. Los primeros cristianos procuraron el bien de la ciudad con sus buenas obras, y no mediante su participación en fiestas, competencias, y banquetes en que se adoraba a los dioses romanos.

Un respetado historiador de la era patrística opina que las cuatro exhortaciones de 1 Pedro 2:17 contribuyeron positivamente al desarrollo del movimiento cristiano en la era patrística, pues guiaron a las comunidades y líderes de la iglesia en sus relaciones con el Imperio Romano. Es evidente del relato del martirio de Policarpo –a quien quemaron vivo en 155 aC– que el mártir conocía 1 Pedro e hizo alusión al capítulo 2:17 en su defensa ante el gobernador. De las doce alusiones a 1 Pedro en la Carta de Policaro a los filipenses se deduce que éste conocía bien el contenido de 1 Pedro. En un relato que refiere la muerte de los mártires de Scillium, en el año 180, los siete hombres y cinco mujeres que fueron ejecutados respondieron a las preguntas del gobernador con palabras que parecen ser un eco de 1 Pedro 2:17. Una de las mujeres, Donata, declaró que los cristianos honran al césar, pero temen solamente a Dios. La repuesta de Donata y los demás mártires, pone de manifiesto que no sólo conocían el contenido de 1 Pedro, sino que tomaron a pecho las exhortaciones del apóstol. En respuesta a la ola de persecuciones de principios del siglo tres, Tertuliano aludió a 1 Pedro 2:17 y exhortó a los cristianos perseguidos de África del Norte a honrar al emperador, pero a temer solamente a Dios aunque les costara la vida (Wilken 2014:348-352).

CÓDIGO DE LA VIDA DOMÉSTICA – *HAUSTAFEL* – 1 PEDRO 2:18-3:11

Una de las secciones más discutidas de 1 Pedro tiene que ver con las responsabilidades familiares de la comunidad cristiana, especialmente las de los creyentes más vulnerables: los esclavos de amos paganos y las esposas de maridos incrédulos. En la antigüedad tales listas de deberes familiares gozaban de gran popularidad entre los judíos, los cristianos, y los filósofos. Las exhortaciones a los esclavos y las mujeres se encuentran no sólo en 1 Pedro sino también en Colosenses 3:18-4:1 y Efesios 5:21-6:9. En las demás listas de deberes familiares hay también instrucciones para padres, hijos, esposas, célibes, y amos de esclavos. Los investigadores se refieren a las listas de deberes como el "Código de la vida doméstica" o con el término alemán *Haustafel*, esto es, una tabla con una lista de deberes domésticos para cada miembro de la familia. Se cree que el primer teólogo en señalar tales listas con la palabra alemana *Haustafel* fue Martín Lutero, quien en su *Catecismo Menor* insta a cada cristiano a vivir de acuerdo con las responsabilidades que corresponden a su posición dentro de la familia y el estado civil (Elliot 2000:504-505). Para los filósofos griegos tales tablas debían promover una armoniosa administración de la familia y la *polis* y, a la vez, ayudar a desarrollar el carácter del individuo. En 1 P 2:12, el apóstol exhorta a los destinatarios de su carta a mantener la buena conducta de acuerdo con su vocación o situación en la vida. En el llamado "código doméstico" el apóstol ofrece a sus lectores algunos ejemplos de buena conducta.

En su libro *La República*, (*Politeia*) Platón abordó el tema del gobierno de la familia y la *polis*. Según la obra, la buena marcha de una casa depende de tres relaciones importantes: la relación amo/esclavo, la relación esposo/esposa, y la relación padre/hijo. La casa puede mantenerse y prosperar si cada uno cumple con su deber como padre, esposa, hijo, esclavo o sirviente. Se hizo necesaria la elaboración de las tablas domésticas, para dar a conocer a cada uno sus responsabilidades. En la familia de Cristo cada creyente tiene el llamado de cumplir con su vocación de acuerdo con los dones espirituales que haya recibido. Al emplear los dones espirituales para la gloria de Dios y el bienestar del prójimo, la iglesia lleva a cabo su misión específica en el mundo y se defiende de los ataques del maligno (Arnold 2010:369-371).

Están los que creen que la elaboración de la *Haustafel* se originó con Aristóteles, uno de los discípulos de Platón. En sus escritos sobre la constitución de la familia y la *polis*, Aristóteles discutió la relación que debe existir entre esposo y esposa, entre amos y esclavos, y entre padres e hijos. Son los mismos grupos que aparecen en los códigos domésticos bíblicos, especialmente en el de Colosenses. Reconocer cuáles son las responsabilidades de cada grupo fue, para Aristóteles, fundamental para la constitución de una sociedad sana. Destacó, sobre todo, que a los gobernantes hay que enseñarles a gobernar (Balch 1981:33). Las ideas de Aristóteles fueron preservadas y elaboradas por los filósofos peripatéticos. Algunos investigadores del NT creen que la *Haustafel* de los filósofos grecorromanos fueron modificadas por los líderes cristianos como Pedro y Pablo para su uso en las comunidades cristianas primitivas (Bauman-Martin 2004:254-270).

También es posible que hayan sido judíos helenizados, como Filón de Alejandría, quienes elaboraron las primeras tablas de deberes. En los últimos años ha habido innumerables debates acerca del motivo para la inclusión de las *Haustafeln* en el NT. Hubo muchas críticas en contra del uso de estas en la iglesia proveniente de teólogos feministas que las consideraron deshumanizadoras, demasiado patriarcales, y antifeministas. En particular censuraron los consejos dados por Pedro a las esposas cristianas que sufrían persecución de parte de sus esposos y otros miembros incrédulos de su familia. Ante tales críticas hay que recordar que la inclusión de las tablas domésticas en el NT es para exhortar a todos los cristianos a sujetarse los unos a los otros en amor (Ef 5:21). Esto es posible porque los hermanos, hermanas, y niños cristianos han recibido el Espíritu y, por lo tanto, viven por el Espíritu.

Los misioneros cristianos encontraron tablas de deberes semejantes a los códigos domésticos del NT en muchas otras sociedades. Los códigos de conducta procuran mantener una sociedad en la que todos puedan vivir en paz y armonía. La gran diferencia entre la fraternidad cristiana y otras sociedades es que los miembros de la familia de Cristo recibieron el Espíritu Santo. El problema radica en que, en los códigos de conducta de muchas sociedades paganas, falta el poder para que las personas cumplan con sus propias leyes, tradiciones, y costumbres. Una de las bendiciones más grandes que el evangelio ofrece a tales sociedades es el Espíritu Santo, por medio de quien el pueblo recibe el poder de establecer una sociedad más justa, humana, e igualitaria.

Las semejanzas entre muchos de los elementos de los códigos domésticos y las enseñanzas de la iglesia primitiva nos recuerdan que hay verdades teológicas, como por ejemplo la existencia de Dios y la ley moral, que se llegan a conocer sin una revelación sobrenatural. Los seres humanos no necesitan una Biblia para saber que Dios existe y que es posible relacionarse con él. Hay verdades teológicas que se descubren por la ciencia, la filosofía, y lo que algunos llaman teología natural. En casi todas las sociedades humanas, la existencia del conocimiento natural de Dios puede y debe servir como un puente entre la iglesia y el mundo pagano. Tanto los filósofos griegos como los profetas del AT afirmaron que no sólo existe una teología natural, sino también una ley moral (Barton 2016:264-274). El evangelizador cristiano, siguiendo ejemplo de Pablo de Hechos 17, puede aprovechar esa ley moral para iniciar un diálogo con los pensadores paganos, a fin de hacerles ver que solamente en Cristo y con el don de su Espíritu, los seres humanos logran la justicia a la que apuntan tanto la moral como también los sueños utópicos de una humanidad deshumanizada.

2:18 Ustedes los criados, muéstrense respetuosos con sus amos; no sólo con los que son buenos e indulgentes, sino también con los que son difíciles de sobrellevar.

A diferencia de todos los códigos domésticos elaborados por autores paganos, que hablan acerca de los esclavos, Pedro se dirige directamente a ellos y les habla como a hermanos de sus dificultades y sufrimientos como cristianos al servicio de amos paganos. Al dirigirse a ellos directamente, Pedro da a entender que los esclavos no son simples herramientas en manos de sus amos y después descartables; no, son agentes morales, creados a la imagen de Dios, capaces de razonar y actuar con la guía del Espíritu Santo. En vez de desprecio por ser esclavos de los hombres, los criados cristianos merecen honra por ser servidores de Dios, su verdadero amo. Todos los libros del NT enseñan que los creyentes, tanto ricos como pobres, hombres como mujeres, son esclavos del Cristo quien se hizo hombre y sufrió la muerte de un esclavo para librarnos de la esclavitud del pecado, la muerte, y los poderes de la oscuridad. Dios nos hizo libres en nuestro Bautismo a fin de ser esclavos de Dios y los unos de los otros (Nordling 2016:150).

En Romanos 6:22 San Pablo dice a sus lectores: "Pero como ya han sido liberados del pecado y hechos siervos (esclavos) de Dios, el provecho que obtienen es la santificación, cuya meta final es la vida eterna." En pocas palabras, por medio de su Bautismo cada creyente ha sido llamado a ser esclavo de todos sus hermanos y hermanas en Cristo. En su famoso tratado sobre la libertad cristiana, (1520), el joven reformador Martín Lutero escribió: "El cristiano es libre señor de todas las cosas y no está sujeto a nadie. El cristiano es servidor de todas las cosas y está supeditado a todos" (1967:246).

En sus instrucciones a los esclavos, Pedro no dice ni insinúa siquiera por un instante, que uno hubiera llegado a ser esclavo por su mal karma. En muchas sociedades orientales creían, y todavía creen, que el destino de uno es ser esclavo por cosas que ocurrieron en una reencarnación previa. Hay sociedades en las que todavía se enseña a los esclavos a aceptar pasiva y tranquilamente la vida dura y vergonzosa de esclavitud, porque es lo que han determinado los dioses. Hubo filósofos griegos que enseñaron que los dioses habían predestinado a algunos a ser amos y a otros esclavos, lo mismo que algunos nacieron para ser opresores y otros oprimidos. Con argumentos semejantes los conquistadores trataron de justificar la explotación de los indígenas de América Latina. Con tales doctrinas las elites dominantes convirtieron la religión en opio de las masas, o sea, en una ideología cuya finalidad es justificar la explotación de los marginados de parte de los poderosos. En ningún momento sugiere Pedro que Dios estableció la esclavitud. El matrimonio sí fue una institución ordenada por Dios, pero no la esclavitud (Schreiner 2003:136). En 1 Pedro 2 no se exhorta a los esclavos y criados a sujetarse a sus amos porque Dios haya establecido en el principio dos clases de seres humanos: los amos y los esclavos. La razón por la cual Pedro insta a los esclavos cristianos a sujetarse a sus amos es la de ganar a sus amos para Cristo al brindarles un modelo de obediencia, fidelidad, y amor. La mejor manera de ganar a los amos incrédulos para el Señor es por una conducta basada en el modelo que nos dejó Cristo.

LA ESCLAVITUD EN LA ANTIGÜEDAD ERA DIFERENTE DE LA ESCLAVITUD DE AMÉRICA LATINA

Los sufrimientos y la persecución de los hermanos cristianos fueron particularmente problemáticos y onerosos para los esclavos, o trabajadores, que vivían sometidos a la voluntad de amos incrédulos. Pedro no emplea la palabra griega *doulos* para referirse a un esclavo, sino *oiketai*. Este término se usaba para nombrar a los siervos domésticos de ambos sexos, esto es, los que prestan servicios en una casa de familia. Sería una equivocación asumir que la institución de la esclavitud de la antigüedad fue casi igual a la esclavitud de la historia de América Latina. En los días del NT la mayoría de los artesanos, labradores, maestros, secretarios, médicos, y otros profesionales, eran esclavos. Como tales tenían, en muchos casos, una preparación académica superiora la de sus amos. En la época del colonialismo, tanto en el norte como en el sur de América, los amos prohibían a sus esclavos aprender a leer y escribir. En el Imperio Romano la esclavitud no dependía del racismo. En tiempo del NT muchos de los esclavos eran galos, o sea, bárbaros que tenían una piel blanca como la leche. Los historiadores romanos cuentan de esclavos que ocupaban altas posiciones en el gobierno imperial, y de otros que hasta tuvieron esclavos propios. Había personas que, por haber contraído enormes deudas, se vendían a sí mismas como esclavos a fin de conseguir el dinero para pagar sus deudas y después vivir protegidos por un amo bueno e indulgente, como los que se mencionan en el pasaje de 1 Pedro.

Se sobrentiende que algunos de los destinatarios de la carta son esclavos que prestan servicios en la casa de un amo cristiano, uno que no solo es su patrón, sino también su hermano en el Señor. En su exhortación a los esclavos Pedro los insta a mostrarse respetuosos hacia sus patrones cristianos. Un esclavo cristiano podría estar tentado de sacar provecho de su patrón, pensando que, por ser miembros de la misma iglesia, tendría el derecho de desatender sus responsabilidades. Ser trabajador de un amo o empresario cristiano no es una excusa para no cumplir cabalmente con sus deberes. Ser cristiano no le da a un esclavo el derecho de rebelarse o robarle a su amo. El cristiano tiene el llamado de glorificar a Dios con el esmero con que cumple sus obligaciones. El esclavo cristiano no debe pensar que su patrón cerrará un ojo ante un trabajo mal hecho porque además de ser buena gente el amo es miembro de su iglesia. Todo trabajo tiene que ser hecho para Jesucristo. En la óptica del NT, el trabajo del obrero cristiano debe estar tan bien hecho como si tuviera que ser presentado y entregado a Dios, sin avergonzarse (Barclay 1974:245).

Bien sabemos que no todos los amos son buena gente. Se entiende también que el apóstol Pedro reconoce que muchos de los lectores de su carta estaban a las órdenes de un amo incrédulo, y no a las de un amo cristiano como Filemón, el amo de Onésimo. En ninguna parte de su carta Pedro se dirige a cristianos amos de esclavos, como lo hace Pablo en algunas de sus epístolas (Col 4:1; Ef 6:9). Quizá se deba a que entre los destinatarios de la carta de Pedro había pocos amos de esclavos. Nótese que en las instrucciones que Pedro da se considera a los esclavos miembros íntegros de la comunidad cristiana. No están excluidos de la hermandad por su estatus social, como hubiera sido el caso en otras partes del mundo, donde no se permite a los de las castas inferiores pisar un recinto sagrado. Debe quedar claro que en 1 Pedro los esclavos y las mujeres, tan despreciados en otras sociedades, son piedras vivas de una casa espiritual, miembros de un sacerdocio sagrado, pueblo escogido y santo.

Sin lugar a duda, a los esclavos y criados se los exhorta a respetar a sus amos, para que las autoridades no interpretaran que las iglesias cristianas representaban un movimiento revolucionario que contemplaba el uso de la violencia para liberar a los esclavos, algo similar a lo que ocurrió cuando un ejército de esclavos se alzó en contra de sus amos, dirigido por el gladiador Espartaco. El mal trato que sufre un esclavo no justifica actos de venganza en contra del amo y los de su casa. Los cristianos tienen el llamado de transformar la sociedad por medio del amor, y no por una revuelta sangrienta. Pedro recuerda que Jesús le había ordenado envainar la espada. Cualquier acto de violencia de parte de los esclavos cristianos podría dar a sus opositores el justificativo para extirpar totalmente el movimiento cristiano (Ramsay 1954:281-283).

LA ESCLAVITUD BRINDÓ A LOS ESCLAVOS LA OPORTUNIDAD DE GANAR A SUS AMOS PARA CRISTO

Pedro exhorta a los esclavos a no lamentar su condición, sino a aceptarla como una oportunidad de ganar a sus amos para Cristo mediante sus trabajos bien hechos y su fidelidad, y especialmente por su fe en Cristo. Hay muchos ejemplos en la historia del crecimiento del cristianismo que relatan que los esclavos cristianos fueron agentes instrumentales en la conversión de sus amos. Uno de estos fue San Patricio, que llegó a ser nombrado el santo patrón de Irlanda. Siendo joven, Patricio fue raptado de su hogar en Gales, llevado a Irlanda y vendido como esclavo. Después de escapar de Irlanda, Patricio se fue a Francia, donde se dedicó a estudiar las Escrituras. Pero en una serie de visiones recibió el llamado de regresar a Irlanda como misionero entre los irlandeses. Obediente al llamado de Cristo Patricio logró que muchos reyes y caciques irlandeses abrazaran la fe de Cristo. Otro esclavo cristiano, Ulfilas, esclavizado por los godos, tradujo las Sagradas Escrituras del griego al godo, y de esta manera abrió la puerta para la conversión de los godos. Los años que pasaron Patricio y Ulfilas como esclavos les brindaron la oportunidad de liberar a miles de personas de la oscuridad en que vivían. Aun esclavizados, Patricio y Ulfilas y muchos otros cristianos, tuvieron la oportunidad de guiar a tantos paganos a los brazos de Cristo (González 2010:74; Neill 1964:55).

Ni en 1 Pedro, ni en los demás libros del NT, se encuentra una declaración que exija la abolición total de la esclavitud. El afán de ganar a otros para la causa del evangelio tuvo, para Pedro, precedencia en la abolición de la esclavitud. Por lo que sabemos, los únicos movimientos de la época que prohibieron el establecimiento de la esclavitud fueron los Esenios de Qumran y los miembros de la secta judía de los Terapeutas de Egipto (Nordling 2016:237). Lo que a la larga indujo a muchas naciones a declarar la abolición de la esclavitud fue la proclamación del evangelio, y fundamentalmente la doctrina que asevera que todos los seres humanos son creados a la imagen de Dios. El hecho de que Pedro se dirija directamente a los esclavos de en medio de sus destinatarios, nos muestra que para él los esclavos son seres humanos, una creación responsable, personas destinadas para la vida eterna (Goppelt 1993:193). Según William Barclay (1974:244), "la levadura del cristianismo tuvo que trabajar en el mundo durante varias generaciones antes de que la abolición de la esclavitud se volviese una posibilidad práctica.

Según las normas de la sociedad grecorromana, el esclavo debía reverenciar a los mismos dioses que adoraba su amo. Los esclavos no tenían derecho a escoger la religión y los dioses de su preferencia. Como reconoce Pedro, algunos amos paganos fueron buenos e indulgentes con sus sirvientes, y les permitieron reunirse con otros creyentes en sus celebraciones del día de reposo. Otros amos, en cambio, tenían mal genio. Según la ley, los cuerpos de los esclavos se consideraban propiedad del amo, al que se le permitía abusar sexualmente tanto de mujeres como hombres y niños. Muchos hispanos, por haber leído novelas tales como *La Esclava Isaura,* saben del maltrato que tuvieron que sufrir los esclavos.

EL ESCLAVO CRISTIANO TIENE EL LLAMADO DE RESPETAR A SU AMO, NO ODIARLO

Seguramente muchos esclavos cristianos estuvieron tentados a odiar a sus amos y abrigar en sus corazones deseos de venganza.

Además, también habrán sido tentados a ser negligentes y descuidados en el desempeño de sus obligaciones y hasta a robar dinero y otras pertenencias de sus amos, tal como hizo Onésimo, el esclavo de Filemón. El término griego que Pedro emplea para identificar al amo de mal genio es σκολιοῖς, la misma palabra usada en Lucas 3:5 para describir un camino torcido. La palabra también define una persona perversa y sin escrúpulos, capaz de emplear la violencia para hacer la vida de un esclavo casi imposible de soportar (MacDonald 2014:95). En vez de alentar a los criados cristianos a maldecir a tales amos, o rogar que sean juzgados de acuerdo con el refrán que pide ojo por ojo y diente por diente, Pedro los anima a cumplir cabal y gozosamente sus tareas, como lo hizo José cuando fue esclavo de Potifar. Aunque difícil, es una manera eficaz de testificar de Cristo. En la literatura grecorromana de la época, se solía definir a los esclavos como flojos, deshonestos, y engañosos. Lo que Pedro quiere es que los criados cristianos se diferencien de los esclavos no creyentes para así mostrar a sus amos el poder que tiene el Espíritu de transformar las vidas de las personas (Balch 1981:115, 180; Schreiner 2003:130).

En el año 61 el cónsul romano Lucio Pedanio Secundo fue asesinado por uno de sus esclavos. Al no saber cuál de ellos había dado muerte al amo, se decretó que los 400 esclavos que trabajaban en la casa del cónsul fueran quemados vivos. A pesar de las protestas del pueblo, el edicto fue ratificado por el emperador y, de esta manera, la sentencia se cumplió. El incidente sirve para ilustrar que un acto de venganza de un esclavo podía perjudicar a todos sus compañeros de trabajo. Una acción tal de parte de un esclavo cristiano podía redundar en la muerte de todos los esclavos cristianos de la *polis*.

2:19 El soportar sufrimientos injustos es digno de elogio, si quien los soporta lo hace por motivos de conciencia delante de Dios.

El apóstol continúa hablando con los hermanos esclavos. Los sufrimientos que estos padecen son el resultado de anteponer la voluntad de su amo celestial a la del amo terrenal. A un esclavo cristiano se lo podía golpear, azotar, torturar, y hasta crucificar, por rehusarse a rendir culto a los ídolos que veneraba su amo. Podía ser castigado por reunirse con otros cristianos para adorar a Cristo. Podía ser sometido a maltratos por no complacer los apetitos sexuales de su amo. Por motivos de conciencia, un esclavo cristiano tenía que sufrir todo antes que tomar parte en actividades que pudieran considerarse idolatría, fornicación o blasfemia. Es bien sabido que algunos amos de esclavos solían justificar el abuso sexual de niños de ambos sexos aduciendo un derecho que les correspondía como propietarios. Hay investigadores que creen que las palabras de Jesús de Marcos 9:42 van dirigidas a tales personas: "A cualquiera que haga tropezar a uno de estos pequeñitos que creen en mí, más le valdría que le colgaran al cuello una piedra de molino, y que lo arrojaran al mar."

SUFRIR POR CAUSA DE CRISTO ES UN HONOR, NO UNA VERGÜENZA

El sufrimiento de los esclavos por la causa de Cristo no debe considerarse una vergüenza, sino un honor, algo digno de elogio. Las primera tres palabras de 1 Pedro 2:19 en griego son τοῦτο γὰρ χάρις, "eso es gracia." En las epístolas de Pablo el término "gracia" (χάρις) normalmente se refiere al amor y la misericordia inmerecida que Dios nos concede a nosotros, pecadores. El término "gracia", en el pasaje que estamos viendo, corresponde a otro significado de la palabra, a una acción humana que es digna de elogio y recompensa (Brox 1994:179-180). O sea, sufrir por causa de Cristo no debe considerarse una vergüenza, sino un acto inspirado por el Espíritu Santo, un acto digno de elogio, un honor. El sufrimiento por causa de Cristo es digno de elogio solamente cuando el esclavo sobrelleva los padecimientos sin rencor, odio o deseos de venganza. Al soportar el maltrato, el esclavo fijará su atención en las heridas de Cristo, y no en cómo vengarse (Bauman-Martin 2004:253-279). En 1 Pedro la capacidad de sobrellevar el sufrimiento con paciencia, fe, y sin rencor, es un carisma, un don de gracia, un don del Espíritu Santo. Tal don, por lo tanto, debe ser motivo de gozo y júbilo; es parte de la esperanza viva que revivió en los hermanos.

En este pasaje, la palabra "consciencia" no debe entenderse como una facultad moral interior, como enseña la sicología moderna, sino como la sensibilidad hacia la voluntad divina respecto de nuestra conducta en su totalidad. Una persona consciente toma en cuenta la voluntad y presencia de Dios en todo lo que hace (Elliot 2000:519). El cristiano consciente recuerda siempre que el Espíritu lo hizo una persona nueva mediante el Bautismo. En todo momento está consciente de que ya no es la misma persona que antes, sino un hijo de Dios llamado a la obediencia y la santidad. Este concepto de conciencia es uno de los temas claves de 1 Pedro que siempre está presente en todas sus exhortaciones morales (Senior 2003:75).

2:20 Porque ¿qué mérito hay en soportar malos tratos por hacer algo malo? Pero cuando se sufre por hacer el bien y se aguanta el castigo, entonces sí es meritorio ante Dios.

La RVC traduce la frase (τοῦτο χάρις) con las palabras "es meritorio". Otras versiones prefieren traducir (τοῦτο χάρις) con la frase "eso es gracia". La idea que se comunica con esta expresión es que los maltratos que uno sufre por sus malas acciones no son dignos de elogio ante Dios. No todo sufrimiento es inmerecido. Lo que sufren los hermanos por hacer el bien sí es digno de elogio (τοῦτο χάρις), porque es una obra del Espíritu Santo en la vida del cristiano que sufre injustamente por su amor al Señor, quien sufrió tanto por nosotros. Y es justamente porque Cristo sufrió por nosotros, que los verdaderos cristianos se sienten impulsados a amar a Cristo hasta el punto de sobrellevar el sufrimiento y la muerte. Los que sufren por Cristo no esperan obtener méritos o recompensas, sino que lo hacen por amor. Al llamar "digno de elogio" al esclavo que antepone la voluntad de Cristo a la de su amo terrenal, el autor sagrado justifica, de hecho, la desobediencia del esclavo y también la de la esposa cristiana cuyo marido es incrédulo. Tal justificación no la hubiera aprobado ningún filósofo o moralista pagano (Barclay 2016:252).

En vez de aconsejar a los esclavos cristianos a que huyan o sigan el ejemplo de Espartaco, Pedro los exhorta a imitar el ejemplo de Cristo, quien también fue humillado, despreciado, burlado, torturado, y que sufrió la muerte en la cruz como un esclavo condenado. Lo que llevó a Cristo a identificarse con los esclavos y morir como uno de ellos fue su amor por con todos los seres humanos que vivían en la oscuridad. En 1 Pedro se exhorta a los esclavos a reflejar el amor de Cristo en sus vidas, y así lograr incluso la conversión de quienes los oprimen. Pero al exhortarlos a imitar a Cristo, Pedro no certifica que obtendrán la gracia divina por sus sufrimientos. Gozamos del perdón, los dones del Espíritu, y la herencia prometida, no en virtud de lo que sufrimos como cristianos, sino por medio el sacrificio de Cristo. Sufrimos por él, porque él sufrió por nosotros. No por soportar sufrimientos injustos logramos cambiar nuestro destino o el mal karma por uno mejor. La esperanza viva no es el producto de nuestra imitación de Cristo, sino la verdad de que Cristo tomó sobre sí mismo lo que algunos llaman nuestro mal karma, pero lo que los teólogos llaman expiación, y que Pedro describe con las palabras: "Cristo sufrió en nuestro lugar" (Χριστὸς ἔπαθεν ὑπὲρ ὑμῶν).

La preposición griega ὑπὲρ significa "a favor de" o "en lugar de". Lo que Pedro acentúa es que Jesús padeció por nosotros y en lugar de nosotros. Al tomar la copa en la primera celebración de la Santa Cena junto con sus discípulos, Jesús manifestó: "Esto es mi sangre del nuevo pacto que para muchos (ὑπὲρ) es derramada." Jesús no padeció por sus pecados, sino por los nuestros. No padeció solamente por nuestras culpas, sino para librarnos de la esclavitud a la cual nos tenían sujetados nuestros pecados.

A diferencia de las cartas de Pablo, quien prefiere decir "Cristo murió por nosotros", Pedro prefiere hablar de Cristo "que padece (la muerte) por nosotros" (ἔπαθεν). En varios pasajes de los evangelios sinópticos y el libro de los Hechos se habla también de la muerte de Jesús por nosotros como "una pasión" (Lc 24:15; 24:16; Hch 1:3; Heb 9:26). Se debe notar que los pasajes de los evangelios que hablan de la pasión de Cristo son descripciones de su sufrimiento y muerte, en cambio en 1 Pedro el autor se enfoca en el significado de la pasión (Goppelt:1993:208).

LA SEGUNDA FÓRMULA CONFESIONAL: 1 PEDRO 2:21-25

2:21 Y ustedes fueron llamados para esto. Porque también Cristo sufrió por nosotros, con lo que nos dio un ejemplo para que sigamos sus pasos.

El himno o fórmula confesional de 1 Pedro 2:21-24 tiene por centro la pasión de Cristo hombre. No se alude expresamente a la resurrección del Señor (Gnilka 1998:445). En la confesión se destacan cuatro declaraciones doctrinales: (1) quien no conoció pecado; (2) en cuya boca no se encontró engaño; (3) que cargó con nuestros pecados; (4) por sus llagas hemos sido curados. Es evidente que la confesión de fe alude a Isaías 53, en que se describen los sufrimientos del Siervo del Señor. Las alusiones a Isaías 53, que son parte de este credo, ayudan a comprender e interpretar los sufrimientos de Jesús. En primer término, los padecimientos de Cristo subrayan que por su sufrimiento el Señor nos ganó la salvación. En segundo lugar Pedro ayuda a interpretar el significado de nuestros propios sufrimientos, teniendo en cuenta la manera en que Cristo sufrió en su ministerio terrenal (Gnilka 1998:445).

¿Cómo recibieron los destinatarios de la carta el llamado a soportar sufrimientos y aflicciones por causa del Señor? Según Kelly (1969:118), es posible que aquí se tenga una alusión al bautismo de un grupo de nuevos creyentes; o sea que en la liturgia del Bautismo el nuevo creyente obtuvo el llamado a ser fiel a Cristo, aunque tuviera que sufrir injustamente por la confesión de su fe. En algunas iglesias todavía se pregunta a los que se presentan para ser bautizados, lo siguiente: "¿Estás preparado para sufrir todo, hasta la muerte, antes de negar a tu Señor?" La respuesta a tal pregunta es: "Sí, con la ayuda de Dios." Aunque no se admita una conexión del pasaje con la liturgia del Bautismo, debe reconocerse que los creyentes tienen el llamado al sufrimiento por su fe y el ejemplo de Cristo.

Es evidente que Pedro se dirige a los cristianos que sufren persecución. Esta debe entenderse con referencia a la pasión de Cristo. En efecto, aquí y en otras partes Pedro desarrolla una cristología de la pasión. Según anotamos arriba, muchos autores han calificado a 1 Pedro 2:21-24 un canto a la pasión. Pedro interpreta el cuarto canto de Isaías 53 cristológicamente, es decir, como una profecía que encontró su cumplimiento en la pasión de Cristo. Las palabras "por nosotros" dan a entender que la pasión de Cristo tuvo una función expiatoria; nos libra de culpa. El amor de Jesús por nosotros es lo que nos lleva a sufrir por él.

Al enfatizar que en su pasión y muerte Cristo no opuso resistencia a su destino se subraya la obediencia a su misión. Al cumplir esta como el Hijo obediente a la voluntad del Padre, Jesús fue hallado sin pecado. Al reflexionar sobre el pasaje, debemos tener en cuenta que Pedro interpreta a Isaías 53 no sólo cristológica, sino también eclesiásticamente. En otras palabras, Isaías describe el modo como Cristo sufrió, y también que la iglesia tiene el llamamiento a mantenerse fiel en medio de sus sufrimientos sin rebelarse contra Dios. Niegan su fe los que, como Pedro en el patio del sumo sacerdote, procuran sortear el deber de tomar la cruz y seguir al Señor. Al sufrir por nosotros Cristo nos dejó un modelo, camino o patrón (ὑπογραμμόν) a seguir.

En el transcurso de los siglos los cristianos han discurrido acerca del modo con que los sufrimientos de Jesús deben servirnos de ejemplo. A base del presente pasaje y otros similares, muchos pensadores cristianos han escrito tratados, meditaciones, y libros sobre el tema de "la imitación de Cristo". Hubo cristianos que opinaban, equivocadamente, que nos toca imitar los sufrimientos de Cristo imponiéndonos una serie de mortificaciones de la carne; o sea, que debemos castigarnos con ayunos, largas y peligrosas peregrinaciones y flagelando o mutilando nuestros propios cuerpos, como hacían los flagelantes o penitentes de España, México, y el Suroeste de los Estados Unidos. Para otros, tomar la cruz significaba renunciar al matrimonio, al vino o al consumo de toda clase de carne. Para muchos otros, la imitación de Cristo quería decir hacerse miembro de una comunidad monástica. Según las Escrituras, no estamos llamados a infligirnos sufrimientos con el fin de hacer restitución por nuestras faltas o ganarnos la bendición de Dios. No nos toca a nosotros escoger el sufrimiento; antes bien, el sufrimiento nos es dado desde afuera. La cruz de Cristo que habremos de cargar nos es impuesta por el llamado de aquél que dijo: "tome su cruz, y sígame" (Goppelt 1993:206). Nuestra cruz es todo lo que sufrimos por confesar a Cristo y renunciar a la idolatría y a la manera de vivir de la presente generación malvada y adúltera.

Muchos investigadores del NT han observado las semejanzas entre las palabras de Pedro con lo escrito en el último capítulo de la carta universal de Santiago. Santiago recuerda a sus lectores el ejemplo de sufrimiento y de paciencia de los profetas que hablaron en el nombre del Señor, mientras que Pedro les recuerda a los suyos el modo con que Cristo soportaba con paciencia sus sufrimientos: "Recuerden que nosotros consideramos dichosos a los que pacientemente sufren. Ustedes ya han sabido de la paciencia de Job, y saben también cómo lo trató el Señor al final, porque él es todo compasión y misericordia" (Stg 5:11). Es posible que las cartas de Santiago y 1 Pedro provengan de la misma época. En ambas cartas se estimula a los que sufren injustamente a ver que su llamado implica recordar que sus sufrimientos serán de corta duración, puesto que ya está cerca la venida del Señor (Stg 5:8). A lo largo de la historia de la iglesia, las palabras de Pedro, Santiago, y también las del autor de Hebreos, han infundido aliento, esperanza, y firmeza a miles de cristianos que han tenido que sufrir y morir por confesar el nombre de Cristo. Al ser golpeado, litigado y torturado por hacer la voluntad de Dios, el esclavo cristiano camina en las huellas sangrientas de Jesús en su camino hacia la cruz. En cada año de la década de 2008-2018 noventa mil cristianos han sufrido el martirio por su fe en Cristo (Johnson 2018:27).

La palabra griega que en el pasaje se traduce como "ejemplo" (*hipogrammos*), aparece solamente aquí en el NT. En griego la palabra se refiere, a veces, al "bosquejo de una historia", y en otras instancias a un ejemplo de escritura que deben copiar los escolares en sus tareas. En otros pasajes se utiliza el mismo término para señalar un ejemplo moral que debe emularse (Elliot 2000:526).

2:22 Cristo no cometió ningún pecado, ni hubo engaño en su boca.

Un creyente que sufre por su fe fácilmente podría sentirse tentado a maldecir a sus perseguidores en vez de bendecirlos y orar por ellos, como Cristo cuando clamó: "¡Padre, perdónalos porque no saben lo que hacen!" (Lc 23:34). Al orar por los que se burlaban de él, Jesús proporcionó un ejemplo concreto de cómo deben obrar los hermanos ante sus perseguidores. Esteban, al ser apedreado por quienes lo martirizaban, siguió el ejemplo de Jesús y clamó a gran voz: "Señor, no les tomes en cuenta este pecado." Basándose en una interpretación cristológica de Isaías 53:9, Pedro enfatiza que Cristo no sufrió por algún pecado o crimen que él hubiera cometido. En su pasión y muerte no hubo, de parte de él, engaño ni mentira. No abrió su boca para maldecir al sumo sacerdote, al gobernador o a sus verdugos. Así cumplió con lo que había sido profetizado acerca del Siervo sufriente por el profeta Isaías.

Nuevamente se nota, en el pasaje, la importancia que Isaías 53 tuvo para Pedro y la iglesia primitiva. El Espíritu Santo guio a Pedro y a los demás miembros de la iglesia primitiva a descubrir en el libro de Isaías profecías que hablan de la misión, sufrimiento, muerte, y resurrección de Cristo. Las profecías se encuentran en cuatro salmos o himnos que se conocen como los cantos del Siervo de Dios. Los llamados cantos del Siervo de Dios son (1) Isaías 42:1-4; (2) Isaías 49:1-6; (3) Isaías 50:4-9; (4) Isaías 52:13-53:12. Jesús enseñó a sus discípulos que los cuatro cantos acerca del Siervo de Dios de Isaías hablan de la misión para la cual el Padre lo había escogido. Ya en el bautismo de Jesús la voz del cielo lo identificó como el Siervo del Señor, al proclamar: "¡Aquí está mi siervo, mi escogido, en quien me complazco!" Al recibir su bautismo en el río Jordán, Jesús aceptó la misión de ser el Cordero de Dios que quita el pecado del mundo. Por eso el Padre declaró: "Éste es mi Hijo amado, en quien me complazco" (Mt 3:17).

1 Pedro 2:22 no es el único pasaje del NT que enfatiza la trascendencia de la inocencia de Cristo. En Hebreos 7:26 se afirma que "Jesús es el sumo sacerdote que necesitábamos tener: santo, inocente, sin mancha, apartado de los pecadores, y exaltado por encima de los cielos." En 1 Juan 3:5 se declara que "en él no hay pecado". En Juan 8:46 Jesús pregunta: "¿Quién de ustedes puede acusarme de haber pecado?" La inocencia de la que se habla en estos pasajes subraya que el sacrificio vicario de Cristo fue una sustitución expiatoria. Un hombre inocente tuvo que morir en sustitución de la humanidad culpable. Si Jesús no fuera justo, hubiera muerto por sus propias injusticias y no por nuestros pecados. El cordero pascual que se sacrifica por los pecados del mundo tiene que estar libre de toda mancha o defecto. El motivo por el que muchos paganos se negaron a creer en Jesús se debió a la idea de que un hombre que muere en una cruz era un criminal.

Con toda probabilidad el tema de la inocencia de Jesús fue parte integral de la predicación misionera de la iglesia primitiva. En 1 Corintios 15:3 Pablo expresa que la doctrina de la muerte de Cristo por nuestros pecados fue algo que había recibido, o sea, parte de las buenas nuevas que confesaban los primeros cristianos antes de la conversión de Pablo (Elliot 2000:524). En el pasaje que estamos viendo Pedro prefiere hablar del sufrimiento de Jesús en nuestro lugar (ἔπαθεν), y no tanto de la muerte de Cristo. El verbo "sufrir" se encuentra doce veces en 1 Pedro, más que en cualquier otro libro del NT. La preferencia se debe, según gran número de comentaristas, a que Pedro quiere establecer una conexión con lo que sufrió Cristo y lo que sufren los esclavos de en medio de sus oyentes. La diferencia principal entre el sufrimiento de Cristo y el de los esclavos cristianos es, por supuesto, la realidad de que Cristo sufrió en nuestro lugar por los pecados nuestros (Elliot 2000:525). Con su sufrimiento, Cristo ha llegado a ser, para los destinatarios de 1 Pedro, tanto el modelo a seguir por los esclavos cristianos en sus padecimientos, como también quien los capacita a soportar el sufrimiento.

Hay veces en que Cristo llamó a personas libres a que se conviertan en esclavos, para ganar a otros esclavos para el Señor. En la historia de las misiones se cuenta que los terratenientes que se habían apoderado de la isla caribeña de Santo Tomás prohibieron la entrada a los misioneros moravos que habían llegado a las islas para evangelizar a los esclavos que trabajaban en las plantaciones de los europeos. Para poder tener acceso a los esclavos, los misioneros moravos se dejaron vender a sí mismos como esclavos, con el fin de trabajar en la isla y, de esta manera compartir el evangelio con los esclavos.

2:23 Cuando lo maldecían, no respondía con maldición; cuando sufría, no amenazaba, sino que remitía su causa al que juzga con justicia.

Pedro cita el cuarto canto del Siervo sufriente (Is 53:7), en el cual el profeta dice que el Siervo jamás emitirá una queja y, como la oveja delante de sus trasquiladores, se callará y no abrirá la boca. Aunque muchos siervos de Dios han soportado toda clase de sufrimientos sin maldiciones, amenazas o deseos de venganza, es en la pasión de Jesucristo que las palabras de Isaías encuentran su consumación más excelsa (Mc 14:61; Lc 23:9). La pasión de Jesús es una declaración conmovedora de la grandeza del amor divino, siendo que él está dispuesto a perder la propia vida para lograr la salvación de la humanidad perdida. El silencio que mantuvo Cristo en su pasión, además de constituir una de las bases de la cristología que confesaba la iglesia primitiva, es para nosotros el ejemplo que debemos imitar en medio de las persecuciones e injusticias por las que tenemos que pasar en nuestra vida de extranjeros y peregrinos.

Pedro cita las palabras de Isaías no sólo por lo que expresan acerca de la obra de Cristo, sino también por lo que dicen de la misión del pueblo de Dios. Los sufrimientos del Siervo de Dios, que describe Isaías 53, es un tipo, o sea, un anticipo profético de los sufrimientos de Cristo y de su iglesia. Pedro cita a Isaías 53 porque allí el Espíritu nos ha dejado un patrón a seguir cuando nos toque enfrentar sufrimientos, aflicciones, y persecuciones. La mayoría de los griegos y romanos hubieran considerado el silencio de Cristo una vergonzosa debilidad y una falta de hombría. Para personas como el filósofo pagano Celso, una persona débil como Jesús no podía ser divina. Pedro, quien fue testigo de la pasión de Cristo, sabe que no es así; el silencio de Jesús ante sus angustiadores no fue debilidad sino un ejemplo de su fuerza moral (Feldmeier 2008:175). Y Jesús tampoco se quedó callado para poner de manifiesto el autocontrol tan apreciado por los estoicos (Goppelt 1993:212). Se calló para no acusar y amenazar con fuego eterno a sus enemigos, lo que sí hicieron los mártires judíos que en su agonía pidieron para sus verdugos el ojo por ojo (2 Macabeos 7:17-35). El Maestro puso en práctica la lección que les enseñó a sus discípulos en el Sermón del Monte (Mt 5:38-39): "Ustedes han oído que fue dicho: 'Ojo por ojo, y diente por diente.' Pero yo les digo: No resistan al que es malo, sino que a cualquiera que te hiera en la mejilla derecha, preséntale también la otra." Jesús sabía de sobra que pagar mal por mal es ser conquistado por el mal (Maskulak 2013:432).

En definitiva, el ejemplo que Cristo nos dio en su pasión lo cita Pedro para instarnos a nosotros, sus seguidores, a abandonar la revancha, el odio, y la maldición, y en cambio dejar el caso en las manos del Padre. El verbo griego παρεδίδου, traducido como "remitía", es imperfecto, e indica que se trata de una actividad o movimiento continuo. En pocas palabras, Jesús entregó cada dimensión de su vida, incluyendo la suerte final de sus enemigos, en las manos del Padre (Schreiner 2003:143-144). Le toca al Padre juzgar o perdonar a los que oprimen con dolor y sufrimiento a los inocentes. Así Jesús les brinda a los suyos no sólo un ejemplo, sino el poder de vencer las recriminaciones. En la cruz Jesús le pidió al Padre que perdonara a sus verdugos. Esteban también, antes de morir pidió que el pecado de sus asesinos no se les tomara en cuenta (Hechos 7:60). Aunque los jueces humanos reunidos en Jerusalén declararon culpable al Hijo de Hombre, el Juez supremo lo declaró inocente.

2:24 Él mismo llevó en su cuerpo nuestros pecados al madero, para que nosotros, muertos ya al pecado, vivamos para la justicia. Por sus heridas fueron ustedes sanados.

La adoración que los creyentes rindieron a Cristo fue considerada por los paganos incrédulos una locura (1 Co 1:18), porque para ellos Jesús fue un revolucionario fracasado, crucificado por sus propios crímenes. Pero Pedro, basándose en las profecías de Isaías 53, declara que fue por nuestras rebeliones que el Señor sufrió en la cruz. El amor de Cristo por la humanidad fue lo que lo llevó a sacrificarse en nuestro lugar para librarnos de la muerte eterna que merecían nuestros crímenes. Isaías 53 declara que la pasión de Cristo no fue una locura sino una muerte vicaria, una muerte sufrida en lugar de nosotros los pecadores. En el madero el justo sufrió en lugar de los injustos para salvarlos de lo que sus rebeliones merecían. Al igual que en Hechos 5:30 y 10:39, aquí en 1 Pedro 2:24 Pedro habla del "madero" y no de la cruz. El empleo de la palabra "madero" es probablemente una alusión a Deuteronomio 21:23 donde Moisés declara que "quien es colgado de un árbol está bajo la maldición de Dios." El propósito de la muerte de Jesús fue que muriéramos al pecado y viviéramos para la justicia. El verbo griego para morir (ἀπογενόμενοι) aparece solamente aquí. En griego el verbo se traduce "estar ausente", "despedirse", o "dejar de existir". Vale decir que por el sacrificio de Jesús nuestros pecados dejan de existir (Miller 1993:228).

Otro *hápax legomenon* –o sea una palabra que se emplea una sola vez en el NT– lo encontramos al final del versículo 24. Es la palabra μώλωπι que se traduce como heridas, llagas, o marcas dejadas por un látigo. Se alude a Isaías 53, en que se describen las torturas que tuvo que soportar el Siervo sufriente: "fue herido por nuestros pecados; molido por nuestras rebeliones." En Marcos 15:15 queda relatado que "Pilato mandó que azotaran a Jesús, y lo entregó para que lo crucificaran." Es probable que algunos de los esclavos de en medio de los destinatarios de 1 Pedro hayan sido azotados injustamente por sus amos. Por experiencia propia pudieron apreciar lo que Cristo tuvo que sufrir para librarlos de sus pecados.

2:25 Porque ustedes eran como ovejas descarriadas, pero ahora se han vuelto al Pastor que cuida de sus vidas.

Nuevamente se observa en 1 Pedro una interpretación cristológica de Isaías 53:6 (RV60): "Todos nosotros nos descarriamos como ovejas, cada cual se apartó por su camino; mas Jehová cargó en él el pecado de todos nosotros." Pedro interpreta el pasaje a la luz de la misión de Cristo, mientras que Isaías habla de Jehová. Se identifica a Cristo, el buen pastor, con el Señor, como en Juan 10:30, un pasaje en el que Jesús se identifica con el Padre al decir: "El Padre y yo somos uno." En su interpretación de Isaías 53:6, Pedro aplica el pasaje no solamente a los israelitas, sino también a sus oyentes, la mayoría de los cuales son esclavos gentiles. Hay lugar en el rebaño del buen pastor para otras ovejas que no son israelitas, pues Jesús también es su pastor. En Juan 10:16 dice Jesús: "También tengo otras ovejas, que no son de este redil; también a aquéllas debo traer, y oirán mi voz, y habrá un rebaño y un pastor." Es imposible leer la cita de Isaías 53:6 en 1 Pedro sin recordar que Pedro, al negar a su Señor tres veces, fue una oveja descarriada que volvió al pastor que cuida su vida.

Al citar a Isaías 53, el apóstol no procura únicamente rematar su enseñanza doctrinal acerca de la misión de nuestro buen pastor, sino que al mismo tiempo nos llama a seguir el ejemplo que nos dejó Jesucristo. Después de ser reincorporado al redil del Señor, Pedro dedicó el resto de su vida a buscar las ovejas perdidas, tanto las de la casa de Israel, como las que se encontraban entre las tribus de los gentiles de Bitinia, Capadocia, Asía, Ponto, y Galacia. Siguiendo el modelo que nos dejó nuestro buen pastor y el apóstol Pedro, también nosotros debemos dedicar nuestras vidas a buscar y rescatar a las ovejas perdidas y llevarlas de nuevo al redil del Señor. Varias veces en las Escrituras se hace referencia a los seres humanos como ovejas sin pastor. Puesto que las ovejas no son capaces de cuidarse y defenderse de las fieras, necesitan un pastor como protector y guía que pueda darles una vida segura y con propósito. En pocas palabras, Jesús nos salva de nuestra culpa y la esclavitud espiritual, y también de una vida sin dirección, sin propósito, sin misión, y sin causa. Sin la orientación del pastor de sus almas, las ovejas están condenadas a pasar sus vidas vagando de un lugar a otro tratando de encontrar su razón de ser. Al encomendarnos una misión, Jesús nos salva de una vida aburrida.

En la RVR 1995, la última línea del pasaje es más literal que en otras versiones (τὸν ποιμένα καὶ ἐπίσκοπον τῶν ψυχῶν ὑμῶν): "Pero ahora habéis vuelto al Pastor y Obispo de vuestras almas." El verbo que se traduce como "volver" (ἐπεστράφητε) es un sinónimo de arrepentirse, o sea, dar un giro de 180 grados y regresar al Creador que habíamos abandonado. El sustantivo griego que se traduce como Obispo es *episkopos*, de donde viene nuestra palabra obispo. El sustantivo se emplea, en griego, para nombrar a los gobernadores o administradores de un proyecto municipal. Se usa el mismo sustantivo para nombrar a los magistrados principales de una provincia, o al supervisor de la educación y moral pública (Barclay 1974:249). La calificación de Jesús como *episkopos,* el responsable de cuidar y proteger las almas de los creyentes, les recuerda a los líderes de la iglesia su deber para con los miembros de la comunidad cristiana.

Capítulo 3

3:1-2 Así también ustedes, las esposas, respeten a sus esposos, a fin de que los que no creen a la palabra, puedan ser ganados más por la conducta de ustedes que por sus palabras, cuando ellos vean su conducta casta y respetuosa.

El autor de la carta se dirige seguidamente al segundo grupo de personas despreciadas y maltratadas en el hogar o la familia. Se trata de las esposas de hombres incrédulos. En los otros códigos familiares del NT también se dan instrucciones a las esposas cristianas (Ef 5:22; Col 3:18; Tit 2:4-5). En el pasaje Pedro le recuerda a la esposa del marido inconverso que el Señor le ha encomendado una importantísima misión, la cual es nada menos que la conversión de su esposo. En pocas palabras, la esposa de un marido inconverso es una misionera con el llamamiento de llevar a cabo su misión mediante una conducta casta y respetuosa.

La evangelización por medio de una vida casta

En griego, la palabra casta es ἁγνὴν, un adjetivo que denomina algo santo y puro, especialmente con referencia a la conducta sexual de las personas. Una conducta es casta si surge del temor a Dios, rechaza el mal, y no teme a los seres humanos (Goppelt 1993:220). De este adjetivo proviene el nombre femenino Ágata. Toda esposa cristiana debe ser Ágata, una mujer que por su comportamiento demuestra que se diferencia de las libertinas del culto a Dionisio, de las mujeres asociadas con el culto a Isis y Cibeles, y de muchas estrellas de la farándula de nuestro tiempo (Green 1993:183). Con su comportamiento casto y respetuoso, la esposa cristiana procurará agradar a su marido, a toda su familia, al Padre celestial, y a su Señor Jesucristo. Una esposa que siguió fielmente las instrucciones de Pedro fue Mónica, la madre de San Agustín. Casada con un incrédulo -Patricio- Mónica deseaba más que nada la conversión de su marido. Agustín relata que su madre no porfiaba con su esposo, sino que le servía y honraba en todo momento, y a la vez imploraba al Señor por su salvación. Todos los días –cuenta Agustín en sus Confesiones– Mónica le predicaba a su esposo, no con sermones o discursos teológicos, sino con su dedicación a la familia, su conducta casta y honesta, su amor y su actitud de no pagar mal por mal. Finalmente, las oraciones de Mónica obtuvieron respuesta, y su esposo se convirtió al cristianismo (Miller 1993:238).

Se presume que las esposas a quienes Pedro se dirige eran mujeres recién convertidas al evangelio de Cristo y bautizadas en el nombre del Señor, después de haberse casado. No se trata de mujeres cristianas que, después de su bautismo, decidieron casarse con hombres no creyentes con el fin de ganarlos a la fe. En 2 Corintios 6:14 se prohíbe el matrimonio de cristianos con incrédulos: "No se unan con los incrédulos en un yugo desigual." En 1 Corintios 7:39 se permite a las viudas cristianas casarse de nuevo, pero solamente en el Señor, es decir, con un creyente. Hace años, unas evangelizadoras de la secta conocida como "Los Hijos de Dios", solían atraer a hombres no creyentes para su iglesia valiéndose de las relaciones sexuales como gancho de evangelización. Gracias a Dios, la organización ha dejado de existir. Pedro quiere que los esposos incrédulos sean atraídos hacia Cristo por el comportamiento santo de sus esposas. A partir de la información que tenemos del crecimiento de la iglesia primitiva durante los primeros tres siglos, muchos maridos no creyentes fueron ganados para Cristo de esta manera. El verbo griego κερδηθήσονται, utilizado aquí, indica ganar personas para una causa por convencimiento (Elliot 2000:558).

Pedro les recuerda a las esposas cristianas que su bautismo no implica solamente renacer a una esperanza viva y hacerse acreedoras a una herencia incorruptible reservada en los cielos, sino que al mismo tiempo significa andar con Cristo en santidad y pureza, renunciando a toda idolatría y a los vicios que caracterizan a la presente generación malvada y adúltera, así nombrada por Jesús. La mujer cristiana ya no tomará parte en las fiestas celebradas en los templos paganos de la *polis*, ni en las procesiones en honor de deidades paganas. Tampoco tomará parte en los ritos familiares en que se invoca al genio de los familiares fallecidos.

Al mismo tiempo, las mujeres cristianas procurarán educar a sus propios hijos y los hijos de los esclavos de su casa. No permitirá que sus hijos sean inducidos a rendir culto a ídolos hechos por hombres. Las diferencias entre una esposa cristiana y su marido pagano pueden causar dificultades dentro del hogar, tal como sucede hoy en día en los matrimonios mixtos. Aunque el padre del niño Timoteo hubiese sido un incrédulo, su madre Eunice y su abuela Loida le enseñaron las Escrituras desde su niñez (Hch 16:1; 2 Ti 2:15). Sin duda alguna, la preocupación de Eunice y Loida por la educación de Timoteo se relata en el NT para que sirva de ejemplo a las madres y abuelas de las comunidades cristianas. Una de las responsabilidades de las abuelas y viudas mayores en la iglesia primitiva era enseñar a las esposas jóvenes a instruir en los caminos del Señor a sus propios hijos y a los huérfanos y niños abandonados adoptados por la gran familia de la fe (MacDonald 2014:159).

Las comunidades cristianas de Anatolia y otros lugares se convirtieron en movimientos dedicados a la adoración del Dios verdadero y la evangelización de los paganos, además de desempeñarse como escuelas caseras en las que toda la comunidad trabajaba con la finalidad de preparar a la próxima generación para Cristo. La crianza y educación de los niños no era responsabilidad de las madres y abuelas únicamente, sino también de los varones creyentes, especialmente de los ancianos. Según las instrucciones dadas a Timoteo y Tito en las epístolas pastorales, los líderes de la comunidad deben ser aptos para enseñar y criar a sus propios hijos en el temor de Dios.

Nótese que en ninguna de las exhortaciones de Pedro a los cónyuges cristianos dice algo en contra del matrimonio *per se*. En ninguna parte se recomienda el celibato como el estado ideal para el desarrollo del carácter cristiano y la obtención de la perfección. No se denuncia el estado conyugal como fornicación o invento del diablo. Esto dijeron muchos años después algunos grupos extremos denunciados por Clemente de Alejandría. No se habla de un estado célibe para el clero y uno matrimonial para los laicos; el celibato no se menciona siquiera una sola vez en 1 Pedro. Antes bien se acepta como normal el estado conyugal, la formación de familias, la crianza de los hijos y las relaciones íntimas entre esposos (Hoornaert 1988:235).

Cómo malentendieron los paganos las actividades de los creyentes

Según creían –erróneamente– algunos autores paganos, en las reuniones de los cristianos se comía la carne y bebía la sangre de una persona que había sido sacrificada a la deidad. Esto se hacía antiguamente en los misterios de Dionisio, una secta que fue condenaba por el Senado Romano. Por no rendir culto a los dioses tradicionales del pueblo, los cristianos fueron considerados ateos, cuya falta de reverencia amenazaba atraer sobre la ciudad la ira de los dioses: sequías, infertilidad, inundaciones, pestilencias, y otros desastres. En la historia de América Latina se ha culpado con frecuencia a los protestantes de ser responsables de las calamidades que asuelan a la población.

Los romanos tenían gran aversión a los cultos, misterios, y sectas provenientes de la parte oriental del imperio. Una de las razones para tal aversión era el papel que desempeñaba la mujer en tales movimientos. Según los códigos domésticos discutidos por los filósofos, el padre de familia es la suprema autoridad en la administración de la casa, los asuntos domésticos, y la celebración de los ritos y ceremonias religiosas. Sin embargo, en vez de sujetarse humildemente a la autoridad de sus esposos y padres, las mujeres que participaban en las sectas orientales procuraban ejercer dominio sobre sus esposos. En sus escritos acerca de la administración de la polis y la familia, gran número de filósofos opinaron de que tal inversión de los papeles del hombre y la mujer, sería la causa de la anarquía imperante en la sociedad. Se creía que la caída de Esparta se debió más que nada a la injerencia de las mujeres en la política. Esta es una de las razones por la oposición de los romanos a tales religiones invasoras, como el culto a Serapis, Isis, Cibeles, y Dionisio.

Las religiones exóticas de Oriente eran dirigidas en gran parte por mujeres. Según los historiadores, la causa de la caída del reino de Egipto fue porque el general romano Marco Antonio, influido por la reina Cleopatra, abandonó la adoración a los dioses romanos y se declaró devoto de Dionisio e Isis. Las bacanales, o sea las orgías secretas celebradas de noche en las montañas en honor de Dionisio, el dios del vino, fueron prohibidas por el Senado Romano en el año 186 aC, cuando se supo que en ellas las bacantes intoxicadas sacrificaban niños y después se los comían, además de practicar toda clase de inmoralidad sexual. Se llamaban bacantes a las mujeres iniciadas en los misterios de Dionisio. Según el historiador Tito Livio, siete mil miembros de los misterios de Dionisio tomaron parte en una conspiración en contra del gobierno romano. Muchos devotos de Dionisio eran integrantes de las clases pudientes, especialmente mujeres de la nobleza. Al descubrirse la conspiración, los conjurados fueron ejecutados o encarcelados. Todas las formas de adoración de la secta se prohibieron.

La reina Cleopatra de Egipto representó para los romanos una nueva Isis que con sus brujerías había esclavizado a Marco Antonio. El historiador Plutarco aseveró que Marco Antonio ya había sido dominado por su primera esposa Fulvia, y que por ende ya estuvo preparado el terreno para ser dominado por Cleopatra. Octaviano, el rival de Marco Antonio, manifestó que en Roma los hombres gobiernan a las mujeres, y no las mujeres a los hombres. Aunque en muchas partes del imperio los misterios y cultos griegos solamente permitían la entrada a los hombres, tal no fue el caso con el culto a Isis y Cibeles. El culto a Isis fue una eficaz propuesta de libertad y de oportunidades para las mujeres (Arnold 2010:376). Los romanos despreciaban a los integrantes del culto a Isis, y muchos lo consideraron una asamblea de prostitutas y calumniadores (Balch 1981 69-72). En varias oportunidades el templo de Isis de Roma fue incendiado. Quien descollaba en el culto a Cibeles era la sacerdotisa suprema. Los hombres que servían en su templo tenían que castrase para servir como sus esclavos.

El culto a Isis se extendió mayormente por las ciudades griegas llevado por comerciantes y marineros; sin embargo, nunca gozó de gran popularidad en las ciudades romanas, donde se lo vio como un movimiento repugnante y supersticioso. En el año 58 aC el culto a Isis fue prohibido por el Senado, y sus altares destruidos. El emperador Tiberio ordenó la destrucción del templo de Isis en Roma y la crucifixión de sus sacerdotes. Los intelectuales romanos contemplaban con desdén todo lo de origen egipcio, en especial sus cultos. Los mitos asociados con el culto a Isis y Dionisio tenían que ver mayormente con eventos que ocurrieron en el mundo invisible de los dioses, y no en nuestro mundo. Los evangelios, en cambio, relataban en forma sencilla eventos que ocurrieron en la historia y tiempo real. Trataban acerca de Jesús, quien se identificaba con la vida y los sufrimientos de los esclavos, los oprimidos, y marginados. A la larga, los habitantes del mundo romano se sintieron más atraídos por el buen pastor que por Isis, Serapis, y Cibeles (Stark 2006:101-112).

En definitiva, el movimiento cristiano logró vencer sin violencia al culto imperial y los cultos invasores de Oriente, aunque tanto comunidades cristianas como judías adoptaron algunas costumbres y tradiciones de los paganos. Por ejemplo, muchos judíos de la diáspora, y también cristianos, llevaban los nombres de deidades paganas como Horus, Hermes o Apolo, aunque nunca adoptaron el estilo de vida que caracterizaba a tales dioses paganos (Stark 2006:125). En muchos otros aspectos de la vida, las diferencias entre los cristianos y sus vecinos paganos quedaron bien destacadas. En cuanto a las finanzas, por ej, los cultos paganos dependían casi exclusivamente de las donaciones de un reducido número de adinerados benefactores. Muchos griegos y romanos ilustres eran sacerdotes en más de un culto pagano al mismo tiempo. Según el sociólogo Rodney Stark, los cultos a Cibeles e Isis prepararon el terreno para el movimiento cristiano y su expansión en muchas partes del imperio, pues acostumbraron a las masas a celebraciones religiosas más coloridas, intensas, y emotivas. Según el famoso pensador belga Franz Cumont, los cultos tradicionales de los griegos y romanos eran sumamente aburridos, fríos, prosaicos, infantiles, apasionados, ininteligibles, y degenerados. Consistían en procesiones y sacrificios que beneficiaban a la comunidad, pero muy poco le sirvieron al individuo agobiado con un sin fin de problemas y preguntas acerca del significado de la vida.

Según Cumont, la gran cantidad de deidades veneradas en el paganismo, cada una con su culto y exigencias rituales, tenía agobiado y confundido a un proletariado que carecía de recursos para sufragar el costo de tantos sacrificios, procesiones, y rituales que se celebraban para evitar las sanciones de los dioses más interesados en recibir honores divinos que ayudar al individuo en su lucha para sobrevivir. La carencia del paganismo fue la presencia de Dios único, misericordioso, y todopoderoso, Dios capaz de dar al individuo una razón para vivir y una esperanza para una vida después de la vida. A diferencia de los cultos tradicionales de los romanos, los cultos de las deidades orientales (Isis, Cibeles, Dionisio, Serapis) se caracterizaron por la emoción, el individualismo, la preocupación por la vida espiritual interior, la expiación por el pecado, y la esperanza de alguna clase de vida después de la vida. Estos cultos invasores, a diferencia de las aburridas celebraciones romanas, estaban llenos de gozo, éxtasis y a veces, frenesí, pero no de amor. Según sociólogos como Rodney Stark, los cultos invasores de Oriente ayudaron a preparar el terreno para la expansión del movimiento cristiano.

Nota sobre el orientalismo

Uno de los fundadores del movimiento filosófico conocido como postcolonialismo, es el celebrado escritor egipcio Edward Said. Según los libros y artículos de Said, el recelo y la antipatía de los griegos y los demás pueblos occidentales hacia el Oriente, es algo que ha perdurado hasta el día de hoy y afectado considerablemente las relaciones políticas, sociales, económicas, y religiosas entre el Este y el Oeste. Hasta antes del tiempo de las guerras médicas (499-449 aC) los griegos consideraban a los orientales faltos de lógica, crédulos, desviados, sin misericordia, carentes de energía, mentirosos, faltos de nobleza, inconstantes, sospechosos y, sobre todo, incapaces de gobernarse a sí mismos. Las derrotas sufridas por los ingentes ejércitos persas enviados por Darío el Grande y Jerjes, en las batallas de Maratón y Salamina, convencieron a los griegos de la superioridad de su civilización. Según creían, la superioridad de Grecia sobre los orientales se podía discernir, no sólo por la valentía de sus guerreros, sino también por su cultura, filosofía, arte, literatura, arquitectura, democracia, y religión. Cuando consideramos a "los otros" como menos humanos que "nosotros", se abre la puerta al racismo y a la tendencia de justificar el imperialismo, la hegemonía, la dominación y la explotación.

Para el griego, el romano, y después también para los godos, el oriental, y en particular el egipcio, era visto con desdén, repugnancia y asco. Al mismo tiempo los de occidente llegaron a temer a los de oriente por los supuestos poderes mágicos y ritos místicos celebrados en sus cultos y en su mitología. Era considerado sumamente peligroso para el griego meterse en el mundo del oriental. Podría sufrir la suerte del rey Penteo de Tebas, a quien lo atacan -en el drama de

Eurípides- un grupo de bacantes frenéticas, incluida la propia madre del rey. Penteo caído en el suelo, pide a su madre Ágave que lo reconociese y no lo matase. Pero Ágave estaba poseída por Dioniso. Ella y el resto de las bacantes mataron y descuartizaron al rey. El drama de Eurípides y otras obras afines infundieron en el alma griega temor a los orientales y sus cultos. Por otro lado, las victorias de las pequeñas ciudades-estados griegas sobre los imperios orientales, instilaron en el alma del griego un complejo de superioridad respecto del oriental. Hasta el día de hoy el complejo de superioridad ha motivado a las culturas y sociedades occidentales a menospreciar las civilizaciones y culturas orientales.

Según Edward Said, los occidentales consideran a los de oriente como "aquellos", y no como hermanos dignos de respeto, honor, y amor (Said 1979:29-34). Lo que atrajo a los orientales fue la hermandad que caracterizaba a la iglesia primitiva, y que en las comunidades y asambleas cristianas los recibieron no como "aquellos", sino como hermanos y hermanas hechos a la imagen de Dios Padre, rescatados por la sangre del único mediador entre Dios y los hombres, y unidos en una sola familia de amor por el Espíritu Santo. Lamentablemente, la tendencia de los occidentales de caracterizar a los orientales de inferiores ha sido explotada por sus filósofos y gobernantes para justificar su sed imperialista y colonizadora. En los siglos dieciséis a diecinueve las potencias occidentales, mediante el uso de tecnologías superiores, conquistaron e impusieron su control sobre casi todos los habitantes de África, América, y Asia. Tales sucesos, vistos desde una perspectiva misional, han creado toda clase de barreras, injusticias, y confusión en nuestra era poscolonial. Lamentablemente, muchas sociedades misioneras han sido culpables, y siguen siéndolo, de considerar a las nuevas iglesias del mundo mayoritario como colonias espirituales que tienen que ser controladas por sus colonizadores.

Pedro aconseja resistencia y no acomodación

El investigador Balch asevera que autores judíos como Filón, Josefo, y los autores del NT se apropiaron de los códigos domésticos para convencer a las autoridades que los cristianos y judíos no queráin tener nada que ver con la emancipación femenina. Lo que sugiere Balch es que los autores del NT recomendaron a las pequeñas comunidades cristianas de Anatolia a acomodarse a las normas de conducta y tradiciones de los gobernantes romanos para evitar la persecución. Negando la teoría de Balch, autores como Elliot y Horrell afirman que la estrategia de Pedro no fue la acomodación, sino la resistencia a formas de conducta del pasado (2000:509). Se convoca a los hermanos a mantenerse firmes y resistir al diablo, porque éste los quiere presionar a vivir y actuar como sus parientes y vecinos paganos.

Uno de los temas que sobresalen en 1 Pedro y en otras de las epístolas universales, es el de la resistencia a la violencia de los sistemas de opresión e injusticia que imperan en nuestro mundo. El tema de la violencia abarca mucho más que la guerra, la crucifixión y otras formas de tortura, porque incluye también toda clase de deshumanización. Según los teólogos de la liberación y muchos sociólogos de la religión, casi todos los destinatarios de 1 Pedro habían sido víctimas de la violencia institucionalizada o sistémica. Esta manera de pensar considera la esclavitud y el latifundismo como formas de violencia aplicadas por el sistema o las elites, a los esclavos y peones. Por medio del sistema económico las élites acaparan los medios de producción. Por medio de los impuestos se aprovechan de la mano de obra de los campesinos. Tales prácticas deben categorizarse como formas de violencia económica. Según los economistas marxistas, el sistema capitalista es en sí una forma de violencia. Otros suelen hablar de la violencia doméstica como, por ejemplo, la violencia que sufren las esposas y niños cristianos de manos de un padre de familia incrédulo. El racismo es otra forma de violencia, al igual que las tradiciones religiosas que relegan a uno a una casta inferior y prohíben su entrada en un templo u otro espacio sagrado.

Existen muchas formas de resistencia, tanto aceptables como inaceptables

Según la filosofía conocida como postcolonialismo, la violencia casi siempre provoca en la víctima una forma de resistencia. A veces la resistencia puede desencadenar una espiral de violencia. En América Latina tal forma de resistencia violenta utiliza el lema: "En contra de la violencia de los ricos, la violencia de los pobres." Los revolucionarios zelotes, mencionados en el NT, optaron por esta clase de resistencia, al igual que algunos de los más famosos revolucionarios de nuestra propia historia: Ezequiel Zamora, Pancho Villa, el Che Guevara. Otra forma de resistencia es la huida. En Marcos 13:14-15, Jesús aconseja a los que estén en Judea que huyan a los montes al ver la manifestación de la abominación desoladora. Según el Señor, el que esté en la azotea no debe bajar a su casa para tomar algo; y el que esté en el campo, que no vuelva atrás para tomar su capa. Una tercera forma de resistencia es la de aparentar sumisión al opresor exteriormente, mientras que se lucha contra él en secreto por medio de maldiciones, mentiras, sabotajes, chismes, chistes, y hechicería. En rechazo de tal forma de resistencia, Pedro exhorta a los creyentes a practicar otra clase, la que consiste en aceptar el sufrimiento como una manera de proclamar a los incrédulos el mensaje del sufrimiento de Cristo por nuestros pecados. Es la misma clase de resistencia que Jesús enseñó a sus discípulos en el Sermón del Monte (Mt 5:38-48), en que nos llama a amar a nuestros enemigos. Es la forma de resistencia por la cual optaron El Mahatma Gandhi, César Chávez, Nelson Mandela, y Martin Luther King (Carter 2017:284-297).

Hay investigadores que opinan que Pedro elaboró las instrucciones en su código doméstico para evitar que los gentiles creyeran que las mujeres cristianas eran caníbales o subversivas, como las bacantes. Los cristianos se reunían de noche para comer el cuerpo de Cristo y beber su sangre. Esto podía hacer creer a personas mal informadas que los miembros de la familia de Cristo eran como las bacantes. Sujetándose humildemente a sus esposos, las mujeres cristianas podrían convencer a sus vecinos que en la familia de Cristo las esposas honran y respetan a sus esposos, practican la caridad con los necesitados y aman a todos, incluso a sus enemigos. De esta manera se podía evitar la persecución de los cristianos de parte de la comunidad pagana, que solía asociar a los cristianos con otros cultos de Oriente (Balch 1981-68-69). Es posible que antes de ser cristianas, algunas mujeres hubieran tenido parte en alguno de los cultos orientales descritos arriba.

La fidelidad de la esposa cristiana a Cristo y su iglesia fue la causa del desprecio que ella tuvo que soportar por amor a su Señor. Muchas mujeres se sintieron perseguidas en su hogar por sus propios familiares. Pese a ello, lo que más desea el autor de la epístola es que las esposas cristianas de Anatolia ganen para Cristo a sus esposos y a los demás miembros incrédulos de la familia. Se dice que los maridos no hicieron caso a la proclamación del evangelio de parte de los profetas y evangelistas. Puesto que han rechazado la palabra predicada, Pedro exhorta a sus lectoras a ganar a sus esposos por medio de la palabra interior. La mejor manera de lograr el objetivo es conquistar la buena voluntad del esposo y los demás miembros de la familia por medio de su conducta y una vida santa, y no por medio de una confrontación verbal (Harrington 2003:82).

La esposa cristiana no responderá a las burlas e insultos de su cónyuge pagano con sus propios reproches, sino con silencio. El filósofo pagano Plutarco también aconsejaba el silencio como la mejor defensa en contra de los ataques verbales de otros. Hasta el gran Sócrates había aprendido a aguantar el mal carácter y las agrias palabras de su esposa Jantipa, sin tratar de vengarse de ella (Balch 1981:103). El filósofo estoico Cayo Musonio Rufo, que vivió en días del emperador Nerón, escribió que la mejor defensa en contra de la calumnia es el silencio, pues son las bestias salvajes las que devuelven mal por mal (Balch 1981:102). En la antigüedad se consideraba que el silencio les correspondía a las personas de posición social inferior ante sus superiores (Feldmeier 2008:180).

Al aconsejar el silencio, Pedro no aconseja a las esposas cristianas a conformarse a todas las tradiciones y costumbres de la sociedad, ni a participar en los ritos familiares consagrados a los antepasados fallecidos. Tampoco insta a las mujeres cristianas a abandonar a sus esposos incrédulos. No les pide que formen una comunidad monástica apartada de la sociedad a fin de evitar todo contacto con los inconversos. Antes bien, las exhorta a someterse a sus maridos no creyentes. El participio ὑποτασσόμεναι, traducido como "respeten", o "sed sumisos" es, en el pasaje, un imperativo. Se le dice a la mujer cristiana que se sujete a su marido no por temor, tampoco por conformismo o por las tradiciones de los hombres, sino porque es la voluntad del Señor. La sujeción de la esposa a su marido y la del esclavo a su amo, no quiere decir que son inferiores intelectual, moral o espiritualmente, ni ellos ni cualquier persona que se somete a otro. En Efesios 5:21 todos tienen el llamamiento de sujetarse los unos a los otros: "Cultiven entre ustedes la mutua sumisión en el temor de Dios." Nos sujetamos mutuamente en el amor de Cristo porque seguimos a Cristo que no vino para ser servido sino para servir y dar su vida en rescate por muchos (Mc 10:45).

La misión de las mujeres cristianas

En vez de renunciar a su papel en la familia y la comunidad, la mujer cristiana debe seguir siendo parte de la sociedad, porque tiene una misión que cumplir, y esa misión es ganar a su esposo y a los miembros no creyentes de su familia y comunidad para Cristo. Pedro convoca a la esposa cristiana de un pagano a ser una evangelizadora quieta y silenciosa, que por medio de su conducta gane para el Señor a su marido (MacDonald 2014:95-99). Lutero es uno de los autores que cita el ejemplo de Mónica, la madre de San Agustín de Hipona, la que por medio de una evangelización silenciosa ganó a su esposo incrédulo para Cristo antes de morir (1967:88). Mónica lo hizo mediante su conducta, santidad, y amor. Cuentan los historiadores que durante el tiempo en que los vikingos amenazaron acabar con la civilización cristiana en el norte de Europa, muchas mujeres cristianas fueron secuestradas por estos y obligadas a casarse con sus raptores. Uno de los factores que más contribuyó a lograr la conversión de los rudos jefes vikingos, fue el testimonio y la conducta santa de sus esposas cristianas. Pedro espera que las mujeres cristianas ganen el aprecio y el amor de sus maridos, no por sus atributos de femineidad, sino por su manera de ser y de un carácter que refleje la santidad y el amor de Cristo.

A diferencia a de los autores grecorromanos de su tiempo, al dar sus consejos e instrucciones sobre la conducta de las esposas, Pedro se dirige directamente a ellas, y no a sus maridos. El apóstol reconoce a la mujer como un agente moral capaz de hacer sus propias decisiones y actuar a base de la dirección del Espíritu Santo. En cambio, los filósofos, como por ej Jenofonte, dirigen sus admoniciones respecto al comportamiento de la esposa, al marido de ésta. Jenofonte es el autor del tratado *Oikonomia*, la obra más completa en griego sobre la administración de la casa, el matrimonio, y la familia. En consonancia con los demás escritores de su época, Jenofonte enfatizó la sujeción y obediencia de la esposa a su esposo, puesto que ella tiene un carácter más sensible y delicado que el hombre. Jenofonte, a la vez, aconsejaba a los maridos a ganarse el aprecio y respeto de sus esposas por medio de la consideración, la ternura, y el amor. Hay quienes opinan que los códigos domésticos del NT y los autores patrísticos son versiones contextualizadas con una perspectiva cristiana de las obras clásicas (Elliot 2000:553).

Es un hecho, tanto histórico como sociológico, que en la iglesia primitiva había más mujeres que hombres, lo que también ocurre en la moderna. Los que se dedican al estudio de la historia de las misiones, aseguran que hay más mujeres que hombres que han dedicado sus vidas al cumplimiento de la gran comisión de nuestro Señor. En el tiempo de Jesús y sus apóstoles, muchas mujeres de en medio de los gentiles procuraban cierta clase de liberación femenina al participar en los misterios y algunos de los cultos orientales. Sin embargo, con el advenimiento del cristianismo, un gran número de mujeres abandonaron los cultos orientales y los misterios para seguir a Cristo. Hay quienes opinan que las mujeres se sentían más libres en el cristianismo que las paganas en sus cultos, que tenían un mejor control de sus propias vidas, que eran menos vulnerables y más respetadas. Les fue más fácil a las mujeres entrar en las viviendas de sus vecinas para hablarles de Cristo. Muchos historiadores, por causa de su machismo, desconocieron el importante papel que jugaron las mujeres cristianas en la expansión del movimiento cristiano. Al redactar su carta a las cinco provincias, Pedro no podía ignorar el papel de las mujeres, porque eran mucho más que esposas obedientes, ya que fueron a la vez misioneras (Kreider 2016:85). Eran las mujeres quienes visitaban a los presos, cuidaban a los enfermos, y preparaban la comida para los huéspedes. Eran las mujeres las que criaban a los niños recién nacidos abandonados en un lugar solitario por sus progenitores o habían sido tirados en un basurero público.

3:3-4 Que la belleza de ustedes no dependa de lo externo, es decir, de peinados ostentosos, adornos de oro o vestidos lujosos, sino de lo interno, del corazón, de la belleza incorruptible de un espíritu cariñoso y sereno, pues este tipo de belleza es muy valorada por Dios.

La verdadera belleza de la mujer cristiana es interna. Es la belleza de una persona que ha sido transformada por el Espíritu Santo y el amor de Cristo. Se podrá observar la verdadera belleza en su conducta. La esposa cristiana no procurará pagar mal por mal, insulto por insulto, golpe por golpe; seguirá, antes bien, la palabra de Cristo de Mateo 5:44: "Amen a sus enemigos, bendigan a los que los maldicen, hagan bien a los que los odian, y oren por quienes los persiguen." Aunque la esposa cristiana procurará respetar a su marido no creyente y sujetarse a él, nunca renunciará a Cristo o a su iglesia para agradar a su esposo. Ella sufre persecución porque insiste en adorar a Cristo y sólo a él. Seguir fiel a Cristo en medio de los sufrimientos exige una mujer fuerte y decidida, no vacilante y temerosa que renunciará a su esperanza para evitar los maltratos de los demás. La esperanza de la esposa cristiana es que su esposo, al observar su conducta santa, sea ganado para el Señor. La esperada conversión del esposo podrá tardar mucho tiempo, hasta años. Por lo tanto, la esposa pedirá al Señor que le dé mucha paciencia, que es una de las manifestaciones del fruto del Espíritu.

En tiempo de la iglesia primitiva, muchas mujeres de la aristocracia romana intentaron librarse de muchas de las convenciones de la sociedad grecorromana en lo que se refiere al papel y la conducta de las mujeres en la sociedad. Llegaron a estar de moda los peinados ostentosos, adornos de oro, y vestidos transparentes, cosas condenadas por el autor de la epístola. El emperador Augusto César se vio en la necesidad de aplicar severas medidas para disciplinar a algunas mujeres de su propia familia, por su conducta extravagante y lasciva. En su *Moralia,* el filósofo Plutarco exhortaba a las mujeres del imperio a no provocar la envidia de otras féminas, ni los deseos carnales de hombres extraños. Según Plutarco, al adornarse con prendas de oro y peinados extravagantes, las mujeres tenían sólo el interés de atraer sobre sí mismas la atención de otros, en vez de ganar honor para su familia. Estas cosas son simplemente símbolos del estatus social de las personas y no evidencias de la presencia del Espíritu Santo. Además, las mujeres debían evitar la participación en los cultos orientales que provocaban borrachera y éxtasis (Elliot 2000:565). Pedro, en consonancia con Plutarco, exhorta a las mujeres cristianas a no dejarse llevar por los nuevos vientos de liberación femenina que enfatizaban lo externo y no lo interno del corazón. Pedro llama a las mujeres a ser fieles a sus esposos y a su Cristo. Con sus buenas obras, su devoción a Cristo y su rechazo de la idolatría, las mujeres cristianas siembran las semillas del reino de Dios. Estas semillas sumamente subversivas traerían, como consecuencia y a la larga, el fin del machismo y una verdadera liberación femenina.

Los peinados ostentosos, adornos de oro y vestidos lujosos mencionados por Pedro, no son eternos; son solamente bienes transitorios y pasajeros expuestos a la destrucción o el pillaje. Todo acabará con el tiempo. Sin embargo, el corazón que confía en Cristo nunca dejará de ser. En Mateo 6:19-21 Jesús enseñó a sus discípulos: "No acumulen ustedes tesoros en la tierra, donde la polilla y el óxido corroen, y donde los ladrones minan y hurtan. Por el contrario, acumulen tesoros en el cielo, donde ni la polilla ni el óxido corroen, y donde los ladrones no minan ni hurtan." Otro pasaje muy similar a 1 Pedro 3:3 es 1 Timoteo 2:9-10, en que el autor declara: "Quiero también que las mujeres se vistan con ropa decorosa, con pudor y modestia, y no con peinados ostentosos, ni con oro, ni perlas, ni vestidos costosos, sino con buenas obras, como corresponde a las mujeres que profesan la piedad."

La mención de los peinados ostentosos, adornos de oro, y vestidos lujosos indica que no todos los destinatarios de la carta de Pedro eran pobres y necesitados; también había personas bien acomodadas económicamente. En realidad, no sabemos mucho acerca de la situación económica de los creyentes de las cinco regiones del norte de Anatolia. Se presume que la mayoría era parte del proletariado urbano y rural: agricultores, pescadores, ganaderos, y mineros que explotaban los recursos naturales de la región, como madera, hierro, y piedras preciosas. En los puertos de la costa del Mar Negro hubo quienes trabajaban en la construcción de barcos, mientras que otros se dedicaban al comercio o a la fabricación de telas, o a la cerámica. Aquila, el compañero de Pablo que vino de Ponto, era, como Pablo, fabricante de tiendas. Según los historiadores, los altos impuestos y tarifas que exigían los terratenientes y gobernantes locales e imperiales fueron la causa de mucho sufrimiento para los habitantes del norte de Anatolia (Elliot 1981:70). Se sabe de una carta que el gobernador Plinio envió al emperador Trajano que el movimiento cristiano había penetrado en muchas comunidades rurales del interior de Anatolia.

3:5 Porque así era la belleza de aquellas santas mujeres que en los tiempos antiguos esperaban en Dios y mostraban respeto por sus esposos.

Nótese que el apóstol no condena los adornos de oro y la ropa fina. Lo que enseña es que tales objetos no le servirán a la mujer para ganar la buena voluntad de su marido y llevarlo arrepentido a los pies de Cristo. Al mencionar las santas mujeres de tiempos antiguos, el apóstol tiene en mente las matriarcas del pueblo de Israel mencionadas en el AT, mujeres como Sara, Rebeca, Lea, Débora, Ana, Rut, y Noemí. Estas mujeres fueron las madres espirituales de las destinatarias de la carta, no porque nunca hubieran cometido errores, sino porque llegaron a ser herederas de la misma promesa del Señor que en el Bautismo heredaron las mujeres creyentes de Anatolia (Goppelt 1993:224). Por su fe en la palabra del Señor las madres de Israel han sido modelos de fe, tanto para los lectores originales de la epístola, como para nosotros y nuestros hijos. Algunas mujeres, como la reina Ester (Est 2:12,17), se vieron obligadas a llevar adornos y vestidos de lujo por sus esposos, pero los autores bíblicos no las califican como pecadoras por su manera de vestir. Lutero nos recuerda que el afán por los vestidos lujosos puede convertirse en un vicio (2001:107). Tanto en días del Imperio Romano como hoy, los vestidos y la ropa de moda pueden convertirse en idolatría.

Yendo al otro extremo, encontramos muchos cristianos, tanto pastores como laicos, que se valen de las palabras de Pedro para condenar como pecado grave el uso de cualquier zarcillo, collar, anillo o prenda femenina. Hay iglesias en las que disciplinan a cualquier hermana que luzca un vestido considerado por los demás como demasiado bonito o elegante. Conozco una congregación en la cual se critican y condenan como mundanos a quienes calzan zapatos de cuero en vez de simples sandalias, como las que calzaban Jesús, Juan el Bautista, y los doce apóstoles. Debe recordarse que en las Escrituras se habla con aprobación del siervo de Abrahán que le dio a Rebeca un pendiente de oro que pesaba cinco gramos, y dos brazaletes que pesaban cien gramos (Gn 24:22). En el Salmo 45:9 se halaga a la reina de Israel que luce joyas de oro de Ofir en su boda con el rey. En la que se conoce como la parábola del hijo perdido, el padre pone un anillo de oro en la mano de su hijo y calzado en sus pies (Lc 15:22). En Ezequiel 16:11-12, dirigiéndose a su esposa Israel, el Señor declara: "Luego te adorné con alhajas, y te puse brazaletes en los brazos y collares en el cuello. Te puse joyas en la nariz, y aretes en las orejas, y en la cabeza te puse una bella diadema." Seguramente el profeta no habría incluido estas palabras en el libro de la vida si los adornos y las joyas hubieran sido pecaminosos en sí.

Lo que condenan las Escrituras es valerse de tales adornos como medios de jactarse y creerse superior a los demás por los bienes que uno posee. Se condena valerse del lujo para conseguir más influencia y prestigio. Se condena usar las joyas y vestimenta elegante para atraer la atención sobre los atractivos físicos de uno. En la antigüedad las joyas se asociaban con la sexualidad y, a veces, con la promiscuidad de la persona que las portaba. En Apocalipsis 17:4 dice: "La mujer estaba vestida de púrpura y escarlata, y portaba adornos de oro, piedras preciosas y perlas. En la mano tenía una copa de oro, la cual rebosaba de cosas detestables y de la inmundicia de su inmoralidad sexual." Pedro no quiere para nada que por su conducta o por su envanecimiento por el lujo, las mujeres cristianas queden identificadas con la madre de las rameras (Ap 17:5), símbolo de la gran Babilonia.

Las esposas cristianas a quienes Pedro escribe corrían el peligro de que las calumniaran por pertenecer a una secta o culto extranjero oriental. Por sus prácticas consideradas inmorales, muchos griegos y romanos sospechaban de las mujeres que participaban en cultos extranjeros importados del Oriente. Por su comportamiento, su manera de vestir y el respeto a sus esposos, las mujeres cristianas exteriorizaron que se diferenciaban de los devotos de los cultos de Isis, Serapis, Dionisio, y Cibeles. Los filósofos y los gobernantes romanos criticaron duramente los vestidos extravagantes y a veces transparentes de las mujeres que participaban en las procesiones y fiestas de dichas sectas. Otros autores de la antigüedad declararon que se conoce a la ramera por el uso de adornos ostentosos y peinados exagerados (Feldmeier 2008:179-1890). También se criticaban los cultos ya mencionados arriba, porque en ellos las mujeres no respetaban a sus esposos. Según los filósofos, las sociedades en que las mujeres gobiernan a sus esposos están destinadas a la ruina, como lo fue el caso de Esparta.

3:6 Por ejemplo, Sara obedecía a Abrahán y lo llamaba señor. Y ustedes son sus hijas, si hacen el bien y viven libres de temor.

A Sara, la esposa de Abrahán, se la consideró la madre de los hijos de Israel. En Gálatas 4:21-31 se designa a Sara también como la madre de los gentiles que creyeron en el Señor y fueron bautizados en el nombre de Cristo. Por lo tanto, a las esposas cristianas de Anatolia Pedro las llama hijas de Sara. Las mujeres creyentes de Anatolia fueron elegidas para ser parte del nuevo Israel, no por su santidad o justicia, sino por la gracia y misericordia del Señor, quien purificó a su iglesia en el lavamiento del agua por la palabra (Ef 5:26).

A las esposas cristianas se las llama hijas de Sara, no por ser descendientes de la esposa de Abrahán según la carne, sino por su fe en Cristo. Son parte del pueblo del nuevo Israel, aunque sean gentiles. Como hijas espirituales de Sara, Pedro las insta a comportarse como Sara, que obedecía a su esposo y lo llamaba señor. Muchos creen que Pedro se refiere a lo que sucedió cuando Abrahán y Sara descendieron a Egipto por el hambre que hubo en la tierra de Palestina. Al llegar a Egipto Abrahán tuvo miedo de que los jefes egipcios lo mataran con el fin de quitarle a su esposa. Por lo tanto, le pidió a Sara que dijera a todos que era su hermana y no su esposa. Al obedecer a Abrahán, Sara puso en peligro tanto su buen nombre como su propia vida. Antepuso la obediencia a su esposo a su miedo y bienestar. Pedro insta a las mujeres de Anatolia a anteponer la obediencia a su Señor Jesucristo al temor que pudieran tener frente a sus familiares incrédulos. Ante las amenazas de los inconversos, las esposas cristianas de Anatolia tienen el llamamiento de hacer el bien y vivir libres del temor a lo que pudieran hacer sus familiares incrédulos. Siendo por fe hijas de Sara, el apóstol las exhorta a hacer el bien. La palabra que se traduce como "hagan el bien", es ἀγαθοποιοῦσαι. Los participios, en griego, pueden ser condicionales (con la condición de que hagan el bien), pero también pueden ser imperativos (¡hagan el bien!). El texto de 1 P 3:6 también puede ser traducido: "Puesto que ustedes son hijas (de Sara), hagan el bien y vivan libres de temor."

Una de las características de las *Haustafel* es el empleo de los participios presentes que funcionan como imperativos (Forbes 205:103-107).

Comentando sobre el mandato que exige a las mujeres a hacer el bien y a vivir libres de temor, Lutero asevera que por ser más tímidas que los hombres, las mujeres caen a menudo en la brujería y la superstición. Por lo tanto, la mujer cristiana debe conducirse con libertad y confiar en el Señor, y no en el azar y las fórmulas mágicas (2001:108).

3:7 De la misma manera, ustedes, los esposos, sean comprensivos con ellas en su vida matrimonial. Hónrenlas, pues como mujeres son más delicadas, y además, son coherederas con ustedes del don de la vida. Así las oraciones de ustedes no encontrarán ningún estorbo.

Después de hablar de la conducta de los esclavos y las esposas, el autor de la carta se dirige a los esposos. A diferencia de las sociedades paganas en que los hombres ejercían un control absoluto, hasta despótico sobre sus esposas, se exhorta a los maridos cristianos a tratar a sus esposas con consideración, tanto en el diario vivir, como también en sus relaciones matrimoniales. Las esposas no son simplemente instrumentos para el placer del hombre; son hermanas en la fe que, iguales a los hombres, son dignas de honor porque han sido elegidas para recibir la gracia y la vida eterna. También las mujeres han sido creadas a la imagen de Dios.

En la sociedad romana, el esposo tenía derecho a golpear y maltratar a su esposa físicamente; en algunos casos hasta podía matarla a golpes. Ningún autor bíblico apoya tal derecho; al contrario, el autor sagrado quiere resaltar las diferencias entre la vida familiar de las parejas cristianas y la de las familias paganas. Antes bien el amor, el honor, y la consideración que tienen los esposos cristianos para con sus esposas, mostrarán a los vecinos paganos que el Espíritu Santo es capaz de transformar la vida en familia. Al orar juntos los esposos cristianos con la misma fe y dedicación al Señor, dieron un testimonio poderoso a sus vecinos incrédulos de la armonía y respeto mutuo del que ellos también pueden gozar. Tomar en consideración a la esposa quiere decir, entre otras cosas, tenerla en cuenta cuando se toman decisiones importantes que tienen que ver con el bienestar de la familia. Se honra a la esposa al consultar con ella y tomar en cuenta sus opiniones (Miller 1993:244).

El texto de RVC exhorta a los esposos a "ser comprensivos" con sus esposas en su vida matrimonial, mientras que la Biblia del Peregrino tiene: "tened consideración en conciencia". En la traducción de la RVR de 1995, se exhorta a los esposos a "vivir sabiamente con ellas". Todas las traducciones intentan, a su manera, interpretar la voz griega "κατὰ γνῶσιν", que literalmente quiere decir: "según, o de acuerdo con el conocimiento". Este es el conocimiento de que no solamente los maridos, sino también las esposas tienen derechos, opiniones, y necesidades que deben respetarse. Es el conocimiento que adquieren los cristianos por medio del evangelio y la presencia del Espíritu Santo en sus vidas. Es el conocimiento de que el esposo no tiene derecho de imponer su voluntad o sus apetencias sexuales a su cónyuge sin consultar con ella, o sin tomar en cuenta sus necesidades físicas, emocionales, y sexuales. Se trata del conocimiento de que la mujer es también hija y servidora de Dios, que goza del derecho de participar en la adoración de la congregación. En muchas partes del mundo antiguo las mujeres no gozaban del derecho de entrar en el templo y participar en el culto (Barclay 1974:256).

En la RVR de 1960 y otras versiones del NT en español, se brinda una traducción más fiel al texto griego, en el que se hace referencia a la mujer como el vaso (σκεύει) más frágil o delicado. Con frecuencia la palabra vaso, en griego, vale como sinónimo de cuerpo (Kelly 1969:133). La designación de la mujer como el vaso (σκεύει) más frágil, ha sido atacada por los feministas modernos como una expresión sumamente denigrante y machista. Sin embargo, la intención de Pedro no es denigrar a la esposa, sino enfatizar su importancia en la familia y la iglesia. En los escritos de muchos filósofos y médicos del tiempo del NT, se considera a las mujeres como hombres incompletos y, por naturaleza, inferiores al hombre tanto moral como espiritualmente. Según la opinión de autores judíos como Filón de Alejandría, las mujeres eran por naturaleza más débiles intelectual, espiritual, y moralmente. Dice que son más lascivas, celosas, orgullosas, irracionales, y bestiales que los hombres. Fue por culpa de Eva, no de Adán, que la humanidad cayó en pecado. Por lo tanto -opina el rabino alejandrino- las mujeres tienen que estar sujetadas fijamente al control de un hombre (Elliot 2000:593). Así no escriben ni Pedro, ni Pablo, ni los demás autores del NT. Las mujeres, como personas creadas a la imagen de Dios, son dignas de honor. Cristo derramó su sangre a fin de que también las mujeres fueran parte de la nueva creación.

Lo que Cristo demanda de los esposos es que honren a sus esposas. Según Lutero, honrar a la esposa es mucho más que procurar alimento, bebida, y vestido para ella, y cumplir con el deber conyugal. Honrarla es tratarla como a una cristiana bautizada en todos los aspectos de la vida, pues ella es obra y vaso de Dios. "El esposo debe tener en mente que ella está bautizada y tiene exactamente lo mismo que él, las bendiciones de Cristo. A los esposos se los insta a orar juntos y a criar a sus hijos en el temor de Dios. Se perdonarán mutuamente y siempre procurarán servir en vez de dejarse servir. Ellos luchan en contra del diablo al orar juntos y decir: Padre, perdónanos nuestras faltas como nosotros perdonamos a los demás" (Lutero 2001:110).

En una sociedad calificada por los sociólogos como una cultura de honor y vergüenza, el honor y la búsqueda del honor es lo que caracteriza la vida del hombre. Los hombres son los que merecen que se los honre por su valentía, su inteligencia, creatividad, y capacidad de dirigir. Lo que se consideraba vergonzoso para un hombre era ser considerado una mujer. Pero aquí, en contra de las normas de la sociedad romana, Pedro exhorta a los hombres a rendir honores a sus esposas. Hasta dice que no serán recibidas las oraciones de los hombres que abusan o afligen a sus esposas. Dice el Salmo 34, citado varias veces en 1 Pedro: "Los ojos de Jehová están sobre los justos y atentos al clamor de ellos. La ira de Jehová está contra los que hacen mal" (34:15-16 RVR 95).

A la mujer se la conceptúa como el vaso más frágil en un sentido físico, no en un sentido intelectual, espiritual o moral. Todavía hoy en día hay ciertos deportes y trabajos en que las reglas para las mujeres son menos exigentes que para los hombres. Según Kelly (1969:134), lo que Pedro quiere subrayar al instar a los hombres a honrar a sus esposas es que no les exijan aceptar imposiciones sexuales egoístas en contra de la voluntad y capacidad física de ellas. En el matrimonio cristiano hay tiempo para las relaciones sexuales, pero también debe haber tiempo para la abstinencia mutua y la oración. Lo que enfatiza Pedro en su enseñanza familiar no es la autoridad o supuesta superioridad del hombre, sino la comprensión y la convivencia. El participio συνοικοῦντες (sean comprensivos) tiene un sentido imperativo, como muchos otros participios en 1 Pedro (Brox 1994:199). El apóstol no le pide al marido cristiano a someter a su esposa a su señorío, ni a considerarla de rango inferior, sino a respetarla y honrarla como coheredera de la misma salvación que él recibió por la gracia y misericordia del Señor, quien vino para servir y no para ser servido. Los coherederos de la misma salvación y la misma esperanza viva tienen el llamamiento de orientar sus vidas según el ejemplo dado por Cristo, y no por las convenciones sociales basadas en las supuestas diferencias entre superiores e inferiores, o entre dominadores y dominados (Brox 1994:202).

Es interesante observar que el autor no habla del divorcio, como lo hizo Pablo en 1 Corintios 7. Si el autor de la carta hubiera sido un rabino o un escriba, habría discutido los problemas matrimoniales que podrían justificar el divorcio. En la mayoría de las sociedades antiguas se aconsejaba al esposo divorciar a su esposa si ésta no podía dar a luz un hijo varón, o sea un hombre que heredara la propiedad y el buen nombre de la familia. En muchas sociedades el deber principal de la esposa es engendrar un heredero. De esto no se dice una sola palabra en la carta de Pedro (Elliot 2000:568).

Lo que sí dice Pedro es que la falta de consideración hacia quienes se consideran débiles o inferiores puede ser un estorbo para sus oraciones, o sea que éstas no serán bien recibidas por el Señor. Cuando el abuso verbal o físico de las personas más débiles de la familia se tolera, es debido a que en la congregación o sociedad se enseña a los niños que el abuso de las esposas, niños, y empleados es algo aceptable o normal. El niño abusado fácilmente se volverá un abusador cuando llegue a adulto. Las personas de las que se abusa y se explota por ser miembros de una raza o grupo social considerados inferiores, pasarán sus resentimientos y odio a los de la próxima generación. Así se perpetúan modelos de conducta abusivos de una generación a otra. Según Pedro, la mejor manera de combatir la perpetuación de estilos de vida abusivos es bendecir al otro y orar por él (González 2010:86-88). En su interpretación de Malaquías 2:10, Lutero asevera que los maridos cristianos deben recordar que ambos, esposos y esposas, tienen el mismo Padre celestial, es decir, "que vean que sus esposas tienen a Dios en común con ellos". Es lo que Pedro dice en 1 Pedro 3:7: "De la misma manera, ustedes, los esposos, sean comprensivos con ellas en su vida matrimonial."

3:8 En fin, únanse todos en un mismo sentir; sean compasivos, misericordiosos y amigables; ámense fraternalmente.

Los cinco adjetivos del pasaje cumplen con la finalidad de instar a los hermanos a fortalecer, promover, y profundizar su unidad en Cristo, y dedicar sus vidas al servicio de todos los miembros de la fraternidad cristiana, incluyendo a sus vecinos paganos. Muchas comunidades cristianas que vivían separadas a gran distancia de otros grupos de creyentes necesitaban el estímulo, el consuelo, el apoyo, las oraciones, y los consejos de los hermanos en la fe de otras partes de las cinco provincias mencionadas por Pedro. Esto explica, en parte, las innumerables cartas, canciones, testimonios, y confesiones de fe que circulaban en los primeros siglos de la era cristiana. Los hermanos anhelaban recibir visitas, cartas, epístolas, y saludos de sus hermanos y hermanas en Cristo. En muchas partes del mundo de habla hispana, las convenciones regionales y nacionales, las reuniones de damas y los retiros juveniles, han sido y aún siguen siendo para muchos, los eventos más importantes del año.

El original griego para señalar la primera virtud en la lista es πάντες ὁμόφρονες, que se puede traducir como "unidad en espíritu", "concordia", "un mismo sentir o mente". O sea que se insta a la comunidad a vivir en armonía. El adverbio, como los otros cuatro del pasaje, es un imperativo que exhorta a los hermanos a llevar una conducta digna en sus relaciones con los demás miembros de la comunidad cristiana. Cuatro de los cinco adverbios no aparecen en otras partes del NT. Por practicar las cinco virtudes ponderadas en el pasaje, la hermandad cristiana se distinguió de las demás asociaciones civiles, clubes, gremios, y sectas del Imperio Romano. En las numerosas asociaciones que había en el imperio se podía gozar de estimulación intelectual, compañerismo, diversiones, banquetes, honores, y demás beneficios sociales. Lo que no brindaban las asociaciones civiles era una familia que se distinguiera por un amor compartido en el servicio y sacrificio mutuos. En la fraternidad cristiana los pecadores podían encontrar el perdón, los inmundos purificación, y los marginados aceptación. Los cinco adverbios imperativos son, a la vez, un llamamiento a seguir a Jesús, quien en su ministerio puso en práctica la clase de vida que describen los cinco adverbios.

El segundo adverbio griego es συμπαθεῖς, "compasivos". De la raíz del vocablo viene nuestra palabra simpatía, o sea, compartir los mismos sentimientos, regocijarse con los que se regocijan y llorar con los que lloran (Ro 12:15). En 1 Corintios 12:26 leemos: "De manera que, si uno de los miembros padece, todos los miembros se conduelen, y si uno de los miembros recibe honores, todos los miembros se regocijan con él." Una de las causas del crecimiento de la iglesia primitiva fue que en ella los esclavos, los huérfanos, las mujeres abusadas, los enfermos, y los forasteros encontraron compasión. Los miembros de las comunidades cristianas se sintieron motivados a tener compasión de todos, porque ellos mismos habían encontrado compasión en Jesucristo, como dice Hebreos 4:15: "Porque no tenemos un sumo sacerdote que no pueda compadecerse de nuestras debilidades, sino uno que fue tentado en todo de la misma manera que nosotros, aunque sin pecado. Por tanto, acerquémonos confiadamente al trono de la gracia, para alcanzar misericordia y hallar gracia para cuando necesitemos ayuda."

El tercer término Φιλάδελφοι, o sea "amor fraterno" o "amar a los hermanos y hermanas" (Ro 12:10; 1 Ts 4:9) es el adverbio que se encuentra en el centro de la lista, es decir, la posición en la cual muchos autores de la antigüedad solían colocar el elemento más importante. Se sobrentiende que el amor por los demás miembros de la fraternidad incluía el suministro de alimentación, vestimenta, y otras necesidades materiales. Incluía también la visita a los enfermos, encarcelados, moribundos, y el apoyo a las viudas, los huérfanos, y los extranjeros, vale decir, todas las acciones señaladas por Jesús en su discurso sobre el juicio de las naciones (Mt 25:31-45): "De cierto les digo que todo lo que hicieron por uno de mis hermanos más pequeños, por mí lo hicieron" (v 40).

El penúltimo adjetivo en el texto griego es εὔσπλαγχνοι, "misericordioso", un término que se encuentra solamente aquí y en Efesios 4:32. Es muy poco utilizado por los autores grecorromanos, pero en el AT aparece con frecuencia para describir al Padre celestial; en realidad, es una de las características que distingue al Dios de los judíos y cristianos de muchas de las deidades veneradas por habitantes paganos de las cinco provincias en las que vivían los destinatarios de 1 Pedro. El término deriva de la palabra griega para intestinos, los cuales eran considerados por los antiguos como la sede de las emociones. Literalmente el texto habla de tener intestinos sanos (Senior 2003:89). Puesto que hoy en día se considera el corazón como sede de nuestras emociones, las traducciones modernas suelen hablar de corazones tiernos y no de intestinos sanos o tiernos.

El último adjetivo de los cinco del pasaje es humildad, ταπεινόφρονες, una virtud muy apreciada por los judíos y los cristianos, pero no por la mayoría de los griegos, romanos, y los machistas de hoy. Los paganos consideraban a la humildad una marca de debilidad, vergüenza, e inhabilidad de una persona para defender su honor. La humildad, decían, corresponde a los esclavos y demás personas de estatus social inferior (Pardee 2014:123). El machista desprecia al humilde porque no lo considera un verdadero hombre. No obstante, el más valiente y perfecto de los hombres tuvo la valentía de enfrentar a sus enemigos en la ciudad de Jerusalén, sin violencia ni rencor, sino manso y humilde y montado sobre un asno (Mt 21:5). La verdadera humildad no consiste en ufanarse de la piedad de uno (Col 2:18), o por el duro trato dado al cuerpo o las largas oraciones en público, sino en reconocerse a sí mismo un perdido pecador rescatado, perdonado, y rehabilitado por la gracia y la misericordia de Cristo, y no por su propio esfuerzo en querer alcanzar la santidad.

3:9 y no devuelvan mal por mal, ni maldición por maldición. Al contrario, bendigan, pues ustedes fueron llamados para recibir bendición.

La exhortación a no devolver mal por mal habría provocado consternación y confusión en personas cuyas vidas no hubieran sido transformadas por la gracia. Para muchos romanos, no devolver mal por mal se consideraba una pérdida del honor. En las culturas de "honor y vergüenza" siempre se busca aumentar el honor a expensas del adversario. Perder el honor frente a los demás es una vergüenza. Las presiones sociales prácticamente obligaban a las personas a devolver mal por mal, insulto por insulto, maldición por maldición, y grosería por grosería. Los destinatarios de 1 Pedro habían sufrido mucho de parte de sus enemigos. Por su fe y su condición social habían sido el blanco de toda clase de calumnias y maldiciones. Pedro sabe que el diablo siempre intenta aprovecharse de tales situaciones para provocar al que es víctima de una maldad, a pagar mal por mal. Sin embargo, el empeño del cristiano siempre debe ser ganar al enemigo para la fe. Cuando uno paga mal por mal pierde la oportunidad de convencer al perseguidor que Dios es un Dios de amor.

La misión del cristiano bautizado es ser un agente de bendición, como lo fue Jesucristo cuando en la cruz clamó: "¡Padre, perdónalos, porque no saben lo que hacen!" Estando en la cruz, el Señor pudo haber orado al Padre pidiendo, para sus verdugos y sus familias, toda clase de maldición, desgracia y castigo en este mundo y en el venidero. Pedro quiere que los cristianos oprimidos y perseguidos sigan el ejemplo de Jesús, quien no solamente enseñó a sus discípulos a que perdonaran a sus enemigos (Mt 5:38-48), sino que sanó la oreja del siervo del sumo sacerdote, cortada durante una arremetida vengativa de parte de Pedro (Lc 22:50-51). En sus cartas, el apóstol Pablo también exhorta a sus lectores a no pagar a nadie mal por mal, sino a procurar hacer lo bueno a todo el mundo (Ro 12:17; 1 Ts 5:15). Si Jesús se hubiera guiado por la ley que exige ojo por ojo, Pedro no se habría librado de la ira de Dios cuando negó a su Señor tres veces. Tampoco Pablo, quien había perseguido a los seguidores del Señor, hubiera sido perdonado y llamado a ser apóstol.

Pedro no sólo exhorta a sus oyentes a no maldecir, sino a bendecir: "Al contrario, bendigan." Bendecir no es que usted diga simplemente "Dios te bendiga", sino que implica compartir el mensaje del evangelio con sus perseguidores. La mayor bendición que uno puede brindarle a una persona es el conocimiento de Jesucristo y su gran sacrificio por nosotros. No se puede otorgar una bendición mayor a alguien que la de conducirlo arrepentido a los pies del buen pastor, porque él "no quiere que ninguno se pierda, sino que todos se vuelvan a él" (2 P 3:9). El anhelo de ganar al perseguidor para el reino de Dios es lo que impulsa al cristiano a rechazar toda clase de venganza (Watson 2012:81). Téngase presente que en la antigüedad la manera más común de procurar venganza fue a través de la hechicería. Valerse de la hechicería para la represalia, sigue siendo el instrumento preferido de venganza de muchas personas abusadas, especialmente de los débiles y marginados, que no cuentan con otros recursos para conseguir justicia. Cuando maldecimos nos convertimos en instrumentos a ser utilizados por los poderes malignos para hurtar, matar, y destruir. Cuando bendecimos nos convertimos en cauces o ríos de agua de vida que llevan el amor de Dios a vidas secas, frustradas, y amargadas (Miller 1993:251).

Hace muchos años leí una historia acerca de la evangelización de las islas del Pacífico que relata la experiencia que tuvo un nuevo converso cristiano que salió a evangelizar a un vecino con el mensaje de Cristo. El vecino, sin embargo, no quiso saber nada de la nueva fe; quería seguir rindiendo culto a sus ídolos. El evangelizador, quizá con más entusiasmo que prudencia, siguió proclamándole el mensaje de Cristo día tras día. El vecino lo insultó, lo llamó necio, porfiado, loco y con unos calificativos de tono aún más subido. Pero el evangelizador no se dio por vencido. Finalmente, el vecino no aguantó más; tomando una olla nueva que había comprado en el mercado, le asestó al evangelizador un golpe en la cabeza con tanta fuerza, que la olla se rompió. El vecino pensó que ahora se iría y dejaría de molestar. Pero al día siguiente el evangelizador regresó. "¿A qué vienes, a pelear conmigo por el golpe que te di?" "No", le dijo el cristiano; "vengo a traerte una olla nueva para reemplazar la que se rompió sobre mi dura cabeza". Viendo que el hermano cristiano había aprendido de Dios a bendecir y no procurar venganza, el vecino se dio cuenta de que Cristo es en verdad Dios de amor.

Al recordar a sus lectores que contar con un llamamiento implica recibir bendición, Pedro alude a Génesis 12:3, donde el Señor le dice a Abrahán: "Yo haré de ti una nación grande. Te bendeciré, y engrandeceré tu nombre, y serás bendición." Al aplicarles a ellos la promesa, Pedro les recuerda que, aunque sean gentiles, son hijos de Abrahán quien, juntamente con sus descendientes, recibió el llamamiento de ser una fuente de bendición para todas las naciones. Como Jesucristo, los destinatarios de Pedro no fueron llamados para maldecir o buscar venganza, sino para bendecir y proclamar el perdón de los pecados. Ésta es su vocación. Como en otras partes de la carta, los participios del pasaje deben interpretarse como imperativos (Elliot 2000:606). La motivación para tal conducta de nuestra parte es, por supuesto, la realidad de que Jesús nos ha bendecido abundantemente en vez de pagarnos según nuestros merecimientos, ojo por ojo y diente por diente. Según Pedro, los que se dedican a bendecir a otros, recibirán bendiciones aún más grandes el día en el que Cristo se manifestará para juzgar a vivos y muertos.

Es preciso recordar siempre que los imperativos del pasaje van dirigidos no sólo a los antiguos creyentes de Anatolia, sino también a nosotros. No se puede ganar a otros para Cristo y su iglesia si insultamos y maldecimos a los que nos calumnian e injurian. De nuestra época tenemos ejemplos de personas notables que han tomado a pecho tales imperativos, entre ellos Dom Hélder Camara, César Chávez y Mohandas K. Gandhi.

3:10 Porque: "El que quiera amar la vida y llegar a ver días buenos, debe refrenar su lengua del mal, y sus labios no deben mentir."

Para rematar su exhortación moral, Pedro cita, según su costumbre, un pasaje del AT. El texto escogido es el Salmo 34:12-14, una composición en la cual se prometen bendiciones materiales y una larga vida a los que no usan sus labios para maldecir, mentir o engañar, sino para alabar y bendecir a Dios en todo tiempo. En cuanto al uso de la lengua, Cristo debe ser el modelo de los creyentes, y no los sofistas populares. Guiado por el Espíritu Santo, Pedro nos da a entender que la herencia y las bendiciones que por nuestro llamamiento recibimos, incluyen no sólo cosas materiales, sino también la herencia eterna guardada en el cielo para nosotros, y la plenitud de la salvación (Kelly 1969:138). Es la segunda vez que en 1 Pedro se hace referencia al Salmo 34, lo que nos indica la popularidad del Salmo 34 en la catequesis de la iglesia primitiva. En 1 Pedro 2:3 el apóstol alude al Salmo 34:8 al decir: "si es que han probado ya la bondad del Señor."

3:11 "Debe apartarse del mal y hacer el bien, buscar la paz, y seguirla."

Lo que escribe a continuación cuadra perfectamente con las palabras de Pablo en Romanos 12:17-19: "No paguemos a nadie mal por mal. Procuremos hacer lo bueno a los ojos de todo el mundo. Si es posible, y en cuanto dependa de nosotros, vivamos en paz con todos." Para los seguidores de Cristo, la revancha es uno de los males de los que debemos apartarnos. Tal la exhortación del apóstol. En el día de su Bautismo se insta al nuevo creyente a renunciar al diablo y todas sus obras. Entre las obras a las que debe renunciar, figura la revancha. Bien sabe el Espíritu Santo que la sed de venganza es un veneno mortal capaz de amargar toda la vida de una persona, causándole trastornos mentales y físicos. En consonancia con Pedro, Pablo les escribe a los tesalonicenses: "Tengan cuidado de que nadie pague a otro mal por mal; más bien, procuren siempre hacer el bien, tanto entre ustedes como con los demás" (1 Ts 5:15). Los dramaturgos griegos nos han dejado en sus tragedias varios ejemplos de personas, y hasta de dioses, que se destruyeron a sí mismos y también a sus seres queridos, porque no podían librarse de la sed de venganza. Los destinatarios de 1 Pedro probablemente habían presenciado la representación de algunas de las grandes tragedias de Sófocles, Eurípides, y Aristófanes. De estas obras clásicas habrían aprendido que los que siguen el camino de la revancha nunca encuentran paz.

3:12 "Porque los ojos del Señor están sobre los justos, y sus oídos están atentos a sus oraciones; pero el rostro del Señor está en contra de los que hacen el mal."

En el pasaje se alude a la razón por la que los hermanos no deben, ni necesitan, vengarse. La razón es la siguiente: El rostro del Señor está en contra de los que oprimen y persiguen a los justos. Es el Señor quien dará su merecido a los injustos que no se arrepientan. La paga que les corresponderá a los que hacen el mal es algo que le toca al Señor, no a nosotros. "Mía es la venganza, yo pagaré, dice el Señor" (Ro 12:19; Dt 32:35). En el mismo Salmo 34 citado por Pedro, dice: "El Señor vigila a los que hacen el mal para borrar de la tierra su memoria" (Sal 34:16). Es decir, que los injustos recibirán su merecido en el juicio final.

3:13 ¿Quién podrá hacerles daño, si ustedes siguen el bien?

La palabra griega para "hacerles daño", es *κακώσων*. La expresión se emplea en Hechos 7:6, donde se mencionan los cuatrocientos años durante los que los egipcios oprimieron a los israelitas. La misma expresión aparece nuevamente en Hechos 12:2, donde se relata cómo el rey Herodes Agripa I mató a filo de espada a Jacobo, el hermano de Juan.

Los enemigos y perseguidores de los cristianos podrán dañar los cuerpos de los hermanos, pero no pueden dañar su ser más íntimo. No pueden arrancar de su interior la presencia del Espíritu Santo, el Consolador que habita en las almas de los fieles. No pueden robarnos nuestra herencia incorruptible, incontaminada, e imperecedera. ¿Qué podrá separarnos del amor de Cristo? pregunta Pablo en Romanos 8:35, 39: "¿Tribulación, angustia, persecución, hambre, desnudez, peligro, espada? ...ninguna otra cosa creada nos podrá separar del amor que Dios nos ha mostrado en Cristo Jesús nuestro Señor." En el AT el profeta Isaías aconsejó a los israelitas temerosos con estas palabras: "Santifiquen al Señor de los ejércitos, y sólo a él. Que él sea para ustedes la única razón de su temor" (Is 8:13). En el Salmo 118:6 el salmista canta: "El Señor está conmigo; no tengo miedo de lo que simples mortales me puedan hacer."

En la Biblia de Jerusalén, en vez de "si ustedes siguen el bien", los traductores prefirieron expresarlo así: "si os afanáis por el bien." El verbo griego es ζηλωταὶ, que proviene de la misma raíz de donde vienen las palabras celos y zelotes. En el tiempo en que se escribió el NT existía entre los judíos un partido conocido como la secta de los zelotes. Esta fue, según Josefo, una de las cuatro sectas o filosofías del tiempo de Jesús. Barclay describe a los zelotes como "patriotas fanáticos que se habían comprometido bajo juramento a liberar a su tierra nativa, utilizando para ello cualquier medio. Eran hombres dispuestos a arriesgar sus vidas y sacrificar sus comodidades, a arriesgar su hogar y sus seres queridos por causa de su apasionado amor a la patria" (1974:262). El gran héroe del movimiento revolucionario fue Finés, hijo del sumo sacerdote Eleazar, hijo de Aarón.

Finés, el gran héroe de los zelotes, no debe ser nuestro modelo

Cuando en su peregrinación por el desierto los hijos de Israel llegaron a un lugar llamado Baal Peor, fueron tentados por los moabitas y madianitas a sacrificar a sus dioses y fornicar con sus mujeres. Fue entonces que Finés, en su celo por la ley de Dios, tomó su lanza y atravesó por el vientre a uno de los jefes de su pueblo y a su amante madianita (Nm 25:7). Tanto Josefo, Ben Sira (44:23-25), y el rabino Filón de Alejandría, elogiaron la acción de Finés y llamaron a los israelitas fieles a emular su celo de usar la espada en contra de los miembros de su propio pueblo que no respetaban la ley de Moisés (Hurtado 2016:17). Los miembros de la secta de los zelotes se creyeron llamados por Dios para establecer su reino por medio de la violencia frente a gentiles y judíos infieles. En el pasaje en consideración, Pedro, en cambio, insta a los lectores a bendecir y amar a sus enemigos. El amor y la bendición son armas más poderosas que las lanzas y las espadas; por lo tanto, se solicita a los seguidores de Cristo a no temer a los que solamente pueden dañar el cuerpo, sino el alma.

La vocación de pacificadores de los primeros cristianos es una de las virtudes que tanto impresionaron a los paganos, y que fue empleada por el Espíritu Santo para llevarlos a la fe en el Príncipe de Paz. En efecto, Pedro insta a sus lectores a rechazar el establecimiento del reino de Dios mediante la violencia y el espíritu vengativo de los zelotes judíos y los terroristas de nuestro tiempo. Los miembros de la comunidad de la fe son zelotes para el bien, es decir, fanáticamente dedicados a hacer el bien a todos (Watson 2012:85).

En Mateo 10:28 dice Jesús a sus discípulos: "No teman a los que matan el cuerpo, pero no pueden matar el alma. Más bien, teman a aquel (Dios) que puede destruir alma y cuerpo en el infierno." En la última estrofa de su himno *Castillo fuerte es nuestro Dios*, Martín Lutero expresa: "Sin destruirla dejarán, aún mal de su grado, Esta Palabra del Señor; Él lucha a nuestro lado. Que lleven con furor los bienes, vida, honor, los hijos, la mujer. Todo ha de perecer, De Dios el reino queda." Aunque los enemigos del evangelio tengan el poder de dañar físicamente a los creyentes, no podrán hacerles daño en su ser más íntimo. No les podrán quitar la herencia que el Señor les tiene guardada en el cielo.

3:14-15 ¡Dichosos ustedes, si sufren por causa de la justicia! Así que no les tengan miedo, ni se asusten. Al contrario, honren en su corazón a Cristo, como Señor, y manténganse siempre listos para defenderse, con mansedumbre y respeto, ante aquellos que les pidan explicarles la esperanza que hay en ustedes.

En este pasaje, como en otros en la carta, Pedro no se refiere a los sufrimientos que padecemos en nuestra humanidad, como enfermedades, aflicciones, debilidades, muerte, sequías, inundaciones, y guerras, sino que se refiere a lo que sufrimos por nuestra fe en el Señor. En varias ocasiones fue necesario que el Señor animara a sus profetas, especialmente a Jeremías y Ezequiel, a no tener miedo de sus enemigos humanos, aunque fueran poderosos príncipes, sumo sacerdotes o importantes militares. La causa por la cual luchaban los profetas era la causa del Señor, y por tanto él estaría con ellos en su defensa. A Ezequiel le dice: "Pero tú, hijo de hombre, no tengas miedo de ellos ni de sus palabras. Aunque estés entre zarzas y espinas, y habites entre escorpiones, no tengas miedo de ellos ni de sus palabras, porque son gente rebelde" (Ez 2:6). A Jeremías la dice: "No temas delante de nadie, porque yo estoy contigo y te pondré a salvo" (Jer 1:8). Lo que el cristiano debe temer, más que cualquiera otra cosa, es abandonar a su Señor y su iglesia. Lo que debemos temer es regresar a nuestra pasada manera de vivir y abandonar la nueva vida que hemos recibido en Cristo. Lo que debemos temer es cambiar el gozo que nos ofrece Cristo por las vanas diversiones que nos ofrecía nuestra pasada manera de vivir.

Citando a Isaías 8:12-13, por segunda vez en su carta Pedro invoca una bienaventuranza por los que sufren por causa de la justicia. En vez de lamentarse o temer a sus perseguidores, los que sufren por su fe en el Cristo crucificado deben alegrarse por haberles sido concedido una oportunidad de testificar de la esperanza viva que recibieron del Cristo que sufrió por causa de la justicia. En el contexto original de la cita de Isaías, el profeta convoca a los israelitas a reverenciar al Señor su Dios. En el pasaje el apóstol insta a los destinatarios de la carta a santificar en sus corazones a Cristo como Señor. Se ve claramente que para el autor de la epístola santificar al Señor y santificar a Cristo son la misma cosa (Green 1992:208).

En vez de asustarse (ταραχθῆτε, dejarse intimidar) o temer a sus enemigos, los creyentes deben honrar a Cristo en sus corazones y salir en defensa de su fe ofreciendo una explicación. La voz griega es ἀπολογίαν, de donde vienen nuestras palabras apología y apologético. En el griego clásico, apología quiere decir hablar en defensa de uno o de lo que uno haya hecho (Miller 1993:38). La apologética es la rama de la teología cristiana dedicada a la defensa de la fe frente a los argumentos de detractores, falsos profetas, y filósofos paganos. En 1 Pedro no se especifica quiénes son las personas ante las que hay que defender la fe. Algunos creen que se trata de una defensa pública ante un tribunal, de cristianos que habían sido acusados formalmente de un crimen. Podría tratarse también de la defensa de la fe ante una turba, como por ejemplo lo que se dio en Hechos 22:1, cuando Pablo se defendió ante una turba enfurecida con deseos de lincharlo. En Hechos 25:16 se refiere la defensa de Pablo ante oficiales del gobierno romano. Algunos investigadores opinan que en 1 Pedro 3:15 se trata de una defensa o explicación ofrecida a los miembros de la comunidad que quisieran saber algo acerca de las creencias y prácticas de los seguidores de Cristo (Elliot 2000:327-328).

Lo que se pide a los cristianos es explicar a sus vecinos cuál es la naturaleza de la esperanza que hay en ellos. Según Elliot (2000:628), el colapso de los pequeños reinos, las ciudades estados y las provincias independientes de Anatolia fue, para muchos habitantes de las cinco provincias, un golpe duro, como también lo fue la pérdida de las tradiciones, valores, normas, e instituciones del pueblo indígena de Asia Menor. La globalización romana impuesta por medio de las nuevas leyes y armas de los conquistadores destruyó la confianza del pueblo en sus antiguas instituciones y creencias. Cuando un pueblo, tribu o comunidad pierde la confianza y esperanza, fácilmente llega a ser víctima de la anomia, la desintegración social y la pérdida de identidad. Para sobrevivir, las personas y las culturas necesitan una esperanza en medio de la inseguridad, conflictos, y traumas de un mundo cambiante. Todo esto es lo que el pequeño grupo de cristianos de las cinco provincias tenía para compartir con sus vecinos paganos. Gracias a que los destinatarios de 1 Pedro pudieron compartir su esperanza en la resurrección, ascensión, y segunda venida de Cristo con sus contemporáneos, la familia de Cristo pudo crecer y transformar al mundo de su tiempo. Según el filósofo alemán Ernst Bloch, la esperanza es más que una virtud entre otras; es un motor que tenemos dentro de nosotros y que alimenta todas las demás virtudes y nos impulsa hacia delante, suscitando nuevos sueños de una sociedad mejor.

Ofrecer una explicación o apología de la esperanza que está en nosotros, quiere decir explicar a nuestros contemporáneos que los pecados son perdonados porque Dios, el Padre de Jesucristo, quien sufrió la muerte y resucitó. Además, debemos estar preparados para explicar que los cristianos tenemos la esperanza de una vida después de la muerte, y que nos espera una herencia incorruptible, incontaminada, e imperecedera. Debemos estar preparados para hablar del poder de Dios que obra en nuestras vidas, diariamente, y las razones por las cuales hemos renunciado a nuestra pasada manera de vivir. Explicar la esperanza que está en uno quiere decir, además, dar a conocer la salvación por la preciosa sangre de Cristo, quien se manifestará para juzgar a vivos y muertos (Schnabel 2004:1525).

Para explicarles a los incrédulos la esperanza que albergan en sus corazones, los cristianos deberán establecer un diálogo con sus vecinos paganos a fin de que confíen en Cristo. A diferencia de lo que opinan algunos comentaristas, Pedro no tiene la intención de que los creyentes se separen de sus vecinos paganos para no tener contacto con ellos. Lo que quiere el apóstol, antes bien, es el diálogo, una oportunidad para compartir la fe con los que no conocen al Señor. Las palabras de Pedro hay que entenderlas como un imperativo misional y no una simple sugerencia. Es deber misionero de todo miembro de la familia de Cristo, y no solamente de los líderes de la comunidad. Dar testimonio de la esperanza viva debe ser la fuerza motriz de sus vidas. En pocas palabras, cada cristiano tiene el llamamiento de ser un apologeta (Feldmeier 2007:195). En consonancia con la exigencia de Pedro de mantenerse siempre listos para presentar una defensa de la fe, Efesios 6:15 declara: "Estén siempre listos para salir a anunciar el mensaje de la paz." Según Lutero (2001:122): "Pedro aquí se dirige a todos los cristianos, sacerdotes, laicos, hombres y mujeres, jóvenes y ancianos, y en cualquier estado en que se hallen." Para dar testimonio de la esperanza que hay en sus corazones, los cristianos tienen que conocer lo que dicen las Escrituras.

Pedro enfatiza que, en la defensa pública del evangelio ante los incrédulos, los hermanos deben mostrar dulzura y respeto. Solamente así se puede ganar al enemigo para el Señor. Proclamar las buenas nuevas sin amor, solamente servirá para justificar el odio de los perseguidores. Cuando las personas sin fe sufren opresión, marginación, y persecución, terminan albergando deseos de venganza y vindicación. Con frecuencia recurren a la brujería, la hechicería, los chismes, y la maldición para hacer sufrir a sus opresores. La hechicería y la maldición siempre han sido las armas preferidas por los débiles ante los abusos de los fuertes. Los antropólogos suelen hablar de la hechicería, la maldición, el chisme, y el chiste como los más efectivos medios de control social, no sólo en sociedades como las de Anatolia, sino también en muchas sociedades actuales. El cristiano, sin embargo, sabe que hay algo mucho más dulce que la venganza: el dulce amor de Cristo. El cristiano tiene el llamamiento a defender la fe y a amar a sus enemigos. En Apocalipsis 2:17 el vidente elogia a los creyentes de Éfeso por haber trabajado y sufrido en su lucha en contra de los falsos profetas. Al mismo tiempo, Juan exhortó a los valientes defensores de la fe de Éfeso a arrepentirse por haber abandonado su primer amor. La misión de los creyentes, igual a la de Cristo, no es juzgar y condenar, sino efectuar la reconciliación. Fue Dios "que nos reconcilió consigo mismo por Cristo, y nos dio el ministerio de la reconciliación" (2 Co 5:18).

En sus asambleas de lectura de las Escrituras, los de Anatolia deben haber oído de algunas bellas historias que tratan de la reconciliación: Abrahán y Lot, José y sus hermanos, el hijo perdido, y muchas otras. Hasta en las historias de los famosos autores clásicos se encuentran conmovedores relatos de reconciliación. Uno en particular me llama la atención. Según narra Cassius Dio en su Historia Romana, en un brote de hostilidades los hombres de la ciudad se dividieron en dos bandos para dirimir sus diferencias por las armas. Al enterarse de ello, Ercilia y las demás mujeres de la ciudad bajaron del Palatino y, corriendo con sus niños se metieron en el espacio que mediaba entre los dos ejércitos. "¡Hagan la paz, esposos nuestros! gritaron las mujeres. ¿Hasta cuándo van a seguir odiándose? ¡Hagan la paz con sus suegros!, ¡hagan la paz con sus yernos! ¿Qué locura se ha metido en sus cabezas para inducirlos a derramar la sangre de otros? Si son tan incapaces de reconciliarse, entonces mátennos primero a nosotras sus esposas, y a sus niños. ¡Que su sed de venganza se alimente con nuestra sangre, pues preferimos morir antes que ver a nuestros maridos y padres destruirse mutuamente!" Al percibir el llanto de sus esposas e hijos, los hombres de guerra comenzaron a llorar ellos también. Las lágrimas rodaron por sus rostros y, tirando las armas al suelo, los que habían sido enemigos se abrazaron y besaron (Bowes 2016:11).

Los apologistas

Como ya hemos señalado, la apologética es la defensa pública de la fe ante sus detractores. Pedro insta a todos los cristianos a ser apologistas. El crecimiento y expansión del cristianismo en los primeros siglos es evidencia de que los lectores de la carta contaban con la guía del Espíritu para ganar para Cristo a muchos de los opositores del movimiento cristiano. Los historiadores del cristianismo suelen señalar de en medio de los defensores de la fe a un destacado grupo de autores, que durante los siglos dos y tres, escribieron una serie de apologías que aún hoy vale la pena leer y estudiar. Entre los apologistas encontramos a Tertuliano, Justino mártir, Orígenes, Ireneo, Cipriano

Hipólito y el autor desconocido de la Carta a Diogneto. Un estudio de las obras de dichos apologistas nos ilustrará cómo estos hombres, fieles a la exhortación de Pedro, produjeron una colección de documentos pacíficos, elocuentes y, sobre todo centrados en Cristo, que fueron de gran ayuda para mostrar a sus contemporáneos el significado del evangelio de Cristo. En el siguiente anexo hemos transcripto una parte de la apología conocida como la Carta a Diogneto, para que el lector observe cómo el autor de esta carta presentó su defensa de la fe ante un tal Diogneto, quizá un funcionario del gobierno imperial.

APÉNDICE III - PORCIÓN DE LA CARTA A DIOGNETO

Los cristianos no se distinguen de los demás hombres por el lugar en que viven, ni por su lenguaje, ni por sus costumbres. Ellos, en efecto, no tienen ciudades propias, ni emiten palabras insólitas, ni llevan un género de vida distinto. Su sistema doctrinal no se inventó gracias al talento y la especulación de algunos investigadores, ni profesan, como otros, una enseñanza basada en autoridad de hombres.

Viven en ciudades griegas y bárbaras, según les cupo en suerte, siguen las costumbres de los habitantes del país, tanto en el vestir como en todo su estilo de vida y, sin embargo, dan muestras de un tenor de vida admirable y, a juicio de todos, increíble. Habitan en su propia patria, pero como forasteros; toman parte en todo como ciudadanos, pero lo soportan todo como extranjeros; toda tierra extraña es patria para ellos, pero están en toda patria como en tierra extraña. Igual que todos, se casan y engendran hijos, pero no se deshacen de los hijos que conciben. Tienen la mesa en común, pero no el lecho.

Viven en la carne, pero no según la carne. Viven en la tierra, pero su ciudadanía está en el cielo. Obedecen las leyes establecidas, y con su modo de vivir superan estas leyes. Aman a todos, y todos los persiguen. Se los condena sin conocerlos. Se les da muerte, y con ello reciben la vida. Son pobres, y enriquecen a muchos; carecen de todo, y abundan en todo. Sufren la deshonra, y ello les sirve de gloria; sufren detrimento en su fama, y ello atestigua su justicia. Son maldecidos, y bendicen; son tratados con ignominia, y ellos, a cambio, devuelven honor. Hacen el bien, y se los castiga como malhechores y, al ser condenados a muerte, se alegran como si se les diera la vida. Los judíos los combaten como a extraños y los gentiles los persiguen y, sin embargo, los mismos que los aborrecen no saben explicar el motivo de su enemistad.

En pocas palabras: los cristianos son en el mundo lo que el alma es en el cuerpo. El alma, en efecto, se halla esparcida por todos los miembros del cuerpo; así también los cristianos se encuentran dispersos por todas las ciudades del mundo. El alma habita en el cuerpo, pero no procede del cuerpo; los cristianos viven en el mundo, pero no son del mundo. El alma invisible está encerrada en la cárcel del cuerpo visible; los cristianos viven visiblemente en el mundo, pero su religión es invisible. La carne aborrece y combate al alma, sin haber recibido de ella agravio alguno, sólo porque le impide disfrutar de los placeres; también el mundo aborrece a los cristianos, sin haber recibido agravio de ellos, porque se oponen a sus placeres.

El alma ama al cuerpo y a sus miembros, a pesar de que éste la aborrece; también los cristianos aman a los que los odian. El alma está encerrada en el cuerpo, pero es ella la que mantiene unido el cuerpo; también los cristianos se hallan retenidos en el mundo como en una cárcel, pero ellos son los que mantienen la trabazón del mundo. El alma inmortal habita en una tienda mortal; también los cristianos viven como peregrinos en moradas corruptibles, mientras esperan la incorrupción celestial. El alma se perfecciona con la mortificación en el comer y beber; también los cristianos, constantemente mortificados, se multiplican más y más. Tan importante es el puesto que Dios les ha asignado, del que no les es lícito desertar. De la Carta a Diogneto (Cc 5-6; Funk 1, 317-321)

3:16 Tengan una buena conciencia, para que sean avergonzados aquellos que murmuran y dicen que ustedes son malhechores, y los calumnian por su buena conducta en Cristo.

La mejor manera de refutar las calumnias no es pagar a los calumniadores con la misma moneda sino haciéndoles bien. Las calumnias se refutan con buenas obras. ¿Cuándo serán avergonzados los que murmuran en contra de los cristianos? Podría ser en el momento en que se les pague bien por mal. También podría ser el día del juicio final. Puesto que nuestro afán debe ser la salvación del pecador y no su condenación, es preferible la primera opción. De todos modos, los cristianos lo considerarán un honor si son calumniados por su buena conducta en Cristo. A Cristo también lo calumniaron cuando hizo una buena obra al sanar a un paralítico en el día de reposo (Jn 5:16). A quienes los calumnian por su buena conducta, Jesús les dice: "Bienaventurados serán ustedes cuando por mi causa los insulten y persigan, y mientras digan contra ustedes toda clase de mal. Gócense y alégrense, porque en los cielos ya tienen ustedes un gran galardón; pues así persiguieron a los profetas que vivieron antes que ustedes" (Mt 5:11-12).

Nuevamente, el término "conciencia" se refiere al conocimiento de que somos nuevas criaturas llamadas a conformar nuestra manera de vivir al modelo que Cristo nos ha dejado (Senior 2003:96). Se puede decir entonces que una buena conciencia equivale a una buena conducta. Con su buena conducta los creyentes procurarán acallar a los paganos que hablan mal de la conducta de los cristianos (Green 1993:210).

Como defensores de la fe (apologistas) los cristianos tienen que aprender de memoria los pasajes más importantes del evangelio, a fin de confrontar con tal testimonio a sus perseguidores. Pero también tienen que seguir el ejemplo de Cristo, quien en medio de sus sufrimientos oró por sus enemigos. Cristo pudo hacerles frente a los rigores de su pasión porque sabía que sus sufrimientos serían útiles para la salvación de innumerables almas. En medio de sus sufrimientos los cristianos pueden abrigar la esperanza de que sus buenas obras y su amor por sus enemigos podrían obrar el arrepentimiento y conversión de sus opresores. Esto es, según Lutero, una manera correcta de armarse como soldado de Cristo. Aparentemente las instrucciones dadas por Pedro a los cristianos fueron tomadas a pecho por los hermanos oprimidos e insultados, pues, a pesar de todas las persecuciones la iglesia siguió creciendo. Los opositores y perseguidores quedaron convencidos por la sinceridad y la esperanza viva de los de la casa de Dios. Miles de ellos fueron convertidos por el evangelio proclamado por los expatriados y dispersos entre las tribus de los gentiles.

3:17 Es mejor que ustedes sufran por hacer el bien, si Dios así lo quiere, que por hacer el mal.

En la enseñanza dada arriba enfatizamos que el lema de 1 Pedro no ha sido: "¡Pare de sufrir!", sino "una esperanza viva en medio del sufrimiento". Los creyentes expatriados y dispersos de Asia Menor tuvieron esperanza en medio de sus sufrimientos porque sabían que sus padecimientos serían de ayuda en la proclamación de las buenas nuevas entre los pueblos y tribus de las cinco provincias y hasta más allá de las fronteras del Imperio Romano. Tenían esperanza en medio de sus sufrimientos porque sabían que seguían en los pasos de su Señor Jesucristo, el que nunca perdió su primer amor.

En su evaluación del crecimiento del movimiento cristiano en China, James Sung-Hwan Park declara que el sufrimiento y la persecución siempre han sido unos de los instrumentos más efectivos utilizados por el Espíritu Santo para preparar al pueblo de Dios en el cumplimiento de la gran comisión (2015:166-167). Según un misionero chino, "la cárcel ha sido mi seminario... estar esposado y la picana eléctrica fueron el equipo que me preparó para mi ministerio". Según otro líder de la iglesia de China, Dios empleó al gobierno comunista de la China para podar a su iglesia, a fin de que produjera más fruto. Cuando se desatan las persecuciones y se derrama la sangre de los cristianos, surgen los avivamientos.

Uno de los retratos más acerbos de cómo una persona puede soportar el sufrimiento por hacer el bien, se encuentra representado en el drama "*El enemigo del pueblo*", del autor y dramaturgo noruego Hendrik Ibsen (1828-1906). En esta obra de teatro Ibsen relata la triste historia de un buen médico, muy dedicado a su profesión, que vive en una ciudad cuya principal atracción y motor de la economía es su balneario. En sus investigaciones el médico descubre en el agua una bacteria contaminante capaz de poner en riesgo la salud de toda la población. Consecuentemente, se propone advertir a los demás acerca de semejante peligro. La decisión lo enfrenta a los poderosos de la ciudad, a los periodistas y medios de comunicación, incluso a su propio hermano, el alcalde. Los pobladores y las autoridades parecen estar más preocupados por los inconvenientes económicos que puede acarrear la desinfección del agua, y por la posible pérdida de clientes del balneario, que por la salud de las personas. Se produce así una confrontación entre los intereses económicos predominantes y la salud del pueblo. El médico combate encarnizadamente todos los sectores poderosos de la comunidad, diciendo lo que nadie desea oír. Se lo señala como traidor y todo el pueblo se confabula para causarle disgustos, llegando incluso a poner en serio riesgo su vida y la de su familia. Por hacer el bien y cumplir con su vocación de cristiano, al médico se lo declara enemigo del pueblo.

TEMAS PRINCIPALES – (9) JESUCRISTO VENCEDOR DE LOS ESPÍRITUS REBELDES. 1 PEDRO 3:18-22

Indudablemente habrá quienes no consideren como uno de los temas principales de 1 Pedro (1 P 3:18-22 y 4:5-6) lo que el apóstol expresa sobre Jesucristo como vencedor y juez de los espíritus rebeldes y de los muertos a quienes les predicó el evangelio. Pero debido a las muchas discusiones que han provocado estos textos en la historia de la iglesia y de las misiones, hemos incluido el tema de Jesucristo vencedor, como un tema principal. Aunque para la gente secularizada del llamado primer mundo es tontería todo lo que se dice sobre el mundo de los espíritus, millones de personas del mundo mayoritario, incluyendo América Latina, viven angustiadas y atemorizadas por la acción e influencia de los poderes de la oscuridad. Mientras crecen los círculos en que se practica la hechicería, la invocación a los muertos y la adoración a la Santa Muerte, muchos santuarios cristianos han quedado casi abandonados. Entre los destinatarios de la carta de Pedro se contaban muchos que habían estado aprisionados y esclavizados por Satanás, el hombre fuerte (Mc 3:26-27). Los hermanos necesitaban tener certeza de su liberación en Cristo y de que el que está en nosotros es más fuerte que el que está en el mundo. La respuesta a las inquietudes de los creyentes respecto de los espíritus rebeldes se nos brinda en lo que los investigadores de 1 Pedro consideran ser el tercer credo de la carta.

LA TERCERA FÓRMULA CONFESIONAL: 1 PEDRO 3:18-22

3:18-19 Porque también Cristo padeció una sola vez por los pecados, el justo por los injustos, para llevarnos a Dios. En el cuerpo, sufrió la muerte; pero en el espíritu fue vivificado; en el espíritu también, fue y predicó a los espíritus encarcelados, a los que en otro tiempo desobedecieron, en los días de Noé, cuando Dios esperaba con paciencia mientras se preparaba el arca, en la que unas cuantas personas, ocho en total, fueron salvadas por medio del agua.

Las palabras del apóstol reflejan muchas de las características de un credo o himno. Hay intérpretes que consideran el pasaje como otra confesión de fe que se encuentra en 1 Pedro. No sabemos si se empleó como una confesión de fe en las comunidades cristianas de Anatolia o en las congregaciones fundadas por Pedro. Ya hemos señalado que dos otras declaraciones en 1 Pedro se parecen a una confesión de fe (1:18-21; 2:21-25). Las tres grandes confesiones de fe en 1 Pedro nos recuerdan las tres veces que Pedro negó a Cristo en el patio del sumo sacerdote (Mt 26:65-75). Recordamos también, según se relata en el libro de los Hechos, las tres veces en que el apóstol proclamó públicamente a Cristo. Primero: a los judíos y prosélitos en el día de Pentecostés (Hch 2); segundo: a los samaritanos en lo que algunos describen como el Pentecostés samaritano; tercero: en el sermón en la casa del centurión romano Cornelio, lo que algunos han dado en llamar el Pentecostés de los gentiles.

En la fórmula confesional de 1 P 3:18-22 se encuentran la mayoría de los elementos que más tarde fueron incorporados al Credo Apostólico, especialmente en lo que a cristología se refiere. En la opinión de un comentarista, en 1 Pedro 3:18-22 se encuentra toda una cristología nuclear (Cassese 2007:58). A diferencia de la confesión de fe de 1 Pedro 2:21-24, la confesión de 1 Pedro 3:18-22 queda enfocada, no tanto en lo que padeció Cristo, sino en su resurrección, ascensión, y victoria sobre sus enemigos (Gnilka 1998:447). Las declaraciones confesionales más importantes en la fórmula confesional de 1 Pedro 3:18-22 son las siguientes:

Cristo sufrió la muerte

Pedro escribe a creyentes en Cristo que sufren por su fe de parte de los incrédulos. Algunos (Selwyn 1955:59) creen que Pedro escribió su carta poco después de recibir la noticia del martirio de Santiago, hermano carnal de Jesús y líder de la iglesia madre de Jerusalén. Santiago, conocido también como Jacobo el Justo, sufrió el martirio de parte de los judíos incrédulos en Jerusalén. Santiago sufrió injustamente porque no dejó de confesar su fe en Jesucristo. En la óptica de Pedro, Cristo es el mejor ejemplo de uno que sufrió injustamente en su carrera terrenal. Según el Dr. Scharlemann (1960:104), la palabra griega σαρκί (en la carne), que se emplea aquí, debe interpretarse con referencia al ministerio terrenal de Jesús. En pocas palabras, se refiere a todo lo que sufrió Jesús de parte de sus enemigos durante su ministerio público (Achtemeier 1996:250). Los términos "en la carne" y "en el espíritu" del mismo pasaje, no se refieren entonces a la parte material e inmaterial de Jesucristo, sino a las dos esferas de su existencia, la de su vida terrena y la de su estado como Señor resucitado transformado por el Espíritu (Dalton 2005:473). Esto es lo que la teología sistemática describe como Cristo en su estado de humillación, y Cristo en su estado de exaltación. Todo lo que sufrió Cristo en su ministerio terrenal debe ser, entonces, para los lectores de la epístola, el ejemplo a seguir cuando les toca sufrir por causa de su confesión de fe. Aquí se desarrolla, en pocas palabras, una teología de la cruz (Cassese 2007:58).

Pedro no solamente enfatiza que Cristo sufrió, sino que sufrió la muerte en su cuerpo. Cristo realmente murió por nuestros pecados. Fue el sustituto que sufrió en la cruz lo que merecen nuestros pecados. Su muerte implica que el Hijo de Dios es un verdadero ser humano capaz de sufrir y morir, y no un espíritu que, según creen muchos, no pudo morir. Su muerte no fue una ficción, lo que sí creyeron más tarde los gnósticos y los musulmanes, y muchos espiritistas modernos que niegan que Cristo realmente es un ser humano que derramó su sangre en la cruz. Las Escrituras y los credos de la iglesia primitiva, sin embargo, recalcan enfáticamente la humanidad del Salvador. Si Jesús fuera solamente un espíritu, incapaz de sufrir la muerte, no podría haber muerto como sustituto nuestro, y como el sacrificio por nuestros pecados.

Cristo el justo, se sacrificó por nosotros, los injustos, para llevarnos a Dios

Jesús sufrió y murió en la cruz, no por sus propios pecados, sino por los nuestros. En pocas palabras, Cristo murió en lugar de nosotros. Un hombre inocente padeció la muerte que nos tocaba a nosotros, pecadores perdidos. En Juan 11:50 el sumo sacerdote Caifás declaró "que nos conviene que un hombre muera por el pueblo, y no que toda la nación perezca". Es exactamente lo que pasó en la cruz del Calvario. Los teólogos denominan la muerte de un hombre injusto en lugar de los injustos, una muerte vicaria. La muerte vicaria de Cristo ya fue profetizada en el AT. En Isaías 53:11 el profeta declaró: "Verá el fruto de su propia aflicción, y se dará por satisfecho. Mi siervo justo justificará a muchos por medio de su conocimiento, y él mismo llevará las iniquidades de ellos."

Por medio de los sacrificios que se ofrecen, numerosos seres humanos procuran no sólo el perdón de sus pecados, sino también purificación de toda clase de contaminación, con el fin de entrar en comunión con Dios (Green 2006:272). Por medio del sacrificio de Cristo se ha abierto un camino hacia Dios. Muchos ofrecen sacrificios a Dios porque se sienten alejados de él por causa de sus propios pecados, los pecados de otros, o por la mala suerte, el mal karma, o la acción de espíritus impuros. Pedro deja en claro que no son nuestros sacrificios, sufrimientos, ritos de purificación, y penitencias los que nos consiguen el perdón de los pecados y la liberación de los poderes del mal. Nuestra salvación es el fruto del sufrimiento, pasión, y muerte de Jesús en la cruz. Él es nuestro perfecto sumo sacerdote (Heb 5:1-3). Recordamos que, en su afán por gozar de la comunión con Dios, los discípulos de Pitágoras procuran la purificación de sus almas mediante la renuncia a las posesiones, el consumo de carne y de otros alimentos considerados inmundos.

Lo que Pedro enfatiza es que toda la injusticia que nos separaba de Dios fue quitada por medio del sacrificio único de nuestro sumo sacerdote, Jesucristo. En el AT solamente los sacerdotes tenían el derecho de presentarse ante Dios en su templo. A los laicos, las mujeres y los extranjeros no se les permitió acercarse al arca del pacto, el trono visible del Dios invisible. Al utilizar el verbo griego προσαγάγῃ, para expresar la idea de traer a una persona a la presencia de un dios o un personaje importante, el escritor sagrado quiere señalar que Jesucristo es el único mediador entre Dios y los hombres, es decir, quien actúa como el mayordomo que carga con las llaves del palacio y tiene la autoridad para conducirnos a la presencia del rey. Él, como dice un himno antiguo, es "la Llave de David que abre el celeste hogar feliz" (Culto Cristiano 1978:301). En un texto en que se refiere a las tres personas de la Santísima Trinidad (Ef 2:18), el escritor sagrado declara: "Por medio de él (Jesucristo), unos y otros tenemos acceso al Padre en un mismo Espíritu."

Cristo sufrió la muerte una sola vez

Igual que Hebreos 9:26-28, la fórmula confesional de 1 Pedro 3:18-21 enfatiza la gran diferencia entre el sacrificio de Jesucristo y todos los sacrificios ofrecidos sobre altares judíos y paganos. Tanto los sacerdotes judíos como los paganos solían ofrecer toda clase de sacrificios para su purificación, y para conseguir para sí mismos el perdón de los pecados y toda clase de bendiciones materiales y espirituales. Pero el sacrificio de Jesús es suficiente para lograr la salvación de los que creen en su nombre, una vez y para siempre; su sacrificio no necesita repetirse. Por lo tanto, los lectores de 1 Pedro no necesitan viajar al templo de Jerusalén cada año para recibir el perdón de sus pecados el día de la Expiación. Los creyentes gentiles no necesitan seguir visitando los templos paganos en procura de sanidad, buenas cosechas, y liberación de espíritus malignos. Los sacerdotes, tanto judíos como paganos, tenían que ofrecer innumerables sacrificios, no sólo por las faltas del pueblo, sino también por sí mismos, ya que ellos también eran pecadores. Siendo que Jesús nació, vivió, y murió sin pecado, su sacrifico es de inestimable valor, y sirve para el rescate de todos.

Los reformadores del siglo dieciséis se aferraron a la declaración de que Cristo sufrió una sola vez, para refutar a los teólogos de la Iglesia de Roma que enseñaban que Cristo sigue sufriendo por nuestros pecados en cada celebración del sacrificio de la Misa. Los reformadores insistieron, por su parte, que la Cena del Señor no debe entenderse como un sacrificio expiatorio que nosotros le ofrecemos a Dios. La Eucaristía no es un sacrificio que nosotros le ofrecemos a Dios para complementar el sacrificio de Cristo en la cruz. El sacramento de la

Eucaristía es un don por medio del cual Cristo otorga a los pecadores arrepentidos los beneficios del sacrificio único de Jesucristo en la cruz.

El énfasis en las palabras "una sola vez" es una característica tanto de 1 Pedro como de la carta a los Hebreos. Dicho énfasis podría apoyar la tesis de los eruditos que creen que el autor de la carta a los Hebreos fue Silvano (Silas), el mismo que juntamente con Pedro escribió 1 Pedro.

Pero en su espíritu fue vivificado

Así como Cristo estuvo sujetado al sufrimiento y la muerte por las manos inicuas de los hombres, también fue vivificado, o sea, resucitado por la poderosa mano de Dios. La frase "en su espíritu fue vivificado" quiere decir que el espíritu de Jesús, entregado al Padre (Lc 23:46), fue unido nuevamente con su cuerpo para constituir el cuerpo glorificado del Señor resucitado. Según Joachim Gnilka, la mejor manera de expresar lo dicho por Pedro en este pasaje es: "Como era hombre, lo mataron; pero como poseía el Espíritu, fue devuelto a la vida" (1998:447). En Lucas 8:55 leemos que la hija de Jairo volvió a la vida cuando su espíritu volvió al cuerpo (Scharlemann 1960:165). Con su cuerpo glorificado Jesús fue a predicar a los espíritus encarcelados. Según Scharlemann (1960:106), la proclamación de Jesús a los espíritus encarcelados probablemente ocurrió antes de su aparición a María Magdalena frente a la tumba vacía. El padre Dalton, en cambio, cree que fue poco después de su aparición a María.

Cristo descendió a los infiernos y predicó a los espíritus encarcelados

Cada domingo, al confesar su fe con las palabras del Credo Apostólico, millones de cristianos de todo el mundo declaran que Cristo, después de su muerte, descendió a los infiernos. En el transcurso de los siglos, esta simple declaración basada en 1 Pedro 3:18-21 y en Efesios 4:7-9, ha causado considerable confusión e incertidumbre en medio de los cristianos. En su comentario sobre 1 Pedro, Lutero calificó al pasaje de *descensus* como el más oscuro en todo el NT (1967:113). En el mismo escrito el reformador asevera que francamente no entiende lo que el apóstol quiere decir. Puesto que la referencia al descenso de Cristo a los infiernos (*descensus ad inferos*) ha provocado tanta discusión, nos conviene examinar más cuidadosamente el significado de la declaración, y preguntar: ¿Quiénes son los espíritus encarcelados? ¿Cuándo descendió Cristo a predicarles? ¿Qué fue lo que Cristo predicó a los espíritus? En lo que sigue presentamos las tres maneras diferentes de entender lo escrito por Pedro.

La primera interpretación

Según la primera manera de entender el pasaje, Cristo descendió al Hades para librar de su cautiverio a los santos del AT. Por influencia de un escrito apócrifo conocido como el *Evangelio de Nicodemo,* surgió en muchas iglesias una interpretación según la cual Jesús descendió al reino de la muerte con el fin de liberar del cautiverio a las almas de los creyentes que vivieron en la época anterior a su advenimiento. Los creyentes se encontraban en una parte del reino de la muerte que algunos teólogos católicos han designado como el *limbus patrum* (el lugar de los patriarcas). Tal creencia y los ritos relacionados con ella aún se celebran en numerosas partes del mundo, especialmente en las iglesias orientales (ortodoxas). En la liturgia de la Iglesia Ortodoxa Copta de Etiopía, se confiesa que Cristo descendió al infierno para encadenar a Satán y liberar a Adán (Assefa 2017:320). Los teólogos de la Iglesia Romana suelen dividir al Hades en cuatro partes: el infierno de los condenados, el purgatorio, el *limbus patrum* y el *limbus infantum* (el lugar donde están los niños fallecidos no bautizados). Se enseñaba que el *limbus patrum* (también identificado como el seno de Abrahán) era el lugar adonde iban los santos del AT. Se enseñaba también que personas como Noé, Abrahán, Isaac, y Jacob, que nacieron en pecado original, no podían entrar inmediatamente en el cielo. Tenían que permanecer provisionalmente en el *limbus patrum* hasta que descendiera Jesús para romper las puertas del Hades y conducir a los creyentes del AT al reino de los cielos. Según tal interpretación, Cristo descendió al Hades el Sábado de Gloria, o sea, después de su muerte en la cruz, pero antes de su resurrección.

De manera muy vívida y divertida, el evangelio de Nicodemo describe una escena en la que los habitantes del *limbus patrum* hablan de su larga cautividad en el reino de la muerte. Adán, que pasó más tiempo en ese lugar que los demás, ya casi perdió la esperanza de ser liberado. Juan el Bautista, que acaba de entrar, les asegura a los encarcelados que el tiempo de su espera pronto terminará, pues el libertador ya está en la tierra sanando a los enfermos, echando fuera demonios y proclamando el reino de Dios. La muerte -carcelero de ese triste lugar- al oír la conversación se burla de ellos, y declara que Jesús nunca podrá librarlos porque ese mismo día está sufriendo la muerte en la cruz. Según el relato del evangelio de Nicodemo, de repente se oyen los pasos de alguien que se acerca a las puertas del Hades. Es Cristo, que murió físicamente, pero que ahora en espíritu ha venido para derribar las puertas de la muerte y sacar del Hades a su rebaño. Las puertas del Hades son incapaces de prevalecer frente al libertador. Sacando a los suyos del Hades, Cristo los conduce al reino de Dios. Los redimidos marchan en procesión siguiendo al Señor hasta entrar a la presencia del Padre.

Varios años atrás estuve en un servicio de Semana Santa celebrado en la catedral anglicana de Ely, Inglaterra. Durante el servicio se celebró el vaciamiento del infierno (*Harrowing of Hell*) por Jesús. Como parte del ritual, el obispo anglicano tomó su cayado y, asumiendo el papel de Cristo como buen pastor, guio a los presentes en procesión alrededor de la inmensa catedral, mientras el coro entonaba aleluyas. El servicio fue muy impresionante, colorido, y conmovedor. Sin duda, la celebración fortaleció la fe de los presentes en la supuesta visita de Cristo al Hades para liberar a los patriarcas del AT. Lamentablemente, la interpretación y la celebración litúrgica no descansan sobre una base bíblica muy sólida. En ninguna parte de las Escrituras se menciona la existencia de un purgatorio, y menos aún un *limbus patrum* o un *limbus infantum*. El término griego φυλακῆ (cárcel o prisión) no se usa en el NT para designar el Seol, o un lugar donde descansan todos los difuntos, tanto justos como injustos (Sharlemann 1960:109). Antes bien, se emplea el término para indicar el lugar de tormento reservado para el diablo y sus ángeles (Ap 18:2; 20:7). Además, en el NT se emplea el término "espíritus" solamente para nombrar seres sobrenaturales y no seres humanos (Dalton 2005:473). Las dificultades encontradas con la teoría de una visita de Jesús a un supuesto limbo de los patriarcas ha inducido a los investigadores del NT a buscar otras explicaciones del pasaje de 1 Pedro.

La segunda interpretación

Una segunda manera de entender el texto dice que Cristo descendió al infierno para proclamar la salvación a todos los seres humanos condenados, y así darles una segunda oportunidad para arrepentirse y ser salvos (Johnson 1986:436; Hanson 1982:100-105). Aunque tal interpretación ha gozado de cierta popularidad entre personas que rechazan la idea de la condenación eterna, no concuerda, sin embargo, con otros pasajes bíblicos que niegan la posibilidad de una segunda oportunidad de salvación después de la muerte, para quienes en la vida presente rechazaron el mensaje de salvación. Uno de los principios de interpretación bíblica (la hermenéutica), es que los pasajes más oscuros deben interpretarse a la luz de los textos más claros. No se le dio una segunda oportunidad de salvación al hombre rico, en la parábola de Lázaro y el hombre rico (Lc 16:19-31). Antes bien, el padre Abrahán, a quien había apelado el rico en el infierno, le advierte que para él no hay esperanza; y además, para evitar la condenación eterna, sus cinco hermanos tendrán que arrepentirse ya, y no esperar una supuesta oportunidad en el más allá.

En Hebreos 9:27 dice: "Está establecido que los hombres mueran una sola vez, y después venga el juicio..." Para los que han despreciado al evangelio no habrá una segunda oportunidad, ni una reencarnación o renacimiento, según se promete en muchas religiones orientales. Tampoco se dice que un réprobo podrá obtener la salvación después de pasar un tiempo en el purgatorio. El mensaje, tanto del NT como del AT, es que hoy es el día de la salvación. El tiempo para arrepentirse y creer en el evangelio es hoy, no mañana. Por esto los autores sagrados dan tanta importancia a pasajes como Salmo 95:7-8; Hebreos 3:15: "Si ustedes oyen hoy su voz, no endurezcan su corazón." Respecto de los habitantes de Cafarnaún, Betsaida, y Corazín, que habían presenciado los milagros y escuchado sus sermones sin arrepentirse y creer en el evangelio, Jesús declara: "En el juicio será más tolerable el castigo para Tiro y Sidón que para ustedes" (Lc 10:14). No hay nada aquí acerca de una segunda oportunidad para las ciudades impenitentes. En Juan 9:4 Jesús les dice a sus discípulos que "viene la noche, cuando nadie puede trabajar."

El testimonio de las Escrituras es claro: No se les da una segunda oportunidad a los que han rechazado a Cristo y su cruz. En la parábola de Jesús de Mateo 25:1-13, dice que las cinco vírgenes insensatas intentaron conseguir aceite para sus lámparas después de la venida del novio (la segunda venida de Cristo), pero ya era demasiado tarde. El día de la salvación es hoy. Las cinco vírgenes insensatas que esperaban una segunda oportunidad no lograron entrar por la puerta; antes bien, quedaron en la oscuridad de afuera donde hay lloro y crujir de dientes. Según la parábola del trigo y la cizaña, el día del juicio final no vendrá con una declaración de salvación universal, sino con una separación entre los justos y los que han servido de tropiezo (Mt 13:36-42). Los pasajes citados arriba nos inducen a rechazar la segunda interpretación dada a 1 Pedro 3:18-19.

Hay intérpretes que han afirmado que los espíritus a los que Jesús proclamó la salvación fueron los de los grandes filósofos como Aristóteles, Platón, y Sócrates, que nunca tuvieron la oportunidad de escuchar el mensaje de salvación durante sus vidas. Entre estos espíritus también se deben incluir los de las multitudes que vivían en la China, la India, África, y otras partes del mundo, antes de que llegaran los primeros misioneros cristianos. Por lo tanto, algunos teólogos de la iglesia primitiva creen que Cristo les proclamó a ellos el camino de la salvación, porque Dios, en su providencia, quiere que todos sean salvos (Hanson 1982 100-105). Según algunos, Cristo no sólo obró el arrepentimiento de muchos en el infierno, sino que también los bautizó. Dos prominentes teólogos de la iglesia primitiva que apoyaron la idea de una salvación universal fueron Clemente de Alejandría y Orígenes. Este último creía que al fin de cuentas hasta Satanás y los demonios serían salvados. Las Escrituras, sin embargo, no hablan del arrepentimiento y la salvación de los ancestros; o sea que la Biblia no nos revela cual es el plan que Dios tiene para los que nunca tuvieron la oportunidad de oír el evangelio. Lo que quiere el Señor es que nosotros proclamemos hoy el mensaje de salvación a los que aún viven, a fin de que se arrepientan y crean en él.

Según el profesor Anthony Hanson, el pasaje que estamos estudiando no trata acerca de una supuesta segunda oportunidad dada a los incrédulos, sino de brindar una oportunidad de creer en Cristo a quienes nunca la tuvieron, porque vivieron y murieron antes del nacimiento del Salvador (2006:100-105). Según Hanson, muchos creyentes gentiles estaban preocupados por el destino eterno de sus antepasados que nunca tuvieron la oportunidad de conocer el mensaje de la salvación. Respecto a esta supuesta preocupación, algunos teólogos apelan a Romanos 2:14-16, mientras que otros declaran que se trata de un tema acerca del cual Dios decidió no revelarnos su voluntad. Por lo tanto, debemos confiar tanto en la misericordia como en la justicia de Dios, para que no queramos resolver un misterio divino por nuestros propios medios, como los mormones que se bautizan en el nombre de familiares y antepasados ya fallecidos.

La tercera interpretación

Después de la muerte en la cruz, Cristo proclamó su victoria sobre Satanás y los espíritus inmundos. Según esta interpretación, los espíritus a quienes Cristo predicó son los ángeles caídos mencionados en Génesis 6:1-7. Se trata de los ángeles que tuvieron relaciones carnales con las hijas de los hombres y engendraron en ellas una raza de titanes o gigantes. Según la literatura apócrifa, el diluvio vino sobre la tierra para destruir dicha raza de gigantes y monstruos. Algunos investigadores opinan que 1 Pedro se refiere a las almas de las personas impenitentes que, al rechazar la predicación de Noé, perecieron en las aguas del diluvio (Cranfield 1950:85). En cuanto a tal identificación de los espíritus encarcelados con la generación antediluviana, se debe tener en cuenta que la frase "espíritus encarcelados" nunca se usa en las Escrituras con referencia a los espíritus de seres humanos fallecidos. Por lo tanto, es más probable que se trate de ángeles caídos. En la literatura apócrifa del AT, y especialmente en el libro de Enoc, se describe el encuentro de Enoc con los ángeles caídos (1 Enoc 10-16) cuando Dios lo envió a anunciarles su condenación (Kelly 1969:154; Elliot 2000:700-702).

No hay un acuerdo ni entre los libros apócrifos ni entre los intérpretes antiguos y modernos, acerca de la ubicación de la cárcel en la que se encuentran los ángeles caídos. Hay quienes opinan que se trata de un lugar debajo de la tierra; otros en cambio afirman que la tierra es su cárcel. Según otros escritos, como por ejemplo 2 Enoc, los espíritus rebeldes están encarcelados por encima de la tierra en el segundo de los siete cielos (Elliot 2000:703). Muchos creen que la predicación de Jesús a los ángeles caídos acaeció el día sábado, es decir el Sábado de Gloria, el día entre la muerte de Jesús y el día de su resurrección. El Dr. Scharlemann, en cambio, opina que Jesús fue a predicarles a los espíritus el domingo, antes de su aparición a María Magdalena y las otras mujeres.

El padre jesuita William J. Dalton, autor de varios libros sobre el "descenso" de Jesús, opina que la proclamación de Jesús a los espíritus caídos ocurrió después de su resurrección y de su aparición a las mujeres, pero antes de su ascensión y sesión a la diestra del Padre. Según Dalton (1968:34-35), fue durante su ascensión hacia la diestra del Padre, que Jesús atravesó el cielo y llegó al lugar en que se encuentran los ángeles caídos, o sea, los ángeles, autoridades, y potestades que, según los rabinos, fueron los mismos que tuvieron relaciones carnales con los seres humanos (Elliot 2000:662). Estos ángeles rebeldes fueron, según Thielmann, los mismos a quienes les cupo la responsabilidad de la persecución de los destinatarios de 1 Pedro (2006:648). Según el libro apócrifo *El Testamento de Neftalí*, el pecado de los ángeles rebeldes fue el de no respetar la separación que Dios hizo entre los seres humanos y los seres espirituales. Elliot (2000:358-360) opina que se refiere a la misma rebelión de los ángeles relatada en Judas 6-7 y 2 Pedro 2:4-6. Indirectamente, entonces, en el pasaje se llama la atención sobre toda violación de la línea de demarcación establecida por Dios entre la adoración a Cristo y los cultos celebrados en honor a los dioses paganos, los emperadores fallecidos, los ángeles, y los demonios. En 1 Corintios 10:21 Pablo dice: "Ustedes no pueden beber de la copa del Señor, y también de la copa de los demonios; no pueden participar de la mesa del Señor, y también de la mesa de los demonios."

Lutero y la mayoría de los reformadores concuerdan en afirmar que lo que Cristo proclamó a los ángeles caídos fue su victoria sobre Satanás y sus ángeles, que en ese momento estaban celebrando la muerte de Jesús en la cruz. Según Lutero, la resurrección de Jesús y su presencia en la celebración satánica, aguó la alharaca. En pocas palabras, el mensaje que predicó Jesús a los ángeles caídos no fue para darles una última oportunidad para salvarse, sino para anunciar su victoria sobre el pecado, la muerte, y especialmente sobre el demonio y todos sus secuaces. El mensaje que proclamó debe entenderse, entonces, como uno que brinda esperanza y consuelo a los creyentes que sufren la persecución de los secuaces y agentes humanos de quien se jacta de ser el "Príncipe de este Mundo." La misma proclamación fue, sin embargo, el anuncio más terrible que pudieron recibir los espíritus malignos e inmundos.

Lo que Cristo proclamó a los espíritus rebeldes no fue un mensaje de perdón, sino de condenación eterna. Los hermanos perseguidos de las cinco regiones de Anatolia compartieron con Jesús su victoria sobre las fuerzas del mal; pero sus perseguidores compartieron la suerte de los espíritus rebeldes. Durante muchos años Noé y su familia soportaron las burlas y calumnias de los incrédulos, lo mismo que los destinatarios de 1 Pedro. Dios esperó 120 años, lapso brindado a los contemporáneos de Noé para arrepentirse. El tiempo de aflicción de Noé y los suyos finalizó con el diluvio en el que perecieron todos los incrédulos. Noé y su familia se salvaron de la destrucción por medio del arca. Pedro, al comparar el arca con el Bautismo, recuerda a sus lectores que los que han sido bautizados en el nombre de Cristo serán salvados del juicio eterno cuando Cristo regrese para juzgar a vivos y muertos (Elliot 2000:664). Muchos de los lectores de 1 Pedro deben haber sabido algo de la historia de un diluvio universal, pues en las tradiciones de los antiguos frigios existe también una versión de tal suceso catastrófico (Elliot 2000:665).

Jesús no fue al lugar de los espíritus encarcelados para sufrir aún más de lo que sufrió en la cruz. El artículo del descenso a los infiernos en el Credo Apostólico no describe un suceso que corresponde a lo que los teólogos han llamado el "estado de humillación" de nuestro Señor. Antes bien, el artículo tiene que ver con el primer paso que tomó Jesús en su "estado de exaltación", pues lo hizo estando con su cuerpo glorificado. En el Credo se confiesa el artículo sobre el descenso de Jesús para brindar esperanza y aliento a los millones de personas que todavía viven atemorizadas por las amenazas de hechiceros, brujos, magos, y otros títeres de los ángeles caídos. La proclamación de la victoria de Jesús en el lugar de los espíritus encarcelados se incluyó 1 Pedro para subrayar el hecho de que el Padre dio autoridad a Jesús sobre las fuerzas de la oscuridad. Los ángeles caídos ya no ejercen poderío sobre los creyentes. En Colosenses 2:15 el apóstol Pablo expresa: "Desarmó además a los poderes y las potestades, y los exhibió públicamente al triunfar sobre ellos en la cruz." Cristo resucitado se proclamó a sí mismo Señor ante los espíritus hostiles (Dalton 2005:473). Los espíritus inmundos ya no tienen autoridad sobre las vidas de los que han confesado a Cristo el día de su Bautismo.

Como hemos visto, son muchos los que aún creen que el sábado Jesús descendió a un supuesto limbo de los patriarcas para liberar a los encarcelados patriarcas, profetas, y demás fieles del AT. Según nuestra opinión, lo que enseñan tanto Pedro como Pablo es, que Cristo, en virtud de su cruz y con el poder de su resurrección, ha liberado a todos los bautizados del poder y la autoridad de los espíritus inmundos. En nuestro Bautismo Cristo nos sacó de la cárcel del pecado y la condenación en la que Satanás nos tenía presos.

Es muy probable que antes de su conversión muchos de los destinatarios de 1 Pedro hubieran participado en los cultos a los espíritus infernales que se ofrecían en todas partes de Anatolia pero especialmente en Éfeso y las regiones occidentales de Asia Menor. Los habitantes de estas regiones temían grandemente a los poderes de los espíritus infernales. En particular temían a lo que los poderes ocultos podrían hacer para vengarse de los que no cumplían con las promesas u obligaciones rituales para con los espíritus. Se temía la venganza de los poderes infernales hacia las personas que habían abandonado por completo el ocultismo para abrazar la fe de Cristo. Algo parecido sucede hoy en día con las personas que han participado en la Santería, el culto de la Santa Muerte, el Vudú y otras manifestaciones del ocultismo, tan arraigadas en cuantiosas comunidades hispanas. Muchos quisieran arrepentirse de su participación en el ocultismo y confesar a Cristo, pero son reacios a hacerlo porque temen provocar la ira de los espíritus.

Sin duda los sacerdotes y profetas paganos que se oponían al cristianismo emplearon todo tipo de magia, hechicería, y brujería en contra de los cristianos, particularmente en contra de los líderes de las comunidades de creyentes. Era la costumbre de los paganos hacer imágenes de cera de sus enemigos y después clavar cuchillos u otros objetos punzantes en las imágenes para hacerles daño e infundirles miedo. Los arqueólogos han encontrado toda clase de maldiciones escritas y grabadas en tablillas, cerámicos, y otros materiales. En tales inscripciones se implora a los espíritus infernales a enfermar y matar a sus enemigos y familias. En 1 Pedro, lo mismo que en Efesios 6, los enemigos de los cristianos no son únicamente vecinos, familiares, y sacerdotes paganos, sino también principados y gobernantes infernales, y el propio diablo. Cristo no descendió a los infiernos con el propósito de ofrecer un sacrificio a los dioses infernales, lo que sí hacen muchas personas hoy en día. O sea que en muchas partes del mundo hay personas que intentan sobornar a los espíritus con regalos y ofrendas, a fin de que se vayan y no hagan daño a los oficiantes. Cristo no descendió a los infiernos para propiciar a los espíritus infernales, sino para confirmar su condena.

El descenso de Cristo a la luz de la religiosidad popular de los antiguos tracios y frigios

Tanto los historiadores helenistas como también muchos de los filósofos griegos, dan testimonio de la preocupación de los antiguos habitantes de Anatolia y Tracia con la inmortalidad del alma humana, y con los ritos, celebraciones, e iniciaciones que se practicaban para alcanzar la vida eterna en el futuro. Los tracios y frigios también anhelaban ser poseídos por los dioses en el presente. En la mitología de los antiguos tracios y frigios se cuenta que personajes como Zalmoxis y Orfeo descendieron a los infiernos y después regresaron a la tierra de los mortales. Tales ideas se relacionan con el gran filósofo, astrónomo, matemático, y músico Pitágoras de Samos, quien fundó una hermandad filosófica y religiosa cuyo fin era vivir de acuerdo con sus ideas, rechazando las posesiones y el consumo de carne. Lo hizo con el fin de purificar las almas y así unirse a lo divino.

La unión con lo divino, o los dioses, no solamente en el futuro sino también en la vida presente, fue lo que buscaban las bacantes al celebrar sus borracheras y orgías nocturnas. Tales ideas eran consideradas por muchos griegos aberraciones orientales. Los griegos, cuyas vidas y hazañas las relata Homero en sus obras, muestran poco conocimiento o interés acerca de una vida después de la vida. Los héroes que pueblan el mundo de Homero pertenecen a una aristocracia que lucha por obtener honra, gloria, fama, y riquezas en la vida presente. En las obras de Homero, el hombre debe conformarse con vivir como verdadero ser humano, y no buscar la divinidad para sí mismo. La gloria de los héroes homéricos perdurará, pero no en una nueva creación, sino en las obras de poetas como Homero e historiadores como Heródoto. La aparición de lo que los historiadores denominan la revolución órfica, popularizó las antiguas creencias acerca de la inmortalidad, preservadas por algunas tribus de tracios y frigios. Debido a los escritos de la hermandad pitagórica, algunas de las ideas de Pitágoras llegaron a influir sobre las filosofías de Platón y Aristóteles (Guthrie 1950:307-332).

Sin lugar a duda, el relato del descenso de Cristo a los infiernos fue incluido en la tercera fórmula confesional de 1 Pedro para dejar en claro la diferencia entre lo que creían los cristianos, por un lado, y los pitagóricos y los seguidores de los misterios de Orfeo por el otro. Algunas de las doctrinas del pitagorismo que rechazaban los cristianos, fueron las de la reencarnación y la transmigración de las almas, dos creencias todavía muy populares en medio de muchos hispanos. Tampoco se acepta la idea de que la liberación final del alma consista en la fusión del alma humana con lo que algunos llaman divinidad, nirvana o brahmanismo.

Nota confesional

En el Artículo IX del Epítome de la Fórmula de Concordia, se explica que "entre algunos teólogos adherentes a la Confesión de Augsburgo hubo disensión en cuanto a cómo entender el descenso de Cristo a los infiernos. Se discutió acerca del tiempo y del modo en que nuestro Señor Jesucristo, según nuestra simple fe cristiana, descendió a los infiernos: Si fue antes o después de su muerte; además, si sucedió según su alma únicamente, o según su divinidad únicamente, o con cuerpo y alma, en espíritu o en el cuerpo; además, si el artículo pertenece a la pasión de Cristo o a su gloriosa victoria y triunfo" (Meléndez 1989:528-529).

El Artículo IX concluye con la siguiente declaración: "Pues basta saber que Cristo descendió al infierno, lo dejó completamente destruido para todos los creyentes, y libertó a éstos del poder de la muerte y del diablo, de la condenación eterna y de las garras infernales. Pero cómo sucedió todo esto, es una pregunta que debemos dejar para el mundo venidero, donde se nos revelará no sólo este arcano, sino también muchos otros que aquí simplemente creemos, sin alcanzar a comprenderlos con nuestra ciega razón."

3:20 a los que en otro tiempo desobedecieron, en los días de Noé, cuando Dios esperaba con paciencia mientras se preparaba el arca, en la que unas cuantas personas, ocho en total, fueron salvadas por medio del agua.

Según el pasaje de 1 P 3, los espíritus encarcelados a quienes Jesús predicó se identifican con "los hijos de Dios" mencionados en Génesis 6:1-7. Algunos intérpretes identifican a los "hijos de Dios" con los seres humanos que hicieron caso omiso a las predicaciones de Noé, mientras que otros creen que se trata de los ángeles caídos que "tomaron mujeres para sí, las que escogieron de entre ellas" (Bratcher 1984:108). Muchos investigadores de la Biblia creen que son los mismos seres sobrenaturales mencionados en la carta de San Judas (v 6), en que dice: "a los ángeles que no cuidaron su dignidad, sino que abandonaron su propia mansión, los ha retenido para siempre en prisiones oscuras, para el juicio del gran día" (Keener 2003:712). Según la tradición judía, los espíritus desobedientes fueron los responsables de la proliferación de espíritus malignos en todo el mundo (Green 1993:222). Según el libro apócrifo de Enoc, el mismo que fue llevado por Dios al cielo (Gn 5:24), este fue enviado para anunciar el juicio de Dios a los ángeles desobedientes y rebeldes (1 Enoc 14:4) durante su ascensión al cielo. El texto de 1 Pedro nos presenta a Jesucristo como más grande que Enoc, pues Enoc supuestamente fue enviado para proclamar juicio, mientras que Jesús proclamó su victoria sobre la muerte, los ángeles rebeldes, y todos los espíritus malignos.

Noé y el diluvio, y la situación de los destinatarios

Al hacer alusión a la historia de Noé, Pedro también quiere recordarles a sus lectores que los hombres del mundo antediluviano se burlaron y mofaron de las prédicas de este justo, su adoración a Dios y su justicia. Pero el justo Noé, que sufrió tantas humillaciones, fue vindicado cuando las aguas del juicio se tragaron a los que habían afrentado al "pregonero de justicia". En 1 Pedro 3 y 4, el autor sagrado presenta a Noé como un modelo de la clase de conducta que se espera de los creyentes frente a la persecución y oposición del mundo. Noé es un ejemplo o tipo del creyente justo que, como los destinatarios de 1 Pedro, se encuentra en medio de un mundo injusto. Algunos escritores judíos, como Josefo y Filón de Alejandría, han descrito con lujo de detalles los vicios y aberraciones de los contemporáneos del justo Noé: violencia, borrachera e idolatría. La lista de vicios que brindan los escritores se parece mucho a 1 Pedro 4:3-5, o sea, los vicios en que vivían los destinatarios de 1 Pedro con anterioridad a su Bautismo.

¿Cómo debían vivir los creyentes de Anatolia en una situación semejante a la de Noé? En su primera epístola (9:4), San Clemente de Roma nos dice que "Noé predicó el arrepentimiento, y los que le obedecieron se salvaron". Además, Noé no recurrió a la violencia en su intento de llamar al arrepentimiento a los antediluvianos. Aguantó en medio de muchas burlas y amenazas la larga espera de 120 años hasta que el Señor actuó para vindicarlo a él y su familia. Los creyentes de las cinco provincias recibieron el llamamiento de emular la justicia y la paciencia de Noé, mientras esperan el día de la manifestación de Cristo, sabiendo que a fin de cuentas los humillados serán enaltecidos, y los enaltecidos serán humillados. La historia de Noé enseña que habrá una gran reversión de estatus, así como la que sufrieron los ángeles que se alzaron en contra de la voluntad de su Creador y cohabitaron con las hijas de los hombres (Gn 6:1-2). Los espíritus rebeldes fueron encerrados en prisiones eternas en espera del juicio final. La historia de Noé y el mensaje de la pasión y resurrección de Jesucristo nos recuerdan que nuestro Dios es el que derroca de sus tronos a los poderosos y exalta a los humildes (Marcar 2017:534-549).

La paciencia de Dios

Nuevamente se aborda el tema de la paciencia (μακροθυμία). Se dice que "Dios esperaba con paciencia mientras se preparaba el arca". En las Sagradas Escrituras, la paciencia es tanto un atributo de Dios como un fruto del Espíritu Santo (Gl 5:22) en la vida del creyente. Según 1 Corintios 13:4 el ágape es paciente. Dios es paciente "porque no quiere que ninguno se pierda, sino que todos se vuelvan a él" (2 P 3:9). Consecuentemente, en los días de Noé el Señor no envió el diluvio sin más ni más en un arranque de ira, sino que esperó 120 años, dando tiempo a los pecadores para que se arrepintieran y se salvaran. En la parábola de los dos deudores (Mt 18:23-35), el siervo que malgastó los bienes del rey se postró ante su amo y le suplicó: "Señor, ten paciencia conmigo, y yo te lo pagaré todo." Entre otras cosas, la parábola nos enseña que Dios, como el rey de la historia, es paciente porque su voluntad no es la muerte del pecador sino su arrepentimiento y salvación. En la parábola de la cizaña (Mt 13:24-30), los siervos del hombre en cuyo campo su enemigo había sembrado cizaña, quisieron arrancar la cizaña precipitadamente. El dueño del campo pidió a sus siervos que tuvieran paciencia y no intentaran anticipar el día del juicio final (Hauck 1967:374-390). Porque Dios es paciente es "que hace salir su sol sobre malos y buenos, y hace llover sobre justos e injustos" (Mt 5:45).

Sin lugar a duda, había entre los hermanos de Anatolia esclavos abusados por sus amos, y esposas creyentes maltratadas por sus esposos incrédulos. Los hermanos abusados y maltratados fácilmente habrán estado tentados a vengarse de sus opresores, no solamente con actos de desobediencia y falta de respeto, sino también por medio de la hechicería. Tal vez algunos de ellos oraron al Señor pidiendo que sus atormentadores fuesen expuestos inmediatamente a la ira de Dios. En vez de apoyar tales deseos, Pedro les recuerda la paciencia de Dios Padre en los días de Noé, y la paciencia de Jesús, quien en la cruz no pidió la destrucción eterna de sus enemigos sino su arrepentimiento y salvación. Con su paciencia Cristo es un ejemplo para los esclavos y las mujeres. Para ellos Cristo debe ser ejemplo de los que sufren injustamente (1 P 2:21). Pero Jesús es más que un ejemplo. Él capacita a sus fieles a tener paciencia en medio de los sufrimientos. Por medio de su Espíritu Santo hace prosperar en los creyentes el fruto de la paciencia.

Al recordarles la paciencia de Jesús, Pedro exhorta a todos sus hermanos en la fe a tener paciencia con sus opresores y darles la oportunidad de conocer a Cristo y su amor. Tener paciencia es reconocer que Dios es juez. A su debido tiempo "enviará a sus ángeles, y ellos recogerán de su reino a todos los que sirven de tropiezo" (Mt 13:41). Mientras tanto, el Señor nos encarga que dejemos que crezcan juntamente el trigo y la cizaña hasta que venga el día de la cosecha final. Siguiendo el consejo de Cristo y de sus apóstoles, las comunidades cristianas de los primeros siglos resistieron la tentación de hacer causa común con los grupos revolucionarios de su tiempo, en un intento de establecer el reino de Dios por medio de la violencia y la revolución. El Señor Jesús amonesta a sus discípulos a no apoyar a los zelotes en su guerra contra Roma, sino a huir a los montes cuando se manifieste la abominación desoladora profetizada por el profeta Daniel (Mc 13:14). Los primeros cristianos aprendieron del ejemplo de Jesucristo a tener paciencia, sin perder nunca la esperanza en la justicia, el amor, y la salvación que vienen del Señor.

En el pasaje Pedro habla de la paciencia de Dios. Según algunos de los más renombrados apologistas de los siglos dos y tres, la paciencia debe ser para los cristianos la mayor de las virtudes. Desde el punto de vista de Tertuliano, Cipriano, y Lactancio, más que cualquier otra cosa, es la paciencia que manifiestan los cristianos en medio de las persecuciones, sufrimientos, y negocios diarios lo que llama la atención de los paganos y les muestra el amor de Dios que vive en ellos. Como se expresa en 1 Pedro 3:20: Dios es paciente. La paciencia de los cristianos tiene su origen en la paciencia de Dios. La paciencia de Dios queda manifestada en la encarnación, ministerio y pasión de Jesús. Los cristianos son pacientes porque han recibido el fruto de la paciencia divina, de ahí que perdonan a sus deudores, no cobran interés, controlan sus emociones y se oponen a la pena máxima. Porque son pacientes, se rehúsan a enemistarse, maldecir a sus antagonistas, jurar o practicar la hechicería. Y es precisamente porque a los gentiles les falta la virtud de la paciencia, que suelen emplear la hechicería, practicar el aborto y el abandono de sus niños recién nacidos (Kreider 2016:31-32).

Ocho fueron salvados

Los destinatarios de 1 Pedro se asemejan a la familia de Noé: solamente una pequeña minoría de justos en medio de un mar de injustos, unos pocos granos de buen trigo en un campo de cizaña. A pesar de ser una escasa minoría, el Señor actuó no sólo para salvar a los pocos que creyeron en su Palabra, sino también para hacer de ellos una nación santa, un pueblo escogido por Dios. Lo mismo que la familia de Noé, los receptores de 1 Pedro también fueron objeto de las burlas y calumnias de sus vecinos y familiares incrédulos. Pero, así como los rebeldes del tiempo de Noé fueron aniquilados en las aguas del diluvio, del mismo modo los que entonces repudiaron la Palabra y persiguieron a la familia de la fe en Anatolia, correrán la misma suerte. Los intérpretes patrísticos han dado en sus escritos una importancia simbólica o tipológica al número ocho, pues en la iglesia primitiva solían bautizar a los catecúmenos el octavo día de la Semana Santa, o sea, el Domingo de Resurrección. En muchas iglesias antiguas las pilas bautismales eran octogonales, para recordarles a los fieles que, así como los ocho miembros de la familia de Noé fueron salvados al entrar en el arca, así somos salvados hoy día al entrar en el arca de la iglesia por medio de la fe en el resucitado y el perdón que se recibe en el Santo Bautismo (Kelly 1969:159).

3:21 Todo esto es símbolo del bautismo (el cual no consiste en lavar las impurezas del cuerpo sino en el compromiso ante Dios de tener una buena conciencia) que ahora nos salva por la resurrección de Jesucristo.

Las aguas del diluvio son un símbolo del baño bautismal que reciben los creyentes. La finalidad del Bautismo en el nombre de Cristo no es la purificación del cuerpo por fuera, sino la purificación interior del corazón o conciencia, por la pasión y resurrección de Jesucristo. La purificación interior se debe a la obra de Cristo, presente en las aguas bautismales para otorgar a los creyentes su perdón y buen Espíritu. Por medio de la transformación interior que obra el Espíritu Santo en la vida de los bautizados, estos quedan capacitados para orientar sus vidas hacia Dios y no hacia sí mismos. Lo que sucede en el Bautismo es siempre una obra de la gracia divina que se recibe por la fe, y no un logro humano. Para Martín Lutero, la buena conciencia de la cual habla Pedro no es otra cosa que la fe en Cristo y su obra salvadora (2001:133).

El término griego que el apóstol utiliza en el pasaje no es "símbolo", como se traduce en muchas versiones, sino "el antitipo" (ἀντίτυπον). Un antitipo es la realidad de algo prefigurado por un evento, persona o institución del pasado. Hebreos 9:25 es el único pasaje, además de este, que utiliza la palabra antitipo. La entrada del sumo sacerdote al lugar santísimo del tabernáculo es una prefiguración de la entrada de Jesús al santuario celestial. En 1 Pedro 3:21 el evento (o tipo) del pasado fue la salvación de Noé y su familia en el arca. El evento del pasado prefiguraba la salvación de los creyentes en el presente, mediante la resurrección de Cristo, salvación que los cristianos reciben en las aguas del Bautismo.

En hermenéutica se suele llamar "tipo" a un evento, persona o institución que prefigura, impacta o deja su marca en otro evento, persona o institución del futuro. El evento, persona o institución se llama el antitipo. Pedro remarca que los salvados fueron los integrantes de una pequeña familia de ocho personas que vivían en medio de una sociedad corrupta, rebelde, y perversa. Sin embargo, la pequeña familia se salvó, mientras que la generación injusta y adúltera pereció. Los destinatarios de la epístola circular de Pedro también eran una pequeña familia de creyentes que vivían en medio de una gran sociedad idólatra y adúltera. Pero como en los días de Noé, la reducida familia de los justos es la casa real destinada para recibir una herencia gloriosa. Hubo intérpretes, como Justino el mártir, que llegaron a la conclusión –a base de su investigación del pasaje– que el arca de Noé es el tipo, mientras que el antitipo es la santa iglesia cristiana.

Numerosos intérpretes opinan que al escribir estas líneas Pedro tuvo en mente la celebración de un servicio bautismal en el que los candidatos se acercan al río o a una piscina, para ser lavados de sus pecados y ungidos con el Espíritu Santo. Como parte de la ceremonia, les cabía a los bautizados confesar su fe en Cristo, y además comprometerse voluntariamente a renunciar a su pasada manera de vivir y prometer seguir a Cristo. Según Brox (1994:240), el compromiso de tener una buena conciencia se refiere a la promesa del bautizado de comenzar una nueva vida en conformidad con la voluntad de Dios. Se daba por entendido que el compromiso era la respuesta del bautizado a la gracia y misericordia de Dios que recibió en el Bautismo.

William Barclay afirma que debemos entender el compromiso del candidato al Bautismo como un juramento de lealtad a Cristo, parecido al que pronunciaba el soldado romano al ser incorporado al ejército, o al juramento de los nuevos reclutas de hoy día. En su Bautismo el nuevo creyente no sólo renuncia al diablo y todas sus obras, sino que también acepta los privilegios y responsabilidades de un soldado del ejército de Cristo (Barclay 1974:279). En desacuerdo con las opiniones expresadas arriba, el profesor Thomas Schreiner cree que el pasaje se refiere a la oración que eleva el nuevo creyente a Dios en el momento de su Bautismo. Según Schreiner, dicha oración pide que, a base de la muerte y resurrección de Cristo, el Padre purifique su conciencia y perdone todos sus pecados (2003:197). Según Schreiner, el énfasis de Pedro no está puesto en la promesa que hace el nuevo creyente, sino en la palabra de perdón que para él pronuncia el Señor en su Bautismo. Otro texto del NT que trata de una conciencia limpia que uno recibe en el Bautismo es Hebreos 10:22: "Acerquémonos con un corazón sincero, y con la plena seguridad de la fe, con el corazón purificado de una mala conciencia, y con el cuerpo lavado en agua pura."

A fin de evitar cualquier interpretación equivocada respecto de la naturaleza del Bautismo, Pedro detalla que este es diferente a los lavamientos y purificaciones rituales celebrados en los misterios y otros cultos sagrados del Imperio Romano, y especialmente de Anatolia, donde vivían los destinatarios de su epístola circular. Las purificaciones y baños rituales aún son parte de las tradiciones de muchos cultos, sectas, y religiones precolombinas de América Latina. Tales baños y purificaciones, dice Pedro, solamente limpian nuestros cuerpos de las inmundicias externas que nos contaminan por la parte exterior pero no tienen el poder de purificar nuestras mentes y corazones. Tampoco pueden protegernos del mal de ojo, hechizos, y maldiciones.

El término griego que Pedro emplea para indicar las inmundicias externas es ῥύπου, un vocablo que también puede traducirse como sucio, impuro, y contaminado. Dos comentaristas, Dalton (1965:215-224) y Kelly (1969:161-162), creen que al escribir el pasaje el apóstol tuvo en mente la piel, o carne, que se quitaba en la ceremonia de la circuncisión. La mayoría de los investigadores rechazan tal hipótesis, porque en ninguna otra parte de la carta se encuentra nada que provoque una polémica con los judíos acerca de sus prácticas (Elliot 2000:678-679). Según nos enseña el NT, ninguna ceremonia externa, sea una purificación o una circuncisión, puede limpiarnos de la maldad, puesto que la maldad es una condición interior y no exterior. Jesús dice: "Lo que contamina es lo que sale de la persona. Porque de adentro del corazón humano salen los malos pensamientos, la inmoralidad sexual, los robos, los homicidios, los adulterios, las avaricias, las maldades, el engaño, la lujuria, la envidia, la calumnia, la soberbia y la insensatez. Todos estos males vienen de adentro y contaminan a la persona" (Mc 7:20-23).

Pedro declara enfáticamente que el Bautismo no es un baño o limpieza del cuerpo por fuera, sino una purificación interior que nos limpia del pecado y de la culpa. Al ser bautizados, los nuevos creyentes se comprometen por medio de un voto a ser fieles a Cristo, efectuar buenas obras, y renunciar a las obras de la oscuridad. Tal juramento o compromiso no es la causa de su purificación, sino el resultado de haber sido limpiados interiormente y llenados del Espíritu Santo. En nuestras celebraciones de Bautismo, el oficiante todavía les hace a los nuevos creyentes una serie de preguntas en cuanto a su fe y su disposición de seguir a Cristo. Por eso algunos cristianos suelen hablar de "un pacto bautismal". Puesto que el juramento que pronunciaban los cristianos de seguir fielmente a Cristo se parecía al voto sagrado (llamado *sacramentum* en latín) que pronunciaban los soldados romanos para seguir al César, se comenzó a llamar al Bautismo un sacramento (Elliot 2000:680).

Otra manera de entender el pasaje es la del investigador Barth L. Campbell. De acuerdo con las teorías del investigador, el vocablo griego que comúnmente se traduce como "compromiso" (ἐπερώτημα) podría leerse también como "vindicación". El autor propone que, leyendo el pasaje desde el punto de vista de los estudios realizados sobre las culturas de honor y vergüenza, el bautismo tiene que entenderse también como una vindicación divina en favor de los expatriados, exiliados, marginados, excluidos, y deshonrados por la sociedad dominante. En pocas palabras, en el Bautismo se lleva a cabo una gran inversión: A los pobres y marginados que carecen de todo honor, Dios los levanta de la nada y les otorga el sello de adopción como hijos de Dios. En el Bautismo los deshonrados y oprimidos no solamente reciben la salvación, sino que a la vez reciben honor y son vindicados ante los que se consideran a sí mismos grandes señores del mundo. En el Magnificat, María manifiesta que el Señor "Derrocó del trono a los poderosos, y puso en alto a los humildes" (Lc 1:52).

3:22 quien subió al cielo y está a la derecha de Dios, y a quien están sujetos los ángeles, las autoridades y las potestades.

En consonancia con lo expresado arriba, en cuanto al sufrimiento y la marginación de los destinatarios y su subsiguiente vindicación al ser adoptados por Dios en las aguas bautismales, el autor divino recuerda a sus lectores que Jesucristo, después de haber sido objeto de burla, humillación, e ignominia de parte de sus enemigos, fue elevado al puesto supremo de honor a la diestra de Dios y por encima de todos los ángeles y demás potencias espirituales, tanto buenos como malos. Decir que Cristo está a la diestra del Padre quiere decir que tiene la autoridad y el poder para socorrer a los hermanos perseguidos y marginados en sus aflicciones y sufrimientos. La ascensión y entronización de Jesús significa, al mismo tiempo, que los espíritus y poderes representados por los ídolos e imágenes que anteriormente adoraban los destinatarios de la carta, ya no tienen poder para dañar a quienes fueron bautizados en el nombre de Cristo. Sin lugar a duda, algunos de los nuevos creyentes en Cristo de Anatolia, temían las represalias de los espíritus inmundos. Aún hoy día hay personas que temen las represalias de los espíritus por haber abandonado el culto a las deidades de sectas satánicas, como las de la Santa Muerte y de la Santería.

A los que aún temen a los espíritus y poderes ocultos, Pedro les recuerda que Cristo está a la diestra del Padre, intercede por los suyos, y les envía su Santo Espíritu. La mención de la exaltación de Cristo por encima de sus enemigos les recuerda a los cristianos de Anatolia que ellos también serán exaltados por encima de los que ahora se burlan de ellos y los calumnian. Los altivos serán destronados de sus puestos de poder y humillados; en cambio, los humillados serán vindicados y exaltados (Campbell 1998:185). Así como hubo una reversión de estatus en el caso de Noé y de Cristo, también la habrá en el caso de los que son bautizados en el nombre de Jesucristo.

Capítulo 4

4:1-2 Puesto que Cristo sufrió por nosotros en su cuerpo, también ustedes deben adoptar esa misma actitud, porque quien sufre en su cuerpo pone fin al pecado, para que el tiempo que le queda de vida en este mundo lo viva conforme a la voluntad de Dios y no conforme a los deseos humanos (y no según las pasiones humanas BJ).

Al comenzar el capítulo 4 el autor se enfoca sobre el sufrimiento de Cristo en su cuerpo. Las versiones más antiguas traducen la palabra griega (σαρκὶ) carne, y no cuerpo. Lo que quiere enfatizar el autor en el pasaje es que Cristo sufrió en su estado de humillación como "humano entre humanos" (Green 1993:234). Basándose en Isaías 53:11, Lutero afirma que los sufrimientos de Cristo se extendieron más allá, pues el profeta declara que su alma sufrió gran aflicción (2001:139).

Según Lutero, siempre debe entenderse el sufrimiento de Cristo en un doble sentido, primeramente, como un don, y en segundo lugar como un modelo. El sufrimiento de Cristo es un don porque lo que sufrió fue por nosotros, en nuestro lugar. Nos tocaba a nosotros sufrir lo que merecieron nuestros pecados, pero Jesús asumió nuestra culpa y en la cruz ofreció su cuerpo como sacrificio por estos. El perdón y la salvación que recibimos es un fruto del sufrimiento de Jesús por nosotros. En segundo lugar, el sufrimiento de Cristo nos sirve de modelo a imitar cuando somos objeto de las burlas, calumnias, persecución, tortura, y muerte de quienes no conocen el amor de Dios. La fidelidad a Cristo en nuestros sufrimientos no es la causa de nuestra salvación, sino un fruto de la obra del Espíritu Santo en nuestras vidas (2001:137).

Además, al enfatizar que Cristo padeció por nuestros pecados, el autor nos asegura que lo que sufrimos ahora no es debido a nuestros pecados, sino por seguir a Cristo. Se rebate así la idea de que por medio de la mortificación de la carne (ayunos, peregrinaciones, maltrato del cuerpo, martirio) se obtenga el perdón de los pecados. Hay quienes afirman que los sufrimientos de los cristianos mencionados aquí cumplen la función de un sacrificio propiciatorio que paga por sus pecados. Pero tal interpretación es errónea porque, según 1 Pedro 3:18, Cristo padeció una sola vez por los pecados, el justo por los injustos. Otros, citando a Job 5:17, opinan incorrectamente que los sufrimientos a que hace referencia el pasaje son castigos que envía Dios para purificar el alma (Barclay 1974:280). Pero Pedro no habla de los pecados de los cristianos, sino de los pecados de los gentiles que persiguen a los cristianos y se burlan de ellos.

En 4:1-5 Pedro indica que los bautizados participan en la victoria que obtuvo Cristo de los poderes malignos (1 P 3:18-22). La participación en la victoria de Cristo ocurre cuando los bautizados renuncian a vivir conforme a las pasiones humanas. Por la voluntad de Dios ya no viven según la carne, sino según el Espíritu Santo. Lo que enfatiza Pedro es lo mismo que se destaca en Efesios 4:17-19: "No vivan ya como la gente sin Dios, que vive de acuerdo a su mente vacía. Esa gente tiene el entendimiento entenebrecido; por causa de la ignorancia que hay en ellos y por la dureza de su corazón viven ajenos de la vida que proviene de Dios."

"Adoptar esa misma actitud" es traducción del verbo griego ὁπλίσασθε (armarse), un término militar que se emplea en el contexto de la soldadesca que se arma para luchar o defenderse. En Efesios 6, Pablo exhorta a los creyentes a tomar las armas del Espíritu para luchar en contra de los poderes malignos. Aquí Pedro insta a sus lectores a armarse para luchar en contra de las pasiones carnales. Esto se hace cuando los creyentes imitan el ejemplo de Cristo que obtuvo la victoria de sus enemigos con armas espirituales. En pocas palabras, la mejor manera de armarse para la lucha en contra del maligno es aferrarse a las mismas armas a las que se aferró Jesús al enfrentar la tentación de vengarse de sus verdugos, y no recurrir a la revancha y venganza. En su pasión, Cristo se dispuso a ofrendar su vida inocente por los injustos y bendecir a los que lo maldecían, en obediencia a la voluntad del Padre. De esta manera el soldado cristiano encara el llamamiento de comprometerse a sufrir por la causa de Cristo, así como Cristo se comprometió a sufrir por los suyos. El mejor modo de encarar la guerra espiritual es adoptar la actitud de Cristo y armarse con las armas del Espíritu descritas en Efesios 6:11-17 y Romanos 6:13 y 13:12. La metáfora de la guerra espiritual es una más que 1 Pedro tiene en común con otras cartas del NT (Brox 1994:256).

4:3 Baste el tiempo pasado para haber hecho lo que agrada a los no creyentes, que viven entregados al libertinaje y las pasiones, a las borracheras, orgías, disipaciones y detestables idolatrías.

Las palabras de Pedro indican que la mayoría de sus lectores eran recién convertidos a la fe. Los pecados que se les atribuyen a su vida pasada son vicios típicos de los gentiles, pecados que citan muchos autores judíos de la época. Especialmente se mencionan las detestables idolatrías. Aunque los profetas del AT solían condenar en forma contundente las idolatrías de los israelitas, la adoración de ídolos paganos dejó de ser un problema para los judíos después de la cautividad babilónica. Los pecados que caracterizaban a los judíos en los días de los apóstoles fueron otros: el orgullo espiritual, la autojustificación, el descuido de las viudas y los huérfanos, y el fanatismo.

Los vicios de los gentiles mencionados aquí definen las reuniones nocturnas de cuantiosos clubes sociales de la época, y también muchos festivales religiosos patrocinados por los gobernantes locales y el Imperio Romano. El término griego (ἀσελγείαις) se traduce como libertinaje o desenfreno, y se emplea aquí para indicar una vida repleta de vicios en general, o libertinaje sexual en particular. Los abusos los denunciaron no sólo autores judíos y cristianos, sino también muchos pensadores paganos. Aunque algunos clubes sociales de la época se preocupaban por mantener el orden y la decencia, otros daban rienda suelta a la glotonería, las borracheras, y el abuso sexual de las esclavas y mancebos (Keener 2003:712). El segundo término griego en la lista de vicios es ἐπιθυμίαις, una palabra que indica una vida fuera de control no regida por la filosofía o la moralidad, sino por las pasiones, emociones, y fantasías individuales. Para los judíos y cristianos, el peor de los vicios de la lista fue, por supuesto, la idolatría (εἰδωλολατρίαις). Ninguna fiesta o reunión pagana se celebraba sin una invocación o sacrificio ofrecido a uno de los dioses paganos. La glotonería (κώμοις) y la borrachera (οἰνοφλυγίαις) eran con frecuencia parte de las ceremonias celebradas en honor a Dionisio, el dios del vino y la borrachera. Un comentarista afirma que la borrachera, la inmoralidad sexual, y el culto a los ídolos iban de la mano con las fiestas ruidosas denunciadas por Pedro en este pasaje (Green 1993:239). Podría decirse lo mismo acerca de la celebración de muchas fiestas patronales en nuestro medio, y de cómo se celebra el carnaval en muchas partes de nuestro continente.

En cuanto a los creyentes, el tiempo para las inmoralidades llegó a su fin cuando fueron bautizados. El tiempo del libertinaje terminó cuando los creyentes fueron crucificados con Cristo al entrar en las aguas bautismales. Al celebrar el Santo Bautismo los creyentes no sólo confiesan a Cristo, sino que a la vez renuncian al diablo, y a todas sus obras y todos sus caminos. El Bautismo implica romper con todos los aspectos de la vida pagana que no son consonantes con la voluntad divina. No es difícil entender las palabras de Pedro como parte de un sermón predicado en ocasión del Bautismo de un grupo de nuevos creyentes gentiles. El Bautismo quiere decir tomar nuestra cruz y seguir al que sufrió por nosotros la muerte en la cruz del calvario. En las aguas del Bautismo sufrimos la muerte con Cristo, para resucitar a una nueva vida en el poder del Espíritu. Por medio del Bautismo los creyentes son hechos miembros de una comunidad en la cual todos se comprometen a servir en amor a la familia. Los vicios enumerados aquí destruyen la unidad de la comunidad de la fe, mientras que los carismas mencionados en 1 Pedro 4:10 son los dones del Espíritu que fortalecen la nueva vida que comparten los creyentes.

Tomando en cuenta las muchas semejanzas, tanto temáticas como lingüísticas del pasaje, con lo dicho en 1 Tesalonicenses 5:7 y Romanos 13:13-14, algunos exégetas, como Selwyn (1955:381), creen que los textos provienen de una misma liturgia bautismal utilizada en la iglesia primitiva, en la que los bautizados renunciaban públicamente al diablo y a todas sus obras, pero concretamente a la borrachera, tan prevalente en la sociedad grecorromana y en la vida pasada de los nuevos creyentes. Aunque muchos procuran alivio de sus aflicciones y sufrimientos en la borrachera, los que han nacido a una esperanza viva encuentran fortaleza y valentía en la resurrección de Cristo, el don del Espíritu Santo y las promesas de la herencia reservada para nosotros en los cielos. Al renunciar los creyentes de Anatolia, en su Bautismo, a los vicios mencionados en el pasaje, provocaron la oposición y hostilidad de sus antiguas amistades. Muchos nuevos creyentes de nuestras comunidades también han sufrido la mala voluntad y el rechazo de sus antiguos camaradas al separarse de la pandilla en que militaban o del culto demoniaco en que participaban.

4:4-5 Para ellos resulta extraño que ustedes ya no los acompañen en ese mismo desenfreno y libertinaje, y por eso los ultrajan; pero tendrán que dar cuenta de ello al que está preparado para juzgar a los vivos y a los muertos.

El pasaje expone que lo que están sufriendo los creyentes de las cinco regiones de Anatolia es, más que cualquier otra cosa, el rechazo y la burla de los antiguos amigos, familiares, socios, y vecinos. Los vituperios se manifestaban porque los cristianos no participaban en las bacanales, orgías, y cultos idolátricos de los gentiles. Se cree que muchas de las fiestas y celebraciones que se mencionan aquí estaban relacionadas con la gran cantidad de gremios y asociaciones civiles tan populares en el mundo grecorromano. Había gremios de comerciantes, horneros, plateros, sastres, albañiles, tejedores, zapateros, curtidores, y toda clase de artesanos. Cada gremio o asociación civil escogía como su patrón a una de las deidades del panteón grecorromano. En todas las reuniones de las asociaciones, gremios, y colegios, se quemaba incienso y se ofrecían diferentes actos de adoración al patrón divino. Al negarse a participar en tales actividades idolátricas, los cristianos tuvieron que soportar los insultos y burlas de quienes en el pasado habían sido sus socios, colegas o familiares (Elliot 1981:70). Es muy probable que entre los que se burlaban y vituperaban a las mujeres convertidas a Cristo se contaban sus propios esposos paganos.

Los nuevos cristianos dejaron de concurrir a las fiestas descritas arriba y también al teatro, que con sus obras vulgares celebraban la violencia, la venganza, y la inmoralidad sexual. Los nuevos cristianos dejaron de asistir o de participar en los juegos deportivos dedicados a los dioses paganos. Tampoco asistieron a la tortura, ejecución, y crucifixión de criminales, o a los sangrientos combates de los gladiadores o luchas con animales salvajes. Los creyentes comprendieron que tales espectáculos sólo despertaban en los espectadores de tales barbaridades una sed de sangre que contribuía a lo que Pedro califica como desenfreno y libertinaje, o sea, una vida fuera de control. La palabra griega que se traduce como desenfreno es ἀσωτίας (*asotias*), usada a veces para describir un torrente o aguacero incontrolable (Green 1993:240). Un adjetivo que proviene de la misma raíz de *asotias* se emplea en Lucas 15:7 con referencia a la vida del hijo pródigo en un país lejano. Puesto que los creyentes de Anatolia ya no participaban en el desenfreno, su conducta les pareció extraña (ξενίζονται) a sus contemporáneos. Es decir que, aunque los cristianos seguían siendo ciudadanos de una de las cinco provincias, sus socios, vecinos, y familiares no cristianos los trataron como a extranjeros. El verbo ξενίζονται proviene de la misma raíz que la palabra para extranjero (Smith 2016:34).

Lo que sufrieron los destinatarios de la carta se parece a los padecimientos que sufrieron muchos nuevos creyentes en otras partes del mundo y en otra época. Al ser bautizados en el nombre de Jesús, miles de recién convertidos siguen siendo expulsados del seno familiar por sus propios padres y hermanos incrédulos. Muchos de ellos expresaron que su conversión provocó resentimiento, insultos, y denigración de parte de sus antiguos compañeros y camaradas. En el Evangelio de Juan dice que los que confesaban a Cristo eran expulsados de las sinagogas. Jesús advirtió a sus seguidores: "El hermano entregará a la muerte al hermano, y el padre al hijo; y los hijos se rebelarán contra los padres, y los matarán. Por causa de mi nombre todo el mundo los odiará a ustedes, pero el que resista hasta el fin, se salvará" (Mc 13:12-13). Es de conocimiento general de los cristianos de todo el mundo que las antiguas amistades de uno se convierten en enemigos, y las costumbres y manera de vivir de esas amistades llegan a ser abominación para el nuevo creyente. Proverbios 29:27 declara: "Los hombres honrados no soportan a los malvados, y los malvados no soportan a los honrados." Al comparar sus malas obras con las buenas obras de los cristianos, los gentiles tienen conciencia de su pecado. De esta manera las buenas obras de los cristianos cumplen la función de imputar de pecado a los gentiles.

En ciertas zonas en que habitan los indígenas de América Latina, los nuevos creyentes han sido expulsados de la tribu y considerados traidores a las tradiciones de sus antepasados. En varios países islámicos, los que confiesan a Cristo y han sido bautizados, corren peligro de muerte de parte de sus familiares. Es decir, al creyente lo califican de extranjero los miembros de su propia familia dentro de su propia casa. En muchos casos los perseguidores actúan así porque temen la ira de los espíritus de los antepasados en detrimento de los familiares y pueblos de los recién bautizados. De este modo, muchos nuevos creyentes son expatriados, considerados forasteros y extranjeros por individuos de su propio pueblo. Después de ser bautizados, los nombres de los creyentes en Cristo son inscritos en el libro de la vida, y llegan a ser ciudadanos de la nueva Jerusalén, mientras que sus perseguidores tendrán que dar cuenta de sus pecados al que está preparado para juzgar a vivos y muertos. Los que acusaron y condenaron a los hermanos ante los tribunales humanos, serán acusados y condenados en el gran tribunal en el que Cristo será su juez (Kelly 1969:171). Sin embargo, la condenación de los perseguidores no es lo que anhelamos. No hay que olvidar que cada perseguidor es un converso en potencia.

4:6 Por esto también a los muertos se les predicó el evangelio, para que sean juzgados en su cuerpo según los criterios humanos, pero vivan en el espíritu según Dios.

Algunos investigadores de 1 Pedro opinan que lo que dice el apóstol acerca de la predicación del evangelio a los muertos debe entenderse como una expansión de lo que escribió en 1 Pedro 3:18-19. De acuerdo con tal interpretación equivocada, Cristo, al descender a los infiernos, proclamó el evangelio a los difuntos en el reino de la muerte (Seol), a fin de llevarlos al arrepentimiento y la fe salvadora. Ya hemos presentado nuestras razones para rechazar la idea de una segunda oportunidad de salvación después de la muerte. Para poder interpretar este difícil texto, será necesario averiguar dos cosas:

(1) ¿Quién predicó el evangelio a los muertos? (2) ¿Quiénes son los muertos a quiénes se les anunciaron las buenas noticias?

En nuestro intento por responder la primera pregunta, se debe tener en cuenta que en 1 P 4:6 no se identifica al heraldo que proclamó el evangelio a los muertos. No se dice que fue Cristo. Cristo bien pudo haber sido el contenido del evangelio proclamado a los muertos por otras personas o espíritus (Dalton 1965:144). Tómese nota de que el verbo griego del versículo es pasivo (εὐηγγελίσθη). Es posible entonces que el pasaje se refiera a la proclamación del evangelio por los apóstoles y primeros misioneros cristianos a los creyentes que murieron antes de la segunda venida de Cristo. Se sabe que en Tesalónica hubo confusión entre algunos hermanos respecto a la suerte de los creyentes que murieron antes de la parusía. En sus cartas a los tesalonicenses, Pablo, Timoteo, y Silas tuvieron que asegurarles a estos que los hermanos fallecidos participan en el reino de Dios y la gloria de la segunda venida (1 Ts 4:13-18) (Kelly 1969:175). No se sabe si existió una confusión semejante entre los receptores de 1 Pedro, según creen algunos (Achtemeier 1996:200; Senior 2003:116). Pero es interesante notar que el mismo Silas que ayudó a Pablo en la redacción de sus cartas a los tesalonicenses, ahora está con Pedro ayudándolo en la redacción de esta primera carta. Es posible que Pedro y Silas incluyeran este pasaje en su carta para consuelo y esperanza de los que sufren por su fe y viven bajo amenaza de muerte. Los hermanos necesitan saber que, aunque tengan que sufrir la muerte, gozarán de la vida eterna en el reino de Dios, juntamente con sus hermanos en el Señor que ya murieron.

La expresión "sean juzgados en su cuerpo según los criterios humanos", implica que los burladores gentiles juzgan que los hermanos cristianos fallecidos murieron sin esperanza y sin salvación (Elliot 2000:736-737). Desde la perspectiva netamente humana de los burladores, la suerte de los creyentes que aceptaron el mensaje del evangelio será la misma que la de los incrédulos que rechazaron el mensaje de salvación. Tanto los creyentes como los incrédulos morirán. Pedro, en cambio, manifiesta que los que murieron creyendo en el Señor vivirán eternamente por el poder del Espíritu. Así como Cristo no permaneció en la tumba, sino que resucitó, los que se durmieron en

Cristo resucitarán para vivir eternamente en la presencia del Señor. Uno de los propósitos del pasaje es asegurarles a los hermanos que habrá un juicio para los gentiles que persiguieron a los creyentes y los hacen sufrir (Achtemeier 1996:286; Schreiner 2003:208-209). Según nuestra opinión, esta interpretación es la que mejor se ajusta al pasaje de 1 Pedro y a los temas de la epístola. Según Schreiner, el sentido de 1 Pedro 4:6 es el mismo que el que se encuentra en el libro apócrifo la Sabiduría de Salomón 3:1-6:

> La vida de los justos está en manos de Dios y no los tocará el tormento.
> La gente insensata pensaba que morían, consideraba su muerte como una desgracia, Y su partida de entre nosotros como destrucción, pero ellos están en paz.
> Pues aunque a los ojos de los hombres sean castigados, ellos esperaban de lleno la inmortalidad; sufrieron pequeños castigos, recibirán grandes favores, porque Dios los puso a prueba y los encontró dignos de él; los probó como oro en el crisol, los recibió como sacrificio de holocausto; a la hora del juicio brillarán como chispas que prenden por un cañaveral.

Según opina otro investigador, los muertos mencionados en el pasaje son las personas que vivieron y murieron antes del nacimiento de Cristo. Estas personas recibieron el mensaje del evangelio mediante el testimonio de los profetas del AT, que por medio de sus profecías anunciaron la venida al mundo de un salvador. Algunas de las personas que oyeron las palabras de los profetas creyeron, y otras rechazaron el mensaje. Al recibir el mensaje de los profetas, todos tuvieron la oportunidad de arrepentirse, creer, y ser salvos. Al considerar esta interpretación, se debe tener en cuenta la gran importancia que las dos cartas de Pedro confieren al papel de los profetas de anunciar la venida de Cristo (Green 1993:242). En las predicaciones de Pedro del libro de los Hechos, se observa el mismo interés en las profecías mesiánicas.

Para otro intérprete, el Dr. Martin Scharlemann quien fue, hace muchos años, uno de mis profesores, los muertos que recibieron el mensaje del evangelio no fueron las personas que vivieron antes del nacimiento de Cristo, sino la primera generación de creyentes gentiles de Anatolia. Según Scharlemann, en 1 P 4:6 el apóstol no habla de lo que supuestamente tuvo lugar el sábado de gloria, sino de la transformación que tuvo lugar en las vidas de los gentiles que creyeron en el evangelio y fueron bautizados. Los creyentes gentiles sufrieron burlas y desprecio por su nueva fe. En el versículo 5 se les recuerda a los lectores que los burladores y perseguidores de los nuevos creyentes tendrán que rendir cuentas de sus blasfemias ante el juez de vivos y muertos. Los gentiles que se arrepintieron y creyeron en Jesús, en su vida pasada practicaban los mismos vicios y pecados que practicaban las personas que ahora se burlaban de ellos y los perseguían. Hubo un tiempo en que estuvieron muertos en delitos y pecados (Ef 2:1), pero recibieron vida por medio de la proclamación del mensaje de la cruz. Scharlemann opina que Pedro se refiere a la primera generación de creyentes gentiles de Anatolia al expresar que "a los muertos se les predicó el evangelio". Según el mismo intérprete, los primeros cristianos de Anatolia estaban espiritualmente muertos antes de recibir el mensaje del evangelio. Pero por medio de ese evangelio llegaron a vivir en el espíritu para Dios, a pesar de todo lo que sufrieron en el cuerpo de parte de sus perseguidores (Scharlemann 1960:110-111). Algunos autores patrísticos, como Clemente de Alejandría y San Agustín, también identificaron a los muertos del pasaje con los que estaban espiritualmente muertos antes de su conversión (Achtemeier 1996:289).

Otro intérprete cree que los muertos en cuestión no son todos los cristianos fallecidos de Anatolia, sino los hermanos juzgados y condenados por su confesión de Cristo, tal como fue el caso de los creyentes mencionados por Plinio en su carta a Trajano. Aunque fueron ejecutados y contados como muertos por sus perseguidores, no dejaron de existir, pues por medio del Espíritu viven para Dios (Keener 2003:712; Michaels 1988:242). O sea, recibieron la vida eterna. De acuerdo con los criterios humanos, a los cristianos se los considera criminales, pero según los criterios divinos, son dignos de la vida eterna (Achtemeier 1996:288).

La gran variedad de interpretaciones del pasaje que estamos viendo es un indicio de lo difícil que ha sido su interpretación para los investigadores de la Biblia. Lo que hace tan difícil la comprensión del texto es que Pedro realmente no dice quién proclamó el evangelio a los muertos, ni dónde y cuándo ocurrió. Lutero expresó cuán difícil le había sido entender el pasaje. Consecuentemente, no determinaremos cuál es la interpretación definitiva, sino que presentamos solamente las posibles maneras de entenderlo, dejando a los lectores del comentario juzgar por sí mismos cuál interpretación cuadra mejor con el contexto de 1 Pedro y el resto de las Sagradas Escrituras. Según Brox (1994:269), una cosa sin embargo es cierta: Los muertos que escucharon la proclamación del mensaje, sean quienes sean, serán juzgados en cuanto a su recepción o rechazo de las buenas nuevas. Por lo tanto, todos deben vivir estando pendientes de la llegada del juicio final. De este modo, la enseñanza o paréntesis que sigue a la declaración doctrinal insta a los destinatarios a orientar sus vidas para el fin de todo. La necesidad de estar preparados para el día final se enfatiza en muchos otros libros de NT: Mateo 24 y 25; Santiago 5:7-11; Filipenses 4:4-6; Hebreos 10:23-31; Romanos 13:11-14. La venida del día final y el juicio de las naciones debe motivar a los creyentes a compartir con todo el mundo el mensaje de salvación antes de que sea demasiado tarde.

TEMAS PRINCIPALES DE 1 PEDRO – (10) LA ESCATOLOGÍA, EL FIN DE TODO

En todos los artículos de fe que se tratan en 1 Pedro, se toma por sentado que ya ha comenzado el último tiempo que los profetas del AT tanto habían esperado. El Rey Mesías, cuya venida había sido anunciada por los profetas, ya entró en la historia y está en su trono a la diestra del Padre conduciendo la historia hacia su culminación. El Espíritu Santo, quien es las arras o garantía de la nueva creación, ya fue derramado sobre la iglesia y dado a todo creyente. El nuevo templo escatológico se está construyendo con la colocación de cada nueva piedra viva sobre el fundamento de Jesucristo. Se están llevando las buenas nuevas hasta el fin de mundo, a fin de que Cristo sea una bendición para todas las naciones. El juicio contra todo espíritu de las tinieblas ha sido anticipado con el descenso de Cristo para anunciar su victoria sobre el diablo y sus ángeles. Los sufrimientos de los cristianos son una señal de que Dios está purificando a su iglesia y preparándola para su manifestación visible a todos los pueblos del mundo.

En el trasfondo de todo lo tratado en 1 Pedro, se percibe la importancia de la escatología para el apóstol y las comunidades cristianas de Anatolia y del resto del mundo de entonces. A diferencia de muchas religiones y filosofías orientales todavía en boga hoy día, el tiempo no es cíclico, o sea, una perpetua repetición de eventos y sucesos –el nacimiento de civilizaciones y sus grandes hazañas, después el deterioro de las cosas, guerras y rumores de guerra, destrucción– y después de la destrucción, un nuevo comienzo del mismo proceso. La historia del mundo es vista como el cambio de las estaciones: primavera, verano, otoño, invierno, y después otra primavera y la repetición del mismo ciclo *ad infinitum*. En pocas palabras, en muchas filosofías nunca habrá un fin, ni un juicio final.

Puede ser que esto creían muchos de los paganos convertidos al evangelio. Pedro, en desacuerdo con los que rechazan la idea del juicio final, exhorta a estar siempre alertas y preparados para el juicio de Dios y la manifestación del Señor de la gloria. Las muchas referencias al juicio final y la manifestación del Señor, en 1 Pedro, recalcan el hecho de que la historia no avanza como en un círculo, en una eterna serie de repeticiones. La historia es como una flecha que vuela hacia el blanco; y el fin es Jesucristo y la nueva creación.

Debido a que el fin está cerca, los peregrinos y extranjeros acometen la tarea de anunciar el mensaje de salvación por sus testimonios y las obras de misericordia en medio de los que sufren. Debido a que el fin está cerca, los escogidos soportan el desprecio del mundo, porque entienden que sus sufrimientos son parte de los dolores de parto que preceden a la nueva creación.

Aunque la palabra parusía no aparece en la carta, la idea de la esperanza viva está presente en todos los demás temas principales que se discuten en 1 Pedro. Según el profesor Selwyn, no hay en todo el NT otro libro en el que la escatología esté tan cuidadosamente integrada con las otras enseñanzas del documento. Según Selwyn, la fe y la esperanza viva de la iglesia primitiva se reflejan en la epístola como en un espejo (1964:394-401). Observamos también que en la correspondencia con la iglesia de Tesalónica hay una conexión bien perceptible entre la persecución y el juicio final. Recordamos que el mismo Silvano que ayudó a Pablo en la composición de las cartas a los tesalonicenses, también participó en la redacción de 1 Pedro. Recordamos también que para Jesús la persecución fue una de las señales del fin (Mt 5:11-12; Mc 13:9-13). Aunque Pedro alude una y otra vez a la venida del día del juicio final, no entra en detalles en cuanto a su cumplimiento. Los detalles los encontramos en el libro de Apocalipsis o *La Divina Comedia* de Dante. Baste decir que para los creyentes que sufren tribulaciones y persecuciones, el mensaje de Pedro es igual al del Salmo 30:5: "Tal vez lloremos durante la noche, pero en la mañana saltaremos de alegría."

4:7 El fin de todo se acerca. Por lo tanto, pórtense juiciosamente y no dejen de orar.

El fin del cual se trata aquí es el juicio final y el establecimiento pleno del reino de Dios. Todas las acciones y actividades de los creyentes deben efectuarse estando pendientes del fin y la consumación de todas las cosas. Pedro, a diferencia de Jesús en Marcos 13, no habla de las señales que precederán el fin. Los lectores y oyentes de 1 Pedro probablemente habían escuchado sermones acerca de las señales del fin, y sabían también que el fin vendrá como un ladrón en la noche, y que nadie sabe el tiempo de la segunda venida. Sin lugar a duda, Pedro estaba convencido de que los sufrimientos de los hermanos de Anatolia eran una de las señales del fin que Jesús mencionó en sus enseñanzas. Antes del juicio final la iglesia tendrá que ser purificada por medio del sufrimiento. Algunos comentaristas opinan que las señales mencionadas en Marcos 13 son características de todo el tiempo entre la ascensión de Cristo y su manifestación en gloria, o sea, que son señales que experimentará cada nueva generación de creyentes, incluyendo la nuestra.

La exhortación de Pedro tiene la finalidad de recordarles a sus lectores que el fin de todas las cosas, que tanto pregonaron los profetas del AT, puede ocurrir en cualquier momento. Por lo tanto, se los insta a no vivir según las normas del presente siglo pasajero y pernicioso, pues pronto tendrán que presentarse ante aquel que ha sido designado para juzgar a vivos y muertos. Se les pide, antes bien, vivir según las normas de la nueva creación que nunca pasará. La iglesia cristiana es una sociedad alterna que existe dentro de las sociedades del mundo. Su llamamiento no es conformarse a esas sociedades, sino transformarlas mediante el amor, la santidad, y los frutos del Espíritu Santo. No se debe olvidar nunca que vivimos los últimos días antes de la manifestación de Cristo. Por lo tanto, los hermanos deben estar preparados para soportar las aflicciones y sufrimientos que vendrán antes del fin. Como dato interesante, no se menciona nada de un supuesto arrebato que, según creen muchos cristianos, se manifestará para sacar a los verdaderos creyentes del mundo antes de la gran tribulación.

En vez de traducir "juiciosamente" el imperativo aoristo σωφρονήσατε, la Biblia de Jerusalén tiene "sensatos y sobrios." La sensatez (σωφροσύνη) o la habilidad de controlar los deseos y emociones fue, según los moralistas de la antigüedad, una de las cuatro virtudes más importantes en la vida del hombre (Elliot 2000:748). La segunda cosa que exige Pedro a las comunidades de Anatolia es mantenerse alertas (νήψατε) y no dormir. Las cinco vírgenes insensatas de la parábola de Jesús de Mateo 25, se durmieron y no proveyeron para el retorno del novio que vendría para llevarse a su prometida.

En 1 Pedro 4:7 se detecta un eco del relato del sufrimiento de Jesús en Getsemaní, descrito tan gráficamente en Marcos 14:43-50 y en los otros evangelios. Cuando llegó el fin, o sea, la hora determinada por el Padre, Jesús oró con vehemencia por fortaleza para luchar en contra de la tentación de abandonar su misión. Sabemos que, desde el momento de su bautismo, Satanás había intentado impedir que Jesús cumpliera su misión como Cordero de Dios que quita el pecado del mundo. Jesús, sabiendo que el fin se acercaba, no cesó de orar, y así, por medio de la oración no cayó en la tentación de abandonar su misión. Pero Pedro, Jacobo y Juan no siguieron orando y velando, y cayeron en tentación. Negaron a su Señor. Los destinatarios de 1Pedro sufrieron grandemente por su fe. Muchos sufren persecución. El adversario procura valerse de los sufrimientos y aflicciones de los hermanos para hacerles negar la fe, negar a su Señor y abortar su misión. Pedro alerta a los creyentes respecto de la expectativa de la cercanía del fin, no sólo como un estímulo para la buena conducta de los hermanos, sino también para que no se olviden de la tarea de la evangelización. El fin está cerca. Los incrédulos tienen poco tiempo para arrepentirse y creer en el evangelio, antes de que sea demasiado tarde.

Por experiencia propia, Pedro sabe que por medio de la oración se vence la tentación de negar a Cristo y abandonar la tarea de la evangelización. Pedro sabe que cuando los hermanos oran juntos como una familia de fe, todos crecen en solidaridad y unión. Por lo tanto, los exhorta a que se apoyen mutuamente en sus sufrimientos y aflicciones, canten himnos, oren y confiesen la fe. En el pasaje se observan nuevamente las semejanzas en las exhortaciones, similares a Efesios 6:18; 5:19 y Romanos 13:12. Pedro no brinda instrucciones en cuanto a qué palabras usar en las oraciones, o los gestos y posición que deben asumir al dirigirlas a Dios. De los tratados de San Justino y Orígenes sabemos que los primeros cristianos oraban con mucho fervor, a veces con gritos, gemidos, y acciones de gracia, hablando simultáneamente, alabando al Señor, poniendo sus manos sobre los enfermos y reprendiendo a los demonios. Según Orígenes, los hermanos oraban puestos de píe, con los ojos elevados al cielo y los brazos extendidos en representación de la crucifixión. Al principio no eran los ancianos y pastores quienes ejercían predominio en el tiempo de oración. Todos los bautizados tenían el derecho de elevar sus propias oraciones al Señor. Según algunos observadores, las oraciones de los hermanos eran demasiado desordenadas. Sin embargo, muchos paganos llegaron a reconocer la efectividad de las oraciones de los fieles y solicitaban las intercesiones de los cristianos. Tanto Orígenes, como Justino y Cipriano, escribieron importantes tratados sobre la oración y el Padrenuestro. Con el paso de los años los ancianos y obispos asumieron la dirección de las oraciones en las reuniones de las comunidades cristianas, acaparando una de las funciones más importantes del sacerdocio real de todos los creyentes (Kreider 2016:204-206).

4:8 Por sobre todas las cosas, ámense intensamente los unos a los otros, porque el amor cubre infinidad de pecados.

Después de discutir las relaciones de los creyentes con los de afuera, el apóstol comienza a tratar las relaciones entre los cristianos. Lo que debe caracterizar a las comunidades de fe, visto el pronto regreso del Señor, es el intenso amor que deben compartir mutuamente los miembros de la familia cristiana. Es ese amor, o ágape (ἀγάπην), lo que en verdad diferenciaba a las comunidades cristianas de los demás grupos, gremios, colegios, y cultos del tiempo de los apóstoles. Ese amor atrajo a muchos paganos a las asambleas cristianas. El ágape que Pedro exhorta a poner en práctica es el amor celebrado por Pablo en 1 Corintios 13. El ágape no es un amor erótico (*eros*) que procura aprovecharse del amor de otros para enriquecer y aumentar su propia honra, proyectos, y felicidad, sino un amor que se sacrifica por los demás y procura el verdadero bienestar espiritual de las personas más desdichadas (Miller 1993:302). Un investigador de la Biblia escribió que cuando falta el verdadero amor en una congregación, todos los pecados de sus miembros se ponen de manifiesto. En cambio, cuando crece el verdadero amor entre los hermanos, las faltas y debilidades comienzan a menguar y a desaparecer. Visto desde la perspectiva de la vida de una congregación, el amor sí cubre infinidad de pecados (González 2010:120).

En su comentario, Lutero asevera que solamente aquellos que oran y creen vivamente, pueden amar intensamente (2001:142). Para rematar su enseñanza sobre el amor entre hermanos con un texto del AT, Pedro cita Proverbios 10:12, donde dice: "El odio despierta rencillas; pero el amor cubre todas las faltas." Esta máxima se encuentra también en Santiago 5:20 y 1 Clemente 49:5. En el AT, la frase "cubrir todas las faltas" significa "perdonar todos los pecados" (Goppelt 1993:298). Es Jesucristo quien, en su función de sumo sacerdote a la diestra de Dios y en su amor manifestado en la cruz, se ofreció a sí mismo como sacrificio para cubrir todas las faltas. Al renunciar al derecho a la venganza con el fin de perdonarse mutuamente, los seguidores de Cristo siguen el modelo dejado para su iglesia por nuestro gran sumo sacerdote. Es una de las maneras en que los cristianos ejercen el sacerdocio real de todos los creyentes (Manson 1958:70).

Al leer Proverbios 10:12 y 1 Pedro 4:8, habrá quienes se pregunten: "¿De quién se habla aquí? ¿Quién es la persona cuyos muchos pecados (πλῆθος ἁμαρτιῶν) serán cubiertos? ¿Es el que perdona o el que es perdonado? ¿Somos perdonados porque perdonamos a otros, o perdonamos a otros porque Cristo nos perdonó cuando todavía éramos pecadores? Muchos renombrados teólogos de los siglos dos y tres enseñaron que en efecto existen dos caminos de salvación: (1) El sacrificio de Cristo por nosotros en la cruz, y (2) las obras de misericordia y caridad que realizan los seres humanos a favor de sus semejantes (Goppelt 1993:298). Algunos eminentes teólogos de la iglesia primitiva como Tertuliano, Orígenes, Clemente de Alejandría y Cipriano, llegaron a creer que las obras de caridad realizadas por los hombres pueden ejecutar las funciones de un segundo camino de salvación. Cipriano de Cartago (200-268 dC), quien fue pastor en el norte de África, enseñó en su tratado *De opere et Eleemosynis*, que lo que sufrió Cristo en la cruz nos libra del pecado que hemos heredado de nuestros primeros padres y de los pecados cometidos antes de ser cristianos. Se recibe este perdón, dice Cipriano, por la gracia de Dios al ser bautizados. Sin embargo, según Cipriano y otros teólogos de su tiempo, el Bautismo no otorga el perdón de los pecados cometidos después del Bautismo. Cipriano creía que para recibir perdón por los pecados posbautismales, los cristianos necesitaban hacer obras de misericordia y caridad (Downs 2016:95-96).

Los teólogos de los siglos tres y cuatro que apoyaron la idea eran todos del norte de África. Los líderes de la iglesia africana llegaron a creer en el poder salvífico de las obras de misericordia a base de su lectura de libros apócrifos tales como Tobías y Ben Sirá, y de sus interpretaciones de pasajes como Lucas 7:47; 19:1-10; 11:41; 12:32-34 y Hechos 10:31. Tales ideas y teorías llegaron eventualmente a conformar la base de las doctrinas sobre el purgatorio, las indulgencias y la teoría acerca de los méritos que tanto combatieron los reformadores del siglo dieciséis (Ulhorn 2007:286-287). Los reformadores aseveraban que el perdón de los pecados no depende de algo que hace el pecador, sino solamente de lo que ha hecho Dios por nosotros en Jesucristo (Miller 1993:303).

Tanto en la iglesia del tiempo de los reformadores como en la de hoy día, hay los que creen que Dios creó a los pobres con el fin de dar a los ricos la oportunidad de ganar méritos por medio de las limosnas a los necesitados. Y están los que hasta creen que se puede comprar el perdón de Dios con méritos que hayan ganado, y así quedar libres para cometer nuevos pecados. En el tiempo de la iglesia patrística, y nuevamente en el tiempo de las cruzadas, hubo cristianos que procuraron el martirio porque creían que el bautismo de sangre podría librarlos de todos los pecados cometidos después del Bautismo. Según 1 Pedro, sin embargo, la sangre que clama pidiendo para nosotros el perdón de todos nuestros pecados no es la sangre del mártir sino "la sangre preciosa de Cristo, sin mancha y sin contaminación, como la de un cordero" (1 P 1:19). Miller opina que el amor que cubre multitud de pecados es el amor con el cual un miembro de la comunidad cristiana perdona, o deja pasar las ofensas de otros de la misma congregación. Según Miller (1993:303), lo que pide 1 P 4:8 es lo mismo que enseña Pablo en Gálatas 6:2: "Sobrelleven los unos las cargas de los otros, y cumplan así la ley de Cristo" (que es el amor).

Los ejemplos y comentarios brindados arriba nos invitan a meditar cuidadosamente sobre el significado del pasaje para nuestras vidas a fin de no interpretar equivocadamente lo que el apóstol dice. El pasaje de 1 Pedro no quiere decir que podremos borrar nuestras culpas ante Dios y ganarnos la salvación eterna por haber perdonado los pecados de los que nos han ofendido. Pedro no dice que nuestra salvación se deba en parte a la pasión de Cristo y en parte a nuestras obras de caridad. Delante del Sanedrín (Hch 4:12) Pedro expresó: "En ningún otro hay salvación, porque no se ha dado a la humanidad ningún otro nombre bajo el cielo mediante el cual podamos alcanzar la salvación." Ya hemos visto en 1 Pedro 1:18-19 que fuimos rescatados por la sangre preciosa de Cristo, y porque él llevó en su cuerpo nuestros pecados (1 P 2:24). El apóstol no dice nunca que fuimos sanados por nuestras obras de caridad, ni por lo que sufrimos por Cristo, sino que por sus heridas fuimos sanados. En 1 Pedro 3:18 dice que Cristo padeció una sola vez por los pecados, el justo por los injustos.

Somos perdonados y salvados solamente por la gracia y misericordia de Cristo, y no por nuestras limosnas y hechos de misericordia. Pedro les escribe a cristianos que ya han sido perdonados y salvados por la fe. El amor que hace que se amen mutuamente es un fruto de su fe en el amor de Dios para con nosotros. Las obras de misericordia de los cristianos muestran que se han arrepentido de sus pecados y creído en Cristo como su Salvador. Se exhorta aquí a los cristianos a pasar por alto la falta del prójimo por el amor de Cristo que reina en sus corazones. Así se evitan las peleas y contiendas entre hermanos. En pocas palabras, Pedro no habla de nuestras faltas ante Dios, sino de las faltas de los demás hacia nosotros. Se nos exhorta a perdonar dichas faltas por el amor de Cristo. Nuestras faltas ante Dios, en cambio, se borran solamente por la sangre del Cordero. Lutero (2001:143) nos recuerda que Pablo dice lo mismo al escribir en 1 Corintios 13:7: "(El amor) todo lo sufre, todo lo cree, todo lo espera, todo lo soporta." La falta de amor hacia el prójimo es, por ende, una señal de que uno realmente no se ha arrepentido ni creído.

¿Cuáles son las recompensas que recibirán los cristianos por sus buenas obras?

Aunque las obras de caridad de los cristianos no les reportan la vida eterna, sí pueden reportarles grandes bendiciones y tesoros en esta vida y también en los cielos. Como asevera Jesús en el Sermón del Monte: "Acumulen tesoros en el cielo, donde ni la polilla ni el óxido corroen, y donde ladrones no minan ni hurtan" (Mt 6:20). Respecto a las recompensas y méritos de los cristianos salvados por Cristo, el reformador Felipe Melanchton escribe: "Enseñamos que a las obras de los fieles les han sido asignadas y prometidas ciertas recompensas. Enseñamos que las buenas obras son meritorias, no para conseguir remisión de pecados, gracia o justificación (pues éstas tan sólo las conseguimos por la fe), sino para otras recompensas materiales y espirituales, en esta vida y después de ella, porque Pablo dice (1 Co 3:8): 'Cada uno recibirá su recompensa conforme a su labor.' A labores distintas corresponderán recompensas distintas. Pero el perdón de los pecados es semejante e igual para todos, del mismo modo que Cristo es uno, y es ofrecido gratuitamente a cuantos creen que les son perdonados sus pecados por causa de él" (*Apología de la Confesión de Augsburgo* IV:194-195, Meléndez 109).

Al leer la lista de las buenas obras que el autor sagrado espera de sus lectores, nos llama la atención que no se menciona ni una sola vez el ayuno o las mortificaciones de la carne. Sin duda, los cristianos de las cinco provincias ayunaban frecuentemente, tal como lo hacían los judíos y cristianos en otras partes del imperio; pero en el NT no se habla del ayuno como señal de un cristianismo más puro, ni como un medio para alcanzar la perfección. Grupos tales como los encratitas y los maniqueos del siglo cuatro, promovieron un falso ascetismo caracterizado por el desdén al consumo de la carne y el vino y las relaciones íntimas en el matrimonio. Se alegaba que los verdaderos creyentes debían rechazar tales cosas como parte integral de una creación totalmente contaminada y perversa, producto de una deidad maligna (Hoornaert 1988:237).

Años más tarde, algunos grupos de docetistas enseñaron que no era la voluntad de Dios que los verdaderos gnósticos dieran alimentos a los hambrientos, ropa a los desnudos, limosnas a los pobres, o remedios a los enfermos. Tales acciones, según los docetitas, solamente nos alejan de la realidad espiritual y hacen que demos prioridad a nuestros cuerpos físicos y las cosas materiales. En la obra gnóstica o docetista, el Evangelio de Tomás, no se encuentran los relatos acerca de Jesús que sanaba a los enfermos y alimentaba a los hambrientos. En el mismo documento se rechaza el ayuno, el matrimonio, la observancia del día de reposo y las oraciones (Downs 2016:24; 206-21). Según los docetistas, todas estas actividades carnales tenían que ver con el bienestar del cuerpo y no con el espíritu, pues el espíritu es el que da vida. Consecuentemente, los autores del Evangelio de Tomás tampoco daban importancia a la celebración de la Santa Cena. En la carta de Pedro, en cambio, observamos que tales interpretaciones erróneas de los docetistas aún no habían llegado a constituir un problema para el apóstol o para las comunidades a las que escribe.

4:9 Bríndense mutuo hospedaje, pero no lo hagan a regañadientes.

Una manifestación concreta del amor de los cristianos es la hospitalidad, pues el amor es mucho más que un sentimiento o emoción que abriga el corazón; el amor se expresa en acciones en favor del otro. La hospitalidad cristiana se ofrece en amor (2 Co 9:7) y sin murmuraciones (Flp 2:14). La hospitalidad quiere decir tener la puerta abierta para todos los que llaman a ella (Brox 1994:276), así como la puerta de Dios está siempre abierta al que llama con fe. "Al que llama, se le abre" (Mt 7:8). Así debe ser la puerta del cristiano que vive en un mundo de forasteros, refugiados, y exiliados. En el AT los profetas instan a los israelitas a mostrar hospitalidad y amor al extranjero (*ger*): "Así que ustedes deben amar a los extranjeros, porque ustedes fueron extranjeros en Egipto" (Dt 10:19). La Torá no permite maltratar o explotar a los inmigrantes, refugiados, y a los que buscan asilo, cosa que con demasiada frecuencia sucede en nuestro mundo moderno. Los rabinos nos recuerdan que en la Torá se encuentran 36 advertencias que exigen el amor hacia el extranjero (Tzoref 2018:120). A base de las 36 advertencias, los autores del Talmud califican como pecado contra Dios cualquier nacionalismo que rehúsa mostrar amor a los "otros". Sin lugar a duda, los destinatarios de 1 Pedro habrían aprendido de las sinagogas de la diáspora que la hospitalidad que exige Dios vale también para el extranjero y el refugiado. Que el extranjero sea diferente no justifica su exclusión de la comunidad de la fe. Las diferencias raciales, culturales y lingüísticas entre los cristianos, no deben causar divisiones, pues son dones del Creador (Barreto 2018:185).

En la actualidad hay 650 millones de refugiados en el mundo (año 2016), la mayor cifra en la historia de nuestro planeta. En la edad apostólica miles de creyentes tuvieron que abandonar sus pueblos, hogares, y familias por causa de su fe, o raza, o condición social. Los evangelizadores cristianos tuvieron que ir a regiones desconocidas para llevar el mensaje de Cristo a otros. Los pocos mesones que había en aquella época eran, por lo general, lugares en que el viajero quedaba expuesto a que le robaran y asesinaran, o a la tentación de dar rienda suelta a las pasiones de la carne. Por lo tanto, se exigía a las iglesias cristianas ofrecer alojamiento al viajero, al refugiado, y al forastero. A los que se encuentren a la derecha del Señor en el día del juicio final, Cristo les dirá: "Fui forastero y me recibieron." Los que más necesitados estaban de encontrar hospedaje eran los nuevos creyentes que habían sido expulsados de su hogar por sus familiares incrédulos. En algunos casos eran las familias judías las que expulsaban al que había sido bautizado en el nombre de Cristo; en otros casos eran las familias paganas que echaban fuera a los que se negaban a rendir culto a las imágenes que reverenciaban sus familiares. Los nuevos creyentes vistos como extranjeros y peregrinos en su propio pueblo necesitaban que los incorporaran a la familia de la fe, tanto en un sentido espiritual como corporal.

En 1 Timoteo 3:2 y Tito 1:3 el apóstol Pablo exige al pastor que sea hospitalario. El que ofrece hospedaje a regañadientes es aquel que lamenta más el costo de brindar hospedaje, que regocijarse por la oportunidad de brindar amor al prójimo. En 3 Juan se elogia al anciano Gayo por haber ofrecido alojamiento, alimentos y amor a los viajeros que visitaron su iglesia. En cambio, se censura a un tal Diótrefes, quien no recibió a los hermanos visitantes y hasta expulsó de la iglesia a los que abrieron sus casas a los viajeros. En la Epístola a los Hebreos, un escrito que aborda muchos de los mismos temas que 1 Pedro, se nos exhorta: "Y no se olviden de practicar la hospitalidad, pues gracias a ella algunos, sin saberlo, hospedaron ángeles" (Heb 13:2). El texto del AT al que se refiere el autor de Hebreos es Génesis 18, que relata el modo en que Abrahán y Sara recibieron a los tres visitantes angelicales que llegaron a su casa, sin revelar su identidad a sus anfitriones. En el NT, las dos hermanas de Lázaro, María y Marta nos sirven de modelo ya que brindaron hospitalidad sin regañadientes a su visitante. En cambio, los pueblos de Sodoma, Gomorra (Gn 19:1-11) y Gabaa de Benjamín (Jue 29:15-26), son denunciados por su falta de hospitalidad. Según algunos intérpretes, la importancia dada a la hospitalidad, tanto en 1 Pedro como en Hebreos, podría ser una evidencia del papel de Silvano en la composición de ambos escritos. Como ya hemos mencionado, hay investigadores que opinan que Silvano fue el autor de la Carta a los Hebreos.

Además de prestar ayuda al prójimo, la hospitalidad fomenta la unión, la solidaridad, y la hermandad entre los diferentes grupos sociales y raciales que forman la iglesia universal. Al hospedar a un hermano de otra raza, pueblo o condición social, el cristiano es guiado por el Espíritu a mostrar con sus hechos que los lazos que unen a los cristianos en amor son más fuertes que las diferencias sociales que los separan. Los hermanos que vivían en medio de la sociedad hostil necesitaban tal solidaridad para apoyarse mutuamente, y así mostrar al mundo un ejemplo del poder del Espíritu Santo para unir en una sola familia a los extranjeros y peregrinos que se encontraban en la gran dispersión de pueblos de Anatolia. De esta manera, la hospitalidad promovía y fortalecía la unión fraternal entre los que formaban las comunidades de creyentes de la iglesia primitiva.

William Barclay (1974:290) comenta que otra manera de ejercer la hospitalidad es ofrecer la casa de uno para la celebración de la Santa Cena y la enseñanza y predicación de la Palabra. Por más de doscientos años los cristianos no pudieron construir casas de adoración por no pertenecer a una religión reconocida por el gobierno romano. Las actividades se celebraban en los hogares, apartamentos, y talleres de los miembros de la comunidad cristiana, como en el caso de Priscila y Aquila, que ofrecieron su casa a la iglesia de Corinto, y también de Éfeso y Roma. Los hermanos que permitían que sus casas se utilizaran como lugares de adoración, estaban más expuestos a la persecución que los que asistían a un acto de adoración en la casa de otro hermano. En América Latina miles de congregaciones cristianas comenzaron con reuniones celebradas en los hogares. Al principio del movimiento evangélico en América Latina, las autoridades estatales y locales no permitían la construcción de capillas y templos que no fueran de la iglesia del Estado.

4:10 Ponga cada uno al servicio de los demás el don que haya recibido, y sea un buen administrador de la gracia de Dios en sus diferentes manifestaciones.

La hospitalidad mencionada en el pasaje anterior es, por supuesto, uno de los dones o carismas del Espíritu Santo al que se hace referencia aquí. La hospitalidad también se encuentra en las listas de carismas de Romanos 12:13 y 1 Timoteo 3:2 (Uhlhorn 1883:91-92). Al igual que los otros carismas mencionados en el NT, la hospitalidad (*filoxenuos*), es uno de los dones dados a la comunidad de los bautizados para administrar la gracia de Dios a los demás, así como lo hicieron Priscila y Aquila en Corinto, Éfeso y Roma (Hch 18:2-3, 26; Ro 16:3-4). La palabra griega para hospitalidad designa literalmente el amor hacia el extraño. En el pasaje el apóstol se dirige a todos en particular, es decir, no solamente a los líderes de la comunidad.

En Romanos 12 y 1 Corintios 13, Pablo emplea la metáfora de un cuerpo con sus miembros, para ilustrar la verdad de que en la iglesia hay muchos diferentes miembros, cada uno al servicio de los demás. Pablo destaca que a cada miembro de la comunidad se le ha otorgado un carisma, un don de gracia. Pedro, en vez de referirse a cada uno de los dones espirituales, prefiere hablar de la iglesia como una comunidad carismática, un sacerdocio espiritual en el cual todos participan. Para hacerlo, utiliza la metáfora de una gran familia, en la cual cada miembro ha recibido una responsabilidad diferente. Todas las responsabilidades, sin embargo, tienen como finalidad el servicio que se ofrece para el bien de los demás miembros de la casa. Cada carisma es una expresión específica de la gracia que ha recibido cada miembro de la familia de Dios (Campbell 1998:197). Cada uno tiene el llamamiento de usar sus dones para el bien de la comunidad y de la misión de la iglesia. Los líderes de la comunidad no deben acaparar para sí todos los ministerios y no permitir que cada uno tenga una parte en el trabajo de la familia de Dios.

4:11 Cuando hable alguno, hágalo ciñéndose a las palabras de Dios; cuando alguno sirva, hágalo según el poder que Dios le haya dado, para que Dios sea glorificado en todo por medio de Jesucristo, de quien son la gloria y el poder por los siglos de los siglos. Amén.

En el esquema utilizado por Pedro, los carismas se dividen en dos categorías, los que tienen que ver con la expresión verbal de la palabra de Dios, y los que tienen que ver con el servicio de amor que se presta a los demás, o sea la proclamación pública de la Palabra y la diaconía. Nótese que las palabras de Pedro están dirigidas a todos los miembros de la familia de la fe, y no sólo a los líderes.

Los carismas verbales son, por supuesto, la predicación, la enseñanza, las profecías, el don de lenguas, la interpretación de las lenguas y las exhortaciones. Por supuesto, a diferencia de Pablo, Pedro no menciona la *glosolalia*, visiones o exorcismos, en sus cartas. A los que ejercen los carismas verbales se los exhorta a ceñirse a las palabras de Dios, o sea que las enseñanzas y predicaciones de los hermanos deben estar en conformidad con los credos y confesiones de fe que encontramos en las cartas de Pedro.

Los carismas de servicio incluyen, por supuesto, no solamente la alimentación de los necesitados y el cuidado de los enfermos, sino también la dirección del culto, la celebración de la Santa Cena y la participación en la liturgia. Los dones de servicio y la proclamación son, juntamente con el de la hospitalidad, esenciales para la comunidad. Son los más necesarios para la existencia y la misión de la comunidad cristiana en una sociedad pagana. La frase "ciñéndose a las palabras de Dios" indica la importancia de otro don carismático, o sea, lo que un investigador ha llamado "la interpretación cristológica del Antiguo Testamento". Es el poder que el Espíritu Santo le otorga al intérprete, al guiarlo a encontrar a Cristo en las profecías y relatos tipológicos de las Escrituras de Israel. En consonancia con Romanos 12 y 1 Corintios 12, los dones carismáticos a que se hace referencia en 1 Pedro son dados por el Espíritu para glorificar a Dios y para la edificación de la comunidad cristiana. El que aprovecha los carismas para aumentar su prestigio y su autoridad en medio de la comunidad, no es un buen administrador, sino un abusador de la gracia de Dios.

En la epístola de Pedro no se mencionan muchos de los otros dones espirituales o carismas mencionados por Pablo en sus cartas, como por ejemplo: sanidades, milagros, exorcismo, visiones o lenguas. Sin lugar a duda, entre los destinatarios de 1 Pedro hubo tales carismas, y fueron de ayuda para desarrollar el trabajo evangelizador de las comunidades cristianas. En el libro de los Hechos de los Apóstoles se relatan varias historias que se refieren a los dones carismáticos empleados por Pedro en su ministerio: sanación de los enfermos (Hch 9:32), exorcismos, profecías, visiones (Hch 10:10-16), y hasta una resurrección (Dorcas) (Hch 9:4). A Silvano, quien colaboró con Pedro en la redacción de su carta, se lo menciona en el libro de Hechos como un profeta (Hch 15:32).

Aparentemente, entre los destinatarios de la carta no había problemas respecto al uso de los dones carismáticos y sus reuniones litúrgicas. Varios historiadores comentan que muchos paganos buscaban a los miembros de las asambleas cristianas para que los libraran de los espíritus inmundos. A diferencia de la práctica del exorcismo de los cultos paganos, todo exorcismo realizado por cristianos fue, únicamente, en el nombre de Jesús, y nunca en el nombre de un ángel, santo o espíritu. Aparentemente, no existían ceremonias y ritos complicados para reprender a un espíritu malo, tal como se practicaba en los cultos paganos (Hurtado 2018: Blog marzo 13).

No hay descripciones ni instrucciones en 1 Pedro acerca de cómo se han de celebrar los servicios de adoración. No se dice nada respecto a la clase de instrumentos musicales utilizados en sus asambleas. Se supone que para los creyentes de las cinco provincias no se hacía una distinción entre instrumentos musicales permitidos o prohibidos, o la manera en que se entonaban los cantos: si parados, sentados, de rodillas, o con movimientos rítmicos de todo el cuerpo como se acostumbra en África y otras partes del mundo. No se especifica quién podía entonar los himnos y cantos espirituales en alabanza al Señor. Se toma por sentado que toda la congregación cantaba. En el templo de Salomón hubo gremios de cantores, como los Hijos de Coré y los Hijos de Asaf, que entonaban los salmos. En Europa, antes del tiempo de Lutero, también había grupos de cantores cuya responsabilidad era cantar los himnos; pero en muchas partes no se entonaban himnos propios de la congregación. En las iglesias medievales los cantantes solían ubicarse en la parte de la catedral o iglesia que se llamaba el coro y que se encontraba entre el santuario y la nave del templo. Fue Lutero, autor de varios himnos para la congregación, quien devolvió a todos los fieles el derecho de cantar himnos. Tal acción de parte del reformador y sus seguidores fue una manera de celebrar el sacerdocio universal de todos los creyentes y de volver a la práctica de la iglesia del siglo uno.

No se menciona la existencia de oficios especiales en las comunidades cristianas de Anatolia; es decir, no se habla de las responsabilidades de obispos, presbíteros, diáconos, exorcistas, profetas, maestros, etc. Esto indica que 1 Pedro fue escrita antes del surgimiento de dichos oficios en el siglo dos (Elliott 2000:765). Después de tratar de los dones carismáticos y el servicio que se brindan los creyentes mutuamente, el autor concluye esta parte de su epístola con una doxología dirigida a Dios Padre, al autor de todos los dones de gracia que han sido derramados sobre la familia de la fe. La inclusión de la doxología al fin de las exhortaciones de esta parte recuerda a los lectores que todos los carismas dependen del poder que Dios otorga a la comunidad, y por lo tanto deben ser recibidos y puestos en práctica con acción de gracias. Algunos investigadores de 1 Pedro creen que la doxología de 1 P 4:11 se solía emplear en los servicios de adoración de algunas de las comunidades cristianas de Anatolia (Goppelt 1993:306).

4:12 Amados hermanos, no se sorprendan de la prueba de fuego a que se ven sometidos, como si les estuviera sucediendo algo extraño.

La palabra "amados", en vocativo, nos indica que la exhortación que sigue es para todos los lectores del apóstol, y no solamente para un grupo determinado dentro de las congregaciones: esclavos, esposas o maridos. Aquí, en la última parte de su carta, Pedro vuelve al tema de las tribulaciones, sufrimientos, y pruebas que había tratado antes. Indudablemente, el sufrimiento de los cristianos es uno de los temas principales de 1 Pedro, y una de las razones primordiales que indujeron al apóstol a enviar su misiva a los amados. El término amados (Ἀγαπητοί), en vocativo, es una afirmación del amor del escritor para con las ovejas a su cuidado. En Juan 21:15-17 el Señor le encargó a Simón Pedro la tarea de apacentar y cuidar a sus ovejas. Una de las maneras de cuidar las ovejas del Señor es la de ayudarles a prever los peligros y sufrimientos que tendrán que soportar a causa de su fe en Cristo. La noche en que fue entregado, Jesús advirtió a los doce apóstoles acerca de la prueba de fuego por la que tendrían que pasar: "Pero les he dicho estas cosas para que, cuando llegue ese momento, se acuerden de que ya se lo había dicho" (Jn 16:4). Lamentablemente, los Doce no estaban preparados para los eventos trágicos de Semana Santa, y cayeron en tentación. Difícilmente podrán estar preparados para las pruebas de fuego los hermanos que se alimentan con una teología de la prosperidad, o que esperan el arrebatamiento antes del comienzo de las últimas tribulaciones profetizadas por nuestro Señor.

Los sufrimientos por causa de Cristo no sólo nos pueden tomar por sorpresa, sino que son una parte de la experiencia normal de los cristianos que viven en medio de los que no creen: "Acuérdense de la palabra que les he dicho: El siervo no es mayor que su señor, si a mí me han perseguido, también a ustedes los perseguirán" (Jn 15:20). El sufrimiento de los amados por causa de Cristo no es algo extraño, fuera de lo ordinario, sino parte de la vocación de los que han sido llamados a tomar su cruz y seguir al Maestro. Debido a las diferencias tan grandes que existen entre los valores del pueblo de Dios y la sociedad secular, es inevitable que haya conflictos, persecuciones, y sufrimientos. Dichos sufrimientos serán, para los amados, la oportunidad de testificar y glorificar a Dios ante los hombres (Achtemeier 1996:206).

Aquí, por segunda vez, los sufrimientos de los amados se describen en 1 Pedro como una prueba de fuego (πυρώσει πρὸς πειρασμὸν). En la Septuaginta, el término "*pyrosis*" (πυρώσει) se emplea con referencia al proceso de eliminar la escoria de los metales al refinarlos en el crisol. En el AT, el pueblo de Israel fue refinado por medio de las derrotas sufridas por parte de sus conquistadores. El Señor usó las pruebas para librar a su pueblo tanto de su idolatría como también de todos los abusos cometidos por los gobernantes del país en detrimento de los pobres: "Entonces echaré al fuego esa tercera parte (de las ovejas), y la fundiré como se funde la plata; ¡la probaré como se prueba el oro! Ellos invocarán mi nombre, y yo les responderé con estas palabras: 'Ustedes son mi pueblo', y ellos me dirán: 'El Señor es nuestro Dios" (Zac 13:9). En el Salmo 66:10 exclama el salmista: "Tú, Dios nuestro, nos has puesto a prueba; nos has refinado como se refina la plata."

Las palabras "prueba de fuego" (πυρώσει πρὸς πειρασμὸν), empleadas aquí, pueden ser más que un lenguaje figurado o una metáfora llamativa; podrían ser, a la vez, una alusión a lo que realmente tuvieron que sufrir los cristianos durante la persecución de Nerón, estando Pedro en Roma. Según la descripción del historiador romano Cayo Cornelio Tácito, algunos mártires cristianos fueron quemados vivos como antorchas, para iluminar los jardines de Nerón. Pedro, según algunos investigadores del NT, teme que algo semejante podría sucederles a los destinatarios de su carta. Por lo tanto, los anima a estar preparados para pasar la prueba de fuego, sin negar a su Señor, como él lo hizo (Robinson 1976:159). A lo largo de la historia del cristianismo, miles de creyentes han sido quemados vivos por confesar a

Jesucristo como Señor. En la larga lista de hermanos probados por el fuego de manera tan cruel, se encuentran personas conocidas de la historia de la iglesia: Juan Hus, Jerónimo de Praga, Patricio Hamilton, Girolamo Savonarola, Tomás Cranmer, Juan de Frías, Roberto Barnes, Enrique von Zütphen, Juana de Arco, además de innumerables otros discípulos fieles conocidos solamente por Dios.

Todo creyente debe estar preparado para pasar la prueba de fuego, así como lo estuvieron Sadrac, Mesac, y Abednego, los tres mancebos que, antes de ser arrojados al ardiente horno de fuego, declararon al rey Nabucodonosor: "Nuestro Dios, a quien servimos, puede librarnos de ese ardiente horno de fuego, y también librarnos del poder de Su Majestad. Pero aun si no lo hiciera, sepa Su Majestad que no serviremos a sus dioses, ni tampoco adoraremos la estatua que ha mandado erigir" (Dn 3:17-18). Debe tenerse en cuenta que los tres compañeros del profeta Daniel cumplieron con lo escrito en 1 Pedro 2:17, pues temieron a Dios al no adorar al ídolo de Nabucodonosor. Al mismo tiempo, respetaron al rey, llamándolo "Su Majestad", pero no "Dios."

¿Cuál es la prueba de fuego a que se refiere Pedro?

Algunos autores opinan que la prueba de fuego a la que se refiere Pedro es la gran tribulación, o aflicción profetizada por Cristo en su sermón en el monte de los Olivos (Mc 13; Mt 24 y Lc 21) (Elliot 2000:773). En 2 Pedro 3:12 dice que en "ese día los cielos serán deshechos por el fuego, y los elementos se fundirán por el calor de las llamas." No sabemos a ciencia cierta si la prueba de fuego será la última gran tribulación. Lo que sí sabemos es que cada prueba de fuego por la que nos toca pasar en nuestro peregrinar, es una anticipación de la gran aflicción final de la que habla también el libro de Apocalipsis. En toda prueba de fuego hay que recordar las palabras de Juan a la sufrida congregación de Esmirna: "Tú sé fiel hasta la muerte, y yo te daré la corona de la vida" (Ap 2:10). Es necesario recordar siempre que por medio de la prueba de fuego el Señor nos purifica para cumplir con nuestra vocación como casa espiritual, real sacerdocio, nación santa, y pueblo adquirido por Dios.

Lo mismo que en 1 Pedro 1:7, los sufrimientos de los cristianos aludidos en 4:12 se consideran pruebas de fe, por medio de las cuales el Señor los purifica y profundiza en sus vidas. El tema de los sufrimientos como pruebas de fe, es un tema que se encuentra en muchas partes del AT. En el Salmo 66:10 el salmista declara: "Tú, Dios nuestro, nos has puesto a prueba; nos has refinado como se refina la plata." En Proverbios 27:21 dice: "La plata se pone a prueba en el crisol, el oro se pone a prueba en el horno, y el hombre se pone a prueba con las alabanzas."

4:13 Al contrario, alégrense de ser partícipes de los sufrimientos de Cristo, para que también se alegren grandemente cuando la gloria de Cristo se revele.

A los amados no se los exhorta solamente a estar preparados para ser purificados mediante las pruebas, sino también para alegrarse en medio de los sufrimientos. En primer lugar, pueden alegrarse porque por medio de los sufrimientos son partícipes en los sufrimientos de Cristo. En segundo lugar, lo que los amados sufren por Cristo, es un reflejo de lo que Cristo sufrió para rescatarnos del poder del maligno. Los amados pueden regocijarse en tercer lugar, porque los sufrimientos que tiene que soportar la iglesia por causa de Cristo es una de las señales de lo cercano de la Parusía, la manifestación escatológica de Cristo. Para la mujer, los dolores de parto son una señal del nacimiento que tanto estuvo esperando. Las persecuciones que sufre la iglesia son parte de los dolores de parto de un nuevo mundo. En cuarto lugar, los amados pueden alegrarse en medio de los sufrimientos, porque saben que serán recompensados por su fidelidad y perseverancia cuando se manifieste el Señor en su gloria (Watson 2012:110). El gozo que experimentan los amados en el sufrimiento presente es una anticipación del gozo que tendrán cuando Cristo vuelva.

Después del encuentro con el joven rico (Mc 10:17-31), Jesús habló con Simón Pedro acerca del galardón que recibirán los que sufren persecución y oprobio por causa de Cristo y su reino. Pedro le había manifestado a Jesús: "Como sabes, nosotros lo hemos dejado todo, y te hemos seguido. Jesús respondió: De cierto les digo: No hay nadie que por causa de mí y del evangelio haya dejado casa, hermanos, hermanas, madre, padre, hijos, o tierras, que ahora en este tiempo no reciba, aunque con persecuciones, cien veces más casas, hermanos, hermanas, madres, hijos, y tierras, y en el tiempo venidero la vida eterna." Al hablar de galardón, hay que recordar que en el NT el perdón de los pecados, el don del Espíritu Santo, y la vida eterna, no son premios o recompensas que recibimos de Dios en virtud de nuestra santidad, nuestras justicias, y nuestras buenas obras, sino en virtud de la preciosa sangre de Cristo derramada por nosotros en la cruz. Las bendiciones mencionadas por Jesús en Mateo 10:30, son bendiciones adicionales que Jesús promete a los amados que se mantienen fieles al Señor en medio de sus sufrimientos.

4:14 ¡Bienaventurados ustedes, cuando sean insultados por causa del nombre de Cristo! ¡Sobre ustedes reposa el glorioso Espíritu de Dios!

Muchas personas, al tener que soportar aflicciones, sufrimientos, opresión, y persecución, piensan inmediatamente que están siendo castigadas por alguna ofensa a Dios. En los escritos de los profetas del AT, como Isaías, Jeremías, Amós, y Oseas se enumeran las plagas y calamidades con que Dios afligió a Israel y Judea por su idolatría e injusticias. Si bien Dios castiga el pecado, Pedro quiere asegurarles a los destinatarios de su carta que su sufrimiento no ha sido enviado por el Señor para castigarlos por sus iniquidades. A diferencia de muchos de los oráculos proféticos, Pedro no llama a sus lectores al arrepentimiento. Las palabras arrepentimiento y arrepentirse ni se encuentran en su primera epístola. Para los lectores de 1 Pedro, sus sufrimientos no son una señal de juicio divino, sino de esperanza. Los insultos que tienen que soportar los amados no son una deshonra, sino un gran honor. La palabra traducida como insultados (ὀνειδίζεσθε) indica el abuso verbal que sufren los hermanos públicamente. Pero los que sufren tal abuso podrán gozarse porque el Espíritu de Dios reposa sobre ellos.

En el Sermón del Monte (Mt 5), el Señor enseñó a sus discípulos nueve bienaventuranzas que caracterizan la vida de sus seguidores en el reino de Dios. En la última Jesús manifestó: "Bienaventurados serán ustedes cuando por mi causa los insulten y persigan, y mientan y digan contra ustedes toda clase de mal. Gócense y alégrense, porque en los cielos ya tienen ustedes un gran galardón; pues así persiguieron a los profetas que vivieron antes que ustedes." En 1 Pedro 4:14 el apóstol aplica la última bienaventuranza directamente a los destinatarios de su epístola. En vez de decir "por mi causa", Pedro dice "por causa del nombre de Cristo." Podría ser porque en la región donde vivían el término "cristiano" había llegado a considerarse una palabra despreciable y denigrante. Llamarse "cristiano" era, en muchas partes, considerado un insulto. Durante el gobierno del emperador Trajano, las personas acusadas de ser cristianas en la provincia de Bitinia, corrían el riesgo de ser perseguidas, arrestadas, y ejecutadas, simplemente porque llevaban el nombre de Cristo. En su carta a los cristianos de Bitinia y las otras cuatro provincias de Anatolia, el apóstol afirma que el nombre cristiano es un insulto para los incrédulos; en cambio para el creyente es una bienaventuranza, un nombre que debe llevarse con orgullo (Horrell 2007:138). El mensaje de Pedro para los cristianos de nuestro tiempo es que seremos bendecidos cuando se abusa de nosotros por el nombre de Cristo, porque el Espíritu vendrá para socorrernos y darnos una porción de la gloria divina (Goppelt 1993:324).

Se entiende que el poder de soportar los insultos, el sufrimiento, la tortura, y la muerte por causa de Cristo es un don del Espíritu Santo. No se menciona mucho al Espíritu y sus dones en 1 Pedro, pero aquí en 4:14 manifiesta que el gozo en medio del sufrimiento es una señal de la presencia del Espíritu en la vida de los creyentes. El ser humano no es capaz, por cuenta propia, de seguir confesando a Cristo en medio de las aflicciones, persecuciones, pobreza, dolores, hambre, sed, desnudez, y prisiones, sin dicha bienaventuranza. Y es aún más difícil amar a los perseguidores sin la presencia del Espíritu en su vida. El amor por el enemigo y perseguidor ha sido, en muchas instancias, una señal que indujo al perseguidor a arrepentirse y clamar: "¿Qué debo hacer para salvarme?" (Hch 16:30).

Fue por medio del Espíritu que Cristo pudo alabar a Dios en medio de su gran agonía, y hasta perdonar a sus verdugos. El Espíritu Santo que reposa sobre los amados en medio de sus sufrimientos, es quien los ayuda (2 Co 3:8; 4:17) a ser transformados a la imagen de

Cristo (Watson 2012:111). Los que soportan insultos y sufrimientos por causa del nombre de Cristo son llamados bienaventurados o felices, porque saben que Cristo vive y obra por medio de ellos. Hasta los que sufren el martirio por llevar el nombre de Cristo son bienaventurados, porque descasan ya con el Espíritu del Señor en el esplendor de la gloria celestial (Schwank 1966:27). Los que participan en los sufrimientos de Cristo ahora, participarán en su gloria cuando él se manifieste (Achtemeier 1996:307). Pedro quiere que todos sepan que el sufrimiento por causa de Cristo no debe considerarse como algo extraordinario, sino parte del diario vivir de los discípulos.

Algunos intérpretes creen que en las palabras acerca del glorioso Espíritu de Dios que reposa sobre los que son insultados por causa de Cristo, se puede encontrar una alusión a la profecía mesiánica de Isaías 11:2: "Sobre él reposará el Espíritu del Señor." Según Mbuvi (2007:117), la profecía encontró su cumplimiento no sólo en la persona de Jesucristo, sino también en la iglesia, la cual es el nuevo templo del Espíritu Santo y la presencia de la *shekinah*.

4:15 Que ninguno de ustedes sufra por ser homicida, ladrón o malhechor, ni por meterse en asuntos ajenos.

Según lo manifestado por el apóstol en los versículos anteriores, solamente el sufrimiento por causa del nombre de Cristo hace del discípulo una persona bienaventurada (Achtemeier 1996:308). No todo sufrimiento, sin embargo, puede redundar en bendición. De ahí que el apóstol advierte a sus lectores en cuanto a las acciones y conductas que traerán como resultado maldición y no bendición. Son conductas que, en vez de atraer a los vecinos incrédulos a la fe, podrían provocar rechazo a la proclamación del evangelio y de los que lo proclaman. Para cumplir con la misión de hacer discípulos de todos los pueblos, los miembros de la comunidad cristiana deben tener un buen testimonio de los de afuera. En Romanos 2:19-24 el apóstol Pablo ataca duramente a los judíos que no viven según la ley de Dios, y sin embargo quieren enseñar esa misma ley a los gentiles. Después de acusar a los presuntos misioneros judaizantes de robo, adulterio, y sacrilegio, el apóstol concluye su diatriba expresando:

"Por causa de ustedes el nombre de Dios es blasfemado entre los paganos." El nombre de Dios también podría ser blasfemado por causa de un misionero o evangelizador cristiano conocido como homicida, ladrón, delincuente o entrometido.

Algunos investigadores opinan que Pedro quiere advertir a los creyentes a no tomar parte en levantamientos revolucionarios en contra de los responsables por sus sufrimientos. Cristo no nos llama a derramar la sangre de nuestros enemigos, sino a bendecirlos y amarlos, procurando así su arrepentimiento, conversión, y salvación. Los cristianos no tienen el llamamiento de seguir el ejemplo de los zelotes, los fariseos o los cínicos, sino el de Jesucristo, quien en la cruz del Calvario pidió al Padre que perdonara a sus verdugos (Goppelt 1993:326).

Los cuatro vicios que destruyen el buen testimonio de la iglesia

Es posible que los oponentes de los cristianos hubieran acusado a estos de ser culpables de los cuatro vicios mencionados por Pedro. Recordamos que después de la resurrección de Cristo, los discípulos fueron acusados de hurtar el cuerpo del Señor, un crimen capital según las leyes romanas. En ocasiones se acusó a los cristianos de ser asesinos, porque en sus cenas, celebradas de noche, se bebían la sangre de sus víctimas. Nerón acusó a los cristianos de haber incendiado la ciudad de Roma y ser responsables por la muerte de los que perdieron las vidas en el incendio. Hay autores que opinan que el tercer elemento en la lista de vicios, delincuente o malhechor (κακοποιὸς), señala a uno que practica la hechicería o la magia. Sin embargo, si tal fuera lo que el apóstol tuvo en mente, podría haber empleado términos más precisos. Según la opinión de otros autores, el cuarto vicio mencionado por Pedro debe traducirse como entrometido, o quizá espía o informador.

De acuerdo con el uso dado a la palabra por autores tanto griegos como romanos, el entrometido (ἀλλοτριεπίσκοπος) es una persona particularmente despreciable. Se trata no sólo de alguien a quien le gusta curiosear, sino de uno que se considera a sí mismo el supervisor de la conducta de todos los demás. El *allotriepiskopos* no respeta su rol en la familia o en la sociedad; es una persona que suele causar escándalo al transgredir los límites sociales (Horrell 2008:83). Es difícil traducir la palabra *allotriepiskopos* (entrometido) al castellano, porque es un *hapax legomena*, o sea, una palabra que ocurre una sola vez, no solamente en la Biblia, sino en toda la literatura grecorromana del tiempo del NT. No se sabe si es una palabra inventada por los autores de 1 Pedro, o un término conocido por Pedro, pero desconocido para nosotros. Los investigadores de 1 Pedro han ofrecidos varias sugerencias en cuanto a otras maneras de interpretar el término. De las sugerencias se pueden mencionar las siguientes: Revolucionarios, delatores, estafadores, fraudulentos, chismosos, espías, y gestores culpables de la mala administración de dineros ajenos (Achtemeier 1996:311-312; Brown 2006:549-568; Brox 1994:292).

Hay autores que creen que el entrometido es la persona que, en vez de cumplir con las exigencias de su propia vocación o de su posición en la sociedad, se inmiscuye en asuntos ajenos. Varios autores griegos solían censurar a los cínicos por entrometerse en los asuntos personales de otros. Un ejemplo tomado del AT puede ser el caso del rey Uzías, quien insistió en quemar incienso al Señor, aunque tal acción no le correspondía a él sino sólo a los sacerdotes descendientes de Aarón. Cuando el rey intentó ofrecer resistencia a los sacerdotes que se acercaron para sacarlo del lugar santo, le brotó lepra en la frente (2 Cr 26:18-21).

Desde una perspectiva misionera, se podría calificar al entrometido cristiano como una persona que insiste en denunciar y no respetar las normas culturales y morales de un pueblo, cuando las normas o tradiciones no están en conflicto con la ley natural, o con la ley de Dios. En muchas partes de América Latina ha habido pastores y misioneros que exigían a las esposas cristianas separarse de sus maridos no creyentes, en vez de aconsejarlas a respetar a sus esposos, como queda expresado en 1 Pedro 3:1. Se podría considerar ser entrometido cuando uno insta a los esclavos domésticos como Onésimo, a huir de sus amos o participar en un levantamiento armado en contra de las autoridades. Otro ejemplo de un entremetido puede ser el de un misionero occidental en la India, que exige a los conversos hindúes a consumir la carne de res, o a los conversos judíos y musulmanes a consumir carne de cerdo, o a abandonar el uso del velo. Es posible que algunos de los problemas que sufrieron los creyentes los causaran los paganos que se metían indebidamente en los asuntos de los cristianos, sembrando rumores y chismes sin fundamento (Balch 1981:94).

4:16 Pero tampoco tenga ninguno vergüenza si sufre por ser cristiano. Al contrario, glorifique a Dios por llevar ese nombre.

Si bien es una vergüenza sufrir por los pecados que uno mismo cometió, no es vergonzoso que lo llamen cristiano, o que sufra persecución por llevar el nombre del Mesías crucificado. Es, antes bien, un honor, una bendición, algo que nos induce a dar gloria a Dios. Los débiles en la fe son los que se avergüenzan de que los llamen cristianos. Los sociológicos han caracterizado al mundo mediterráneo como una sociedad de honor y vergüenza, o sea una sociedad en la cual todos se encuentran en competencia con sus semejantes por la obtención de más honor. El honor se considera el sumo bien, algo más precioso que el oro. Las ciudades del imperio estaban repletas de toda clase de monumentos, fuentes, puentes, acueductos, plazas, estadios, santuarios, y templos construidos para el bienestar del pueblo. Todas las obras públicas fueron erigidas por personas que procuraban el beneficio de ganar honores para sí mismos. Las placas colocadas en tales obras tenían como objetivo obtener honor para los constructores y benefactores aun después de su muerte. Si para muchos ciudadanos el sumo bien era ganar más honor que los demás, la desgracia o vergüenza mayor se consideraba la pérdida del honor. Pedro les recuerda a los hermanos que los que sufren para Cristo no sólo ganan honor a los ojos de Dios, sino que honran a Dios y su Hijo Jesucristo. Sufrir porque a uno le den el mote de cristiano no es una vergüenza, sino una manera de actualizar la primera petición del Padrenuestro: "Santificado sea tu nombre."

La designación de los creyentes como cristianos

El nombre cristiano se menciona tan sólo dos veces en el Nuevo Testamento. En Hechos 11:26 San Lucas dice que fue "en Antioquia en donde a los discípulos de Jesús se les llamó cristianos por primera vez". Los discípulos no se llamaron cristianos a sí mismos, sino que fueron los que se opusieron al cristianismo quienes, en son de burla, bautizaron a los creyentes con el mote de "cristiano." Las palabras con la terminación *ianos* son latinismos, o sea, palabras formadas en latín y después traducidas al griego. Por lo general indican a los seguidores de un líder de dudosa reputación, y por lo tanto proyectan cierto tono denigrante. Los "herodianos" mencionados en Mateo 22:16, son los partidarios o lacayos del tetrarca Herodes Antipas. Los *augustinianus* mencionados por los autores romanos, fueron los partidarios del emperador Nerón (Elliot 2000:790). El dato ha inducido a algunos investigadores a creer que el nombre cristiano tuvo su origen en un encuentro de creyentes en Cristo con oficiales romanos (Horrell 2014:146).

La segunda vez que se encuentra el apodo "cristiano" en el libro de los Hechos es en 26:28, en que el rey Herodes Agripa II, después de escuchar el relato de la conversión de Pablo, le replica al apóstol: ¿Con tan poco pretendes hacerme cristiano? En el pasaje se detecta una vez más una nota burlona, como si fuera una desgracia ser llamado seguidor de un criminal crucificado. En vez de sentir vergüenza por ser llamado cristiano, Pablo se gloría en el calificativo, y en vez desechar el mote, insta al rey a creer en el evangelio. En vez de ser un epíteto infamante, el nombre cristiano debe ser un emblema de gloria y honor.

El que hecho de que los miembros de la iglesia fueron llamados cristianos por sus vecinos y las autoridades romanas es un indicio de que el pueblo en general entendía que los seguidores de Cristo no eran judíos sino seguidores de un nuevo camino. Mientras se creyó que los discípulos de Cristo fueron simplemente una de las sectas judías, pudieron gozar de los privilegios que los romanos habían otorgado a los judíos. Como parte de los privilegios cabe mencionar el ser eximido de la necesidad de quemar incienso al César, tener parte en el culto imperial, y servir en el ejército. Podían adorar a su Dios en sus sinagogas y en el templo de Jerusalén. Los judíos también estaban eximidos de prestar servicio militar (Elliot 1981:73).

Aparentemente, los creyentes a quienes Pedro escribe corren el riesgo de ceder a la tentación de sentir vergüenza por ser llamados cristianos. Pedro, lo mismo que Pablo, considera que llamarse cristiano no es algo despreciable; antes bien, es un honor, una bendición que debe inducirnos a glorificar a Dios. Durante las persecuciones en el tiempo de Nerón, el mote de cristianos llegó a ser sinónimo de criminal. Los enemigos de la nueva fe solían acusar a los seguidores de Cristo de ser culpables de homicidios, canibalismo e incesto. Las celebraciones de la Santa Cena, en las que se hablaba de beber la sangre de Cristo, indujeron a algunos paganos a creer que los cristianos solían sacrificar niños para beber su sangre y comer su carne. A raíz de tales calumnias, el llamarse cristiano se consideró una acusación, un insulto, o el equivalente a criminal o brujo (Horrell 2010:89-91). De modo similar, se idearon toda clase de nombres denigrantes para designar a los fundadores de nuevos movimientos religiosos, como por ejemplo los metodistas y los cuáqueros. En América Latina, los seguidores del reformador Martín Lutero fueron llamados "luteranos" o "martinistas" (Baez-Camargo 1960:50) por los católicos, en son de burla.

Cuando en el año 1963 este servidor instruía en la fe en una iglesia cristiana en la pequeña ciudad de San Antonio de Maturín, en Venezuela, los ancianos de la congregación me contaron, con orgullo, que años atrás, durante la dictadura de Juan Vicente Gómez (1857-1935), todos los miembros de la congregación fueron arrestados y encarcelados por el simple hecho de llamarse evangélicos. El prefecto local consideraba que todo aquel que respondía a tal nombre debía ser un criminal. Afortunadamente, al día siguiente fueron puestos en libertad. Hoy, en muchas partes del mundo hispano, a los pentecostales y carismáticos se los conoce con el mote de "los aleluyas", apodados así, despectivamente, por los que están en desacuerdo con sus creencias y prácticas. Al principio del movimiento cristiano, a los seguidores de Jesús se los conocía como "los hermanos", "los discípulos", "los nazarenos", o "los seguidores del camino."

4:17 Ya es tiempo de que el juicio comience por la casa de Dios; y si comienza primero por nosotros, ¿cómo será el fin de los que no obedecen al evangelio de Dios?

El sufrimiento de los amados es un anticipo y señal de que el juicio de Dios que comprende a toda la creación está comenzando. Según creían muchos del pueblo de Israel, los juicios de Dios, y especialmente el juicio final, tendrían que comenzar con los pueblos paganos, quienes en tantas oportunidades y de tantas maneras, habían causado sufrimientos al pueblo escogido. Pedro, quien conoce muy bien el AT, sabe que en repetidas oportunidades el juicio de Dios no comenzó con los gentiles, sino con el pueblo de Dios, su templo, y sus líderes. Hablando a los israelitas por boca del profeta Amós, el Señor declaró: "Sólo a ustedes los he elegido de entre todas las familias de la tierra. Por lo tanto, yo los castigaré por todas sus maldades" (Am 3:2). En Malaquías 3:1-5, el profeta anuncia la venida del ángel del pacto que vendrá como "un fuego purificador, como el jabón de lavanderos". Antes de iniciar sus juicios en contra de los hechiceros, adúlteros, y explotadores, el Señor purificará a su propio pueblo: "Se sentará para refinar y limpiar la plata, es decir, limpiará y refinará a los hijos de Leví." Entonces podrán presentar al Señor ofrendas justas. La purificación de la casa de Dios mediante un fuego purificador es el primer paso del proceso que culminará con el juicio final y la creación de un cielo y tierra nuevos, en los que se establecerá la justicia y la restauración de todas las cosas. La purificación de la iglesia es una de las señales del fin. Mediante el fuego purificador de la persecución y el sufrimiento, el Señor cumple con lo que los profetas anunciaron en el AT.

Según una visión sumamente gráfica que recibió el profeta Ezequiel (Ez 9:3-6), un escribano recibe la orden de poner una señal en la frente de quienes gimen y claman a causa de las cosas repugnantes que se cometen en Jerusalén. Con presteza, seis hombres armados reciben la orden de matar sin misericordia a todos los habitantes de la santa ciudad que no lleven en sus frentes la señal puesta por el escribano divino. No se debe perdonar a nadie. A los verdugos ordena el Señor: "Comiencen por mi santuario y maten a los viejos, a los jóvenes y a las doncellas, a los niños y a las mujeres, hasta que nadie quede vivo." Lutero opina que Pedro tuvo en mente la visión de Ezequiel 9 al escribir el pasaje de 4:17-18 (2001:151). Otros profetas del AT también anunciaron que, en el día del Señor, este vendrá para juzgar a todas las naciones, comenzando por su propio pueblo, Israel. El juicio a Israel, sin embargo, será menos severo que el juicio a las naciones. Después de ser llevados en cautiverio, se les permitiría a los israelitas regresar a la tierra santa (Jer 25).

Hay un segundo sentido respecto a que el juicio comenzará con la casa de Dios. Los enemigos de la iglesia de Cristo suelen dirigir sus ataques en contra de los líderes del movimiento. En el libro de los Hechos se ve que los sumos sacerdotes, el rey Herodes Antipas I, y el Sanedrín, intentaron acabar primero con los apóstoles, los ancianos, y los evangelistas. Jacobo, el hermano de Juan, fue decapitado, Pedro fue encarcelado, Santiago fue arrojado al vacío desde la parte más alta del templo. Una y otra vez se tramó una conspiración en contra de la vida de Pablo. Pedro bien sabe que una vez que se desata una persecución universal en contra del cristianismo, los primeros en sentir las llamas de la hoguera y la rapacidad del león serán los ancianos de las comunidades de fe.

4:18 Además: "Si el justo con dificultad se salva, ¿En dónde quedarán el impío y el pecador?"

Lo que el pasaje enfatiza es que, a fin de cuentas, las dificultades que sufren los cristianos en el mundo de parte de sus opresores no son nada en comparación con lo que sufrirán los malvados e impíos en el juicio final. Al hablar de las dificultades que enfrentarán los justos, el apóstol no se refiere a que sea una obligación cumplir con toda una serie de hazañas espirituales (peregrinaciones, indulgencias, ceremonias) para alcanzar la salvación. La dificultad a la que se refiere es la persecución, oposición, y burla que sufrirán por causa de su fe en Cristo. Los justos son salvados por la obra de Cristo, pero dicha salvación corre el riesgo de perderse a causa de las tribulaciones a las que estarán sujetados los creyentes por el mundo impío (Mc 13:19-23). Se cree que en el pasaje el autor alude a Proverbios 11:31: "El justo recibe su recompensa en la tierra, ¡y también el impío y el pecador!"

En todo lo que el apóstol escribe sobre el sufrimiento en 1 Pedro, no hay nada que apoye la creencia de muchos cristianos de que, antes de las últimas tribulaciones, la iglesia será arrebatada al cielo, y de esta manera escapará de todas las calamidades que se mencionan en el último libro del NT. Es verdad que en 1 Tesalonicenses 4:17 habla del arrebatamiento de los creyentes vivos al cielo. Pero los creyentes vivos mencionados en este pasaje son los cristianos que han sufrido todas las tribulaciones, sufrimientos, y persecuciones de los últimos tiempos, sin perder su fe. Al llegar el fin, a la segunda venida de Cristo con todos sus ángeles y con todos los hermanos que murieron creyendo en él, los creyentes vivos serán arrebatados para estar con el Señor para siempre. En pocas palabras, el arrebatamiento del que habla 1 Tesalonicenses no tendrá lugar antes de los sufrimientos finales, sino después de la última tribulación.

4:19 Así que aquellos que sufren por cumplir la voluntad de Dios, encomienden su alma al fiel Creador, y hagan el bien.

Desde el versículo 12 al 19, Pedro se ha esforzado por dar a sus lectores sufridores una serie de exhortaciones, consejos, y palabras de consuelo y esperanza para sostenerlos en sus sufrimientos. En esta parte de su carta el apóstol le ha brindado a la iglesia una verdadera teología del sufrimiento. En su última exhortación insta a los destinatarios de su carta a encomendar sus vidas enteras al fiel Creador, así como hizo Jesús al exclamar: "Padre, en tus manos encomiendo mi espíritu" (Lc 23:46).

El verbo traducido como "encomienden" (παρατιθέσθωσαν) es un imperativo plural. En el griego clásico se usaba para describir la acción de depositar una suma de dinero o un objeto precioso en manos de un amigo para que lo guardara mientras el dueño del dinero o de la prenda estuviese ausente. En algunos casos se encomendaba al amigo la custodia de un hijo o una hija. Tanto en el mundo grecorromano, como en Israel, la responsabilidad de guardar lo encomendado y de devolvérselo intacto a su dueño, se consideraba un deber sagrado. Los que no cumplían con el compromiso quedaban expuestos a las más severas sanciones, tanto por las autoridades civiles como por los dioses (Bigg 1902:182; Elliott 2000:805). Pedro exhorta a los cristianos perseguidos a depositar sus vidas en manos del fiel Creador, sabiendo que él tiene el poder de guardar las vidas puestas en sus manos, y también de devolverlas, incluso de restaurar a los que sufrieron el martirio por causa de su nombre. Los que sufren inocentemente por el nombre de Cristo serán vindicados y recompensados cuando Cristo se manifieste al mundo en toda su gloria.

En esta parte de la epístola (1 P 4:12-19) Pedro presenta a sus lectores una lista de los temas principales tratados, es decir, la esperanza y hasta el gozo en medio del sufrimiento, la importancia de las buenas obras, la necesidad de captar a los paganos por medio del amor, y la imitación del ejemplo que nos ha dejado Cristo. El discípulo fiel seguirá a su Señor por amor y gratitud, y no por regaños y reprensión, o amenazas de maldición y castigo. Aquí Pedro no usa el término "buenas obras", sino la palabra ἀγαθοποιΐᾳ, "haciendo el bien", una voz utilizada solamente aquí, en la Biblia.

Según Elliott, la acción de los cristianos de poner sus vidas en las manos de Dios no es un acto de resignación pasiva, sino de obediencia activa (2000:807). Dios, en cuyas manos se ponen los hermanos, queda descrito como el fiel Creador. El que nos ha dado la vida, tiene el poder y el amor para darnos nueva vida en medio de los sufrimientos y aun después de nuestra muerte física. Dios puede, por medio de los sufrimientos de su pueblo, hacer que avance su misión de llevar las buenas noticias a todos los pueblos. Según el testimonio de los investigadores dedicados al estudio de la iglesia cristiana en China, los creyentes de esas regiones, y que son parte del movimiento evangelizador "*Back to Jerusalem*", aprendieron por experiencia propia que Dios, mediante el sufrimiento cual instrumento poderoso, sigue tocando las vidas de los incrédulos con la luz del evangelio.

Capítulo 5

5:1 Yo, que he sido testigo de los sufrimientos de Cristo y que he participado de la gloria que será revelada, como anciano que soy les ruego a los ancianos que están entre ustedes.

Al llegar al final de su escrito, el autor sagrado se dirige a las personas de quienes dependía, en gran parte, la implementación de las muchas exhortaciones y consejos dados a lo largo de la carta. Los ancianos son los hermanos que habían pasado más tiempo que otros en el movimiento cristiano y se habían ganado el respeto de los demás por su experiencia, vida de santidad, buenas obras y, especialmente, por su conocimiento de las enseñanzas de Jesús y sus apóstoles. Antes de formarse el canon -la colección de los libros sagrados que componen el NT- las enseñanzas y prácticas de Jesús fueron preservadas por los ancianos que fielmente guardaron el mensaje del evangelio en sus memorias. Por preservar y guardar las memorias de los apóstoles, los ancianos defendieron a la iglesia de las nuevas enseñanzas de los gnósticos y otros grupos heréticos que intentaban infiltrarse en las comunidades cristianas en toda la extensión del imperio (Hch 20:17). En la carta universal de Santiago dice que los ancianos tienen el llamamiento de orar por los enfermos y ungirlos con aceite en el nombre del Señor (Stg 5:14).

El término "ancianos" lo emplearon los autores griegos para nombrar a los líderes responsables por el buen orden de las comunidades rurales y urbanas y para la administración de los dineros de la comunidad. Tanto entre los griegos, como judíos y romanos, se emplea la palabra "ancianos" con referencia a los líderes de la comunidad. En Hechos son los ancianos quienes, juntamente con los apóstoles, tuvieron la responsabilidad de redactar el decreto del Concilio de Jerusalén (Hch 15:23). En Números 11:16-30 dice que el Espíritu de Dios fue derramado sobre los setenta ancianos que Moisés había escogido para ayudarle en la administración de la Nación. En latín, la palabra para anciano es *senex,* de donde viene nuestra palabra senador. El libro de los Hechos dice que Pablo y Bernabé nombraron ancianos para pastorear todas las iglesias establecidas durante el primer viaje misionero. En Santiago 1:14 se exhorta a los ancianos a orar por los enfermos y a ungirlos con aceite en el nombre del Señor. En Tito 1:5 el apóstol exhorta a Tito a nombrar ancianos para las iglesias de Creta. Cada sinagoga judía era gobernada por un grupo de diez ancianos o presbíteros, quienes contaban con la autoridad para excomulgar (Bigg 1902:184). En el tiempo de Jesús a los miembros del Sanedrín se los conocía como los ancianos de Israel. En cuanto al gobierno eclesiástico de las primeras comunidades cristianas, muchos creen que los hermanos seguían el modelo de la sinagoga judía (Hoornaert 1988:77). Tal fue el caso de Anatolia.

Una breve nota acerca de la traducción: En el griego de 1 Pedro 5:1 encontramos en el texto un *hápax legomenon*, probablemente creado por el autor. El término griego es συμπρεσβύτερος, o sea, un presbítero más dentro del grupo. En casi todas las traducciones de 1 Pedro al castellano, se ha obviado el término. Opinamos que mejor sería resaltarlo, a fin de que se leyera así: "Yo, que he sido testigo de los sufrimientos de Cristo y que he participado de la gloria que será revelada, yo, como un anciano más, les ruego a los ancianos que están entre ustedes." Como bien observa Elliot (1981:137), solamente en este pasaje del NT se hace referencia a Pedro como anciano. Lo que el autor quiere enfatizar al identificarse como un presbítero más no es su autoridad sino su solidaridad con los destinatarios, especialmente con los que ejercen un ministerio pastoral. El énfasis de la exhortación del autor no estriba en su oficio o título, sino en que había pasado por los mismos sufrimientos que ellos. Una de las características de 1 Pedro es la abundancia de palabras que comienzan con *syn,* la preposición griega que en castellano se traduce "con"; por ejemplo, coherederas en 1 P 3:7, cohabitantes, conformar, confortar etc.

Pedro como un presbítero más

Al llegar a la última parte de su epístola, Pedro exhorta a los líderes de las comunidades cristianas a llevar a cabo sus responsabilidades ministeriales, y el modo en que deben hacerlo, particularmente en una situación en la que muchos miembros de la comunidad sufren por causa de Cristo. Una de las funciones de un líder cristiano es dar apoyo, consuelo, y esperanza a los que sufren por haber confesado a Cristo como su Señor. El término que emplea Pedro al dirigirse a los líderes es "ancianos" (Πρεσβυτέρους). El término, del que proviene nuestra palabra presbíteros, indica un hombre maduro y experimentado, preferiblemente casado, y que presente un buen testimonio ante la congregación y el mundo. No se trata de personas graduadas de un seminario, universidad o escuela rabínica, sino de la escuela de la vida. Son, según muchos investigadores, los líderes y padres de familia encargados de una comunidad de creyentes que se reunían en el hogar de uno de ellos (Elliot 2000:815). En Hechos 14:23 leemos que Pablo y Bernabé, según su costumbre, "nombraron ancianos en cada iglesia, y luego de orar y ayunar los encomendaron al Señor, en quien habían creído".

Una de las características de 1 Pedro es la falta de interés en los oficios eclesiásticos. En 1 Pedro no se habla de obispos, diáconos, exorcistas ni profetas; solamente de ancianos. Según muchos investigadores, la omisión se debe a que 1 Pedro es un escrito temprano. En pocas palabras, el libro se escribió mucho tiempo antes de los debates de los siglos dos y tres, que intentaban establecer la relación entre obispos, presbíteros, diáconos, y otros (Barclay 1974:153).

En 1 Timoteo 3:1-13 y Tito 1:5-9 hay una lista de los requisitos necesarios para ser líder en las congregaciones. Los requisitos mencionados por Pablo y las exhortaciones de 1 Pedro 5 indican que los dos grandes apóstoles de la iglesia primitiva concordaban en cuanto a la necesidad de establecer ancianos en cada comunidad cristiana, y de especificar ciertos requisitos necesarios para el desempeño de sus ministerios. Nótese que para establecer una sinagoga se necesitaban por lo menos diez hombres maduros que ejercieran de ancianos. Cada uno de ellos debía desempeñar una de las funciones de la sinagoga, como por ejemplo leer la Torá, visitar a los enfermos, alimentar a los hambrientos, enseñar a los niños, dirigir la liturgia, enterrar a los muertos, practicar las circuncisiones, cobrar los diezmos, resolver pleitos entre miembros de la comunidad, y supervisar la conducta moral de la congregación.

El autor de la epístola, ya anciano, y sabiendo que se acercaba el día de su muerte, se muestra preocupado por el futuro de las comunidades cristianas de Anatolia. ¿Quiénes quedarán encargados de cuidar a las ovejas del Señor después de la muerte de Pedro y los demás apóstoles? Debido a las persecuciones, la muerte o el exilio de los líderes de las iglesias podía quedar un vacío de autoridad en algunas comunidades, dejando la puerta abierta para la apropiación del liderazgo por jóvenes sin experiencia, el surgimiento de falsos maestros desde dentro del grupo, o la llegada de falsos profetas desde afuera. ¿Cómo se podrá evitar que las iglesias caigan en manos de pastores que, en vez de alimentar a las ovejas, las devoran? ¿Cómo resguardar a la iglesia de la rapacidad de falsos pastores parecidos a esos fariseos que devoraban las casas de viudas y huérfanos? Un modo de hacerlo es señalar a Cristo, quien se hizo pobre a fin de compartir con nosotros las riquezas espirituales. Ya en 2 Pedro se denuncia a los falsos profetas y maestros que habían surgido para sembrar herejías y valerse de la religión para enriquecerse.

Otra manera de resguardar a las comunidades cristianas de falsos maestros y su avaricia es mediante el ejemplo de ancianos fieles que han aprendido a rechazar las riquezas que nos ofrece el mundo. Según Hechos 3:6, Pedro llevaba a cabo su ministerio como quien había renunciado a todo lucro. El más destacado entre los apóstoles le dijo al cojo: "No tengo oro ni plata, pero de lo que tengo te doy" (Schlatter 1955:44). Otra manera de combatir al amor al dinero es recordarles a los hermanos el triste fin de personas como Ananías y Safira (Hch 5:1-11), que oyeron la Palabra, pero el afán de este siglo y el engaño de las riquezas la ahogaron (Mt 13:22). Jesús condenó a los fariseos de su tiempo por ser avaros (Lc 16:14), porque "devoran las casas de las viudas, y como pretexto hacen largas oraciones" (Mt 23:14). Los verdaderos pastores sirven a Cristo y a las ovejas del Señor por amor y "no por el mero afán de lucro". Las ovejas, por su parte, apoyarán económicamente a los ancianos llamados para ministrar la Palabra y los sacramentos. Sabemos que algunos, para no ser una carga para las iglesias, prefirieron trabajar y no recibir una ayuda económica de los hermanos. Valga como ejemplo el apóstol Pablo, que se ocupó de la fabricación de tiendas. En la iglesia primitiva hubo, lo mismo que hoy, pastores que recibían y reciben ayuda económica de los miembros de la comunidad cristiana, como también hay pastores que trabajan para sostenerse. Lo que hace de uno un pastor, no es percibir un salario o no, sino su llamamiento y su amor por Jesús y sus ovejas.

Al escribir su carta, Pedro bien sabía que las comunidades cristianas de Anatolia no podrían sobrevivir en tiempos de sufrimiento y persecución si los ancianos de las iglesias trataban a las congregaciones como si ellos fueran sus amos. El participio, traducido en algunas versiones con la frase "traten como si fueran sus amos", es κατακυριεύοντες. El término es, literalmente, el mismo que utiliza Jesús en Marcos 10:42 al exhortar a sus discípulos a no ser como los gobernantes de las naciones, que "ejercen sobre ellas su potestad". Los ancianos no han recibido el llamamiento de ser señores o pequeños reyes, sino fieles servidores.

Las epístolas de Judas, 2 Pedro y las cartas pastorales de Pablo describen en detalle tanto el carácter como las herejías de los falsos pastores y profetas que causaron tantos problemas en la iglesia primitiva. Como ya hemos comentado, 3 Juan habla de un tal Diótrefes que había asumido el liderazgo de la congregación cristiana a la que pertenecía Gayo, el destinatario de la carta. A Diótrefes se lo describe como uno al que le gustaba tener primacía entre los hermanos, y que andaba insultando al apóstol con palabras malignas. Pedro tuvo en mente a personas como Diótrefes al decir: "No traten a la grey como si ustedes fueran sus amos. Al contrario, sírvanle de ejemplo."

Pedro exhorta a los ancianos a guiar al rebaño del Señor con su ejemplo y no con la imposición de reglas y mandamientos humanos, que surgen de un afán enfermizo de ejercer un control absoluto de la vida de los demás. Hay pastores, obispos, y supuestos apóstoles en nuestro medio, que reclaman para sí la autoridad de determinar con quién debería, o no debería casarse un miembro de la iglesia. En algunas iglesias es necesario contar con el permiso del pastor para poder estudiar en una universidad, escuela técnica o seminario. Para poder comprar una casa, un automóvil nuevo o trasladar su familia a otra ciudad, los miembros de algunas iglesias necesitan la autorización del pastor. Hay pastores que se consideran a sí mismos los únicos autorizados para administrar los dineros de la congregación. Algunos caciques eclesiásticos también estipulan la cantidad de dinero que cada miembro debe ofrendar a la iglesia. Al colmo se llega cuando se pone en disciplina a los que no cumplen con los dictados de los Diótrefes modernos.

En su ministerio apostólico Pedro se destacó como un enemigo declarado de toda clase de egoísmo y autopromoción entre los que anhelaban imponer su autoridad a la congregación y establecerse como caciques. El caciquismo es un problema que ha causado dificultades, no solamente en la antigua Anatolia, sino también en muchas partes de nuestro mundo hispano. Es instructivo leer que en 3 Juan el anciano Juan apela a ancianos como Gayo y Demetrio, a que resistan con sus acciones de amor y hospitalidad las imposiciones de Diótrefes. Una de las cosas que ha perjudicado en gran manera al cristianismo en América Latina ha sido la actitud de pastores y otros líderes de la iglesia, cuya prioridad ministerial es imponer una autoridad dictatorial a las ovejas del Señor, y no dar su vida por el redil.

En su ministerio en Samaria (Hch 8:18-24) el apóstol Pedro reprendió duramente las pretensiones de otro cacique, Simón el mago, quien ofreció dinero a los apóstoles en un intento de comprar los dones del Espíritu Santo y de esta manera imponerse como líder o cacique espiritual a los creyentes samaritanos (Schlatter 1955:41). Los ancianos del pueblo de Dios no deben imitar la conducta de los pastores atacados tan duramente en Ezequiel 34; antes bien, deben seguir los pasos del buen pastor Jesucristo que dio su vida por sus ovejas.

¿Cómo frenar la intromisión de herejías y falsas enseñanzas en la comunidad cristiana? Una de las maneras de proteger a las ovejas de las mentiras del enemigo es confesar credos cristocéntricos, semejantes a las fórmulas referidas a Cristo que hemos encontrado en 1 Pedro. Una de las responsabilidades de los ancianos de la comunidad es preservar la exposición de los hechos de los apóstoles, lo que ellos habían aprendido cuando quedaron integrados en la comunidad de la fe. Por medio de los credos, himnos, y biografías de Cristo, los ancianos pueden y deben defender a la comunidad de la intromisión de las herejías e imposiciones de los caciques que pretenden poner en primer lugar sus propios intereses y proyectos, y no el bienestar del redil del buen pastor. Muchas veces, como se puede observar en la primera carta de Clemente a los corintios, los jóvenes que se consideraban a sí mismos como social e intelectualmente superiores a los ancianos, intentaron arrebatarles a estos el gobierno de la congregación. Para defender el ministerio de los ancianos, Clemente escribe exhortando a los jóvenes usurpadores al arrepentimiento y a olvidarse de sus pretensiones (Hoornaert 1988:93).

En su comentario (2001:156) Lutero enfatiza que los que en 1 Pedro 5:1 se llama ancianos, son las mismas personas que en otras partes del NT se identifican como obispos o pastores; o sea que en la iglesia primitiva los términos anciano, pastor, y obispo eran sinónimos, y no tres diferentes oficios de un sistema clerical rígido supuestamente establecido por Jesús y los apóstoles. Lutero recalca que Pedro no se presenta a los ancianos de las congregaciones de Anatolia como el gran jefe de ellos. Pedro simplemente se identifica como un anciano o presbítero más dentro del grupo. Todos son presbíteros que trabajan conjuntamente como compañeros (συμπρεσβύτερος). Aparentemente, el gobierno de la comunidad cristiana por medio de ancianos o presbíteros fue la única forma de gobierno eclesiástica que Pedro conoció. Este dato indica una fecha temprana para la composición de la carta. (Brox 1994:307-309).

Según el conocido misionero anglicano Roland Allen (1868-1947), una de las grandes tragedias de muchas iglesias y sociedades misioneras ha sido el abandono de los métodos misioneros empleados tanto por Pedro como por Pablo en sus escritos y praxis evangelizadora. Lo que más lamenta es que en la China de su tiempo, muchas congregaciones quedaron virtualmente abandonadas por la falta de un pastor o sacerdote ordenados que pudieran oficiar en la celebración semanal de la Santa Cena. En sus obras Allen cita la existencia de congregaciones en China que pasaban meses y hasta años sin la celebración del sacramento por la falta de un clérigo ordenado por las autoridades eclesiásticas de su denominación. En sus libros y otras publicaciones, Allen instaba a las sociedades misioneras de su tiempo a seguir la práctica apostólica de nombrar ancianos en cada congregación, es decir, personas escogidas por la congregación con autoridad para celebrar los sacramentos, dirigir los servicios litúrgicos y proclamar la palabra de Dios. Los argumentos de Allen están asentados en su libro *Métodos misioneros: ¿Los nuestros o los de Pablo?* El libro está disponible en castellano en PDF y se puede bajar sin costo.

Pedro, testigo de los sufrimientos de Cristo

Hay dos modos de interpretar la identificación del autor de la epístola como testigo de los sufrimientos de Cristo. La palabra en griego que se traduce en el pasaje es μάρτυς, de donde proviene nuestra palabra mártir, y que en nuestros diccionarios significa: uno que sufre la muerte por mantener la verdad de su creencia. Este significado, sin embargo, no llegó a establecerse sino hasta el siglo dos, durante una época en la que muchos cristianos sufrieron la muerte por su fe en Cristo. La mayoría de los investigadores opina que Pedro escribió su carta antes de las grandes persecuciones en que murieron miles de creyentes. Originalmente, mártir no significaba uno que moría por su fe, sino uno que daba testimonio ante un tribunal, o alguien que anunciaba a otros algo que había visto o experimentado. Visto así, Pedro es realmente un testigo de los padecimientos de Cristo, porque en su labor misionera y sus escritos dio testimonio de que Cristo murió por nuestros pecados y fue resucitado de entre los muertos (Elliot 2000:819).

Según otros autores, Pedro se identifica como mártir, porque fue testigo ocular de la muerte y glorificación de Cristo. De acuerdo con tal interpretación, Pedro trae a la memoria dos eventos trascendentes que ocurrieron durante su larga vida como discípulo de Cristo. Según Hechos 1:8, Pedro y los demás apóstoles recibieron el llamamiento de Cristo resucitado para ser sus testigos en Jerusalén, Judea, Samaria, y hasta lo último de la tierra. El primer acontecimiento del que Pedro fue testigo ocular fue el sufrimiento de Cristo. Los cuatro evangelios relatan que Pedro, Jacobo, y Juan estuvieron presentes como testigos, acompañando a Jesús durante la intensa agonía que sufrió en el Jardín de Getsemaní. Pedro fue testigo del Señor que sudaba gotas de sangre. Barclay escribe (1974:306): "En aquella mirada de Cristo, Pedro vio el desgarrador sufrimiento del corazón de un líder cuyo seguidor lo había traicionado cuando más desesperadamente lo necesitaba."

Pedro y sus compañeros también fueron testigos de la gran decepción que sufrió Jesús cuando ellos huyeron dejándolo a merced de los soldados enviados para arrestarlo. Y él mismo, Pedro, pudo dar testimonio de haber negado tres veces a su Señor. Pero Pedro, Jacobo, y Juan también fueron testigos de la gloria de Cristo que se manifestó en el monte de la transfiguración (Bray 2002:172).

La gloria de Cristo que presenciaron los tres discípulos en el monte de la transfiguración fue un anticipo de la resurrección del Salvador y la venida de su reino (Selwyn 1955:228-229). Seis días antes de la transfiguración, Jesús había manifestado a sus discípulos: "De cierto les digo que algunos de los que están aquí no morirán hasta que vean llegar el reino de Dios con poder" (Mc 9:1).

La importancia de la transfiguración de Cristo como anticipo de su gloria

En la transfiguración, Pedro, Jacobo, y Juan vieron anticipadamente la venida del reino de Dios con poder. Lo que Pedro vio en el monte de la transfiguración fue un anticipo de la futura gloria del reino de Dios, un futuro tan glorioso que hará que los sufridos seguidores del Señor olviden todos los dolores, persecuciones, maltratos, torturas, e injusticias que tendrán que soportar. Por haber sido testigo de la transfiguración del Señor, Pedro tuvo la certeza de que la parusía de Jesús sería una realidad y no una fantasía (Barclay 1974:306; Miller 1993:334). Además, que en la transfiguración la gloria (*shekinah*) se manifestara sobre Jesucristo, y no en el templo de Jerusalén, indica que Jesucristo es el verdadero templo en el cual mora la gloria. Ya no es en el templo de Jerusalén con sus purificaciones y sacrificios adonde tendrá que dirigirse el pecador para hallar el perdón de los pecados, la liberación del demonio, y el refugio de sus ansiedades, pues uno más grande que el templo está aquí, y en él hay perdón y nueva vida para todas las naciones.

A los leprosos, endemoniados, mancos, gentiles, publicanos, y personas con flujo de sangre no se les permitía la entrada al templo de Jerusalén. Pero los que no pudieron encontrar refugio en el santuario de Jerusalén están invitados a acercarse a Jesucristo, en quien hay lugar para todos. "Al que a mí viene, no lo echo fuera" (Jn 6:37). Al presenciar la transfiguración de Jesús, Pedro quiso construir tres enramadas; una para Jesús, otra para Moisés, y otra para Elías. Pedro no había entendido aún que la presencia de Dios no está en santuarios construidos por seres humanos, sino en el nuevo templo construido por Dios; y ese templo es Jesús.

En 2 Pedro 1 se habla más detalladamente de la seguridad y esperanza que nos brinda la transfiguración del Señor. En 2 Pedro encontramos una serie de denuncias de falsos profetas que niegan la segunda venida de Jesús para juzgar a vivos y muertos. Según los falsos profetas y maestros, por el mucho tiempo que había pasado desde la promesa del retorno del Señor, se puede concluir que no habrá una segunda venida. Refutando tal opinión, Pedro recuerda a sus lectores que el Señor no se ha olvidado de su promesa de regresar. Desde nuestra perspectiva del tiempo y la historia, mucho tiempo ha transcurrido desde la ascensión de Jesús, pero desde la perspectiva de la eternidad, no es así.

Para el Señor mil años son como un día, y un día como mil años (2 P 2:8). Si el Señor demora en regresar para juzgar a vivos y muertos es porque en su paciencia quiere dar a los seres humanos más tiempo para arrepentirse, ya que no quiere que ninguno se pierda, sino que todos se vuelvan a él (2 P 3:9). La seguridad que tiene el autor de la epístola estriba más que nada en que, con sus propios ojos, en la transfiguración de Jesucristo, vio la magnífica gloria del Señor que será manifestada a todo el mundo en su parusía (2 P 1:16-18). Pedro también fue testigo de la gloria de Cristo y de nuestra gloria futura, cuando se encontró con el Cristo resucitado. Según relata Pablo en 1 Corintios 15:5, Pedro fue el primero de los doce apóstoles en ver al Cristo resucitado cara a cara. Sin duda que la experiencia de haber presenciado tanto la pasión como la resurrección de Cristo, le dieron a Pedro la autoridad de exhortar a sus hermanos en el ministerio, así como Cristo lo había exhortado a él.

La imagen de la iglesia que salta a la vista en estas exhortaciones es la de un redil y su pastor. Los ministros son los pastores del redil. El símbolo del redil nos recuerda a Juan 10 y 21. En Juan 21 Jesús insta a Pedro tres veces a apacentar sus ovejas. Ahora Pedro exhorta a los ancianos de las congregaciones cristianas a cuidar las ovejas del Señor. La exhortación a no servir a la grey del Señor por obligación y el mero afán de lucro parece ser un reflejo de las palabras de Jesús en Juan 10:12: "Pero el asalariado, el que no es el pastor ni el dueño de las ovejas, huye y abandona las ovejas cuando ve venir al lobo, y el lobo las arrebata y las dispersa. Al que es asalariado, no le importan las ovejas." Una persona que es líder de una iglesia por obligación o por recibir una recompensa monetaria, es uno que huirá cuando se presente la aflicción y la persecución por causa de Cristo. Durante las innumerables persecuciones que ha sufrido la iglesia, los líderes del grupo casi siempre han sido el blanco preferido por los enemigos del movimiento. El amor de Cristo experimentado por un pastor verdadero le dará la valentía de sufrir junto con sus ovejas y no abandonarlas a la rapacidad del lobo.

5:2 Cuiden de la grey de Dios, que está bajo su cuidado. Pero háganlo de manera voluntaria y con el deseo de servir, y no por obligación ni por el mero afán de lucro.

Una de las figuras del pueblo de Dios en la Biblia es la de la comunidad de los creyentes como un rebaño o una grey. Un rebaño de ovejas no puede sobrevivir sin un buen pastor que lo guíe, cuide, y proteja frente a sus enemigos, el lobo (Hch 20:29), el león (1 P 5:8) y el oso (1 S 17:34). Lo pastores del redil deben proteger a las ovejas de las fieras. Deben tener cuidado de no confundir las ovejas con los chivos, o sea, con los hipócritas que se hacen pasar por miembros fieles del rebaño de Dios (Mt 25:31-46).

Tanto en la antigüedad como en nuestro tiempo, uno de los problemas que más daño ha causado al movimiento cristiano son las personas que se aprovechan de su posición de líderes para enriquecerse a sí mismas. Jesús denunció a los fariseos porque devoraban las casas de las viudas y los huérfanos. Tanto Samuel (1 S 12:3) como Pablo (Hch 20:33) se vieron en la obligación de defenderse de cualquier acusación de haberse aprovechado de su ministerio para defraudar a sus ovejas o codiciar sus bienes. En el tiempo de los apóstoles, el pago que los ancianos recibían de sus comunidades era magro, a no ser que un rico patrón adoptara al anciano como uno de sus clientes. En ese caso el anciano podría haber sido acusado de ser el siervo o títere de su patrón, y no el pastor de las ovejas del Señor. Fue por esta razón que el apóstol Pablo eligió procurar su sostén con su trabajo como fabricante de tiendas (Hch 20:33; 1 Ts 2:9; 1 Co 9:12; 2 Co 12:14).

La tentación de ser anciano por "el mero afán de lucro" o "ambición de dinero" (VP), se hizo más patente en los siglos subsiguientes. El adverbio griego en el pasaje es αἰσχροκερδῶς, una palabra que proviene del sustantivo *aiscrokerdeia* que, según Barclay, es una característica que los griegos detestaban (1974:302), pues, entre otras cosas, significaba la tacañería, la mezquindad, el deseo de ganancias deshonestas, la codicia, y el deseo de recibir y no dar. Los profetas del AT no se cansaron de denunciar las ganancias deshonestas, tan ambicionadas por muchos de los sacerdotes que servían en el templo de Jerusalén y en los santuarios de Betel y Dan. En nuestro tiempo se ha denunciado a algunos pastores y "profetas y apóstoles" que se hicieron multimillonarios a base de sus campañas evangelizadoras, sus programas televisivos y las promesas de prosperidad con que embaucan a sus seguidores.

5:3-4 No traten a la grey como si ustedes fueran sus amos. Al contrario, sírvanle de ejemplo. Así, cuando se manifieste el Príncipe de los pastores, ustedes recibirán la corona incorruptible de gloria.

En el pasaje se hace referencia a la grey o redil de Dios como "el lote que os está encomendado" (Selwyn 1955:231). El término griego es τῶν κλήρων, de donde provienen nuestras palabras clero y clerical. Entre los griegos, al igual que entre los hebreos, el lote era originalmente un terreno o herencia otorgado a una persona como un medio de ganarse la vida. Se llamaba lote porque se echaba a la suerte o lotería para determinar la parcela que la persona debía recibir como herencia. En el AT el lote o herencia dado a la tribu de Leví no fue un territorio semejante a las parcelas que recibieron las otras tribus. El lote de los levitas fue la congregación de Israel. La misión de los levitas fue cuidar a Israel, así como las otras tribus guardaban y cultivaban sus herencias (Dt 9:29). Los levitas obtuvieron su pan diario de las ofrendas y diezmos que el pueblo llevaba al tabernáculo. Los ancianos, o sea los líderes de las congregaciones de Anatolia, sin embargo, no debían considerar a las congregaciones como su propiedad, porque el dueño del redil es Jesús. Tampoco debían asumir que les habían asignado responsabilidades por sus capacidades innatas y no por el llamamiento recibido del Señor del redil.

La misión de los pastores y ancianos no es ejercer dominio sobre la congregación, como hacían los fariseos y saduceos, sino servir a las ovejas en el amor de Cristo y ser para ellas modelos de humildad. Vendrá el día en que todos los pastores del rebaño de Cristo tendrán que presentarse ante el Señor para rendirle cuentas de su mayordomía (Mt 25). Nótese que en 1 Pedro el término clero designaba originalmente a la congregación y no a un grupo privilegiado de líderes eclesiásticos o casta clerical situada por encima de la congregación. Tal manera de interpretar el término "clero" no entró en el léxico eclesiástico sino hasta los días de Tertuliano e Hipólito. En la sociedad grecorromana el término clero se utilizaba para designar a los magistrados a quienes se les había asignado un oficio en la administración municipal. Con el correr del tiempo las iglesias cristianas abandonaron el modelo de la sinagoga y de las comunidades de base, y adoptaron las estructuras administrativas del Imperio Romano (Kraemer 1958:51).

Así como Pedro no se ufana de ser el gran jefe de los ancianos, tampoco se arroga el título de "El príncipe de los pastores". El Príncipe de los pastores es Jesucristo, y las ovejas no son la propiedad de los ancianos, pastores, obispos, y apóstoles, sino de Jesucristo, quien en Juan 10:11 declara: "Yo soy el buen pastor; el buen pastor da su vida por las ovejas" (Minear 1960:84). Con frecuencia se oye de boca de un líder de la iglesia la siguiente expresión: "Mis ovejas, o, mi iglesia." Debemos recordar siempre que las ovejas no son nuestras, sino del Señor. En 1 Pedro se describe a Jesús como Príncipe de los pastores (ἀρχιποίμενος) no solamente en el sentido de ser el jefe de los pastores, sino también como arquetipo, o prototipo de todos los pastores que le seguirán. Jesús es el modelo supremo de lo que deben ser los pastores en su tarea de cuidar, alimentar, servir a la comunidad cristiana, y hasta morir por ella (Feldmeier 2007:236). Tal conducta no se condice con la de los sacerdotes del culto imperial, que se aprovechaban de su autoridad para promulgar la ideología del imperio y explotar al pueblo.

En la exhortación de Pedro a los ancianos de las comunidades cristianas de Anatolia, los únicos requisitos exigidos a los líderes cristianos fueron la humildad, el deseo de servir sin afán de lucro, y ser ejemplos. A diferencia de las personas escogidas como sacerdotes del culto imperial o de los templos paganos, no se exige a los líderes cristianos que sean de la nobleza o de una de las familias más ricas y acomodadas de la ciudad o provincia. Para obtener el puesto de sacerdote en un templo pagano, el candidato tenía que ofrecer a las autoridades una abultada suma de dinero, o correr con los gastos de una de las grandes fiestas que se celebraban en el templo local. En América Latina, la persona elegida como presidente de una cofradía tiene que correr con los gastos de los adornos, comida, bebida, fuegos artificiales y procesiones de las fiestas patronales del pueblo.

En tiempo de la iglesia primitiva era casi imposible que una persona humilde, o alguien del proletariado, llegara a sacerdote del culto imperial. En cambio, dentro del movimiento de Cristo, hasta un esclavo podía llegar a anciano, o sea, pastor de una congregación. Debe haber sido uno de los factores que atrajeron a los paganos a la fraternidad cristiana. En la historia del crecimiento del protestantismo en América Latina se ha observado la misma dinámica. Vale decir, que a personas carentes de nobleza o por no pertenecer a una de las mejores familias, se las excluía de las posiciones de liderazgo en la iglesia tradicional. Sin embargo, esa misma clase de personas recibieron el llamamiento para ser pastores, maestros, ancianos y evangelizadores de alguna congregación protestante.

En las palabras de Pedro se percibe un eco de la exhortación de Jesús a sus seguidores, poco antes de ofrecerse como sacrificio expiatorio por el mundo: "Como ustedes saben, los gobernantes de las naciones las dominan, y los poderosos les imponen su autoridad. Pero entre ustedes no debe ser así. Más bien, aquel de ustedes que quiera hacerse grande será su servidor" (Mc 10:42-43).

En Juan 21:15-17 el Señor le dice a Pedro: "Apacienta mis corderos... Pastorea mis ovejas... Apacienta mis ovejas." Tantas veces en la historia del pueblo de Dios, los pastores, ancianos, obispos, misioneros, y otros líderes han olvidado que son servidores del Príncipe de los pastores, y no dueños del rebaño. Los profetas del AT no se cansan de denunciar a los falsos pastores que maltratan a las ovejas en lugar de cuidar de ellas, como hizo Jesús al buscar a la oveja perdida y sanarla de sus heridas. El buen pastor es el que da su vida por las ovejas, así como Jesús. Pedro también dio su vida por las ovejas, tal como profetizó Jesús: "De cierto, de cierto te digo: Cuando eras más joven, te vestías e ibas a donde querías; pero cuando ya seas viejo, extenderás tus manos y te vestirá otro, y te llevará a donde no quieras" (Jn 21:18). Las palabras proféticas de Jesús se cumplieron cuando Pedro fue ejecutado por orden del emperador Nerón, en Roma. Pedro llegó a ser un ejemplo de la clase de pastor que ama al Señor y su redil. El pastor fiel puede esperar recibir la corona incorruptible de gloria.

Según opina la mayoría de los comentaristas, el martirio profetizado por Jesús en Juan 21 se refiere a la muerte de Pedro por medio de la crucifixión. No todos los eruditos, sin embargo, están de acuerdo. El historiador Timothy D. Barnes afirma que Pedro fue quemado vivo y no crucificado. Los romanos, dice Barnes, siempre desnudaban por completo a un hombre antes de crucificarlo. Pero a Pedro, según Juan 21:18, lo vestirá otro y lo llevará al patíbulo. Describiendo el modo en que murieron muchos cristianos durante la persecución de Nerón, el historiador romano Tácito cuenta que a las víctimas las vestían con túnicas hechas especialmente con materiales muy inflamables, y después de amarrarlas con las manos extendidas, las incendiaban y quemaban vivas. Se escogió esta forma de castigo tan cruel, porque tal castigo correspondía a tal crimen. Nerón había acusado a los cristianos de ser los responsables del incendio de la ciudad de Roma. Por lo tanto, los supuestos incendiarios debían morir incendiados (Barnes 2015:76-95).

Pablo, el otro gran apóstol de la iglesia primitiva, también exhortó a los ancianos de las congregaciones cristianas a mantenerse fieles a Jesús y a cuidar su rebaño, recordando que en la familia de la fe se sujetan humildemente en amor recíproco. Así como los siervos se sujetan a sus amos en amor y las esposas a sus maridos, los ancianos de la iglesia tienen el llamamiento de sujetarse con toda humildad a Jesucristo, el pastor principal de la familia de la fe. En el día de la manifestación del Príncipe de los pastores, todos los ancianos o presbíteros tendrán que presentarse ante él y recibir de su mano una corona de gloria, que es la recompensa por haber cuidado fielmente al redil del Señor. La corona fue considerada, entre los judíos, un símbolo de gozo y honor, y se acostumbraba a colocar coronas sobre las cabezas de los novios en la celebración de su matrimonio. Entre los griegos la corona era vista como un símbolo de victoria, honor, y éxito y, a veces, de ostentación (Selwyn 1955:232).

El día de la manifestaron del pastor principal es el día de la segunda venida de Jesucristo. La corona de gloria simboliza la vida eterna. En la antigüedad se entregaban coronas de laurel, olivo, amaranto u otras hojas, a quienes habían obtenido una significativa victoria en una batalla o en las competencias deportivas. Después de algunos días, las hojas de esas coronas se marchitaban; pero las coronas que serán entregadas a los pastores fieles serán como la herencia que se menciona en 1 Pedro 1:4: Incorruptibles, incontaminadas, e imperecederas.

En el NT el término "príncipe de los pastores", o mayoral (ἀρχιποίμενος), se encuentra solamente en este pasaje. En Hebreos 13:20 se refiere a Jesús como el gran pastor de las ovejas (τὸν ποιμένα τῶν προβάτων τὸν μέγαν). En los misterios de Dionisio se acostumbraba a referirse al dios como el gran manadero o vaquero. Fieles a su gran pastor, los ancianos de la congregación -según el discurso de Pablo en Hechos 20:28-35- deben cuidar a las ovejas de caer víctimas de falsas doctrinas; además, deben ayudar a los débiles y hasta sufrir persecución y prisiones en el desempeño de su ministerio. Nótese en el pasaje otra característica de un buen pastor de las almas: Humildad. Aunque el apóstol Pedro -uno de los pilares de la iglesia de Jerusalén y de la iglesia universal- fácilmente podría haberse arrogado el título de Príncipe de los pastores, reserva sin embargo tal designación para Cristo Jesús. El afán de Pedro en toda la epístola es resaltar la primacía de Cristo; la iglesia es la casa de Cristo, no la de Pedro. La iglesia está fundada sobre Cristo y no sobre Pedro. Es Cristo quien debe recibir las alabanzas y acciones de gracias de los hermanos de Anatolia. Los investigadores y arqueólogos dicen que, lamentablemente, ya en el siglo tres había cristianos que erigían altares para rezarle a San Pedro.

5:5 También ustedes, los jóvenes, muestren respeto ante los ancianos, y todos ustedes, practiquen el mutuo respeto. Revístanse de humildad, porque: "Dios resiste a los soberbios, pero se muestra favorable a los humildes."

¿Quiénes son los jóvenes a quienes Pedro habla? Podrían ser los jóvenes inexpertos recién llegados a la mayoría de edad. También podrían ser los recién bautizados, o quizá los diáconos que sirven, vigilados por pastores de mayor experiencia en el ministerio. Los investigadores no están de acuerdo. Quizá sea mejor no precisar una interpretación que excluya a alguno. El consejo brindado por Pedro puede aplicarse a una variedad de casos, según la situación de la iglesia en un momento dado.

Cassese (2007:62) nos recuerda que "los jóvenes son impetuosos y autosuficientes; son todo menos humildes." Tanto en las asociaciones cívicas del imperio como en las iglesias cristianas, los jóvenes podrían sentirse tentados a apoderase del liderazgo de la congregación. Aparentemente, es lo que pasó en la congregación de Corinto al final del siglo uno. En el documento que se conoce como la Primera Epístola de Clemente a los Corintios, un anciano de la iglesia de Roma escribió a los jóvenes de Corinto, exhortándolos a sujetarse en amor a los ancianos de la congregación. Lamentablemente, se pueden citar muchos casos de América Latina, en que los jóvenes han soliviantado una congregación o denominación cristiana.

A veces estos "golpes de estado son provocados por líderes eclesiásticos que maltratan a las ovejas del Señor y no otorgan responsabilidades a los jóvenes de acuerdo con sus dones espirituales. Por desgracia, en nuestro medio todavía hay líderes eclesiásticos que intentan acaparar para sí todos los ministerios de una congregación. Ocurre cuando los ancianos no quieren reconocer que el Espíritu Santo ha distribuido sus dones de tal manera que cada miembro de la hermandad no sólo tenga dones espirituales, sino un ministerio dentro de la familia y la sociedad. El acaparamiento de los dones carismáticos puede calificarse como un golpe de estado en contra del Espíritu Santo. Tanto los ancianos como los jóvenes tienen responsabilidades dentro de la comunidad. Debe recordarse que la palabra griega (ὑποτάγητε) no implica una obediencia ciega sino respeto mutuo (Achtemeier 1996:331-332). Para mantener la paz y la armonía en la familia de Dios, es necesario que tanto los ancianos como los jóvenes se revistan de humildad. Humildad quiere decir sujetarse al hermano en amor, buscando el honor, no para uno mismo, sino para el hermano.

Todos los cristianos, tanto ancianos como jóvenes, deben revestirse de humildad, no de arrogancia. El aoristo imperativo ἐγκομβώσασθε quiere decir vestirse con el delantal que se ponían los esclavos cuando cumplían con sus quehaceres. Quizá se aluda aquí al ejemplo de Jesús, quien en el aposento alto se quitó el manto y, vestido como un siervo o esclavo, comenzó a lavar los pies de sus discípulos (Selwyn 1955:234). Mientras que los altos dignatarios romanos y sumo sacerdotes, tanto judíos como paganos, solían vestirse con vestidos costosos y elegantes, Jesús se vistió como humilde esclavo para servir a los demás, dejando así un ejemplo para sus seguidores. Algunos intérpretes creen que Pedro hace referencia a una túnica o delantal que solían ponerse encima de la ropa los obreros y artesanos mientras realizaban sus labores (Senior 2003:142). En otras partes del NT los autores sagrados hablan de revestirse de otras virtudes. En Colosenses 3:12 el apóstol exhorta: "Por lo tanto, como escogidos de Dios, santos y amados, revístanse de entrañable misericordia, de benignidad, de humildad, de mansedumbre y de paciencia." En Efesios 6:11 se insta a los creyentes a revestirse "de toda la armadura de Dios", y especialmente con la coraza de justicia (Ef 6:14). En Lucas 24:49 Jesús promete a sus discípulos que desde lo alto serán investidos de poder. En la conocida oración a la coraza de San Patricio, muchos católicos piden ser revestidos con el poder de la Santa Trinidad, para poder vencer en su lucha en contra de las asechanzas del diablo: "Me envuelvo hoy día y ato a mí una fuerza poderosa, la invocación de la Santísima Trinidad..."

Los líderes espirituales de la comunidad cristiana deben hacer todo lo posible por evitar la arrogancia de los líderes eclesiásticos denunciados por Jesús en su largo discurso de Mateo 23. En contraste con el tipo de liderazgo de algunos fariseos, escribas, y saduceos, todo miembro de la hermandad cristiana cuenta con el llamamiento de ser esclavo de los demás. En apoyo de sus argumentos, Pedro cita las palabras de Proverbios 3:34, un texto que también se cita en Santiago 4:6. Como todas las demás citas del AT, esta está tomada de la Septuaginta. Por medio de la cita de Proverbios, se advierte a los lectores de 1 Pedro que Dios seguirá resistiendo a los soberbios y mostrando su favor a los humildes, tanto en el tiempo presente como en el día de la reaparición de Cristo y del juicio final.

5:6 Por lo tanto, muestren humildad bajo la poderosa mano de Dios, para que él los exalte a su debido tiempo.

El verbo que el apóstol emplea en el pasaje está en voz pasiva. Por lo tanto, también puede ser traducido "sed humillados" o "dejaos humillar". No son los cristianos quienes se humillan a sí mismos, sino las persecuciones, calumnias, y aflicciones que Dios permite que les sobrevengan (Golebiewski 1966:22). La frase "a su debido tiempo" se refiere al momento oportuno determinado por Dios, de acuerdo con su buena voluntad. Según Selwyn 1955:236, el momento oportuno a que se refiere es, de acuerdo con 1 P 1:5 y 2:12, el tiempo de la parusía, o sea la manifestación de Cristo para juzgar a vivos y muertos.

La poderosa mano de Dios, quiere decir Dios en acción

Puesto que Dios resiste a los soberbios, les conviene a todos humillarse bajo su poderosa mano. Hay muchas referencias a la poderosa mano de Dios en el libro de Éxodo. El faraón rehusó humillarse ante Dios y su profeta Moisés, y por su soberbia sus carros de guerra y sus jinetes fueron arrojados al mar por la poderosa mano de Dios, mientras que los esclavos hebreos fueron exaltados (Ex 15:1-10). Al hablar de la poderosa mano de Dios, el autor se refiere a Dios en acción. Se ve la mano de Dios en la acción de crear al mundo. En el Salmo 102:25 el salmista proclama: "Tú fundaste la tierra desde el principio, y con tus propias manos formaste los cielos." Se ve también la poderosa mano de Dios cuando él protege, guía, y hace prosperar a su pueblo. El trabajo de los apóstoles trajo como resultado la conversión de muchas personas, porque "la mano del Señor estaba con ellos" (Hch 11:21). Vienen los días en que se verá la mano de Dios que juzga a los que se exaltan a sí mismos. Por lo tanto, les conviene a todos los seres humanos humillarse bajo la autoridad y voluntad del Señor (Miller 1993:354).

El hombre rico de la parábola de Lucas 16:19-31 se vestía de púrpura y de lino fino, y cada día celebraba espléndidos banquetes; pero finalmente fue humillado, mientras que el pobre Lázaro fue exaltado a su debido tiempo. El tema de la exaltación de los humildes y la humillación de los orgullosos es notorio en ambos testamentos. Tanto Ana, la madre de Samuel, como María, la madre de nuestro

Señor, alaban al Señor que "derrocó del trono a los poderosos, y puso en alto a los humildes" (Lc 1:52). A su debido tiempo, el Señor exaltará también a los que ahora sufren por su fe en Cristo. En su Cantata N° 75, Johann Sebastian Bach captó con suma claridad el sentido de la verdad expresada por María, Ana, y Pedro:

Dios humilla y ensalza
en el tiempo y en la eternidad.
Quien en el mundo busca el cielo
será allá maldecido.
Pero quien aquí triunfa sobre el infierno
allá tendrá alegría.

La naturaleza de la verdadera humildad

Para muchos filósofos de la antigüedad, la propia degradación y la humildad, incluyendo la humillación del devoto ante su Dios, no eran consideradas virtudes, sino algo degradante, o sea, actitudes no acordes con la imagen de la humanidad que se promociona en los escritos de Epíteto, Celso y aun Homero. El lema del griego fue: "Ser siempre el mejor, sobrepasando a todos los demás" (Feldmeier 2007:240). Siguiendo el ejemplo dejado por Jesucristo, el creyente, en cambio, renunciará al afán de engrandecerse y sujetar a otros a sus intereses. Renunciará a la búsqueda de poder y autoridad con el fin de humillar a los demás. Para los que han nacido a una esperanza viva, servir a los demás no es degradante, sino el descubrimiento y la realización de nuestra verdadera humanidad, una participación en la vida de Cristo quien nos llama a seguir sus pasos: "Vengan a mí todos ustedes, los agotados de tanto trabajar, que yo los haré descansar. Lleven mi yugo sobre ustedes, y aprendan de mí, que soy manso y humilde de corazón, y hallarán descanso para su alma" (Mt 11:28-29). En Lucas 14:11 el Maestro dice: "Porque todo el que se enaltece, será humillado; y el que se humilla será enaltecido", porque el poder de Dios se manifiesta en la debilidad humana. La verdadera humildad no consiste en ayunos, peregrinaciones, y mortificación de nuestros cuerpos, sino en servir al prójimo y sacrificarse por los demás, así como Cristo se sacrificó por nosotros.

La humildad de la cual habla Pedro no es algo que ocurre en la soledad de un claustro o la caverna de un ermitaño, sino en medio de la comunidad, entre nuestros semejantes. Tal humildad involucra una justa reexaminación de sí mismo, el respeto por los demás, un reconocimiento de la soberanía de Dios y la aceptación de la propia nada frente al Todopoderoso (Golebiewski 1966:21). Humillarse ante Dios no quiere decir depreciarse a uno mismo. Humillarse ante Dios quiere decir, para el creyente, no depender de uno ni confiar en sí mismo, sino arrojarse a los brazos amantes y protectores del Señor. Puesto que sus manos son las que levantan a los caídos, debemos ponernos en esas manos, las mismas manos que sacaron a Israel de Egipto (Dt 26:8), las mismas manos que sanaron a tantos leprosos, ciegos y enfermos, confiando en él y no en nosotros (Feldmeier 2008:243).

5:7 Descarguen en él todas sus angustias, porque él tiene cuidado de ustedes.

El término griego que en nuestras Biblias se traduce como angustias o ansiedades, es μέριμναν. Se trata de las preocupaciones que atormentan a los seres humanos; son las cargas que nos roban el sueño y amargan nuestras vidas (Mt 6:25-32). En una tumba griega se encontró una inscripción que dice que los frívolos intentan ahogar sus ansiedades en el amor o en la bebida, pero solamente la muerte puede librarnos de ellos (TDNT IV.590). En la parábola del sembrador, Jesús enseñó a sus discípulos que "la semilla sembrada entre espinos es el que oye la palabra, pero las preocupaciones de este mundo y el engaño de las riquezas ahogan la palabra, por lo que ésta no llega a dar fruto" (Mt 13:22). La ansiedad, el afán, y la angustia nos llevan a preguntar: "¿Qué comeremos? ¿qué beberemos? ¿con qué nos vestiremos? Tales preguntas y preocupaciones nos pueden hacer olvidar que lo más importante en la vida no es nuestro honor o nuestras necesidades, sino el reino de Dios y su justicia (Mt 25-34). Impelido por la ansiedad y las angustias de la vida, uno puede ganar todo el mundo y perder su alma (Mc 8:36).

En vez de procurar en las bebidas o las drogas el valor para vencer nuestras ansiedades, Pedro, haciendo alusión al Salmo 55:22, nos exhorta a depender del Señor. El Salmo dice: "Tú, deja tus pesares en las manos del Señor, y el Señor te mantendrá firme; el Señor no deja a sus fieles caídos para siempre." Jesús invitó a los afligidos a descargar sobre él todas sus angustias y ansiedades, al decir: "Vengan a mí todos ustedes, los agotados de tanto trabajar, que yo los haré descansar" (Mt 11:28-29).

Al decir de Pedro, la humildad es una manifestación del Espíritu Santo que nos ayuda a vencer nuestras ansiedades y afanes; y al mismo tiempo es una de las características de la clase de pastores y ancianos que la iglesia necesita para cumplir con su vocación misionera en medio de los sufrimientos, persecuciones y tribulaciones de los últimos tiempos. Los líderes de las comunidades cristianas tienen que humillarse ante el Señor, el Príncipe de los pastores.

Las ovejas son del Señor, no de los pastores, ancianos u obispos

Es necesario recordar que en el tiempo en que se escribió 1 Pedro, no se hacía distinción entre pastor, anciano y obispo. En la iglesia primitiva los líderes de las congregaciones no recibieron su formación pastoral en una escuela rabínica, una academia filosófica, un seminario o un instituto bíblico. Los ancianos recibieron su formación pastoral en el seno de la congregación. Los líderes jóvenes recibieron su preparación como ayudantes de los ancianos, y se les asignaron gradualmente responsabilidades más difíciles y más exigentes. Los líderes no fueron preparados para un ministerio futuro, sino dentro del ejercicio de un ministerio actual, siguiendo el patrón que dejó Jesús al preparar a sus discípulos.

Una de las cosas más importantes que Jesús enseñó a sus discípulos fue la humildad. Desgraciadamente, hoy en día muchos se perfilan como líderes de comunidades cristianas sin haber aprendido a ser humildes. La humildad a la que Pedro convoca a sus oyentes no es solamente humildad ante Dios, sino también ante toda la comunidad de los creyentes y ante los de su propia casa. Los humildes echan todas sus ansiedades sobre el Señor, porque reconocen su debilidad y necesidad del pastor de sus almas. Los orgullosos, en cambio, creen equivocadamente que a ellos les toca resolver sus propios problemas, por lo que confían en sí mismos y no en el Señor. Experimentamos ansiedad cuando confiamos en nosotros mismos y no en las promesas del Señor. A esto se debe que a la ansiedad se la puede calificar como una forma de orgullo (Schreiner 2004:238).

5:8 Sean prudentes y manténganse atentos, porque su enemigo es el diablo, y él anda como un león rugiente, buscando a quien devorar.

Según las Escrituras, otra señal del fin de todas las cosas es la acometida del diablo y del anticristo al pueblo de los santos. En Apocalipsis 12:12 el profeta advierte: "¡Pero ay de ustedes, los que habitan la tierra y el mar! El diablo ha llegado a ustedes lleno de ira, porque sabe que le queda poco tiempo." Pedro advierte que el diablo intentará, con sus rugidos, infundir terror a los creyentes a fin de intimidarlos y hacerles perder la fe. Si bien al pastor de las ovejas le cabe como deber primordial protegerlas del ataque del león, o del temor que pudieran suscitar sus rugidos, la exhortación de mantenerse alertas ante las acometidas del diablo no apunta sólo a los ancianos, sino también a todo integrante de la comunidad cristiana.

En consonancia con otros documentos de la época (Ef 6:10-20; Stg 4:7), Pedro exhorta a sus hermanos en Cristo a ver en las aflicciones y persecuciones la presencia del diablo, quien quiere aprovecharse de sus sufrimientos para alejarlos del redil de Cristo y hacerlos volver a su antigua manera de vivir. Recordamos que en el libro de Job el adversario procuraba valerse de los sufrimientos de un hombre justo para inducirlo a maldecir a su Creador.

La RVR traduce aquí: "Sed sobrios, y velad; porque vuestro adversario el diablo, como león rugiente, anda alrededor buscando..." Los dos imperativos griegos νήψατε y γρηγορήσατε, nos traen a la memoria la advertencia de Jesús a sus discípulos en el Jardín de Getsemaní: "Velad y orad, para que no entréis en tentación" (Mc 14:38 RVR). En vez de velar y orar, Pedro, Jacobo, y Juan se durmieron y fueron tomados por sorpresa, no sólo por la turba que venía a arrestar a Jesús, sino también por el diablo. Jesús advirtió a Pedro y sus compañeros que Satanás había pedido sacudirlos como si fueran trigo (Lc 22:31). Pedro da a entender a sus lectores que ese mismo Satanás es el responsable de las calumnias, burlas, falsas acusaciones, y persecuciones en contra de la comunidad de creyentes. Es el mismo Satanás que se esconde detrás de todos los ídolos, sacrificios, brujerías, y ritos secretos que caracterizan el culto imperial y demás sectas paganas.

En efecto, Pedro, así como Pablo en Efesios 6:12, y Santiago en su epístola (Stg 4:7), declara que la lucha no es solamente en contra de acusadores de carne y sangre, sino también en contra de aquel cuyo nombre, Satanás, significa acusador. Las infamias y la opresión que sufren los de la familia de la fe, no deben interpretarse como mala suerte, ni como mal karma, ni como castigos enviados por Dios; son ataques satánicos, y es precisamente por eso que la familia debe ser vigilante y estar preparada. El cuadro que nos dibuja el apóstol es el de un león que anda dando vueltas alrededor del rebaño guardado en el redil. Igual al acusador de Job, acecha, dando vueltas (Job 1:7), tratando de descubrir las debilidades de los cristianos (Golebiewski 1966:24). ¡Cuidado!, dice el Espíritu Santo, hablando por medio de Pedro: ¡El Diablo los quiere devorar!

El salmista describe a sus atormentadores como leones feroces y rugientes que abren sus fauces, dispuestos a atacar (Sal 22:13), y por lo tanto clama: "¡Líbrame de las fauces de esos leones!". En el Salmo 57: 4 el salmista se lamenta: "Me encuentro… entre gente semejante a leones feroces." Así es la vida de los cristianos en el mundo. Pero bien saben los que han leído el libro de Daniel, que Dios puede cerrar las bocas de los leones. En los espectáculos de los estadios del Imperio Romano se podía observar que los leones devoraban a los que habían sido acusados y condenados como enemigos del Estado. Así como esos leones devoraban a sus pobres víctimas, el diablo procura devorar espiritualmente a los creyentes.

Pedro describe al diablo como ἀντίδικος, un término griego para acusador, adversario o fiscal en un proceso jurídico. Vale decir que el diablo levanta calumnias, denuncias, y amenazas en contra de los hermanos ante las autoridades (Mt 5:25; Lc 12:58; Pr 18:17). El león es, entonces, al mismo tiempo el símbolo del príncipe de la oscuridad y de los que levantan calumnias, infamias, y falsos testimonios en contra de los hermanos. La profesora González nos recuerda que 1 Pedro 5:8 es parte de la liturgia del servicio de Completas, o sea, el último oficio que se celebraba en las comunidades monásticas antes de recogerse a dormir. Nos advierte González (2010:150) que es durante la noche, cuando estamos durmiendo, que el diablo intenta controlar nuestros pensamientos y atormentarnos con pesadillas, acusándonos con los recuerdos de pecados cometidos en el pasado. Por lo tanto, debemos orar pidiendo la protección de Dios y los ángeles durante las largas horas de la noche. En su oración para la noche, Lutero también nos insta a orar que Dios en su gran misericordia nos guarde de todos los peligros nocturnos. Nos insta a encomendar en las manos del Señor nuestro cuerpo y alma y todo lo que es nuestro, diciendo: "Tu santo ángel nos acompañe para que el maligno no tenga ningún poder sobre nosotros (Culto Cristiano, p 158).

Es improbable que la mención del león en 1 Pedro 5:8 sea una referencia indirecta al emperador u otro funcionario específico del imperio o del culto imperial, aunque a veces, en el AT, los animales salvajes caracterizan a ciertas figuras históricas. Por ejemplo, en Ezequiel 19 se describe a la reina madre de Judá como una leona, y sus dos hijos (los reyes Joacaz y Joaquín) como leoncillos que aprendieron de ella a devorar hombres, saquear fortalezas, asolar ciudades y la tierra. Es más probable que el león de 1 Pedro 1:7 sea Satanás y todos sus agentes humanos, que en el transcurso del tiempo han procurado y siguen procurando devorarse a los fieles. Ante el león y sus secuaces humanos, el peligro más grande a enfrentar no es la muerte física, sino que estos nos induzcan a negar a nuestro Señor, como Pedro en el patio del sumo sacerdote. Otro peligro que corren los cristianos perseguidos es ser llevados por sus aflicciones a odiar a sus perseguidores en vez de amarlos como enseñó Jesús. Es por medio del amor, y no el odio, que se puede resistir a los incrédulos y ganarlos para el Señor. El temor de ser devorado por otros puede inducirnos a querer e intentar devorar a los que nos hacen sufrir. El deseo de sobrevivir a toda costa puede convertir a una oveja del buen pastor en un león que, en vez de ganar al enemigo por medio del amor, desea su perdición.

Los destinatarios de 1 Pedro ya habían renunciado al diablo el día de su Bautismo. En los escritos de los Padres Apostólicos dice que todos los hermanos y hermanas habían sido instruidos a resistir y reprender al diablo y echar fuera a los espíritus inmundos. Clemente de Alejandría cuenta que los exorcismos eran una parte importante de las reuniones de los cristianos. Algunos historiadores de la iglesia primitiva aseveran que los exorcismos celebrados en los hogares de los creyentes fueron una de las prácticas que más atrajeron a los paganos a la iglesia (Kreider 2016:108-111). A diferencia de los exorcistas paganos, los hermanos y hermanas que oraban por la liberación de sus vecinos del poder de los demonios no pedían dinero por sus exorcismos, sino que los ofrecían gratuitamente.

La lucha en contra del diablo a la que se nos convoca no es una batalla que se libra con violencia, temor, o un espíritu vengativo, sino con todos los recursos espirituales que Pedro nos recomienda en su carta: las confesiones de fe, los cantos que invocan a Cristo, la lectura de las Escrituras, las oraciones, el fortalecimiento de los lazos de fraternidad, el apoyo mutuo, la obediencia, la defensa de la fe, y el amor hacia el enemigo y el incrédulo con el fin de ganarlo para Cristo. Mientras los creyentes vigilan y oran en su lucha contra el león rugiente, deben recodar que Jesús, como nuestro sumo sacerdote, también ora por nosotros. A Pedro le dijo: "Pero yo he rogado por ti, para que no te falte la fe. Y tú, cuando hayas vuelto, deberás confirmar a tus hermanos" (Lc 22:32). Podríamos decir que la razón por la cual Pedro escribió su primera epístola fue precisamente para confirmar a sus hermanos.

El diablo en el Nuevo Testamento

Aunque hoy en día se le da poca importancia al diablo y los demonios, tal no es el caso para los escritores del NT. Pedro no es el único autor que menciona la existencia del diablo y lo denuncia como enemigo declarado de Cristo y de su pueblo. Los demás autores utilizan 30 diferentes términos para designar al príncipe de este mundo. Además de ser identificado por Pedro como león, al diablo también se lo llama lobo, ladrón, tentador, padre de las mentiras, adversario, maligno, destructor, hombre fuerte e incontables otros nombres. Se lo menciona 137 veces en el NT. Casi todos los autores de los libros del NT lo mencionan. El satanismo no es un tema secundario para ellos, sino una realidad que constituye un verdadero peligro para los que han dedicado sus vidas a llevar a cumplimiento la gran misión de Jesús. Al sembrar cizaña entre la buena semilla del evangelio, el diablo procura con todas sus artimañas el modo de frenar la vocación misionera del pueblo de Dios. Pedro, por experiencia propia, sabía que el diablo es el promotor de muchos de los sufrimientos de los destinatarios de su carta. El príncipe de las tinieblas es también quien promueve mucho de lo que sufrimos como pueblo santo y real sacerdocio. Jesús habló con toda seriedad cuando enseñó a sus discípulos a orar: "Líbranos del maligno" (Farrar 2016:40-71).

5:9 Pero ustedes, manténganse firmes y háganle frente. Sepan que en todo el mundo sus hermanos están enfrentando los mismos sufrimientos.

Frente a los ataques del diablo, Pablo, en Efesios 6:11, exhorta a los hermanos a revestirse con toda la armadura de Dios. Les recuerda que ellos no son los únicos que sufren por su fe en el Señor. La mención de los sufrimientos de otros creyentes en el mundo, alerta a los hermanos a no pensar solamente en sí mismos, sino a orar por la familia cristiana dispersada por el mundo, dándole un ejemplo de constancia y esperanza en medio de sus aflicciones. Debe recordarse que los cristianos de otras partes también oran en favor de los destinatarios de 1 Pedro. La lucha en contra del diablo es un esfuerzo mancomunado de toda la cristiandad, lo que exige la participación de toda la fraternidad de la fe. La lucha contra el maligno no debe ser la acción de un solo individuo que se crea capaz de vencerlo, sin el apoyo de toda la comunión de los santos.

En los capítulos 2, 3, y 4 Pedro insta a sus lectores a sujetarse en amor mutuo. A las esposas les dice que se sujeten a sus maridos, los esclavos a sus amos, los jóvenes a los ancianos, y que los gobernantes son enviados para darle su merecido al que hace lo malo y para aprobación del que hace lo bueno. Pero ahora, al hablar de hacerle frente al diablo y todas las fuerzas de maldad, la palabra que Pedro articula no es la de sujetarse, sino resistir. "Al cual resistid firmes en la fe" (ἀντίστητε στερεοὶ) dice la traducción de la RVR. El uso del imperativo aquí, y también en Santiago 4:7, ha llevado a algunos intérpretes a creer que la exigencia a resistir al diablo fue parte de la instrucción catequética de la iglesia primitiva, y quizá también de la ceremonia bautismal (Achtemeier 1996:342; Selwyn 1955:238). El verbo que se traduce como resistir o mantenerse firmes, proyecta la imagen de un soldado que no abandona su posición pese a todos los ataques del enemigo. En Efesios 6:11, en que el autor exhorta a estar firmes contra las asechanzas del diablo, se utiliza el mismo verbo. En el conocido himno "*Estad por Cristo firmes*", los soldados del Señor, y no solamente aquel cuyo nombre significa piedra, tienen el llamamiento de mantenerse firmes como una roca (Selwyn 1955:238).

En Hebreos 11:36-40, el autor divino les recuerda a sus lectores las figuras de otros héroes de la fe, cuya firmeza en los sufrimientos nos estimula a mantenernos impertérritos frente a las acometidas del diablo. Las palabras en 1 Pedro 5:8-9 expresan que el sufrimiento y la calumnia son dos de los principales ardides empleados por un enemigo astuto, cuyo plan es devorar el redil del Señor en todo el mundo. Aunque se exhorta a los cristianos a luchar con todas sus fuerzas en contra de los ataques del mundo, los creyentes no pueden vencer al león rugiente y sus aliados a base de sus propias fuerzas; siempre necesitan contar con el poder del Espíritu Santo. Con él cuentan los creyentes de otras partes del mundo. La firme resistencia de los cristianos de otras latitudes debe ser un estímulo para los creyentes de las cinco provincias. Ellos no son los únicos que sufren por su fe; son incontables los hermanos y hermanas que comparten con ellos el desprecio y rechazo del mundo y las asechanzas del adversario. Sobre todo, los creyentes deben reconocer que sus sufrimientos no son castigos enviados por Dios, sino la obra de Satanás (Achtemeier 1996:342).

Apocalipsis 12:9-12 dice que el gran dragón, la serpiente antigua, que se llama Diablo y Satanás, es llamado el acusador de nuestros hermanos. El mismo pasaje anuncia la victoria final sobre el dragón y sus secuaces: serán lanzados al lago de azufre y fuego. 1 Pedro, en consonancia con Apocalipsis, también asegura a los fieles que en el día de la manifestación del Señor sus enemigos serán destruidos para siempre. Como ya hemos visto, el Señor resucitado descendió a los infiernos para anunciar su victoria sobre los poderes de las tinieblas.

5:10 pero el Dios de toda gracia, que en Cristo nos llamó a su gloria eterna, los perfeccionará, afirmará, fortalecerá y establecerá después de un breve sufrimiento.

A pesar de los ataques y amenazas de aquel que anda rondando como león rugiente, los hermanos de Anatolia pueden enfrentar el futuro con valentía y resolución porque sus sufrimientos serán de corta duración. Además, deben saber que Dios es misericordioso, y en su gracia no permitirá que los suyos tengan que sufrir más de lo que puedan resistir. Podrán contar con el poder y fortaleza que Dios da para soportar los ataques de Satanás y sus agentes humanos. A fin de cuentas, el Señor perfeccionará en los creyentes su obra de santificación. A Dios se lo llama aquí "el Dios de toda gracia". Es la única vez en toda la Biblia que a Dios se lo describe así. La designación pone énfasis en que el Señor dispone de todos los recursos necesarios a fin de que todos sus santos de todos los tiempos lleven a término su peregrinación y reciban su herencia. El sustantivo "gracia" se usa diez veces en 1 Pedro, y significa el favor inmerecido de Dios derramado sobre los creyentes a causa de la obra redentora de Cristo (Senior 2003:148).

Para exhortar y animar a los hermanos a seguir siendo fieles hasta el fin, el autor sagrado emplea cuatro verbos. El primero es "perfeccionará" (καταρτίσει), un término que contiene la idea de restaurar o reparar todo lo que se había dañado, sufrido o perdido en la peregrinación terrenal y la lucha en contra del enemigo (Selwyn 1955:240). Es el mismo verbo que se emplea en Marcos 1:19, el pasaje en que se habla de Pedro y los otros pescadores que remendaban sus redes. La idea que expresa Pedro es la de que Dios puede valerse del sufrimiento para corregir o remendar lo que falta en el carácter de uno (Barclay 1974:311). El segundo verbo, "afirmará" (στηρίξει), promete que Dios proveerá a sus hijos con una fe firme, inmutable, e inquebrantable, incapaz de volverse atrás, así como el hierro que ha sido endurecido por el fuego. El tercer verbo, "fortalecerá" (σθενώσει), expresa que el Señor nos dará la fuerza espiritual necesaria para vencer en todas las pruebas, así como los albañiles y constructores que trabajan para fortalecer el muro de una ciudad que está siendo atacada. En el AT leemos que Nehemías y los habitantes de Jerusalén tuvieron que trabajar de día y de noche para reparar los muros de la Santa Ciudad, con la finalidad de defenderse de las incursiones de sus enemigos. El último verbo, "establecerá" (θεμελιώσει), quiere decir poner algo sobre una base firme, como la casa construida sobre la roca en la parábola de Cristo de los dos cimientos, de Mateo 7:24-29. Por medio de los cuatro verbos se nos llama a poner nuestra mirada no tanto en los sufrimientos presentes, sino en el futuro cumplimiento de cada una de las promesas contenidas en los cuatro verbos de consolación.

5:11 A él sea dado el poder por los siglos de los siglos. Amén.

La epístola, que comenzó con un elogio, ahora termina con una doxología. Lo que sigue son los saludos que normalmente se anexaban a casi todas las cartas en la antigüedad. No se incluyen saludos personales a ninguna persona en particular. Es probable que los destinatarios de la epístola hayan sido desconocidos para Pedro y Marcos. La carta de Pablo a los Romanos, en cambio, concluye con todo un capítulo lleno de saludos personales. La doxología que atribuye poder a Dios se parece a la doxología con la que concluye el Padrenuestro, así como lo oramos en nuestras iglesias. En la traducción de la Reina Valera de 1960, el sustantivo griego κράτος no se traduce como "poder", sino como "imperio". Algunos eruditos, como Achtemeier (1996:345), opinan que la mejor manera de traducir la doxología es: "A él pertenece el dominio eterno." Según Achtemeier, el Señor ya posee todo poder y dominio sobre todas las cosas. Su dominio consuela a los que ahora sufren por su fe.

5:12 Les he escrito brevemente por medio de Silvano, a quien considero un hermano fiel, para darles ánimo y asegurarles que ya están en la verdadera gracia de Dios, que es ésta.

El apóstol nos proporciona aquí las razones que lo motivaron a escribir la epístola a las comunidades cristianas de Anatolia. La primera razón es la de brindar ánimo a los creyentes mediante las muchas exhortaciones que hemos visto en la carta. A causa de sus sufrimientos los creyentes se sentían tentados a tirar la toalla. Muchos de ellos no entendían por qué tenían que sufrir los buenos, mientras que sus enemigos gozaban de gran prosperidad. La segunda razón es para confirmar a los suyos en la verdadera gracia. La verdadera gracia es la presencia de Dios, su salvación y una esperanza viva en medio de todos los sufrimientos y aflicciones de la comunidad. Se malentiende el pasaje si a la gracia se la ve como la prosperidad, el "pare de sufrir", un buen karma o una vida libre de sufrimientos. Nuestra fe no nos protege de los problemas y los sufrimientos, sino que es la fuerza y poder que el Espíritu nos da para que sigamos manteniéndonos fieles a Cristo en medio del sufrimiento (Gonzáles 2010:27). El apóstol ha hecho esto al proclamar el mensaje de salvación que tenemos en Cristo. En efecto, en nuestro estudio de la epístola observamos la presencia de numerosas exhortaciones y de varias fórmulas confesionales (enseñanza doctrinal) en las que se proclama que Cristo sufrió por nuestros pecados, resucitó para darnos una esperanza viva, y subió a los cielos para proclamar su victoria sobre las potencias del mal.

El papel que desempeñó el hermano Silvano

Pedro escribió su carta de consolación con la colaboración de Silvano. Silvano es la forma en latín del nombre arameo Shetla, que significa "enviado". El nombre Shetla viene de la misma raíz que Siloé, el nombre del estanque en que se lavó el ciego de nacimiento (Jn 9:7). La forma en griego del mismo nombre es Silas (Kelly 1969:214; Selwyn 1955:243). En el anexo VI discutiremos más detalladamente las diferentes ideas acerca del papel que desempeñó Silvano en la producción de 1 Pedro. Lo que sabemos es que Silvano fue líder en la iglesia de Jerusalén, enviado por el Concilio Apostólico para llevar las resoluciones de este a Antioquia, ciudad en la cual se quedó para ayudar en la difusión de la Palabra. El mismo Silvano acompañó a Pablo en su segundo viaje misionero, colaborando en el establecimiento de las nuevas congregaciones en Filipos, Tesalónica, Berea, y Corinto. Ayudó a Pablo y Timoteo a redactar las dos cartas a los tesalonicenses. Fue encarcelado con Pablo en Filipos, siendo puesto en libertad después del terremoto y la conversión del carcelero y su familia. De Hechos 16:37 se desprende que Silvano era ciudadano romano. Según opinan algunos intérpretes, fue él quien, basándose en algunos sermones de Pedro, los arregló dándoles la forma de una epístola para enviar a las iglesias algún tiempo después de la muerte del apóstol. De ésta y otras teorías sobre la autoría de la epístola, hablaremos en el anexo VI. Allí se lo describe como hermano fiel -al igual que en la carta- un adjetivo que habla de su fidelidad en cumplir con sus responsabilidades. La fidelidad es también una de las características de quienes testifican ante un tribunal.

En 1 Pedro, Silvano, juntamente con Pedro, es testigo de la veracidad de todo lo escrito a los destinatarios de la carta (Selwyn 1955:242). Algunos investigadores, como Selwyn, creen que Silvano debe haber tenido algún contacto personal con los creyentes de las cinco provincias, porque Pedro no aporta mayores detalles acerca de su colaborador. Según el cuadro que las Escrituras nos pintan de Silvano, concluimos que, fiel a su nombre, Silvano fue un enviado. Fue enviado por el Concilio de Jerusalén a Antioquia con el decreto emitido por los apóstoles y ancianos. Algún tiempo después fue enviado a acompañar a Pablo en el segundo viaje misionero. Además, fue enviado a Tesalónica para ayudar a resolver la confusión que tuvieron los tesalonicenses acerca de la segunda venida de Cristo. Casi todos los comentaristas concuerdan con que este mismo Silvano fue enviado a Anatolia para leer la carta de Pedro a las comunidades cristianas de las cinco provincias.

Pedro y Silvano trabajaron juntamente en la preparación de la epístola para asegurarles a los creyentes que habían sido electos, llamados, y adoptados como miembros de la familia de Dios a pesar de haber sido marginados, difamados, y excluidos por la sociedad y hasta por sus propios familiares. A pesar de las calumnias, las persecuciones, los sufrimientos y los ataques del león rugiente, los exiliados, extranjeros y peregrinos pueden tener gozo en medio de sus sufrimientos, porque por la gracia de Dios los rechazados por el mundo han sido escogidos para recibir una herencia incorruptible, incontaminada, e inmarcesible, por la resurrección de Cristo de entre los muertos.

5:13 La iglesia que está en Babilonia, y que fue elegida juntamente con ustedes, les manda saludos, lo mismo que mi hijo Marcos.

En el original griego no figura la palabra "iglesia". Lo que el texto dice literalmente es: "La coelecta que está en Babilonia... manda saludos." Algunos pocos intérpretes opinan que "la coelecta que está en Babilona" es una referencia a la esposa de Pedro, quien lo acompañaba en sus viajes misioneros (1 Corintios 9:5) y quien, según Clemente de Alejandría, sufrió el martirio antes que Pedro (Donelson 2010:155).

Casi todos los intérpretes del NT, desde el tiempo de la iglesia primitiva hasta el presente, aseveran que Pedro no habla aquí de la antigua ciudad de Babilonia, ni del imperio babilónico del tiempo del AT. La espléndida ciudad de Babilonia de la época de Nabucodonosor fue destruida por los Medos y Persas en el año 539 aC. Lo que una vez fue el país de Babilonia, llegó a ser una provincia del Imperio Persa, y después del Imperio Griego, y finalmente del Imperio Romano. Papías, el discípulo de San Juan, que escribió en el siglo dos, afirma que en 1 Pedro 5:13 el autor divino utilizó el nombre de una ciudad para representar a otra. El profeta Jeremías (Jer 11:8) usa el nombre de Sodoma para representar a Jerusalén; y en Gálatas 4, Pablo utiliza el monte Sinaí para representar al monte Sión. Según Papías, en el NT el nombre Babilonia representa la ciudad de Roma. Es evidente que Apocalipsis 17 y 18 habla de los vicios, opresión e idolatría de la Roma Imperial.

Considerado literalmente, el texto griego no dice "la iglesia que está en Babilonia" sino "ella, que está en Babilonia" (ἡ ἐν Βαβυλῶνι). Los traductores de la RVC y de otras versiones, han tomado por sentado que "ella" es la congregación cristiana de Babilonia. Hay investigadores del pasaje que creen, no obstante, que "ella" es la esposa de Pedro (Bigg 1902:77; Rienecker 1952:548). Otros, en cambio, como Elliot (1981:272-273), creen que se trata de una mujer anónima que fue parte de un supuesto "Club de Pedro". Se dice que este grupo de discípulos de Pedro fue el responsable de publicar en nombre de su fallecido líder espiritual, un resumen de sus tradiciones y su teología, la primera carta de Pedro. A pesar de los detallados argumentos de Elliot y otros, realmente no se conocen pruebas concretas de la existencia de un "Club de Pedro" en Roma (Horrell, 2002:29-60).

Existen muchas opiniones, tradiciones y teorías acerca de cómo se estableció la primera iglesia cristiana en la ciudad de Roma. Algunos, especialmente católico romanos, afirman que el apóstol Pedro fundó la primera congregación de Roma, y que fue su obispo o papa. Otros opinan que la iglesia de Roma la fundaron algunos de los judíos o prosélitos presentes en Jerusalén el día de Pentecostés quienes, al regresar a su lugar, comenzaron a reunirse en casas en varias partes de la ciudad para celebrar su nueva fe en Cristo. Una teoría dice que fue en la casa de Aquila y Priscila donde la iglesia de Roma tuvo su origen. Un erudito, citando Romanos 16:7, cree que los fundadores de la primera congregación romana fueron Andrónico y Junias, que "son muy estimados entre los apóstoles". Se dice que para Pablo el término "apóstol" se refiere a uno que predicó el evangelio y estableció una congregación donde Cristo no había sido proclamado anteriormente (Ro 15:20). Los que creen que Andrónico y Junias fueron los fundadores de la iglesia de Roma, opinan que la frase "muy estimados entre los apóstoles" quiere decir que Andrónico y Junias se nombran entre los apóstoles, porque ayudaron a establecer una iglesia donde antes no la hubo.

Según Robinson, Judas, el hermano de Jesús, fue otro colaborador de Pedro

Otra de las tantas teorías respecto al autor de la epístola, afirma que Pedro y su esposa ministraban a los judíos de Anatolia en compañía de Judas, el hermano de Jesús, y su esposa. De acuerdo con tal teoría, en vísperas de su salida para participar en la elección de un nuevo líder de la iglesia de Jerusalén, tanto Pedro como Judas escribieron cartas a las congregaciones judeocristianas de Asia Menor, para advertirles que luchen en contra de una herejía proto-gnóstica que había surgido entre los creyentes. Judas fue el primero en escribir su carta. Algunas semanas después Pedro, basándose en la carta de Judas, escribió una más larga y detallada, con el fin de atacar la misma amenaza a la fe. Las dos cartas son, respectivamente, la de Judas y 2 Pedro.

En cuanto a Judas, el hermano de Jesús, sabemos que igual que Pedro, viajaba con su esposa. Según el historiador Eusebio, Judas fue el único de los hermanos de Jesús que se casó (Robinson 1975:195-199). Puesto que Santiago, el líder de la iglesia de Jerusalén fue asesinado en el año 62 dC, autores como Robinson y Zahn creen que en ese mismo año se escribieron las cartas de Judas y 2 Pedro. Según la hipótesis de Robinson, la primera carta a que se refiere en 2 Pedro 3:1, no es la de 1 Pedro, sino la de Judas, escrita tanto por Judas como por Pedro. Es digno de mención que la teoría no contó con mucha aceptación en el gremio académico. Otra teoría que no tuvo aceptación afirma que el nombre "Babilonia" del pasaje, debe entenderse como un sinónimo del término "diáspora," puesto que en el AT Babilonia fue el lugar en el que vivieron los judíos de la diáspora.

Marcos

La gran mayoría de los investigadores de 1 Pedro considera que el Marcos que estaba con Pedro cuando escribió su Epístola, es Juan Marcos, el sobrino o primo de Bernabé, el levita de Chipre que trabajó con Pablo en Antioquia y después lo acompañó en su primer viaje misionero. Quiere decir que Juan Marcos también fue un levita. María, la madre de Juan Marcos, tenía una casa en Jerusalén que fue un lugar de reunión de Jesús y sus discípulos. Es posible que haya sido en la casa de María donde Jesús celebró la Santa Cena con los suyos el Jueves Santo. Muchos investigadores del Evangelio de Marcos creen que después de la celebración de la Santa Cena, Juan Marcos, siendo un joven de unos 14 o 15 años, en vez de irse a dormir y sin que su madre lo supiera, cubierto solamente con una sábana, salió de la casa para seguir a Jesús y sus discípulos. Se cree que Marcos fue aquel joven que dejó la sábana y huyó desnudo cuando los soldados quisieron aprehenderlo (Mc 14:51-51). Si fue así, entonces Pedro conocía a Juan Marcos muchos años antes del primer viaje misionero de Pablo; al referirse a Marcos como "mi hijo," podría significar que fue Pedro quien lo bautizó (Bigg 1902:80).

5:14 Salúdense unos a otros con un beso de amor fraternal. Que la paz sea con todos ustedes, los que están en Cristo. Amén.

Los besos que intercambiaban los cristianos en sus reuniones y celebraciones son una señal de que los bautizados eran miembros de una misma familia. Son hermanos, hermanas, hijos y padres, aunque algunos sean judíos y otros gentiles, aunque algunos sean ciudadanos del imperio, otros libertos, y otros esclavos o refugiados de otras partes del mundo, personas sin ciudadanía. Entre los judíos y cristianos, el beso es una señal de aceptación, reconciliación, y perdón. Las referencias al ósculo de la paz en las cartas del NT y los escritos de los Padres apostólicos indican que el beso de la paz fue parte de las reuniones cristianas (llamadas ágapes) en todas partes del imperio (Ro 16:16; 1 Co 16:20; 2 Co 13:12; 1 Ts 5:26). El beso que el Padre le da al hijo pródigo, en Mateo 15:22, es una acción por la que se proclama: "Tú todavía eres miembro de la familia; ya no eres un extraño, un peregrino, un exiliado sin hogar."

Muchos autores paganos criticaron los besos que intercambiaban los cristianos en sus reuniones. Lo que escandalizaba a los no cristianos fue que se intercambiaban besos entre personas desiguales. Entre los romanos y los griegos se besaban los miembros de la misma clase social, nobles con nobles, esclavos con esclavos y bárbaros con bárbaros. Según las normas sociales del imperio, un inferior podía besar la mano o el borde del vestido de una persona noble, pero nunca se le permitía besar la boca o la mejilla de una persona de rango superior. De acuerdo con varios autores paganos, los besos que caracterizaban las reuniones cristianas eran un ejemplo de la inmoralidad, orgías de lujuria, y desenfreno sexual que supuestamente reinaban entre los cristianos (Feldmeier 2007:256). En su comentario sobre 1 Pedro, Eugenio Green afirma que en las reuniones cristianas los ósculos santos no fueron besos eróticos, boca a boca, sino besos sobre los ojos, la frente, y la mejilla, como signos de honor y respeto (1993:302). Otros autores, sin embargo, creen que en algunas partes el beso de la paz se compartía, al menos al principio, boca a boca.

Entre los creyentes el beso fue como decir: "Somos una sola familia en Cristo." Por lo tanto, uno de los actos más repugnantes que se conoce en las Escrituras es el beso traicionero, como el que le dio Judas Iscariote a Jesús en el Jardín de Getsemaní, o el beso que le dio Joab a su primo Amasa al apuñalarlo (2 S 20:9). Con el correr del tiempo muchas iglesias comenzaron a abandonar la inclusión del ósculo santo en los actos litúrgicos de las iglesias cristianas. Eminentes Padres de la iglesia como Orígenes, Clemente de Alejandría, Cipriano, y Atenágoras, aconsejaron mucha discreción en la práctica del beso santo, para no confirmar las acusaciones y calumnias de los paganos respecto a lo que se decía de las reuniones de los cristianos (Barclay 1974:319). Según San Justino, se practicaba el ósculo de la paz como una señal de reconciliación. En las reuniones cristianas que se celebraban en los días de Justino, los bautizados compartían el beso santo después de las oraciones y antes de la celebración de la Eucaristía. De esta manera se ponía de manifiesto que todos los comulgantes estaban mutuamente en paz (Kreider 2016:216).

Los paganos acusaron a los cristianos de ser malhechores, no sólo por los ósculos de paz que caracterizaban sus ágapes, sino porque celebraban sus reuniones de noche, como las libertinas en los misterios de Dionisio. Se decía que entre los cristianos se hablaba de comer la carne y beber la sangre de un tal Cristo, lo cual fue malinterpretado por los paganos, pues creían que los cristianos eran caníbales que sacrificaban y comían niñitos recién nacidos en sus celebraciones nocturnas, como en una época lo hicieron las libertinas. Consecuentemente, los hermanos tuvieron que sufrir por causa de la justicia (1 P 3:14) y ser calumniados por llevar el nombre de Cristo.

APÉNDICE IV - LOS DESTINATARIOS DE 1 PEDRO

En lo que sigue ofrecemos algunos datos históricos, geográficos, culturales, y religiosos acerca de las cinco provincias de Anatolia a las que se envió 1 Pedro.

Ponto

Según el relato de Lucas de Hechos 2:9, entre las personas que oyeron el sermón que predicó Pedro en ocasión del derramamiento del Espíritu Santo en Pentecostés, había peregrinos del Ponto. Elliot opina que algunos de los judíos y prosélitos del Ponto que creyeron y fueron bautizados por Pedro podrían haber fundado las primeras comunidades cristianas del Ponto al regresar a Anatolia. Tales personas, entonces, podrían ser consideradas hijos espirituales de Pedro (Elliot 2000:350). Se sabe que un fabricante de tiendas llamado Aquila fue originario del Ponto, ubicado en la margen meridional del Mar Negro. Aquila fue un judío convertido quien, juntamente con su esposa Priscila, ayudó a establecer comunidades cristianas en Roma, Corinto, y Éfeso.

En Sinope, una ciudad del Ponto nació el hereje Marción, cuyo padre había sido diácono en una comunidad cristiana. Sinope fue el puerto más importante de la costa meridional del Mar Negro. Los datos indican que en Ponto había comunidades judías y cristianas durante el siglo uno. Marción (85-160 dC) era dueño de cuantiosos barcos que comerciaban por las aguas del Mar Negro y el Mediterráneo. El dato nos da a entender que no todos los cristianos de la iglesia primitiva eran pobres y marginados. Se cuenta que Marción donó 200.000 sestercios a la iglesia de Roma. (El salario medio de un obrero de la época podía oscilar entre unos 700 y 2000 sestercios al año. Fue una moneda en circulación hasta finales del siglo tres dC). Según el libro apócrifo "Los Hechos de Andrés", escrito entre 150-200 dC, el apóstol Andrés, hermano de Simón Pedro, predicó el evangelio en las ciudades de Sinope y Amaseia (Schnabel 2004:839-842). La provincia del Ponto era famosa por sus metales, joyas, lana, cuero, y esclavos.

Capadocia

Durante la Edad del Bronce, la región que después se llamó Capadocia se conocía como Hatti, y fue la tierra natal de los heteos, un pueblo indoeuropeo que fundó un gran imperio que dominaba casi toda Anatolia y Siria durante los años 1600 – 1080 aC. Los heteos, juntamente con los egipcios, fueron las civilizaciones más adelantadas de su tiempo. Los heteos fueron uno de los primeros pueblos en aprender a fabricar objetos de hierro. Después de la caída del Imperio Heteo, el control de Capadocia pasó a manos de otros pueblos: asirios, tracios, persas, griegos, y escitas.

Capadocia llegó a ser un reino independiente después del año 290 aC. En el 18-19 dC, el emperador romano Tiberio tomó el control del país y lo convirtió en una provincia romana que se llamó Capadocia. El historiador Estrabón menciona, en su libro de geografía, solamente dos ciudades de importancia de Capadocia: Tiana, ciudad natal del famoso asceta y filósofo Apolonio de Tiana y Cesarea (Mazaca), que fue capital de la provincia en tiempo de Pedro. Para que un poblado fuera reconocido como una ciudad por los griegos y los romanos debía contar con un teatro, un gimnasio, una fuente pública, baños públicos, templos, santuarios, altares, y monumentos (Mitchell 1993:80).

Los historiadores describen a Capadocia como una región seca y silvestre, sin mucho bosque. Sus estepas y montañas se prestaban para la cría de ganado y caballos de raza. En su relato del derramamiento del Espíritu Santo en Hechos 2, Lucas menciona la presencia de personas de Capadocia entre la multitud de peregrinos, lo cual quiere decir que en Capadocia vivían judíos (o prosélitos), probablemente en las dos ciudades helenizadas mencionadas por el geógrafo Estrabón.

Se sabe de la presencia de una colonia de judíos que se estableció en Capadocia en el siglo dos aC. Después del primer Pentecostés cristiano, la nueva fe se extendió hacia el norte por la vía que salía de Tarso y pasaba por Capadocia hasta llegar al Ponto (Pellett 1962:535). Se cuenta que cinco obispos de Capadocia asistieron al primer concilio ecuménico de Nicea en 325 dC, dato que demuestra que el movimiento cristiano se había extendido rápidamente en la provincia, no solamente en las ciudades, sino también en las zonas rurales donde vivían los descendientes de los primitivos grupos étnicos de la región.

Galacia y Asia

El libro de los Hechos relata que Pablo y sus colaboradores establecieron un buen número de congregaciones cristianas en el sur de las provincias de Galacia y Asia, pero no en el norte de dichas provincias, o sea, al norte de las montañas Tauro. Puesto que las provincias de Bitinia, Capadocia, y Ponto se encuentran en el norte de Anatolia, hay investigadores como Schnabel (2004:724-728) y Mitchell, que creen que Pedro dirigió su primera carta a las partes de Asia y Galacia no evangelizadas por Pablo. Según los investigadores, Pedro escribió su carta a congregaciones que nunca tuvieron contacto con Pablo o con miembros de su equipo misionero. Es posible que entre los años 41 y 61 dC estas regiones hubieran sido visitadas por Pedro y sus compañeros. Sabemos muy poco de las actividades de Pedro después de su liberación de la cárcel (años 41-42 dC). Hechos 12:17 simplemente dice que Pedro fue a otro lugar. Si así fue, entonces los misioneros cristianos tuvieron la oportunidad de evangelizar a los descendientes de las tres tribus de galos que se establecieron en Anatolia en el siglo tres aC. Respecto de los antiguos galos, su historia y su religión, ya les hemos dedicado una parte de nuestro comentario a Gálatas. Baste decir aquí que los galos de Anatolia, por su contacto con los pueblos nativos de la región, llegaron a adorar a muchas de las deidades de estos, especialmente el culto a la gran madre de Asia en sus varias manifestaciones, y muy en particular a Cibeles, un culto en que las mujeres intentaban establecer cierto dominio sobre los hombres. Después de la anexión de Galacia y Asia al Imperio Romano, el culto imperial se extendió rápidamente por los centros urbanos de estos territorios.

Bitinia

La península al extremo noreste de Anatolia se llamaba Bitinia, una región originalmente habitada por dos tribus tracias, los Thini y los Bitini, que se establecieron en Anatolia entre los años 800 y 1200 aC (Culianu 1987:494-496). Los tracios fueron un pueblo indoeuropeo descrito por los historiadores como gente de ojos azules y cabello rojo. Eran gente de campo que prefería vivir en el interior del país y no en los centros urbanos. Pocos campesinos fueron reconocidos por los romanos como ciudadanos del imperio. Solían referirse a la gente del campo utilizando el término *paraoikoi*, la misma palabra que en 1 Pedro 2:11 se traduce como forasteros o peregrinos. La mayoría de la gente de campo fueron siervos, esclavos o mercenarios (Mitchell 1993:176-177). En algunos casos se ofrecía la ciudadanía a gente del campo dispuesta a servir como mercenarios de los romanos en la guerra en contra de Mithridates VI.

Entre los pueblos de Bitinia, los tracios se ganaron entre los griegos fama de ser un pueblo de guerreros sumamente belicosos. Espartaco, el gladiador que organizó un ejército de esclavos para pelear en contra de Roma, fue tracio. Al igual que los galos y godos, los tracios construyeron aldeas fortificadas en la cima de los cerros. Los tracios también se hicieron famosos por su música, poesía, y artesanía. Se dice que Orfeo, el patrón de los músicos, fue tracio. Según Herodoto, las tres deidades más importantes de los tracios fueron Artemisa, Dionisio, y Ares el dios de la guerra, a quien se solían sacrificar a los guerreros capturados de sus enemigos. Se dice que los opositores del rey judío

Alejandro Janneo (reinó 103-76 aC) le dieron a este el apodo de "el tracio", no porque hubiera nacido en Bitinia o Tracia, sino por su extrema crueldad. Según los historiadores de la antigüedad, algunas tribus tracias fueron monoteístas, devotas de un dios llamado Zalmoxis, quien tenía, según se decía, poder para otorgar la vida eterna a los mortales iniciados en los misterios de su culto.

El historiador Herodoto relata que entre los tracios tuvo vigencia la doctrina de la inmortalidad del alma (Eliade 1985:37). Había dos opiniones muy distintas entre los griegos y romanos en cuanto a la inmortalidad. Los filósofos e intelectuales que vivían en los centros urbanos consideraban que la inmortalidad era una característica de los dioses y no de los seres humanos. Por lo tanto, los hombres debían conformarse con su mortalidad y no intentar hacerse con la vida eterna. Tampoco debían procurar contacto directo con los dioses por medio del éxtasis, las drogas, la borrachera u otras técnicas utilizadas por los chamanes. La idea de que el alma fuera inmortal o que un ser inmortal pudiera reencarnarse o nacer de nuevo, era para los griegos una idea errónea y peligrosa. Para los filósofos, la estabilidad del universo dependía de no traspasar la línea que separa la divinidad de la humanidad. La única manera en que una persona podía obtener algo de inmortalidad era por medio de los monumentos u obras públicas que ostentaban sus nombres. Sus nombres y memoria también podían ser preservados para la eternidad por medio de los libros, la música y las obras de arte legados a la posterioridad. Su sangre podía transmitirse mediante los hijos engendrados por ellos; o sea, los seres humanos podían seguir viviendo en sus hijos. Todo esto, sin embargo, fue muy diferente de las ideas acerca de la inmortalidad que caracterizaban a algunas de las tribus de los tracios y frigios.

La gente del campo, en cambio, estaba más dispuesta a procurar entrar en contacto directo con los dioses, ser poseída o absorbida por ellos en las ceremonias secretas practicadas por los cultos orientales. Los tracios creyeron que Zalmoxis había descendido al reino de la muerte y regresado con vida a la tierra. 1 Pedro expresa que Cristo descendió a los infiernos y regresó a la tierra. Según Eliade, (1985:53) los chamanes tracios intentaban imitar la hazaña de Zalmoxis al emprender viajes extáticos, descendiendo en espíritu al infierno. Para entrar en trance, los chamanes solían inhalar el humo que despedían las semillas del cáñamo (*cannabis*) al ser quemadas. El carácter escatológico de 1 Pedro debió haber llamado la atención de los primitivos tracios y frigios, que también daban gran importancia a la escatología, especialmente a la inmortalidad.

Siglos después de la migración de los tracios, los griegos de Megara establecieron colonias en Bitinia, sometiendo a los tracios y otros primitivos habitantes de Bitinia (Mitchell 1993:177). El rey Nicomedes I (279-250 aC) trajo de Tracia un grupo de mercenarios galos para apoyarlo en su lucha en contra del rey seléucida Antíoco I. De esa manera los galos, especialmente los Trocmi y los Tectosages, lograron establecerse en Bitinia y Capadocia, y establecer fortuitamente sus propios reinos. El último rey de Bitinia fue Nicomedes IV, quien murió sin dejar un hijo para ocupar el trono. Poco antes de su muerte, Nicomedes IV decretó que sus territorios debían gobernarlos los romanos. Lo hizo para evitar una lucha de poder entre los nobles y caciques de Bitinia después de su muerte. En el año 65 aC Bitinia fue anexada al Ponto por los romanos, para formar una sola provincia. En los años que siguieron, terratenientes romanos establecieron su dominio sobre muchas partes rurales de Anatolia y sus habitantes. Además de las rentas que la gente de las pequeñas aldeas debía entregar a sus terratenientes, se impuso como obligación el envío de una cuota de animales de cada población a los templos de los centros urbanos. Una consecuencia de la romanización de Anatolia fue que las poblaciones rurales quedaron sujetas a la autoridad de las ciudades, lo que limitó la autonomía de la gente del campo.

Al llegar a Troas durante su segundo viaje misionero en el año 49 dC, Pablo quiso iniciar trabajos de evangelización en Bitinia; pero el Espíritu, mediante la visión de un hombre de Macedonia, llamó al apóstol a pasar a Macedonia, donde se fundaron comunidades cristianas en Filipos, Tesalónica, y Berea. Al final de su tercer viaje, Pablo pasó por Troas nuevamente. Allí ya existía una comunidad cristiana no establecida por él. ¿Quién fundó la congregación de Troas? ¿Bernabé, Pedro, Juan Marcos o algún laico desconocido? No sabemos. Después del incidente de Antioquia y el Primer Concilio Apostólico, ya no se menciona la labor misionera de Pedro en el NT. De la primera carta de Pablo a los corintios sabemos que Pedro, en compañía de su esposa, viajaba a otras partes en cumplimiento de su vocación misionera. Lo que sí se sabe es que el evangelio creció rápidamente en la provincia de Bitinia. La conocida carta de Plinio al emperador, en que el gobernador le relata a Trajano las actividades de los cristianos, se escribió en Bitinia. En la carta Plinio relata la expansión de la fe cristiana de las grandes ciudades a los pueblos más pequeños y a las zonas rurales de la provincia.

El culto imperial se estableció en las principales ciudades de Bitinia y Asia en el año 29 aC por decreto del Consejo de Asia (*koinon*). En el año 27 aC se le impuso a Octavio el título de Augusto (Sebastos en griego). Se autorizó a los habitantes de Bitinia y Asia la construcción de altares, santuarios, y templos, para rendir culto al divino César. Casi inmediatamente se erigieron templos, imágenes y memoriales para la celebración de las fiestas imperiales de dicho culto. El culto al emperador y los miembros de su familia se extendió de las grandes ciudades a los sectores rurales. Se exigió a los habitantes de la región, especialmente a los líderes de la comunidad, un juramento de lealtad al emperador y su participación en las fiestas y celebraciones cívicas en que se festejaba su cumpleaños y la fecha de la toma del poder (Mitchell 1993:62, 102).

Anexamos abajo una traducción de la famosa carta de Plinio el Menor al emperador, a fin de ofrecerle al investigador un ejemplo de las ideas que sostuvieron las autoridades del imperio respecto de las actividades de los cristianos. En la carta se observan algunas de las clases de persecución que sufrieron los cristianos de Bitinia.

APÉNDICE V - CARTA DE PLINIO A TRAJANO Y LA RESPUESTA

Carta de Plinio el joven al Emperador Trajano

"Señor, me impongo como obligación exponerte todas mis dudas. En efecto, quién mejor que tú, podría disipar mis dudas y aclarar mi ignorancia. Yo no había asistido jamás a la instrucción, o a un juicio, en contra de los cristianos. Por tanto, no sé en qué consiste la información que se debe recabar respecto de ellos, ni sobre qué base condenarlos, como tampoco sé de las diversas penas que se les debe imponer. Mi indecisión parte de una serie de puntos que no sé cómo resolver. ¿Debo tener en cuenta la diferencia de edades entre ellos o, sin distinguir entre jóvenes y ancianos, castigarlos a todos con la misma condena? ¿Debo conceder el perdón a quienes se arrepienten? Y, ¿subsiste el crimen en quienes fueron cristianos y dejaron de serlo? ¿Es el mero nombre de cristianos, independiente de todo otro crimen, lo que debe castigarse, o los crímenes relacionados con ese nombre? Te expongo la actitud que he tenido frente a los cristianos presentados ante mi tribunal. En el interrogatorio les he preguntado si son cristianos; luego, durante el interrogatorio, a los que han dicho que sí, les he repetido la pregunta una segunda y tercera vez, y los he amenazado con el suplicio. Si hay quienes persisten en su afirmación, los hago matar. Según mi criterio, consideré necesario castigar a los que obstinadamente no abjuraron en forma. A los que de entre ellos eran ciudadanos romanos, los puse aparte para enviarlos al pretor de Roma. A medida que ha avanzado la investigación se han ido presentando casos diferentes. Me llegó una acusación anónima que contenía una larga lista de personas acusadas de ser cristianas. Unas me lo negaron formalmente diciendo que ya no lo eran, y otras me dijeron que no lo habían sido nunca. Por orden mía, delante del tribunal ellos han invocado a los dioses, quemado los inciensos, ofrecido las libaciones delante de sus estatuas y delante de la tuya que yo había hecho traer. Finalmente han maldecido al Cristo, todas cosas que un verdadero cristiano jamás aceptaría hacer.

Otros, después de haberse declarado cristianos, aceptaron retractarse diciendo que lo habían sido precedentemente, pero que habían dejado de serlo; algunos de estos habían sido cristianos hasta hace tres años, otros habían dejado de serlo hace ya un período más extenso, y otros hasta hace más de veinticinco años. Todos ellos, igualmente, han adorado tu estatua y maldecido al Cristo. Han declarado que todo su error o su falta fue reunirse algunos días fijos antes de la salida del sol, para cantar en comunidad los himnos en honor al Cristo que reverencian como a un dios. Ellos se unen por un sacramento y no por acción criminal alguna, sino al contrario, para no cometer fraudes ni adulterios, y para no faltar jamás a su palabra. Luego de la primera ceremonia se separan y se vuelven a reunir para un ágape en común, el cual, verdaderamente, nada tiene de malo. Los que ante mí pasaron han insistido en afirmar que han abandonado todas esas prácticas. Luego de mi edicto que, según tus órdenes, prohibía las asambleas secretas, he creído necesario llevar adelante mis investigaciones y he hecho torturar a dos esclavas, que ellos llaman 'siervas', para arrancarles la verdad. Lo único que he podido constatar es que tienen una superstición excesiva y miserable. Así, suspendiendo todo interrogatorio, recurro a tu sabiduría. La situación me ha parecido digna de un examen profundo, máxime teniendo en cuenta los nombres de los inculpados. Son una multitud de personas de todas las edades, de ambos sexos, de todas las condiciones. Esta superstición no ha infectado solo las ciudades, sino también los pueblos y los campos. Yo creo que será posible frenarla y reprimirla. Ya hay un hecho que es claro, y es que la muchedumbre comienza a volver a nuestros templos que antes estaban casi desiertos. Los sacrificios solemnes, por largo tiempo interrumpidos, han retomado su curso. Creo que dentro de poco será fácil corregir a la multitud."

Respuesta de Trajano a Plinio el Joven

"Querido Plinio, tú has actuado muy bien en los procesos en contra de los cristianos. Al respecto no será posible establecer normas fijas. Ellos no deberán ser perseguidos, pero sí castigados en caso de ser denunciados. En cualquier caso, si el acusado declara que deja de ser cristiano y lo prueba por la vía de los hechos, es decir, consiente en adorar nuestros dioses, en ese caso debe ser perdonado. Por lo que respecta a las denuncias anónimas, estas no deben ser aceptadas por ningún motivo, ya que constituyen un detestable ejemplo; son cosas que no corresponden a nuestro siglo."

Algunas observaciones sobre la presencia de judíos y cristianos en áreas rurales

Al leer la carta de Plinio saltan a la vista ciertos datos importantes para nuestro estudio de 1 Pedro, recordando que Plinio fue gobernador en algunas de las provincias en las que vivían los destinatarios de la carta. La primera observación consiste en que la mayoría de los cristianos mencionados por Plinio son gentiles del paganismo convertidos a Cristo, y no judíos que vivían en la diáspora. La segunda observación consiste en que algunos de los cristianos fueron creyentes por más de veinte años. Una tercera observación tiene que ver con los himnos como instrumentos didácticos. Plinio le informa a Trajano que los cristianos solían entonar himnos a Cristo como a un dios. Hemos observado en 1 Pedro las muchas fórmulas doctrinales consideradas por varios investigadores como partes de los himnos entonados en las primitivas asambleas cristianas. Todas las fórmulas o supuestos himnos de 1 Pedro son en extremo cristocéntricos. No solamente hablan de lo que Cristo ha hecho, sino que también se le tributan honores divinos. Juntamente con Dios el Padre, Jesús recibe la adoración de los fieles.

La cuarta observación consiste en que, según Plinio, el movimiento cristiano se había extendido por toda la provincia, tanto en las ciudades como en las zonas rurales. Otros autores, como San Justino mártir y Orígenes de Alejandría, que escribieron antes del tiempo de Constantino, también testifican de la presencia de iglesias cristianas en las zonas rurales de Anatolia y otras partes del Imperio Romano y del Imperio de los Partos. Justino, por ejemplo, declaró que no existe una raza de seres humanos entre los que no se eleven oraciones a Dios en el nombre de Jesús. La fe de Cristo, manifiesta Justino, ha sido sembrada entre toda clase de personas, sean bárbaros, griegos, nómadas, viajantes o vaqueros y pastores que viven en tiendas (Robinson 2017:100).

Por mucho tiempo los historiadores han insistido en que el movimiento cristiano fue, sobre todo, un fenómeno casi exclusivamente urbano durante los primeros siglos, antes de que Constantino llegara a ser el primer emperador en abrazar la fe cristiana. En muchos libros sobre el crecimiento del cristianismo se afirma que, antes del tiempo de Constantino (272-337 dC) casi no se encontraban cristianos ni judíos que vivieran en las áreas rurales del imperio. Se dice que por tal razón la palabra "*pagano*", utilizada originalmente para nombrar a una persona del campo, llegó a ser sinónimo de incrédulo. Según muchos historiadores, Constantino y sus sucesores lograron suprimir las religiones paganas por la fuerza e imponer la religión cristiana a sus súbditos rústicos. La verdad es que la mayoría de los miles y miles de judíos que se encontraban en la parte oriental del imperio, fueron traídos por los gobernantes de Anatolia para poblar las regiones rurales y dedicarse a la agricultura. No había trabajo en las pocas ciudades grandes de Anatolia para dar empleo a la gran diáspora judía. Si los primeros en llevar el evangelio a las cinco provincias fueron judíos y prosélitos que se convirtieron el día de Pentecostés, entonces la semilla de la fe tuvo que haber sido sembrada tanto en los centros urbanos como en los pequeños asentamientos rurales.

En la antigüedad los asentamientos rurales no quedaban tan aislados de las ciudades. Muchos de los que vivían en la ciudad tenían terrenos afuera de los muros de la *polis*. Muchas ciudades no contaban con muros. Los ciudadanos más influyentes de la ciudad tenían casas en el campo, donde preferían pasar buena parte de su tiempo. Los campesinos viajaban a la ciudad para vender sus productos y hacer sus compras. En las ciudades grandes, como Roma y Alejandría, se establecieron vecindades habitadas por inmigrantes procedentes de pueblos situados en el campo. Tales vecindades fueron en realidad pequeñas colonias rurales dentro de la ciudad, en las cuales se mantenían vivas las tradiciones del campo, tal como sucede hoy en día en muchas de las ciudades de América Latina y de los Estados Unidos. Los llamados rústicos seguían estando en contacto con sus amigos y familiares en la ciudad. Estas redes de comunicación entre el campo y la ciudad no sólo sirvieron para compartir las últimas noticias, sino también como puentes para hacer llegar la fe de Cristo. Sin lugar a duda, las congregaciones urbanas crecieron gracias a la transferencia de creyentes del campo que se mudaban a la *polis*.

Mencionamos arriba que algunos creyentes en Cristo fueron expulsados de Roma por orden del emperador Claudio. Durante la persecución de la iglesia, iniciada por Saulo de Tarso, según Hechos 8:1-4; 11:19, hubo otros cristianos que buscaron refugio en Anatolia. La mayoría de las pequeñas iglesias que se reunían en las casas, no las establecieron algunos de los doce apóstoles, sino padres de familia que comenzaron a adorar al Señor juntamente con sus esposas, hijos, y trabajadores. Los padres de familia son los ancianos a los que se dirige Pedro en el capítulo 5. La misión de evangelizar las aldeas y caseríos rurales se la encomendó Jesús a sus seguidores en Mateo 10:11

y Lucas 9:6. Orígenes de Alejandría (185-254 dC), en su comentario sobre Mateo 24:14, afirma que los cristianos ya habían cumplido con la tarea de proclamar el evangelio del reino para testimonio a todas las naciones (Robinson 2017:98-99).

Según se desprende del relato de los viajes misioneros de Pablo del libro de los Hechos, los gentiles se convirtieron en gran número, mientras que los judíos fueron más renuentes para renunciar a sus tradiciones y probar el vino nuevo del evangelio. En su carta a Trajano, Plinio se queja de los muchos templos de los antiguos dioses que habían quedado casi abandonados por sus antiguos adoradores, con el resultado de que los sacerdotes gentiles estaban pasando hambre. En vez de afirmar que los primeros cristianos habían fracasado en sus intentos por convertir a los habitantes del campo, hay quienes afirman ahora que, en algunas de las provincias de Anatolia, como por ejemplo Frigia, la mayoría de los habitantes ya habían abrazado la fe de Cristo antes de los días de Constantino el Grande.

APÉNDICE VI - EL AUTOR DE LA EPÍSTOLA

Ya vimos en el primer versículo de la carta que el autor se identifica como Pedro, apóstol de Jesucristo. Según los evangelistas, el nombre propio del apóstol que conocemos como Pedro fue Simón, hijo de Jonás (o de Juan). De acuerdo con Marcos 8:29, Simón fue el primero entre los seguidores de Jesús en confesarlo como el Cristo, es decir, el ungido de Dios que vendría para liberar a Israel. Simón, o Shimon, era el nombre más popular entre los judíos en el tiempo del NT. La razón por la popularidad del nombre fue la fama obtenida por Simón Macabeo como libertador de Judea en las batallas en contra de los seléucidas. Que los padres de Simón le dieran a su hijo el nombre de un luchador por la independencia de Judea, podría ser un indicio de la simpatía política y revolucionaria de la familia, y del fervor que llevó a Pedro y Andrés a escuchar con tanto entusiasmo las prédicas de Juan el Bautista y sus denuncias de la vida escandalosa del tetrarca Herodes Antipas (Williams 2015:33).

Según el relato de Mateo 16:18, Jesús le impuso a Simón un nuevo nombre: Cefas, roca en arameo, el idioma que hablaban Jesús y sus discípulos. En algunos textos del NT, a Simón Pedro se lo llama Cefas. El equivalente griego de Cefas es Pedro. "Yo te digo que tú eres Pedro, y sobre esta roca edificaré mi iglesia." Ya mencionamos que el autor prefiere identificarse como Pedro y no como Cefas. Podría ser porque la mayoría de sus lectores eran gentiles que hablaban griego, y no judíos que hablaban arameo. En ningún escrito judío de la época aparece otra persona con el nombre Cefas, un dato que parece indicar que fue Jesús quien dio origen al sobrenombre (*supernomen*) Cefas, y se lo impuso a Simón.

Según la tradición, Simón Pedro murió en Roma durante la persecución de los cristianos iniciada por el emperador Nerón. Dicha persecución tiene que haber comenzado algún tiempo después del incendio de Roma, el 19 de julio del año 64. La persecución terminó con el suicidio del emperador el 9 de junio del año 68. Según el libro apócrifo los *Hechos de Pedro* (190 dC), al ser llevado para ser ejecutado el apóstol manifestó: "Os ruego, verdugos, que cuando me crucifiquéis sea con la cabeza hacia abajo y no de otra manera." En el capítulo 5 de su Primera Epístola a los Corintios, escrita entre 90 y 100 dC, Clemente de Roma hace referencia al martirio de Pedro y a la muerte de Pablo:

"Pero, dejando los ejemplos de los días de antaño, vengamos a los campeones que han vivido más cerca de nuestro tiempo. Pongámonos delante los nobles ejemplos que pertenecen a nuestra generación. Por causa de celos y envidia fueron perseguidos y acosados hasta la muerte las mayores y más íntegras columnas de la iglesia. Miremos a los buenos apóstoles. Estaba Pedro, que, por causa de celos injustos, tuvo que sufrir, no uno o dos, sino muchos trabajos y fatigas, y habiendo expuesto su testimonio, se fue a su lugar de gloria asignado. Por razón de celos y contiendas Pablo, con su ejemplo, señaló el premio de la resistencia paciente. Después de haber estado siete veces en grillos, de haber sido desterrado, apedreado, haber predicado en el Oriente y el Occidente, ganó el noble renombre que fue el premio de su fe, habiendo enseñado justicia a todo el mundo y alcanzado los extremos más distantes del Occidente; y cuando hubo expuesto su testimonio delante de los gobernantes, partió del mundo y fue al lugar santo, habiendo dado un ejemplo notorio de resistencia paciente."

Si aceptamos el testimonio de Clemente, 1 Pedro tiene que haber sido escrita antes de la muerte de Nerón en el año 68. Al final de su carta (1 P 5:13), Pedro transmite a sus lectores los saludos de la iglesia que está en Babilonia. Los intérpretes, tanto antiguos como modernos, están de acuerdo con que la iglesia de Babilonia es en realidad la iglesia de Roma, puesto que la vieja ciudad de Babilonia había sido destruida hace muchos siglos. En Apocalipsis 17 también se hace referencia a Roma, ubicada sobre siete cerros, como la gran Babilonia, residencia de la gran ramera. Según se cree, siendo Pedro testigo de la terrible persecución que estaba por comenzar en Roma, quiere preparar a los cristianos de las cinco provincias de Anatolia para soportar semejantes sufrimientos. Por lo tanto, les escribe su primera carta, la cual algunos han calificado como una teología del sufrimiento por la causa de Cristo. Se sabe que Pedro era casado y que viajaba con su esposa, como lo hacían también los demás apóstoles y los hermanos de Jesús (1 Co 9:5). Algunos autores patrísticos afirman que la esposa de Pedro sufrió el martirio juntamente con él. Es interesante notar que los libros del NT no mencionan hijos de Pedro ni de los demás apóstoles.

Según algunas tradiciones, Pedro tenía una hija que padecía un defecto físico. Y los evangelios dicen que Simón Pedro nació en la ciudad de Betsaida, ubicada a orillas del lago de Galilea, cercana a la desembocadura del río Jordán en el Mar de Galilea, conocido también como Mar de Tiberíades. En la opinión del historiador Plinio el Mayor, la ciudad de Betsaida fue uno de los cuatro pueblos más bellos ubicados en la zona del Mar de Tiberíades. Fue una de las ciudades favoritas del Tetrarca Herodes Felipe, quien reinaba sobre la parte de Palestina conocida como Iturea. En el año 30 dC Felipe cambió el nombre de Betsaida por Junias Livia, en honor de Junia, la viuda del difundo y deificado emperador Augusto. Con el fin de aumentar la población de Junias Livia, Felipe trajo veteranos romanos para establecerse en la ciudad. Felipe, conocido a veces como el único Herodes bueno, murió en el año 34 y fue sepultado en Betsaida, aunque hasta ahora no se ha encontrado su mausoleo. Basándose en excavaciones e investigaciones llevadas a cabo en los últimos años, los historiadores han concluido que en el tiempo del NT la mayoría de los habitantes de Betsaida eran gentiles de habla griega. En las excavaciones llevadas a cabo en las ruinas de Betsaida no se han encontrado restos de una sinagoga judía ni de pozos empleados para las purificaciones rituales.

El ciego sanado por Jesús, en Marcos 8:22-26, también era de Betsaida. Este fue el ciego que después que Jesús le puso las manos encima seguía sin ver bien, sino que veía a los hombres como árboles que caminaban. Por lo tanto, fue necesario que Jesús pusiera sus manos sobre el ciego por segunda vez. El incidente ha motivado a algunos intérpretes a creer que este pasaje sirve como símbolo de Simón Pedro, quien al principio no entendió bien el mensaje del evangelio, en particular el de la necesidad de la muerte de Jesús como una propiciación por los pecados del mundo.

Los descubrimientos arqueológicos de los últimos años incluyen los huesos de muchos cerdos, una indicación de que, además de otros animales domésticos, los habitantes de Betsaida criaban cerdos. Los datos dan a entender que Pedro creció en un ambiente mayormente gentil, antes que judío. El futuro misionero y líder del conjunto apostólico tuvo que haber tenido no poco contacto con griegos y romanos. Sin lugar a duda, Pedro también tuvo que haber aprendido el idioma griego. Su hermano Andrés y su amigo Felipe tenían nombres griegos. Más tarde todo esto le facilitó a Pedro cumplir con su misión evangelizadora entre los no judíos.

Al relatarnos la historia del ministerio de Jesús en Galilea, los evangelistas nos dicen que Pedro y su esposa tuvieron una casa en Cafarnaún, otro pueblo ubicado a orillas del mar de Galilea cerca de Betsaida. No dicen cuándo Pedro, Andrés y Felipe se mudaron a Cafarnaún, un centro pesquero que no se encontraba en la provincia de Iturea como Betsaida, sino en Galilea. Fue en la casa de Pedro que Jesús sanó a la suegra del apóstol de la alta fiebre que padecía. La casa de Pedro en Cafarnaún llegó a ser la base de operaciones de Jesús durante su ministerio en la provincia de Galilea. Más tarde, la misma casa fue un centro de adoración, y más tarde un centro de peregrinación que atrajo a peregrinos de muchas partes del mundo. Los arqueólogos que excavaron el sitio han encontrado muchas inscripciones y grafiti dejados por los turistas que durante años visitaron la casa del "príncipe de los apóstoles". Años después, los padres franciscanos construyeron un monasterio en el sitio. Hoy en día las ruinas del complejo eclesiástico, el museo y las reconstrucciones de la casa de Pedro, han convertido el pueblo de Betsaida y la casa de Pedro en una de las atracciones turísticas más populares de Tierra Santa (Bockmuehl 2010:170).

Pedro no estuvo solo cuando escribió su carta a los expatriados y dispersos de las cinco provincias. En 1 P 5:12-13 dice que Silvano (Silas) y Marcos están con él. Ya hemos mencionado que muchos eruditos creen que Pedro, que no dominaba a la perfección la lengua griega, dictó el contenido de su carta a Silvano, en arameo, a fin de que este la escribiera en griego. John Hall Elliot afirma que la palabra ἔγραψα indica que Silvano no fue solamente un secretario o traductor de la carta, sino un emisor (1981:279) de esta. En su clásico comentario sobre 1 Pedro, Selwyn opina que Silvano, y no Pedro, fue el autor de la Epístola.

Los expertos concuerdan con que el griego más elegante y fino de los documentos del NT es el de las cartas a los Hebreos y 1 Pedro. En el año 2002 el investigador irlandés George K. Barr escribió un artículo sobre la ciencia del Análisis de Valores, o sea, una tecnología desarrollada para determinar la autenticidad de documentos, libros, y otros escritos por medio de un programa de análisis computarizado del estilo, vocabulario, y gramática de los escritos. A base del análisis computarizado, el profesor Barr ha determinado que la carta a los Hebreos y 1 Pedro fueron escritas por el mismo autor. Dicho análisis ha llevado al Dr. Barr a concluir que Silvano fue tanto el autor de Hebreos como el secretario de Pedro, no sólo en la redacción, sino también en la composición de su primera carta (Barr 2002:39).

Algunos investigadores del NT, como el obispo anglicano John A.T. Robinson, están convencidos de que Pedro, sin la ayuda de Silvano ni de otros, pudo haber escrito la primera carta que lleva su nombre. Según Clemente de Alejandría, Pedro predicó públicamente en Roma sin intérprete o traductor. Para haber sido reconocido como uno de los grandes líderes de la iglesia primitiva, Pedro tuvo que haber sabido expresarse bien en griego (Robinson 1976:167).

La otra persona que estuvo con Pedro cuando escribió su carta fue Marcos. Con toda probabilidad se trata de Juan Marcos, el sobrino de Bernabé que acompañó a su tío y a Pablo en su primer viaje misionero. Aunque el nombre Marcos gozaba de considerable aceptación entre griegos y romanos, tanto esclavos como libres, no fue un nombre muy común entre los judíos del tiempo del NT.

La presencia de Juan Marcos con Pedro es importante por varias razones. Primero, porque indica que dos personas que habían trabajado con el apóstol Pablo también fueron colaboradores de Pedro. Esto indica que debe haber existido una relación íntima entre la teología y la práctica misionera de Pedro y Pablo. No compartimos los criterios de la escuela de Tübingen, según la cual hubo una antipatía irreconciliable entre los dos grandes apóstoles de la iglesia primitiva. Según esta escuela, dicha antipatía fue tanto teológica como personal, y perduró hasta el fin de sus días. En segundo lugar, la presencia de Juan Marcos con Pedro da crédito al testimonio de Papías, obispo de Hiérapolis, y también al de San Justino Mártir, acerca de la relación entre Pedro y Juan Marcos. Papías y Justino afirman que Marcos había sido el intérprete de Pedro, o sea, que Marcos redactó en el evangelio que lleva su nombre los eventos y oráculos que le fueron transmitidos por Pedro; de manera que podríamos considerar al Evangelio de Marcos como el Evangelio de Pedro (Carson 1992:92). San Justino Mártir se refiere al Evangelio de Marcos como las memorias de Pedro (Bockmuehl 2010:85). En lo que sigue tenemos la recopilación del testimonio de Papías por el historiador Eusebio:

"Marcos, que fue el intérprete de Pedro, puso puntualmente por escrito, aunque no en orden, cuantas cosas recordó referentes a los dichos y a los hechos del Señor. Porque ni había oído al Señor ni le había seguido, sino que más tarde, como dije, siguió a Pedro, quien daba sus instrucciones según las necesidades, pero no como quien compone un orden de las sentencias del Señor. De suerte que en nada faltó Marcos poniendo por escrito algunas de aquellas cosas tal como las recordaba. Porque en una sola cosa puso su cuidado, en no omitir nada de lo que había oído, o en no mentir en absoluto en ello." Diálogo 103:8

Una de las características del Evangelio de Marcos es su interés hacia Pedro. Además, parece haberlo escrito desde la perspectiva de Pedro. Marcos toma por sentado que sus lectores saben quién es Pedro y de su importancia en el desarrollo del movimiento cristiano. Sin lugar a duda, Pedro es uno los actores principales en la historia de Jesús, y en especial en el Evangelio de Marcos, donde se lo menciona

25 veces, más veces que en cualquier otro evangelio. En el Evangelio de Marcos Pedro es tanto la primera como la última persona que se menciona por nombre. Además, Pedro es, después de Jesús, la persona más importante de la narración. Se lo presenta como un hombre impulsivo que toma la iniciativa y tiene confianza en sí mismo, quien habla cuando otros callan. El carácter de Pedro se describe con más detalle que el de cualquier otra persona, con la excepción de Jesús (Bauckham 2017:175-180). En Marcos, Pedro es el primero en recibir el llamamiento como apóstol; su nombre se menciona primero en todas las listas de los apóstoles en los libros del NT. Pedro fue el primer apóstol que tuvo un encuentro con el Cristo resucitado, el primero en predicar públicamente acerca de la resurrección de Cristo. Además, fue el primer apóstol que llevó el evangelio a los gentiles (Bockmuehl 2010:6).

Según el profesor Richard Bauckham, Pedro es tan importante para el evangelista Marcos porque fue el testigo ocular principal de casi todos los eventos narrados en los primeros catorce capítulos de Marcos, capítulos que tratan de lo ocurrido antes de la crucifixión. Los historiadores de la antigüedad dieron gran importancia a la necesidad de basar sus escritos en los relatos y comentarios de los testigos oculares, y no en leyendas, rumores o suposiciones. En la introducción de su evangelio y en el libro de los Hechos, Lucas enfatiza que sus escritos se basan en "quienes desde el principio fueron testigos y ministros de la palabra". Marcos, por su parte, tiene mucho cuidado de manifestar a sus lectores que Pedro estuvo presente en casi todos los milagros y discursos de Cristo. Marcos quiere que sus lectores sepan que el contenido de su evangelio también se basa en las enseñanzas de un testigo, a saber, Simón Pedro. Solamente en los dos últimos capítulos no se menciona a Pedro como un testigo, capaz de verificar los hechos relatados por Marcos. Pero en estos últimos capítulos Marcos no se olvida de revelar a sus lectores los nombres de los testigos oculares de los eventos ocurridos en el Gólgota y frente a la tumba vacía: Simón de Cirene, María Magdalena, María la madre de Jacobo y Salomé. Al relatar la llegada de las mujeres a la tumba (Mc 16:1-7), Marcos utiliza una y otra vez una forma del verbo "ver" o "mirar," para recordar a sus lectores que se trata aquí de testigos que realmente vieron la piedra removida, la tumba vacía, el lugar donde pusieron al Señor, y al joven vestido con una túnica blanca (Bauckham 2017:509-510). El profesor Bauckham sostiene la tesis de que todos los evangelistas escribieron sus evangelios a base del testimonio de testigos de los hechos por ellos narrados.

En el evangelio de Marcos Pedro es el único discípulo con quien Jesús mantiene conversaciones. Es, además, el discípulo más censurado por el Señor. Marcos es el evangelista que menos trata de ocultar los fracasos del "príncipe de los apóstoles". Es como si el evangelista hubiera sido comisionado por Pedro para pintar su cuadro sin omitir ni una sola cosa. De modo que Pedro podría ser para los lectores de Marcos un ejemplo de un creyente fallido quien, en un intento por evitar el sufrimiento y la muerte, negó a su Señor y cayó en pecado mortal. A la vez, Pedro puede ser para los lectores de Marcos un ejemplo de un pecador que se arrepintió y nació de nuevo a una esperanza viva. Muchos, pero no todos, creen que Marcos escribió su Evangelio como parte de un esfuerzo por reorganizar la iglesia en Roma, después de la gran persecución desatada por el emperador Nerón. Se dice que para evitar la persecución, muchos creyentes, como Pedro en el patio del sumo sacerdote, negaron a su Señor. Ahora, después de la muerte del emperador, los réprobos temen haber cometido el pecado que no tiene perdón. Al relatar lo sucedido en la vida de Pedro, Marcos quiere mostrar a sus lectores que para los que se arrepienten de verdad y se vuelven al Señor, hay un renacer a una esperanza viva.

Aunque la hipótesis presentada arriba no sea correcta, se puede detectar en 1 Pedro muchas alusiones y ecos al relato que nos presenta Marcos en el evangelio que lleva su nombre. O sea, en la historia de Jesús del segundo evangelio se detecta la influencia de Pedro, tal como sostiene Papías de Hierópolis, Ireneo de Lion y Clemente de Alejandría (Bockmuehl 2012:44; Hengel 2010:103). Hay vínculos teológicos, lingüísticos y temáticos que enlazan las cartas de Pedro con el Evangelio de Marcos y los sermones de Pedro en el libro de los Hechos de los Apóstoles.

Uno de los vínculos o datos es que, según Marcos 13:3, a Pedro se lo menciona como uno de los cuatro discípulos que le preguntaron a Jesús por separado acerca del tiempo señalado para la destrucción del templo y el cumplimiento de las profecías sobre las últimas cosas.

Según el relato de Marcos, a Pedro se lo presenta como una persona muy interesada en el cumplimiento de las profecías, especialmente las profecías acerca de la escatología. Sin lugar a duda, uno de los temas principales de los sermones de Pedro del libro de Hechos, y también de las dos cartas de Pedro del NT, tiene que ver con el cumplimiento de las profecías y del tiempo de las últimas cosas.

La presencia de Marcos y Silvano junto al autor de la carta ha inducido a más de uno a creer que entre los creyentes de Roma se había formado un "Club de Pedro", dentro del cual Silvano, Marcos, y el autor de la epístola se destacaron como los más conocidos e influyentes. Una de las preocupaciones del "Club de Pedro" era la de promover la unidad de las comunidades cristianas en el imperio, e instarlas a permanecer fieles a Cristo y su evangelio. Las persecuciones, la muerte de muchos de los apóstoles, y la gran diversidad de pueblos, tribus y lenguas dentro del imperio, fueron algunos de los factores que hicieron necesario el accionar del "Club de Pedro". Con tal fin se escribió la 1 Pedro con la autoridad del más famoso de los doce apóstoles. Esto podría explicar la inclusión de tantos resúmenes doctrinales en la carta, y tantas exhortaciones en pro de la fraternidad. Para promover la unidad de las comunidades cristianas, fue necesario que todos confesaran la misma fe. Los investigadores que propician la idea de un "Club de Pedro" recalcan que, en el Concilio de Jerusalén descrito en Hechos 15, tanto Pedro como Marcos y Silvano estuvieron presentes, trabajando en favor de la creación de una iglesia universal, en la que todos los marginados, grupos étnicos, y clases sociales pudieran encontrar un hogar. Nuevamente, en 1 Pedro, Marcos, Silvano y el autor de la epístola, escriben desde Roma mostrando su interés y el interés de la iglesia de Roma, por la universalidad de la iglesia (Elliot 1981:282).

Opiniones contrarias a la autoría de Pedro de la epístola

Aunque todos los autores cristianos desde los días de Papías, Orígenes, Eusebio y otros, hasta el siglo diecinueve, han aceptado a Simón Pedro como autor de 1 Pedro, muchos autores modernos han puesto en duda la autoría de Pedro (Feldmeier 2008:33-34). Las razones presentadas por el rechazo del apóstol Pedro como el autor de la carta son las siguientes:

En primer lugar, afirman que el estilo literario de la carta no parece corresponder al de un pobre pescador sin estudios académicos ni rabínicos, quien solamente hablaba el arameo y no el hebreo y el griego. 1 Pedro está escrita en un griego elegante. ¿Cómo armoniza el griego de la carta con la cita del libro de los Hechos, en la que se hace referencia a Pedro y Juan como hombres iletrados? En respuesta a estas opiniones, nótese que el pasaje citado de Hechos no implica que fueran analfabetos; se refiere, antes bien, a que no habían estudiado con un maestro de la ley en una escuela rabínica. Según la opinión de los ancianos, gobernantes, y escribas, Pedro y Juan fueron simples legos sin estudios (Kraus 1999:424-449). Tal apreciación, sin embargo, no corresponde con la opinión del autor de los Hechos. Arriba hemos notado que Pedro nació en una ciudad donde se hablaba el griego como idioma principal, y en la que había un fluido contacto con la cultura grecorromana. Además, según la misma carta, Pedro tuvo a su lado a Silvano y a Marcos, dos personas que probablemente lo ayudaron en la composición de la Epístola. Barclay cree que Pedro escribió su carta en arameo y después Silvano la tradujo al griego (1974:165).

En segundo lugar, se asevera que la teología de la carta es demasiado paulina, o sea, parece haber sido escrita por Pablo y no por Pedro. Se debe advertir, sin embargo, que dicha aseveración corresponde a una hipótesis muy cuestionable de la escuela de Tübingen, según la cual existía en la iglesia primitiva una fuerte antipatía entre Pablo y su teología y Simón Pedro y su teología. Según los escritos de varios teólogos de la universidad alemana de Tübingen, entre ellos F.C. Baur y A. Harnack, el antagonismo entre Pedro y Pablo nunca se resolvió. Llegó a ser, según ellos, la raíz de las diferencias entre el catolicismo y el protestantismo. Por nuestra parte, no aceptamos el supuesto conflicto irreconciliable entre los dos grandes apóstoles de la iglesia primitiva. Opinamos que las semejanzas entre la teología de las cartas paulinas y 1 Pedro derivan de la enseñanza que recibieron ambos apóstoles del Señor Jesucristo, o de una tradición catequética común (Brown 1973:52). Hace años el celebrado erudito E. G. Selwyn, propuso que 1 Pedro representa la teología de la iglesia primitiva, sobre la que se basó el esfuerzo evangelizador de misioneros como Pedro, Pablo, Bernabé, Silvano, y otros. Los temas tratados en 1 Pedro son, según Selwyn, los mismos que se tratan en los sermones de Pedro en la primera parte de los Hechos de los Apóstoles. Los temas incluyen el cumplimiento del tiempo, las profecías acerca de Cristo en el AT, la segunda venida de Cristo y un llamamiento al arrepentimiento. Los eruditos han dado a esta teología de la iglesia primitiva el nombre griego de *kerygma*, una palabra que significa proclamación (Barclay 1974:163).

Tanto Pedro como Pablo y Bernabé sirvieron por algunos años en la iglesia cristiana de Antioquia, donde por primera vez a los hermanos se los llamó cristianos. En Antioquia muchos gentiles de habla griega confesaron a Cristo, fueron bautizados y celebraron la Cena del Señor. Con toda probabilidad, fue en Antioquia donde los pastores y maestros de la comunidad prepararon los himnos, confesiones de fe, material catequético y actos litúrgicos en el idioma griego. Las semejanzas entre las formulas doctrinales de Pedro y Pablo bien podrían tener su fundamento en que ambos recibieron sus credos, himnos, códigos domésticos, listas de los vicios paganos y expresiones teológicas, elaborados por la iglesia madre de Antioquia para la labor entre gentiles de habla griega.

Algunos eruditos aseveran que es posible que Pedro, al llegar a Roma, hubiera escrito su primera epístola a las iglesias de Anatolia a instancias de Pablo, quien estaba haciendo los preparativos para su viaje misionero a España (Franzmann 1961:221).

Aunque casi todos los temas tratados en 1 Pedro se encuentran también en las cartas de Pablo, se notan diferencias en la manera en que se los expresa y desarrolla. Uno de los temas es la esperanza que tenemos los cristianos en medio del sufrimiento y la aflicción. Según la opinión de la mayoría de los eruditos, este constituye el tema principal de 1 Pedro. En Romanos 8 Pablo trata el mismo tema, pero a diferencia de su desarrollo en 1 Pedro, Pablo habla también del sufrimiento de toda la creación que se queja y sufre como una mujer con dolores de parto. Tanto Pedro como Pablo afirman que los creyentes pueden experimentar gozo en medio de sus sufrimientos y aflicciones. La pasión y resurrección de Jesucristo son, para Pedro, una garantía de que nuestras tribulaciones terminarán al venir Cristo en gloria. Pero, mientras que Pedro alude a la transfiguración de Cristo como una prefiguración de la gloria venidera, Pablo pone énfasis en que las primicias de la gloria venidera es el don del Espíritu Santo. Tales enfoques diferentes, pero no contrarios, nos muestran que Pedro no copió a Pablo, ni Pablo a Pedro.

A diferencia de las cartas de Pablo, 1 Pedro no habla de la existencia de divisiones, herejías, y falsos apóstoles. En 1 Pedro, los enemigos de las comunidades cristianas no son falsos hermanos ni herejes, sino los paganos que no entienden y malinterpretan el mensaje y la conducta de los creyentes. En 1 Pedro no se habla de abusos en la celebración de la Santa Cena, ni de interpretaciones equivocadas de la naturaleza de la resurrección de Cristo. Tampoco se habla en 1 Pedro de la circuncisión, la ley de Moisés, las fiestas y ceremonias del Antiguo Testamento, ni del abuso de tales dones del Espíritu Santo como la profecía y las lenguas, la sabiduría y otros asuntos tratados con gran detalle por Pablo en sus escritos.

El tercer argumento que esgrimen algunos en contra de la autoría de Pedro de la carta es que en el tiempo del emperador Nerón no había iglesias cristianas en las cinco provincias mencionadas en 1 Pedro 1:1. Dicho argumento, sin embargo, no tiene en cuenta la actividad misionera de apóstoles como Bernabé, Juan Marcos, Silvano, Pedro, y los demás apóstoles enviados por Jesús a proclamar el evangelio en todo el mundo. Tampoco se tiene en cuenta la actividad misionera de los judíos y prosélitos de Anatolia que fueron convertidos en Pentecostés, y que después regresaron a sus hogares en Bitinia, Capadocia, Ponto, y Asia, para compartir las buenas nuevas con sus familiares y vecinos, estableciendo centros de adoración en sus propios hogares.

Según el cuarto argumento, fuera de la ciudad de Roma no hubo persecuciones del Estado en contra de cristianos en el tiempo, o antes, en que Pedro supuestamente envió su carta a las cinco provincias. Por lo tanto, se dice que la carta fue escrita en nombre de Pedro y con su autoridad, por algunos de sus discípulos durante las persecuciones decretadas por el emperador Domiciano, o quizá Trajano (Dalton 2005:905-906). La posición que hemos adoptado en nuestro comentario es que las persecuciones a que alude el apóstol en su carta no fueron patrocinadas por las autoridades del Imperio Romano; se deben antes bien a acciones de la chusma en contra de otros que no compartían sus ideas, su estilo de vida, y sus intereses económicos y comerciales. En el libro de los Hechos se relata el alboroto armado por los fabricantes de ídolos y de la chusma de la ciudad, en contra de las actividades evangelizadoras de Pablo y su equipo de misioneros. La conversión de tantos ciudadanos en Éfeso trajo como resultado una disminución considerable en la venta de los ídolos en el templo de la diosa Artemisa. En la ciudad de Filipos se levantó un populacho en contra de Pablo y Silas, porque éstos habían liberado a una esclava dominada por un espíritu de adivinación, provocando así una pérdida económica para los amos de la infortunada mujer.

Durante la guerra entre los zelotes y los romanos, hubo levantamientos populares en contra de los judíos en muchas partes del imperio. La novela histórica *Barnaby Rudge*, de Charles Dickens, relata los alborotos anticatólicos y antipapistas en la Inglaterra del año 1780. Durante dichos alborotos una turba de entre cuarenta y sesenta mil personas marchó hacia Londres, saqueando y quemando las propiedades de los católicos. Centenares de personas murieron en el desorden general. Los líderes de los tumultos no contaban con el apoyo de las autoridades, ni con la aprobación del rey. Así como en el tumulto provocado en Éfeso en contra de las actividades de Pablo y su equipo misionero, el alboroto o "*mob rule*" (oclocracia) relatado en la novela de Dickens, fue generado por la chusma que procuraba un chivo expiatorio para aliviar sus frustraciones sociales y económicas.

Una quinta razón que aducen los que dudan de la autoría de Pedro de la epístola, es la falta de toda mención de dificultades o diferencias de fe y práctica entre los creyentes judíos y los gentiles convertidos. Tal no es el caso en el libro de los Hechos y las cartas de Pablo, especialmente Gálatas, Romanos, Filipenses, y Efesios. Esto, dicen algunos investigadores, es una señal de que 1 Pedro fue escrita en una fecha posterior, cuando las dificultades entre creyentes judíos y gentiles ya habían sido resueltas; o sea, después de la muerte de Pedro, Pablo, y Nerón.

APÉNDICE VII - LA TEOLOGÍA DEL SUFRIMIENTO EN 1 PEDRO

¿Por qué tenemos que sufrir si somos el pueblo que Dios ha escogido y salvado? ¿Es porque nos falta la fe? ¿Es que Dios nos castiga por algo que hemos hecho? ¿Es que Dios no es soberano? ¿Existen poderes y fuerzas malignas que no están sujetados a la autoridad de Cristo? Preguntas como éstas provocaron la necesidad de que se escribiera la Primera Carta de Pedro. Las preguntas que se hacían los destinatarios de la Epístola de Pedro son las mismas que se hacen muchos creyentes hoy en día, especialmente los que viven situaciones semejantes a las de los destinatarios de la Carta. En la Carta de Pedro se desarrolla toda una teología del sufrimiento en la que el autor, escribiendo por inspiración del Espíritu Santo, especifica lo que los creyentes debemos saber respecto a los sufrimientos. Queremos presentar aquí, en resumen, lo que enseña 1 Pedro acerca del sufrimiento de los que conforman la familia de Cristo:

1. Los sufrimientos de los creyentes fueron profetizados en el AT.
2. Los sufrimientos de los creyentes fueron profetizados por Cristo.
3. Los sufrimientos de los creyentes son una prueba de su fe y lealtad a Cristo (1 P 1:6), y por lo tanto corresponden a la voluntad de Dios (Feldmeier 2008:30; Elliot 2000:340; Lutero 2001:30-32).
4. Los sufrimientos pueden tomarnos por sorpresa
5. Los sufrimientos purifican a los hermanos.
6. Los sufrimientos son causa de gran gozo (1 P 1:6).
7. Los sufrimientos ayudan a reflejar el amor de Cristo ante los perseguidores; la dimensión misional.
8. Los sufrimientos de los cristianos son una señal de que el fin de todo está cerca.
9. Los sufrimientos y aflicciones de los creyentes serán recompensados. Los que sufren por la fe reciben bendición (1 P 3:14; 4:14).
10. El Espíritu Santo ayuda a los cristianos perseguidos a permanecer fieles al Señor. Poder soportar el sufrimiento es un don del Espíritu Santo.
11. Los creyentes no deben avergonzarse por lo que sufren. No es una pérdida de honor sino una gracia del Espíritu Santo sufrir por una causa justa. En cambio, es una vergüenza y pérdida de honor sufrir y morir por las propias culpas de uno.
12. Los sufrimientos de los cristianos son, en parte, la obra del Diablo que anda como león rugiente buscando a quien devorar. Las acometidas del diablo y los ángeles rebeldes que tienen

por blanco a los creyentes, lo serán por un tiempo limitado. El Cristo resucitado descendió a los infiernos para anunciar a los ángeles caídos su destrucción.

13. Los sufrimientos de los cristianos no son señales de que sus pecados no han sido perdonados; no son castigos.
14. Los sufrimientos de los creyentes no son la voluntad de Dios para con su pueblo. El Señor no es un dios caprichoso que se deleita en presenciar los sufrimientos humanos, una característica atribuida a algunas deidades paganas; ni se identifica con el emperador Nerón, que ya como niño acudía a las cámaras de torturas de la ciudad para recrearse con las agonías de los condenados. La voluntad del Señor para con su pueblo es la santidad, las buenas obras y el afán por la justicia. Lo que sufre el pueblo de Dios es el resultado de su afán por esa justicia.

APÉNDICE VIII - LOS SERMONES DE PEDRO EN HECHOS

Los sermones y discursos de Pedro en Hechos son más breves que los discursos relatados por otros autores de la época. Esto se debe probablemente a que Lucas ofrece a sus lectores un resumen de los discursos de Pedro, pero no todo el texto, lo que no quiere decir, sin embargo, que Lucas imaginó los discursos de Pedro y los puso en boca del apóstol. En los ocho discursos del apóstol en el libro de los Hechos, se encuentran varias expresiones que no armonizan con el vocabulario que suele emplear Lucas en el resto de sus obras, cosa que indica que los discursos de Pedro no son producto de la imaginación de Lucas. Por ejemplo, Lucas suele referirse a Jesús como "Señor" y "Cristo", mientras que en los discursos de Pedro en Hechos se encuentran títulos tales como "Hijo Jesús", "Santo y Justo", "Autor de la vida" e "Hijo" (Hch 3:13, 14, 15, 26), títulos que no emplea Lucas cuando se refiere a Jesús en los Hechos (Lo 2015:68). Una característica de los discursos de Pedro en Hechos es su carácter arameo, es decir, reflejan la gramática y la manera de hablar de una persona cuya lengua materna es el arameo, y no el griego. Aparte de los discursos de Pedro en Hechos, el resto del libro ha sido escrito por alguien como Lucas, un griego cuyo estilo literario es el de una persona que no sólo domina perfectamente el griego, sino que se esmera en pulir sus escritos, evitando expresiones extranjeras y formas retóricas y literarias consideradas no consonantes con el pulcro griego que deben utilizar los historiadores, filósofos, y gobernantes.

Como ya hemos comentado en la porción de 1 Pedro 1:10-12, otra característica de las partes didácticas de 1 Pedro y de los discursos de Pedro en el libro de los Hechos es que en ambos el apóstol acostumbra a rematar sus enseñanzas con una cita o alusión a un pasaje del AT, dando preferencia a los Salmos, el libro de Isaías y otros profetas. Muchos de los temas con énfasis en los discursos de Pedro en el libro de los Hechos, son muy parecidos a las enseñanzas del apóstol en 1 Pedro. Por ejemplo, en ambos escritos se pone énfasis en que el salvador rechazado por los hombres y crucificado es aquel que fue escogido por Dios y declarado como tal mediante su resurrección de entre los muertos. Tanto en su sermón de Pentecostés como en 1 Pedro 3, el apóstol enfatiza que Cristo descendió al lugar de los muertos, pero que no permaneció cautivo de la muerte, sino que fue resucitado (Tannehill 1991:400-414).

BIBLIOGRAFÍA

Achetemeir, Paul J.
1996 *1 Peter.* Minneapolis: Fortress Press.

Alfaro, Sammy
2016 "La Reforma desde una perspectiva Pentecostal" en *Nuestras 95 tesis a 500 años de la Reforma*, pp 171-184. A. García & J. Gonzáles, editores. Orlando: AETH.

Allen, Roland
1970 *La Expansión Espontánea de la Iglesia.* Buenos Aires: La Aurora.

Alonso Schökel, Luis & Carniti, Cecilia
1996 *Salmos II (Salmos 73-150).* Estella (Navarra): Editorial Verbo Divino.

Arnold, Clinton E.
2010 *Ephesians.* Grand Rapids: Zondervan.

Assefa, Daniel & Belachew, Tekletsadik
2017 "Values Expressed Through African Symbols: An Ethiopian Theological Reflection." *International Bulletin of Mission Research*, volume 41:1, pp 312-325. Los Angeles: Sage Publications.

Atido, George Pirwoth
2017 "Church Revitalization in Congo: Missiological Insights from One Church's Efforts at Glocalization." *International Bulletin of Mission Research*, volume 41:4, pp 326-335. Los Angeles: Sage Publications.

Avis, Paul D. L.
1981 The Church in the Theology of the Reformers. Atlanta: John Knox Press.

Baez-Camargo. Gonzalo
1960 *Protestantes enjuiciados por la Inquisición en Iberoamérica.* México: Casa Unida de Publicaciones.

Balch, David L.
1981 *Let Wives Be Submissive: The Domestic Code in 1 Peter.* Chico CA: Scholars Press.
2017 "Mary's Magnificat (Luke 1:46b-55) and the Price of Corn in Mexico." *Journal of Biblical Literature 136:3*, pp 651-665. Atlanta: Society of Biblical Literature.

Barclay, John G. M
2016 *Pauline Churches and Diaspora Jews.* Grand Rapids: William B. Eerdmans.

Barclay, William
1974 *Santiago, I y II Pedro.* Buenos Aires: La Aurora.

Barnes, Timothy D.
2015 "Another Shall Gird Thee: Probative Evidence for the Death of Peter." *Peter in Early Christianity*. Helen K. Bond & Larry W. Hurtado, editors, pp 76-95. Grand Rapids: William B. Eerdmans Publishing Company.

Barreto, Eric D.
2018 "A Gospel on the Move: Practice, Proclamation, and Place in Luke-Acts." *Interpretation*, volume 72:2, pp 175-187. Los Angeles: Sage Publications.

Barton, John
2016 "James Barr and the Future of Biblical Theology." *Interpretation 70:3*, pp 264-274. Los Angeles: Sage Publications.

Bauckham, Richard
2017 *Jesus and the Eyewitnesses: The Gospels as Eyewitness Testimony. Second Edition:* Grand Rapids: William B. Eerdmans Publishing Company.
Baudler, Kristian
2016 *Martin Luther's Priesthood of All Believers*. New York: Oxen Press.

Bauman-Martin, Betsy
2004 "Women on the Edge: New Perspectives on Women in the Petrine Haustafel." *Journal of Biblical Literature*, volume 123:2, pp 253-279. Atlanta: Society of Biblical Literature.

Beach, Lee
2015 *The Church in Exile: Living in Hope after Christendom*. Downers Grove: InterVarsity Press.

Beale, Gregory K.
2004 *The Temple and the Church's Mission*. Downer's Grove: InterVarsity Press.

Benne, Robert
2017 "Priesthood of All Believers." *Dictionary of Luther and the Lutheran Traditions*. Timothy J. Wengert, editor, pp 620-621. Grand Rapids: Baker.

Bigg, Charles
1902 *Epistles of St. Peter and St. Jude*. Edinburgh: T & T Clark.

Bockmuehl, Markus N. A.
2010 *The Remembered Peter: In Ancient Reception and Modern Debate*. Tübingen: Mohr Siebeck.
2014 *Simón Pedro en la Escritura y en la memoria*. Salamanca: Ediciones Sígueme.

Bowens, Lisa M.
2016 "Investigating the Apocalyptic Texture of Paulk's Martial Imagery in 2 Corinthians 4-6." *Journal for the Study of the New Testament*, volume 39:1, pp 3-15. London: Sage Publications.

Bratcher, Robert G.
1984 *A Translator's Guide to the Letters from James, Peter, and Jude*. London: United Bible Societies.

Brox, Norbert
1994 *La Primera Carta de Pedro*. Salamanca: Ediciones Sígueme.

Bruner, Frederick Dale
1990 *Matthew Volume 2, The Churchbook*. Dallas: Word Publishing.

Campbell, Barth L.
1998 *Honor, Shame, and the Rhetoric of 1 Peter*. Atlanta: Scholars Press.

¡Cantad al Señor!
1991 Saint Louis: Editorial Concordia.

Cassese, Giácomo
2007 *Epístolas universales*. Minneapolis: Fortress Press.

Cortez, Félix H.
2014 "1 Peter and Postmodern Criticism" in *Reading 1-2 Peter and Jude*. Eric F. Mason & Troy W. Martin, editors, pp 151-166. Atlanta: Society of Biblical Literature.

Cranfield, E. E. B.
1949 *The First Epistle of Peter*. London: SCM Press Ltd.
1962 "Peter." *Peake's Commentary on the Bible*. Matthew Black & H. H. Rowley, editors, pp 1026-1030. London: Thomas Nelson & Sons.

Culianu, Ioan Petru & Poghirc, Ciceronse
1987 "Thracian Religion." *The Encyclopedia of Religion*, volume 14. Mircea Eliade, editor, pp 494-497. New York: Macmillan Publishing Company.

Dalton, William Joseph SJ.
1965 *Christ's Proclamation to the Spirits*. Rome: Pontifical Biblical Institute.

Desilva David A.
2011 "Turning Shame into Honor: The Pastoral Strategy of 1 Peter." *The Shame Factor: How it Shapes Society*. Robert Jewitt, Wayne Alloway, John J. Lacey. Eugene, editors, pp. 159-177. Oregon: Cascade Books.

Donelson, Lewis R.
2010 *1 and II Peter and Jude*. Louisville: Westminster John Knox Press.

Downing, F. Gerald
1988 "Pliny's Prosecutions of Christians: Revelation and 1 Peter." *Journal for the Study of the New Testament*, Issue 34, pp 105-123. Sheffield: JSOT Press.

Downs, David J.
2016 *Alms, Charity, Reward and Atonement in Early Christianity*. Waco, Texas: Baylor University Press.

Eliade, Mircea

1958 *Patterns in Camparative Religion*. London: Sheed and Ward.

1985 *De Zalmoxis a Gengis-Khan*. Madrid: Ediciones Cristiandad.

Elliot, John Hall

1966 *The Elect and the Holy*. Leiden: E. J. Brill.

1981 *A Home for the Homeless*. Philadelphia: Fortress Press.

2000 *1 Peter*. New York: Doubleday.

Esqueda, Octavio Javier

2016 "La Reforma desde una perspectiva de formación cristiana en el contexto de nuestro pueblo latino", en *Nuestras 95 tesis a 500 años de la Reforma*. A. García & J. González, editores, pp 229-240. Orlando: AETH.

Farrar, Thomas J. & Williams, Guy J.

2016 "Diabolical Data: A Critical Inventory of New Testament Satanology." *Journal for the Study of the New Testament*, volume 39:1, pp 40-71. London: Sage Publications.

Feldmeier, Reinhard

2008 *The First Letter of Peter*. Waco, Texas: Baylor University Press.

Forbes, Greg

2005 "Children of Sarah: Interpreting 1 Peter 3:6b." *Bulletin for Biblical Research 15:1*, pp 103-107. Fort Worth: Institute for Biblical; Research.

Gnilka, Joachim

1998 *Teología del Nuevo Testamento*. Madrid: Editorial Trotta.

Golebiewski, R.P.E.

1966 "1 Pedro 5, 6-11: Dios nos consuela en la prueba." *Asambleas del Señor 57*, pp 20-27. Madrid: Ediciones Marova, S. L.

Goldingay, John

1994 *Models for Scripture*. Grand Rapids: William B. Eerdmans Publishing Company.

González, Catherine Gunsalus

2010 *1 & 2 Peter and Jude*. Louisville: Westminster John Knox Press.

Goppelt, Leonhard

1993 *A Commentary on I Peter*. Grand Rapids: William B. Eerdmans Publishing Company.

Gordley, Matthew E.

2011 *Teaching through Song in Antiquity*. Tübingen: Mohr Siebeck

Green, Eugenio

1993 *1 Pedro y 2 Pedro*. Miami: Editorial Caribe.

Green, Joel B.

2006 "Narrating the Gospel in 1 and 2 Peter." *Interpretation 60:3*, pp 262-277. Richmond: Union Theological Seminary of Virginia.

Guthrie, W. K. C.
1954 *The Greeks and Their Gods*. Boston: Beacon Press.

Hanges, James Constantine
2012 *Paul Founder of Churches: A Study in Light of the Evidence in the Role of "Founder-Figures" in the Hellenistic Roman Period*. Tübingen: Mohr Siebeck.

Hanson, Anthony
1982 "Salvation Proclaimed 1 Peter 3:18-22." *Expository Times*, volume 93:4, pp 100-104. Edinburgh: T. & T. Clark.

Harland, Philip A.
2014 *Greco-Roman Associations: Texts, Translations and Commentary: II. North Coast of the Black Sea, Asia Minor*. Berlin: De Gruyter.

Hengel, Martin
1974 *Judaism and Hellenism*, volume 1. London: SCM Press.
2010 *Saint Peter, the Underestimated Apostle*. Grand Rapids: William B. Eerdmans Publishing Company.

Hines, Paul A.
2011 "Peter and the Prophetic Word: The Theology of Prophesy Traced through Peter's Sermons and Epistiles." *Bulletin for Biblical Research 21:2*, pp 227-244. Fort Worth: Institute for Biblical Research.

Horrell, David G.
2002 "The Product of a Petrine Circle? A Reassessment of the Origin and Character of 1 Peter." *Journal for the Study of the New Testament, Issue 86*, volume 24:4, pp 29-60. Sheffield: Sheffield Academic Press.
2007 "Between Conformity and Resistance: Beyond the Balch-Elliot Debate towards a Postcolonial Reading of First Peter." *Reading First Peter with New Eyes*. Robert L. Webb & Betsy Bauman-Martin, editors. London: T. & T. Clark.
2008 *1 Peter*. London: T. & T. Clark.
2009 "The Themes of 1 Peter: Insights from the Earliest Manuscripts." *New Testament Studies*, volume 55:4, pp 502-522. Cambridge: Cambridge University Press.
2014 "Ethnicity, Empire, and Early Christian Identity: Social-Scientific Perspective on 1 Peter" in *Reading 1-2 Peter and Jude*. Eric F. Mason & Troy W. Martin, editors, pp 135-150. Atlanta: Society of Biblical Literature.
2014b "Honor Everyone (1 Peter 2:17): The Social Strategy of 1 Peter and Its Significance for Early Christianity" *To Set at Liberty: Essays on Early Christianity and Its Social World in Honor of John H. Elliot*. Stephen K. Black, editor. pp 192-210. Sheffield: Phoenix Press.
2016 "Ethnicism: Marriage and Early Crhistian Identity. Critical Reflections on 1 Corinthians 7, 1 Peter 3 and Modern New Testament Scholarship" *New Testament Studies*, volume 62:3, pp 439-460. Cambridge University Press.

Horrell, David G. & Wan, Wei Hsien
2016 *Journal for the Study of the New Testament*, volume 38:3, pp 263-276. London: Sage Publications.

Hurtado, Larry W.
2016 *Destroyer of the gods*. Waco, Texas: Baylor University Press.
2018 "Exorcism and Healing in Early Christianity." *Larry Hurtado's Blog. March 13th:* https://wp.me/pYZXr-2aV

Jeremias, Joachim
1965 *The Central Message of the New Testament*. Philadelphia: Fortress Press.

Johnson, Todd; Zurla, Gina; Hickman, Albert; Crossing, Peter
2018 "Christianity 2018: More African Christians and Counting Martyrs." *International Bulletin of Missionary Research*, volume 42:1. Los Angeles: Sage Publications.

Jung, Deok Hee
2017 "Fluid Sacredness from a Newly Built Temple in Luke-Acts." *Expository Times*, volume 128:11, pp 529-537. London: Sage Publications.

Keener, Craig S.
2013 *Comentario del contexto cultural de la Biblia. Nuevo Testamento: una herramienta indispensable para la mejor comprensión del Nuevo Testamento.* El Paso: Editorial Mundo Hispano.

Kelly, J. N. D.
1969 *A Commentary on the Epistles of Peter and of Jude*. London: A. and C. Black Limited.

Kraemer, Hendrik
1958 *A Theology of the Laity*. Philadelphia: The Westminster Press.

Last, Richard
2016 "The Neighborhood (*vicus*) of the Corinthian *ekklesia*: Beyond Family-Based Descriptions of the First Urban Christ-Believers." *Journal for the Study of the New Testament*, volume 38:4, pp 399-424. London: Sage Publications.

Latourette, Kenneth Scott
1970 *A History of the Expansion of Christianity*, volume 1, *The First Five Centuries*. Grand Rapids: Zondervan Publishing House.

Lo, Jonathan W.
2015 "Did Peter Really Say That? Revisiting the Petrine Speaches in Acts." *Peter in Early Christianity*. Helen K. Bond & Larry W. Hurtado, editors, pp 62-75. Grand Rapids: William B. Eerdmans Publishing Company.

Kraus, Thomas J.
1999 "Uneducated, Ignorant, or even Illiterate? Aspects and Background for an Understanding of ἀγράμματοί and ἰδιῶται in Acts 4:13." *New Testament Studies*, volume 45:3, pp 434-449. Cambridge University Press.

Lutero, Martín

1967 *Obras de Martín Lutero Tomo I.* Buenos Aires: Editorial Paidós.

2001 *Comentarios de Martín Lutero, 1 y 2 de Pedro, Judas y 1 de Juan.* Barcelona: Editorial CLIE.

Ma, Wansuk

2017 "The Holy Spirit in Pentecostal Mission: The Shaping of Mission Awareness and Practice." *International Bulletin of Missionary Research,* volume 41:3, pp 227-238. Thousand Oaks: Sage Publications.

MacDonald, Margaret Y.

2014 *The Power of Children: The Construction of Christian Families in the Greco-Roman World.* Waco, Texas: Baylor University Press.

Manson, Theodore W.

195 *Ministry and Priesthood: Christ's and Ours. London*: The Epworth Press.

Marcar, Katie

2017 "In the Days of Noah: *Urzeit/Endzeit* Correspondence and the Flood Tradition in 1 Peter 3-4." *New Testament Studies* 69:4, pp 550-566. Cambridge University Press.

Martin, Troy W.

2014 "Christians as Babies: Metaphorical Reality in 1 Peter" en *Readings in 1-2 Peter and Jude.* Eric F. Mason & Troy W. Martin, editors, pp 99-111. Atlanta: Society of Biblical Literature.

2016 "Tasting the Lord as Usable (1 Peter 2:3). *The Catholic Biblical Quarterly,* volume 78:3, pp 515-525. Washington DC: Catholic Biblical Association of America.

2016b "Emotional Physiology and Consolatory Etiquette: Reading the Present Indicatative with Future Reference in the Eschatological Statement in 1 Peter 1:6." *Journal of Biblical Literature,* volume 135:3, pp 649-660. Atlanta: Society of Biblical Literature.

Maskulak, Marian

2013 "The Mission and Dialogue of Encounter." *Missiology* 41:4, pp 427-437. Los Angeles: Sage Publications.

McClung, L. Grant Jr., editor.

1986 *Azuza Street and Beyond.* South Plainfield, NJ: Bridge Publishing Co.

McGavran, Donald A.

1970 *Understanding Church Growth.* Grand Rapids: William. B. Eerdmans.

Melanchthon, Felipe

1982 *Melanchthon in Christian Doctrine: Loci comunes 1955.* Grand Rapids: Baker Book House.

Meléndez, Andrés A., editor.

1989 *Libro de Concordia: Las Confesiones de la Iglesia Evangélica Luterana.* Saint Louis: Editorial Concordia.

Michaels, J. Ramsay
1988 *1 Peter*. Waco, Texas: Word Books Publisher.

Miller, Donald G.
1993 *On This Rock: A Commentary on First Peter*. Allison Park, Pennsylvania: Pickwick Publications.

Minear, Paul
1960 *Images of the Church in the New Testament*. London: Lutterworth Press.

Morris, Leon
1956 *The Apostolic Preaching of the Cross*. Grand Rapids: William B. Eerdmans Publisning Company.

Nacpil, Marian
2018 "The Church in the Twenty-First-Century Diaspora: The Local Church on Mission." *Internacional Bulletin of Mission Research* 42:1, pp 68-75. Los Angeles: Sage Publications.

Neill, Stephan
1964 *A History of Christian Missions*. Harmonsworth: Penguin Books.

Nordling, John G.
2016 "Slaves to God, Slaves to One Another." *Concordia Theological Quarterly* Number 3-4, pp 231-250. Fort Wayne: Concordia Theological Seminary.

Pardee, Nancy
2014 "Be Holy, for I Am Holy: Paraenesis in 1 Peter." *Reading 1-2 Peter and Jude*. Eric F. Mason & Troy W. Martin, editors, pp 113-134. Atlanta: Society of Biblical Literature.

Pellett, D.C.
1962 "Cappadocia" *The Interpreter's Dictionary of the Bible*. George Arthur Butterick, editor. New York: Abington Press.

Rienecker, Fritz
1952 *Sprachlicher Schlüssel zum Griechischen Neuen Testament*. Giessen-Basel: Brunnen Verlag.

Rajak, Tessa
2018 "The Jewish Diaspora in Greco-Roman Antiquity." *Interpretation* 72:2, pp 146-162, Los Angeles: Sage Publications.

Ramsay, William M.
1954*The Church in the Roman Empire Before A.D. 170*. Grand Rapids: Baker Book House.

Reike, Bo
1964 *The Epistiles of James, Peter, and Jude*. Garden City, New York: Doubleday & Company.

Rengsdorf, Karl Heinrich
1969 *Apostolate and Ministry*. Saint Louis: Concordia Publishing House.

Robinson, John A.T.
1976 *Redating the New Testament*. London: SCM Press.

Robinson, Thomas A.
2017 *Who Were the First Christians?* Oxford: Oxford University Press.

Ropero, Alfonso (compilador)
2001 *Lo mejor de Clemente de Alejandría*. Barcelona, Editorial CLIE. (Disponible como PDF)

Said, Edward W.
1979 *Orientalism*. New York: Vintage Books.

Saliers, Don E. & Emily A
2017 "Music as a Door to the Holy." *Interpretation* 71:1, pp 7-12. Thousand Oaks, CA: Sage Publications.

Sargent, Benjamin
2015 *Written to Serve: The Use of Scripture in 1 Peter*. London: Bloomsbury.

Savage, Robert C., editor.
1970 *Himnos de fe y esperanza*. Grand Rapids: Zondervan Publishing House.

Scharlemann, Martin
1960 *Toward Tomorrow*. Saint Louis: Concordia Publishing House.

Schnabel, Eckhard J.
2004 *Early Christian Mission* Volume 1. Downers Grove: InterVarsity Press.

Schlatter, Adolf
1955 *The Church in the New Testament Period*. London: S.P.C.K.

Schreiner, Thomas R.
2003 *1, 2 Peter, Jude*. Nashville: Broadman & Holman Publishers.

Schwank, Dom B.
1967 "1 Pedro 3:8-15: Lectura cristiana de la Biblia." *Asambleas del Señor 59*, pp 18-35. Madrid: Ediciones Marova, S. L.

Schwietzer Schnabel, Carol L.
2017 "A Music Lesson on Resilience: Alice Herz-Sommer, Her Piano, and the Capacity to Survive." *Interpretation* 2017:1, pp 90-63. Thousand Oaks, CA: Sage Publications.

Schweizer, Eduard
1992 "The Priesthood of All Believers." *Worship, Theology and Ministry in the Early Church*. Michael J. Wilkins & Terence Paige, editors, pp 285-293. Sheffield: JSOT Press.

Seland, Torrey
2009 Resident Aliens in Mission: Missional Practices in the Emerging Church of 1 Peter. *Bulletin for Biblical Research 19:4*, pp 565-589. Fort Worth: Institute for Biblical Research.

Selwyn, Edward Gordon
1955 *The First Epistle of St. Peter.* London: Macmillan & Co, Ltd.
1964 "Eschatology in 1 Peter." *The Backround of the New Testament and Its Eschatology.* W. D. Davies & D. Daube, editors. pp 394-401. Cambridge University Press.

Senior, Donald C.
2003 *1 Peter.* Collegeville, Minnesota: The Liturgical Press.

Sherinian, Zoe
2017 "Religious Encounters: Empowerment through Tamil Outcast Folk Drumming." *Interpretation* 71:1, pp 64-79. Thousand Oaks CA: Sage Publications.

Smith, Shively T. J.
2016 *Stranger to Family: Diaspora and 1 Peter's Invention of God's Household.* Waco, Texas: Baylor University Press.

Stark, Rodney
2006 *Cities of God.* San Francisco: Harper.

Sung-Hwan Park, James
2015 "Chosen to fulfill the Great Commission? Biblical and theological reflections on the Back to Jerusalem Vision of Chinese churches." *Missiology*, volume 43:2. Los Angeles: Sage Publications.

Tannehill, Robert C.
1991 "The Functions of Peter's Mission Speeches in the Narrative of Acts." *New Testament Studies 37:3,* pp 400-414. Cambridge University Press.

TDNT
1967 *Theological Dictionary of the New Testament.* Gerhard Kittle, editor. Grand Rapids, Muchigan: William B. Eerdmans Publishing Company.

Thielman, Frank
2006 *Teología del Nuevo Testamento.* Miami: Editorial Vida.

Tite, Philip L.
2009 "Nurslings. Milk and Moral Development in the Greco-Roman Context: A Reappaisal of the Paraenetic Utilization of Metaphor in 1 Peter 2:1-3." *Journal for the Study of the New Testament*, volume 31:4, pp 371-400. London: Sage Publications.

Tzoref, Shani
2018 "Knowing the Heart of the Stranger: Empathy, Remembrance, and Narrative in Jewish Reception of Exodus 22:21; Deuteronomy 10:19, and Parallels." *Interpretation 72:2*, pp 119-131. Los Angeles: Sage Publications.

Uhlhorn, Gerhard Wilhelm
1883 *Christian Charity in the Ancient Church.* New York: Charles Scribner's Sons.

Vinson, Richard B., Wilson, Richard F., Watson, E. Mills
2010 *Smyth & Helwys Bible Commentary: 1 & 2 Peter, Jude.* Macon, Georgia: Smyth & Helwys Publishing.

Watson, Duane F. & Callan, Terrance
2012 *First and Second Peter.* Grand Rapids: Baker Academic.

Wenkel, David H.
2016 "Kingship and Thrones for All Christians: Paul's Inaugurated Eschatology in 1 Corinthians 4-6." *Expository Times,* volume 128:2. London: Sage Publications.

Wilken, Robert Louis
2014 "1 Peter 2:17 and Martyrdom." *To Set at Liberty: Essays on Early Christianity and Its Social World in Honor of John H. Elliot.* Stephen K. Black, editor, pp 348-352. Sheffield: Sheffield Phoenix Press.

Williams, Margaret H.
2015 "From Shimon to Petros – Petrine Nomenclature in the Light of Contemporary Onomastic Practices." *Peter in Early Christianity.* Helen K. Bond & Larry W. Hurtado, editors, pp 30-45. Grand Rapids: William B. Eerdmans Publishing Company.

Williams, Travis B.
2016 "Intertexuality and Methodological Bias Prolegomena to the Evaluation of Source Materials in 1 Peter." *Journal for the Study of the New Testament,* volume 39:2, pp 168-187. London: Sage Publications.

Wingren, Gustav
1958 *The Christian's Calling: Luther on Vocation.* Edinburgh: Oliver and Boyd.

Winter, Bruce W.
1988 "The Public Honoring of Christian Benefactors: Romans 13:3-4 and 1 Peter 2:14-15." *Journal for the Study of the New Testament,* Issue 34, pp 87-103. Sheffield: JSOT Press.
2015 *Divine Honours for the Caesars: The First Christians' Responses.* Grand Rapids: William B. Eerdmans Publishing Company.

Witthaus, Carlos, editor.
1967 *Obras de Martín Lutero,* Tomo 1, Buenos Aires: Editorial Paidós.

Wright, Brian J.
2016 "Rome's Daily News Publication with Some Likely Implications for Early Christian Studies." *Tyndale Bulletin* 67:1, pp 145-160. Cambridge: Tyndale House.

Yoder, John Howard
1994 *The Royal Priesthood.* Scottdale, Pennsylvania: Herald Press.